档案管理理论与实践

——浙江省基层档案工作者论文集(2024)

主　编　胡元潮

副主编　郑金月　彭移风

浙江工商大学 出版社

ZHEJIANG GONGSHANG UNIVERSITY PRESS

·杭州·

图书在版编目（CIP）数据

档案管理理论与实践：浙江省基层档案工作者论文
集. 2024 / 胡元潮主编. -- 杭州：浙江工商大学出版
社，2024. 8. -- ISBN 978-7-5178-6184-3

Ⅰ. G279.275.5－53

中国国家版本馆 CIP 数据核字第 2024NC3141 号

档案管理理论与实践
——浙江省基层档案工作者论文集(2024)
DANG'AN GUANLI LILUN YU SHIJIAN
——ZHEJIANG SHENG JICENG DANG'AN GONGZUOZHE LUNWEN JI（2024）

胡元潮 主编　郑金月　彭移风 副主编

策划编辑	任晓燕
责任编辑	熊静文
责任校对	夏　佳
封面设计	朱嘉怡
责任印制	祝希茜
出版发行	浙江工商大学出版社
	（杭州市教工路 198 号　邮政编码 310012）
	（E-mail：zjgsupress@163.com）
	（网址：http://www.zjgsupress.com）
	电话：0571-88904980，88831806（传真）
排　　版	杭州朝曦图文设计有限公司
印　　刷	浙江全能工艺美术印刷有限公司
开　　本	710 mm×1000 mm　1/16
印　　张	32
字　　数	609 千
版 印 次	2024 年 8 月第 1 版　2024 年 8 月第 1 次印刷
书　　号	ISBN 978-7-5178-6184-3
定　　价	135.00 元

前　言

　　理论源于实践,创新来自基层。基层档案工作者是推进档案事业发展和档案理论创新的基本力量。我们编辑出版《档案管理理论与实践——浙江省基层档案工作者论文集(2024)》一书,就是为了给广大基层档案工作者创造一个总结实践经验、参与档案业务探讨和理论研究的平台,让来自基层的经验、做法和观点在推动档案工作理论和实践发展过程中发挥更大的作用。

　　本书收编的是 2024 年度浙江省基层档案工作者撰写的优秀论文,共 142篇。全书按档案事业管理、文件与档案管理、专业档案与特殊载体档案管理、档案信息化建设、档案文化与档案开发利用等五部分进行编排。这些论文主题鲜明,内容丰富,实践性强,体现了务实、创新、求真的特点,反映出浙江省广大基层档案工作者爱岗敬业、勤于钻研、勇于探索的理论勇气和实践精神。如《关于机关档案编制"三合一"制度的几点思考》《人工智能技术在声像档案管理中的应用研究》《数据的档案化管理与治理优化途径研究》《微信公众号内容归档的策略探究》《事业单位公文类电子文件单套制归档的探索实践——以浙江省林业局直属事业单位为例》《论泰顺县百家宴历史传承与现代档案价值的交织》《社交媒体时代档案开放解密对公众记忆的影响与路径思考》等文章的选题都很有现实意义,其中不乏有价值的新观点,会给我们的实际工作带来启发和指引。相信本书的出版对全省乃至全国档案工作者都有学习、借鉴的作用。

　　全书由郑金月负责编排、审校。彭移风负责本书编辑出版工作的统筹与协调。胡元潮、梁绍红、王伟俊、莫剑彪、林伟宏等同志参与了收录论文的指导工作,毛竹青等同志为本书的编辑出版做了大量事务性工作,在此一并表示感谢。

　　由于编辑时间紧迫和水平所限,本书难免有疏漏和不妥之处,敬请广大读者批评指正。

编　者

2024 年 6 月

目　录

第一部分　档案事业管理

第二部分　文件与档案管理

第三部分　专业档案与特殊载体档案管理

第四部分　档案信息化建设

第五部分　档案文化与档案开发利用

第一部分

档案事业管理

档案数智化带来的泄密风险及其防范措施

陈晓敏

浙江省桐庐县人民武装部

摘　要：档案数字化是提高档案管理效率、为档案管理工作提供便利的重要途径。该文认为在档案数字化发展的背景下，可能存在的泄密风险主要有技术泄密风险、人员泄密风险、管理流程泄密风险，进一步防范风险的措施包括强化技术规范力度、提高管理人员素质水平、优化档案管理工作流程等几方面内容，由此，可以及时规避档案数智化的泄密风险，为适应档案数智化发展的趋势提供保障。

关键词：档案数智化；泄密风险；管理流程；应急风险

在档案信息的数字化程度和智能化程度不断提升的背景下，更需要相关工作人员在落实档案管理时明确目标，对档案管理中的信息安全问题和保密问题充分重视，保证档案管理安全稳定，提升档案管理工作质量，避免档案信息泄露或缺失等一系列问题。

1　档案数智化背景下的泄密风险分析

1.1　技术泄密风险

技术泄密风险主要是指技术因素导致档案信息出现泄露的现象。具体来说，技术泄密风险有以下两种表现：一是数据在档案信息流转和日常管理工作中出现泄露现象。这主要是由于档案信息在系统中以电子化和信息化的方式存储，若系统功能存在异常或系统运行存在漏洞，就会进一步导致数据出现泄露风险。例如，系统运行时出现病毒入侵、黑客攻击等现象，或软件功能软件技术层次未达到一定水平。[1]二是数据被恶意篡改。在网络化背景下，档案信息可基于不同的系统和传输环境进行正常传输和共享，但其受到恶意篡改攻击风险的概率也会因此而有所提升，数据被篡改后会直接影响档案信息的可靠性。

1.2　人员泄密风险

人员泄密风险主要是指工作人员自身因素导致在档案管理工作中出现信息

缺失、信息传输误差的现象。具体来说,人员泄密的主要表现有以下几种类型:(1)未经授权的人员随意访问。在档案数字化过程中,部分员工若未经授权访问或获取敏感信息,就可能导致信息泄露。例如,若员工通过非法手段获取密钥或权限,就意味着一些机密文件档案信息有被泄露的风险。(2)恶意访问行为。部分员工可能出于个人利益或其他主观原因,故意泄露敏感档案信息或关键档案信息。

1.3 管理流程泄密风险

在档案数字化背景下,管理流程的泄密风险相对更大,管理流程的复杂性也会更显著。具体来说,管理流程泄密风险的表现有以下几种类型:(1)管理流程中存在的风险与流程本身的设计合理性以及外部环境的影响有一定的关系。例如,在数字化背景下,档案管理包括数据采集、数据分析、数据存储、数据利用等多个环节。若整体流程的推进和管理工作落实模式缺乏规范性,会直接影响到档案管理的质量。(2)管理流程中的风险与外部环境因素的影响有一定的关系。在数字化档案管理背景下,外部环境中的技术因素、人员因素、系统运行维护因素都会影响管理质量,导致相应的泄密风险发生。

2 档案数智化背景下的泄密风险防范措施

2.1 强化技术规范力度

在档案管理向信息化、数字化方向发展的背景下,强化技术规范力度是防止技术泄密问题产生的主要方法。具体来说,强化技术规范力度需要把握以下几个要点:(1)构建完善的技术规范体系。明确技术规范是为了进一步明确档案管理的技术要求和关键性标准。具体来说,技术规范应当包括详细的技术操作流程、安全管理要点、数据备份和数据恢复的技术策略等多方面内容。只有严格按标准流程和标准规范落实档案管理,才能够有效规避技术泄密风险。[2](2)加强技术安全防护。技术安全防护是防范技术泄密风险的关键。在档案管理工作落实过程中,应采取一系列技术措施以达到降低泄密风险的目标。具体技术类型包括加密技术、访问控制、防火墙等,确保数字化档案的安全存储和传输。同时,应定期对系统进行安全漏洞扫描和修复,防止黑客攻击或病毒入侵。

2.2 提高管理人员素质水平

档案管理人员的素质水平提高既包括职业道德素质,也包括专项业务素质。同时,在数字化背景下安全意识也是档案管理人员需要具备的重要素质。因此,为适应档案管理工作要求,需从以下几方面入手采取针对性措施,提高管理人员的素质水平：(1)加大管理人员的职业道德教育力度。作为主要承担管理工作任务的人员,档案管理者的职业道德素质对于取得更好的管理工作成效来说非常重要。管理人员需要具备高度的职业道德和责任心。(2)提升档案管理人员的业务素质。学习掌握数字化技术和平台操作,对于档案管理人员来说,是其综合素质提升的又一个重点要求,只有适应数字化的管理环境和数字化管理技术的应用要求,才能更好地完成新时期的档案管理工作,减少泄密风险带来的负面影响。

2.3 优化档案管理工作流程

优化档案管理工作流程需要结合档案管理的实际流程进行梳理分析。同时,结合各流程管理工作要点进行针对性的管控,规避管理流程泄密风险。具体来说,规避风险的要点如下:(1)明确基本流程。档案管理的基本流程包括档案信息的收集整理、档案存储和档案应用几个方面。需要结合具体的管理流程制定详细的工作程序,明确各环节责任人和操作技术要求,确保管理流程顺利推进。(2)强化流程监管。加强对档案管理流程的监管,确保各个环节的规范操作。建立监督机制,定期对档案管理流程进行检查和评估,及时发现和纠正存在的问题,防止流程中的泄密风险。

3 结 语

综合本文分析可知,在档案数字化背景下,泄密风险有多种表现形式,也可能带来多种类型的危害。结合数字化管理的基本要求,对不同类型的泄密风险进行针对性的分析,并采取有效防范措施非常关键。只有首先落实好泄密风险的管控,才能使档案信息从多角度得到精准和安全的保障,为取得更好的管理工作成效奠定基础。

注释

[1]王文强、谢春霖:《档案工作中的安全保密管理》,《机电兵船档案》2023年第5期,第52—54页。

[2]唐婧:《国有企业涉密档案管理风险防控探析》,《档案记忆》2023年第8期,第56—57页。

浅谈干部人事档案数字化加工外包质量管理

陈小燕

苍南县公务员服务中心

摘　要：干部人事档案数字化就是利用服务器、计算机、扫描仪、打印机等设备组建局域网，人工完成干部人事纸质档案数字化工作，实现干部档案信息化管理。在实际操作过程中，大多数单位借助档案数字化外包公司进行此项工作，质量管理方面存在一些问题。

关键词：干部人事档案；数字化；外包管理

干部人事档案数字化工作由人工按照干部工作条例、省市组织部门接收档案的标准，对现职干部档案进行整理编码、目录录入和打印装订，建立同现职干部纸质档案一一对应的数字档案。对于许多单位来讲，自身没有数字化加工的实力和专业知识，或者人员精力不足，只能借助档案数字化外包公司完成干部人事档案的数字化工作。本文就干部人事档案数字化加工外包质量管理存在的问题加以简要论述，并提出相关建议。

1　干部人事档案数字化加工外包质量管理存在的问题

1.1　质量监管不到位

委托单位和档案数字化加工公司只是雇佣关系，导致委托单位对实施过程和数字化成果的质量很难做到准确把握。同时，档案数字化加工公司的工作人员以工作量计算工资，为了得到更高的工资，工作人员就会加快扫描进度，忽视了质量，导致出现诸如目录与图像不对应、扫描图像不清晰、错漏页等各种质量问题。

1.2　人员构成不专业

数字化扫描工作属于劳动密集型工作，工作人员大多是年轻人，流动性很大，很大程度上影响了项目进度和干部人事档案数字化加工成果的质量。目前全县各乡镇和机关部门人事干部大多缺乏档案专业背景，人员频繁换岗，平时接受档案专业知识培训不足,大多数人事干部未能具备相应的档案管理水平,无力对档案数字化加工各环节进行监管。

1.3　成果验收不起效

许多委托单位对数字化扫描成果的质量控制就是最后验收,验收基本只核对数字化的卷数,很少将档案数字化材料与纸质档案进行有效比对质检。对于数字化的干部人事档案信息资源也不太了解其相关技术及手段,因而存在误区及安全隐患,需加以重视及改正。

2　干部人事档案数字化加工外包质量管理建议

2.1　完善干部人事档案数字化管理的制度

确定干部人事档案数字化管理人员的职责和权限,明确数字化档案的制作、存储、传输、使用等环节的具体要求,以及相应的安全防范措施。明确干部人事档案数字化的备份方案和策略,确保档案信息在遭受破坏时能够及时恢复,加强干部人事档案数字化管理的安全性。

2.2　制定干部人事档案数字化实施方案

以提供更加准确、方便、优质的数字化查档服务为方向,加强干部人事档案内容建设和基础设施建设,整合干部人事档案信息资源,按照干部管理权限构建分级、分层的档案数字化管理格局。成立干部档案数字化工作领导小组和工作专班,进一步压实岗位责任、细化工作任务。制作干部人事档案数字化建设流程单,细化任务分工,严格按照档案出库、整理、归还入库等工作流程规范每一卷档案,确保数字化工作做精、做全、做细。干部人事档案数字化加工完成后,组织专人对照纸质档案进行数据信息完整性、档案实体完整性和图像扫描质量等内容的校验,对发现的问题及时记录、督促整改;并检测干部人事档案系统的可操作性、稳定性和安全性,确保干部人事档案数字化成果高标准、高质量。

2.3　加强干部人事档案数字化加工过程中的全程管理

干部人事档案数字化的日常业务管理环节主要包括:整理编码、目录录入、打印装订、档案扫描、原始图像制作,干部档案目录、原始图像、高清图像数据审核和数据备份,等等。数字化工作各个环节紧密相连。按照《干部人事档案数字化技术规范》国家标准规定的工作环节、操作要求和参数指标,定期对数字化加工过程进行审查,检查分析扫描过程中是否存在违规问题,要不定期对加工人员的工作进行保密检查,及时发现问题和解决问题。

3　结语

组织人事部门应根据管理负责的档案量配齐配足专职档案人员,同时根据工作需要,加强业务方面培训,如信息安全技术、数字化平台操作技术、档案综合技术等业务知识的培训,使档案人员具备相应的档案管理工作能力,培养出一支政治可靠、作风正派、责任心强、业务精通的高素质人员队伍,为干部人事档案建设提供有力的支撑。

浅议新形势下企业档案人员素质提升的主要途径

裘优君

浙江华海药业股份有限公司

摘　要:信息技术的不断发展及办公自动化的普及,带来电子文件数量的快速增长,对文件领域形成冲击的同时,也给档案工作带来了新的挑战;新形势下档案人员除具备档案专业素养外,还应具备信息技术相关的知识和技能,与时俱进,开拓创新,才能更好地适应档案工作的发展和要求。该文分析了当前企业档案人员应具备的素质及存在的问题,指出新形势下企业档案人员素质提升的主要途径。

关键词:企业;档案人员;素质;提升途径

档案人员素质的高低决定了档案工作质效的高低,信息时代下,档案人员不仅要掌握档案的专业知识和技能,还要掌握计算机应用、数据库、人工智能等新技术、新技能,只有这样才能快速熟悉档案管理软件,才能更好地胜任新形势下电子档案的收集、管理、存储、检索和利用等工作,适应时代发展对档案工作提出的新要求。

1　新形势下企业档案人员应具备的素质

1.1　具备良好的思想政治素质

《中华人民共和国档案法》坚持档案工作的政治定位,确立并强化了"档案工作姓党"的政治属性和"为党管档、为国守史、为民服务"的神圣职责。企业档案人员要坚决拥护党的领导,拥护党的路线、方针、政策;要树立正确的人生观、价值观;要有守法意识,做到依法治档;要有奉献精神、不计名利;要有服务意识,积极服务群众、服务大局。

1.2　具备良好的职业道德素质

档案工作的特殊性使档案人员在日常工作中会接触大量非公开甚至是涉密的文件材料,因此,档案人员必须自觉遵守档案工作职业道德,即"爱岗敬业、诚实守信、服务群众、无私奉献",以严谨认真、实事求是的工作态度和一丝不苟的工作作风,严守档案工作职业道德和工作纪律,以高度的责任感做好各项档案服务工作。

1.3　具备档案专业理论知识和基本技能

档案工作是一项专业性较强的工作,要求档案人员具备较强的档案专业理论知识和技能,熟悉档案管理相关的法律、法规、行业标准等,熟练掌握档案收集、整理、归档、利用、鉴定和销毁等各个环节的专业技能。

1.4　具备信息技术等相关知识

信息技术的发展、办公自动化的普及,带来电子文件数量的快速增长,对档案人员提出了信息技术知识方面的要求,档案人员应当掌握常用办公软件、档案应用软件的使用技能,并了解网络、数据库等知识,才能更好地理解电子文件在产生、利用、保存等各个阶段的特点,与时俱进,开拓创新,将信息化意识融入日常的档案管理工作中,提高档案管理工作的质量和效率。

2　企业档案人员的素质现状和存在的问题

新形势新任务对新时代档案人员提出了更高的要求,但统观企业档案人员的现状,仍存在职业素质不高、信息技术知识缺乏、工作积极性不足、服务意识不强等共性问题。

2.1 缺乏主动服务意识

一些企业档案人员缺乏大局观念和主动服务意识,对工作热情不高,不主动了解用户需求,甚至对用户的合理需求置之不理。他们没有意识到档案管理工作的核心是服务,没有树立起"用户第一"的服务意识,这不仅损害了自身形象,也影响了企业档案工作的正常开展。比如,有时候审计过程中急需一份重要文件,有的档案人员不考虑轻重缓急,以制度规定为由,非要借阅人员先把审批流程全部走完才能出借文件,给业务部门留下档案工作人员没有大局观念、缺乏服务意识的印象。

2.2 缺乏职业道德素质

一些企业档案人员对档案职业缺乏正确认知,认为是"冷板凳""混日子"的岗位,缺乏职业神圣感和敬畏感;个别人员存在诚信缺失和职业道德失范问题,他们可能为了谋取个人私利或满足特定利益,不遵守职业道德规范,泄露企业机密信息或篡改档案内容,给企业带来经济损失和声誉风险。比如,有些人员把公司相关的设备信息发布在朋友圈,给公司造成非常不利的影响。

2.3 缺乏档案专业素养

一些档案人员缺乏基本的档案理论和实践知识,对档案管理的基本理论、原则和方法不了解,对档案分类、编目、整理、保存等技能不熟悉,无法对档案进行科学有效的管理和利用。这可能导致企业档案管理混乱、遗失或损坏,难以保障企业档案的完整性和安全性,也增加了企业的运营风险。比如,职能部门向档案人员请教文件整理的要求时,档案人员由于专业性不强,乱说一通,导致职能部门的重复劳动,给后续档案工作的开展带来了阻力。

2.4 缺乏信息技术相关知识

一些档案人员对信息技术方面的知识不学习、不了解,对信息技术应用于企业档案管理存在抵触情绪,未能对电子档案的采集、归档、存储、备份等工作进行有效介入,可能造成企业档案数据的缺失,这在信息时代无疑是巨大的损失。一些档案人员对档案信息化存在误解,认为信息化就是利用计算机对档案进行目录管理,没必要上档案信息系统软件,用 Excel 管理就行,没必要浪费钱搞建设,阻碍了档案信息化建设的顺利开展。

3　新形势下企业档案人员素质提升的主要途径

3.1　加强专业知识培训

专业知识是档案人员开展工作的重要基础和保障。为了提高档案人员的专业知识水平,可采取以下措施。

第一,定期举行讲座。通过邀请业内专家、学者授课,让档案人员了解档案管理领域的最新动态和研究成果,拓宽知识面,提高专业素养。比如,笔者所在公司的档案部门每年都会借助公司的云端学习网络,通过自主开发课程的形式,组织集团的档案人员进行学习,开发的课程包括"档案基础知识""新档案法宣贯""企业文件材料归档范围和保管期限表讲解"等,有效提升了档案人员的专业水平和素养。

第二,组织参观考察。可以安排档案人员到其他先进单位参观学习,了解他们的工作理念、管理模式和工作流程,借鉴成功经验,优化自身工作。比如,组织公司档案人员去同类型的企业参观、学习并听取他们对档案工作的介绍,学习他们的成功经验,并将其运用到实际工作中。

第三,开展继续教育。鼓励档案人员参加专业培训课程、学术研讨会等,提高其专业水平和综合素质。比如,笔者所在公司档案部门每年都要求档案人员必须参加一项省档案培训中心的培训。

3.2　拓宽技能提升渠道

在新时期,档案工作越来越依赖于信息技术和数字化手段。因此,提升档案人员的技能显得尤为重要。具体可采取以下措施。

第一,加强实践锻炼。让档案人员在具体工作中不断积累经验,提高技能水平。多去业务部门,协助他们进行档案的整理、编目等工作,不断提升业务素质。

第二,学习新技术。鼓励档案人员学习新技术、新方法,如数字化技术、数据挖掘等,提高工作效率和质量。比如,邀请 IT 部门的专业技术人员为档案人员进行信息技术相关课程讲解、信息安全保密法规解读、Excel 实战讲解等,增进档案人员对信息技术的了解及提高计算机基础软件的应用水平等。

第三,开展技能竞赛。定期组织档案技能竞赛,激发档案人员的学习热情和积极性,促进技能水平的提升。比如,开展公司财务档案装订大比武、项目档案知识问答等。通过形式多样的活动来锻炼并提升公司档案人员的档案实操能力。

3.3　加强职业道德教育

职业道德教育是提升档案人员素质的重要组成部分。通过开展职业道德教育,可以增强档案人员的责任感和使命感,提高工作自觉性和服务质量。可采取以下措施。

第一,大力弘扬档案人员的职业道德规范。深入学习和贯彻《中华人民共和国档案法》《档案工作者职业道德准则》等相关法律法规,使档案人员明确自己的职责和使命。

第二,强化责任担当。在日常工作中,档案人员应保持高度的政治敏感性和保密意识,切实履行好为党管档、为国守史、为民服务的重要职责。

第三,建立职业道德评价机制。通过评价机制,对档案人员的职业道德表现进行评估,奖励先进、督促后进,形成良好的职业道德氛围。

3.4　加强自我学习和提升

自我学习是提升档案人员素质的必经之路。通过自我学习,档案人员能够不断更新知识结构,提高自身素质和工作能力。可采取以下措施。

第一,主动探索新知识。档案人员应关注行业动态和最新研究成果,主动学习新知识、新技能,以适应不断发展变化的工作需求。比如,多看一些信息技术方面的书籍,多学习档案信息化相关的法规及行业标准等,不断用档案知识武装自己。

第二,不断反思自身行为。在日常工作中,档案人员要对自己的工作进行深入思考和总结,发现问题及时纠正,不断提高自身的工作水平和综合素质。针对档案接收过程中遇到的一些问题,多和归档部门交流,找到更贴合实际的文件整理、编目的方式,简化工作流程,为业务部门减轻负担,提升部门整体形象。

第三,积极寻求督导支持。对于在工作中遇到的困难和问题,档案人员应主动向领导、同事请教,寻求支持和帮助,以便更好地解决实际问题。

总之,提升新时期下档案人员素质是适应社会发展需求、推动档案事业发展的关键。通过专业知识培训、技能提升、职业道德教育和自我学习等多方面的努力,我们可以全面提升档案人员的素质水平,为推动档案事业健康发展提供有力保障。

档案室消防安全应急预案探析

郑晓丽

温州市科技信息研究院

摘　要:档案室作为档案的保管和存放之所,其安全管理对档案的实体安全和信息安全的重要性不言而喻。档案室的安全管理是档案工作科学与持续发展的保障。但若缺乏相关的安全应急预案,就会导致档案室安全管理存在缺陷。该文结合单位实际,主要从制定消防安全应急预案的意义、如何制定消防安全应急预案两方面展开分析。

关键词:档案室;消防安全;应急预案

近年来,随着对档案工作基层的重视,档案室安全管理工作也随之加强。针对档案室存在的安全风险,必须建立应急预案,以最大限度地减少突发事件对档案造成的危害。应急预案是在正常工作时期为应对突发事件预先制定的处理方案。随着突发事件的来临,应急管理机制启动,应急预案被采用作为应急方案执行。

火灾是档案室面临的首要风险,如果出现火灾,档案室将有无法估量的损失。为了有效预防、及时应对突发事件,提高应对火灾的应急救援能力,达到快速有效救援,减少损失,确保档案资源的安全,制定一份有效的档案室消防安全应急预案至关重要。

1　温州市科技信息研究院档案室现状

温州市科技信息研究院目前共有 3 个档案室库房:文书档案室库房、科技成果档案室库房、人事档案室库房。其中,文书档案室库房面积 20 平方米,科技成果档案室库房面积 120 平方米,人事档案室库房面积 7.5 平方米。除了人事档案室库房没有窗户外,其他设备如去湿机、温湿度计、空调、灭火器等配备齐全,但未配备专职档案工作人员,由办公室人员兼任。

2 制定消防安全应急预案的意义

档案具有原始凭证和唯一性特点,一旦遭受损毁,将无法再生和弥补。火灾一直是档案安全的最大威胁,它是档案室所面对的最具破坏性的危险。火灾对馆藏档案的毁坏会造成不可挽救的后果,档案室制定消防应急预案,不仅可有效地应对火灾的发生,而且可将火灾造成的损失降到最低。因此消防安全应急预案在档案室遭受火灾时起到至关重要的作用,消防应急预案的制定也迫在眉睫。

3 如何制定消防安全应急预案

为了保证火灾应急处置工作的有效进行,最大限度地减少火灾对档案造成的危害,档案室应结合实际制定档案室消防安全应急预案。

3.1 成立消防安全应急预案组织机构

档案室是易燃场所,一旦发生火灾,如果扑救不及时,就会造成档案损毁,所以应预先成立消防安全应急预案组织机构。根据实际,温州市科技信息研究院建立了消防安全应急预案工作领导小组,组长由院长担任,两位分管副院长担任副组长,各科室主任为成员。领导小组下设办公室,由分管办公室的副院长兼任主任,办公室主任兼任副主任,办公室其他职员为成员。领导小组负责消防安全应急预案工作的决策与协调,具体负责火灾现场的组织实施与指挥,现场工作人员必须绝对服从,不得各行其是。所有人员均应熟悉自己的岗位、职责,消防器材的存放位置及使用方法等,真正做到责任到人、措施到位、方法得力。

3.2 建立健全各项防火安全制度

为确保档案室内档案的安全性、完整性和可用性,根据国家有关法律法规和规定,温州市科技信息研究院制定了档案室防火安全制度。(1)设施要求。档案室应建立完善的消防设施,如自动喷火灭火系统、防火卷帘、烟感探测器等,确保设施的安全有效;档案室内应禁止存放易燃、易爆物品,严格限制各种直接火源的使用;档案室的门应保持完好无损,易于开、关,实施防火隔离,门上应贴有防火标识牌,并保持畅通。(2)人员要求。档案室内工作人员应接受防火培训,了解防火知识和消防设施使用方法;工作人员应定期检查和维护设施设备,确保其运行正常;如果发生火灾,工作人员应迅速采取应对措施,保障人员安全及档案资料的完好无损。(3)处置规定。如果发生火灾,请立即报警,报警电话为119或110;如发现火情,应在确保自身安全的情况下,及时关闭门窗,切断电源,妥善处置可燃物品,同时迅速通知档案室工作人员;在火灾扑灭前,严禁离开现场,必须认真听从消防队员指挥,履行组织疏散的职责。(4)日常管理。档案室的日常管理应加强消防知识的普及,提高员工防火意识;定期检查和维护档案室内防火设施、器材等,确保其能够有效使用;配置消防器材和消防安全标志,如灭火器、消火栓、安全标志牌等。

总之,档案消防安全工作任重道远,需要我们在技术上求实求新,在知识上与时俱进,用科学的发展观将档案工作和消防工作紧密结合起来,以防为主,标本兼治,从根本上杜绝火灾的发生,确保档案的安全。

基层法院档案业务外包现状及改进建议

仰　琴

建德市人民法院

摘　要:案卷的归档管理工作一直是法院司法工作的重要组成部分,案卷多,工作量大,法院档案专业人员有限,为了提高工作效率,基层法院将部分档案业务外包给专业的档案公司,但在实践中也存在诸多问题和挑战。该文对基层法院档案业务外包现状进行深入分析,提出相应的改进建议,旨在推动基层法院档案工作科学化、高效化。

关键词:基层法院;档案业务外包;改进建议

1　基层法院档案业务外包的由来

1.1　提升档案管理能力的需要

基层法院自身档案管理能力不足,由于档案专业人员少,无法完成全部档案工作,需要借助外部力量。档案外包可以帮助基层法院解决人员不足、工作量大等现实困境。外包公司通常拥有专业的档案管理团队和丰富的经验,能够提供高效、规范的档案管理服务。这不仅可以减轻法院内部人员的工作压力,还可以提高档案管理的效率和质量。

1.2 提升档案管理标准服务的需要

专业外包公司在档案管理技术上具备一定优势,可以为基层法院提供专业化、标准化、个性化的服务,帮助法院更好地适应不断变化的新时代档案管理需求。

1.3 提升档案管理质效的需要

基层法院档案业务外包后,可以将更多的精力投入案件审理、法律研究等核心业务中,降低法院档案管理成本,提高工作效率。

2 基层法院档案业务外包现状评估

基层法院档案业务外包在一定程度上解决了法院档案管理难题,但也面临着一些问题和挑战。

2.1 服务质量问题

外包服务商的档案管理服务水平参差不齐,存在服务质量不稳定的情况,这可能直接影响档案工作的质量和安全性,致使基层法院档案工作的连贯性和稳定性受到影响。

2.2 技术应用不足

当前档案管理技术更新迭代迅速,但部分外包服务商在技术应用上缺乏创新,无法满足法院对档案信息化、智能化的需求。

2.3 信息安全风险

档案信息安全存在隐患,外包服务商在信息安全保障方面的措施不够严密,可能只关注经济利益,而忽视档案保密性和安全性,存在泄密、不安全等情况。同时,外包服务导致法院档案管理流程缺乏连接性,法院内部对档案流转和处理缺乏监督,容易出现纰漏。

有针对性地解决当前基层法院档案业务外包存在的各类问题显得尤为重要。首先,需要明确基层法院档案业务外包范围,让权责和边界更加清晰,以便档案工作更高效地进行。

3 基层法院档案业务外包范围

基层法院档案业务外包涵盖档案的整理、数字化扫描、数字化系统开发利用等内容,以满足法院对档案管理专业化、高效化和安全化的需求。这些业务内容不应涉及相关涉密和敏感档案,主要包括以下几个方面。

3.1　档案整理

外包服务公司负责法院各类非涉密档案的全面整理工作,包括档案的分类、排序、编目等,确保档案条目清晰、易于检索,从而提高档案管理的整体效率。

3.2　档案数字化

随着信息技术的快速发展,档案数字化已成为必然趋势。外包服务公司利用先进的扫描技术和数字化工具,将纸质档案转化为电子档案,实现档案的快速存储、备份和检索,提高档案信息的利用率。

3.3　档案管理咨询

外包服务公司凭借丰富的档案管理经验和专业知识,为法院提供全面的档案管理咨询服务,包括制定档案管理政策、优化档案管理流程、提供档案管理培训等,帮助法院提升档案管理水平。

3.4　辅助档案数字化系统开发利用

外包服务公司辅助基层法院进行档案数字化系统开发利用,内容涵盖档案数字化转换、系统集成与接口开发、用户界面设计与优化等。外包服务团队的专业技术支持和定制化解决方案,可以很好地辅助基层法院在档案数字化系统开发利用过程中提高工作效率、降低成本、推动创新,继而推动基层法院在档案信息化建设等方面的整体发展。

4　基层法院档案业务外包改进建议

4.1　建立健全外包服务管理机制

基层法院应建立完善的外包服务管理机制,包括对外包服务公司的资质审查、合同条款的明确、服务质量的监督等方面。基层法院应当建立健全的档案管理制度和流程,内部管理架构应当合理规范,确保各环节之间的职责划分清晰明确,避免出现职责不清和责任不明、职能交叉和责任推诿的现象。应建立对外包服务公司人员的监督机制,定期对其工作进行检查和评估,确保档案工作的质量和安全性。健全绩效考核制度,建立以档案工作为核心内容的绩效考核体系,建立健全内部监督机制,加强监督和检查,及时发现问题并进行纠正,有效推动档案工作的改进和提升。

4.2　加强档案工作人员能力建设

全员档案意识的提高是基层法院改进档案工作的重要策略之一。基层法院应加强对档案工作人员的岗位培训和能力建设,定期培训,培训内容包括档案业务培训、信息安全法律法规、信息安全事件应急处理等方面,提高全员的档案管理意识和专业水平。加强档案管理意识的宣传和教育,在全院上下营造珍视档案、积极保护档案的浓厚氛围,让大家都能深刻认识到档案管理在机构运行中的核心价值和不可或缺的重要性。同时要求外包公司加强对人员的档案管理知识和技能的培训,提高他们对档案管理规范和标准的理解和掌握,确保档案工作的专业性和有效性。

4.3　加强沟通与合作

基层法院应加强与外包服务公司的沟通与合作,确保档案工作的连续性和稳定性。建立定期沟通机制,就档案工作的进展、遇到的问题及解决方案进行深入交流,以确保双方对工作进度的了解保持一致,还能及时发现问题并共同解决,确保工作的连续性。建立反馈与评估机制,定期对外包服务公司的工作进行评估,了解他们的工作质量和效率,并及时给予反馈。通过评估与反馈,发现档案工作的不足并加以改进,从而确保档案工作的稳定性。

4.4　建立健全信息安全管理机制

外包服务公司人员流动性大,且对法院信息安全意识不足,容易造成档案信息的泄露或丢失。加强对外包服务公司人员的保密教育和培训,建立健全信息安全管理机制。首先,应明确档案业务外包信息安全管理的目标和原则。目标应包括保护档案信息的机密性、完整性和可用性,防止信息泄露、篡改或丢失。其次,要制定详细的安全管理制度和流程,包括档案业务外包服务公司的选择、合同签订、服务过程监督等方面,确保外包服务公司能够按照法院的要求进行档案管理。要加强对外包服务公司的安全管理,选择外包服务公司时应充分考虑其信息安全能力和信誉度,签订的合同应明确信息安全要求和责任,包括档案信息的保密、存储、传输和使用等方面。同时,法院应定期对外包服务公司进行安全检查和评估,确保其符合法院的信息安全要求。

基层法院应建立完善的信息安全事件应急响应机制,制定详细的应急预案和处置流程。在发生信息安全事件时,基层法院能够迅速启动应急响应机制,采取切实有效的措施进行应对,以减少潜在损失和不利影响,确保形势稳定可控。

《"十四五"全国档案事业发展规划》规定,建立档案服务外包安全工作监管机制,着力对安全风险较高的托管、数字化、信息系统建设等重点领域实施监管。基层法院档案业务外包的改进对于提升司法服务水平、推动司法体制改革具有重要的实践意义,支持基层法院加强档案管理和外包服务质量,能有效提高司法效率和公正性,促进基层法院档案工作的规范化、科学化和高效化,为人民群众提供更加便捷高效的司法服务。同时,基层法院档案业务外包也需要不断改进和完善,通过加强监管、提升档案管理水平、加强与外包服务公司的合作,推动基层法院档案业务外包朝着更加规范、高效的方向发展。

高素质人才服务背景下增强高校毕业生档案意识的策略研究

吴辰心

浙江经济职业技术学院

摘　要:该文阐述高素质人才服务背景下高校毕业生档案意识弱化问题与强化策略,分析了高校毕业生档案意识缺失的现状、强化高校毕业生档案意识的重要性,并从档案育人、科学发展理念、毕业生个性指导、档案共享机制探索等方面给出了高校毕业生档案意识强化路径选择方案。

关键词:高素质人才;档案意识;高校毕业生

《中华人民共和国档案法实施条例》(2024年修订)规定,应当加强档案宣传教育工作,普及档案知识,传播档案文化,增强全社会档案意识。虽然我国档案行业快速发展,但非档案专业人员的社会档案意识薄弱情况仍普遍存在。2024年浙江省委、省政府提出"三支队伍"(高素质干部队伍、高水平创新型人才和企业家队伍、高素养劳动者队伍)人才建设,以进一步推动人才强省建设。因此,在高素质人才服务背景下,开展高校毕业生档案意识弱化问题与强化策略研究,以期望培养毕业生的终身化档案意识,使毕业生档案在其就业成才之路上发挥应有的作用。

1　高校毕业生档案意识缺失现状

档案意识是人们对档案的价值和作用的认识,以及对档案和档案工作的认识,主要指人们对档案的意向观念、知识观念和决策观念。高校毕业生档案意识主要指毕业生对档案和档案工作的认知与态度。其对毕业生个人的就业和发展

会产生重要影响。一项针对 150 名省级高校大学生档案知识的调研显示,当代大学生普遍对档案重视程度不够。调查活动采取问卷调查的方式,调查对象为在校大学生,共发放有效问卷 150 份。问卷就大学生档案转递路径、个人档案存放地、档案遗失后的取回路径、选修档案公共课意愿等问题展开调研与分析。问卷调研显示,高校大学普遍档案意识薄弱,主要表现在以下几方面。

首先,在校期间建档意识薄弱。大学生普遍缺乏档案基本常识,对于档案内容对以后职业生涯产生的影响缺乏清晰认识。不了解档案如何传递、个人档案应存放在什么地方,对人事档案管理的基本常识和流程也缺乏了解。

其次,毕业时管档意识缺乏。调查中有半数学生不了解学校咨询档案去向的部门。若档案遗失,认为应该去档案馆补办的学生占 1/3。更有超过总调查人数 1/5 的学生不知道该去哪里补档案。部分毕业生没有在毕业后及时转出个人档案。

最后,毕业后用档意识缺位。一些高校毕业生不懂得档案相关的法律法规,不懂得保护自身的合法权益,进入社会后跟踪补充自身档案意识薄弱。若没有及时跟踪自己的档案去向,几年后有可能会造成档案丢失,补办档案材料非常困难。

2 高素质人才服务背景下强化高校毕业生档案意识的重要性

造成高校毕业生档案意识缺失的原因有历史、社会、教育体系等多方面。在高素质人才服务流动大趋势下,只有不断提升毕业生档案意识,才能减少档案流转中的漏洞,引才育才才能更加顺畅。

2.1 贯彻落实依法管档的迫切需要

国家对于高校学生档案的转入和转出都有明确规定。高校要确保档案完整和传递规范,以防档案丢失。但由于部分高校毕业生很难一下子找到正规的企事业单位就业,部分毕业生不再回原籍就业或创业,档案需要放在人才服务中心托管。高校、毕业生、档案接收机构三者若能建立起信息化交流平台,相互监督,履行好自身的职责,"弃档""死档"的发生将大大减少。

2.2 维护高校毕业生档案利用的有效手段

毕业时没有及时转出个人档案,学生本人对自己的档案不闻不问造成的"弃档"或者个人档案丢失,对个人发展影响深远。比如个人信息难以确定、社会活动受限、个人权益保障出现问题、个人档案断档无法补办、个人信誉受损等。对于高校毕业生,其个人档案都属于干部人事档案的一部分,随着人事档案利用越来越规范,完整的个人档案对个人成才发展影响深远。

3　增强高校毕业生档案意识的策略

第一,聚焦档案育人,开设档案管理公共课。深入融入档案育人服务高素质人才建设,充分发挥档案管理在教育事业发展中的作用是高校的职责所系、价值所在。开设档案管理公共选修课是普及档案知识、提升档案意识的重要途径。通过系统化的课程学习,将档案管理业务与大学生升学、就业及个人职业发展等息息相关的档案知识结合教授,为学生个人职业生涯的发展奠定坚实的基础。

第二,聚焦高质量发展,提升服务方式。进一步健全档案管理规范和制度,从校级、院系、辅导员等三方面齐抓共管。进一步健全档案两级管理体系,加强档案工作人员和二级部门兼职档案员队伍建设。对专职档案员继续再教育,对兼职档案队伍开设大讲堂、档案馆参观等形式宣传和档案知识讲解。有效发挥辅导员思政教育的骨干作用,可在学生档案收取、整理、填写指导等重要阶段,潜移默化地进行档案意识的宣贯及培养。

第三,聚焦毕业生个性情况,多层次指导。在学生建档时,学校做好初始宣贯教育。档案是个人历史的痕迹,一经生成便无法修改,必须认真填写、字迹清楚。毕业时,学校要做好毕业生档案的政策宣传,除了广泛的就业指导和就业讲座等形式外,还要针对已经找到工作和慢就业的学校进行分层分类的个性化指导,使档案意识真正深入人心。

第四,聚焦档案数据资源,完善档案共享机制。在档案业务自身体系发展的基础上,相关行业组织或政府部门可以发挥积极作用,进一步完善档案的共享机制和标准。一方面,行业组织可以组织行业内部分企业和机构参与,研讨适用于整个行业的档案共享标准。比如在格式、索引规则以及数据交换协议等方面进行探讨,以确保档案数据资源可以顺利交换和共享。另一方面,在高素质人才流动的背景下,政府部门可以研究出台相关政策,从制度政策层面推动档案共享机制,以减少重复劳动,提高高素质人才管理的效率和准确性,从而促进经济社会的发展。

高校档案数字化管理路径探析

章　萍

浙江金融职业学院

摘　要:在推进教育数字化目标下,高校档案数字化管理是高校教育数字化改革的重要内容。该文从高校档案的特点和功能出发,分析了档案数字化管理的优势和面临的主要挑战,提出了高校档案数字化管理的优化路径建议。

关键词:档案管理;高校档案;数字化

党的二十大报告提出"推进教育数字化",指明了教育发展和创新的方向。教育数字化改革是推进科教兴国战略、人才强国战略的重要突破口,核心是促进全要素、全业务、全领域和全流程的数字化转型。其中,档案管理工作涉及高校各个行政和教学部门,是高校管理的重要基础性工作,档案数据数量巨大、内容复杂,档案数字化管理是高校数字化改革的重要内容。

1　高校档案的特点和档案管理功能

根据《高等学校档案管理办法》,高校档案是指高等学校从事招生、教学、科研、管理等活动直接形成的对学生、学校和社会有保存价值的各种文字、图表、声像等不同形式、载体的历史记录,包括党群、行政、教学、科研、基本建设、仪器设备、产品生产、出版物、外事、财会等方面的内容,具有数据量大、来源广、用途和需求多样的特点。基于高校档案涉及的内容和特点,其功能主要有四方面。

1.1　历史记录功能

高校档案通过文字、图表、声像等形式和载体,全面反映在学校历史沿革和发展过程中的里程碑事件,是记录高校建设发展的宝贵财富。比如,校史档案系统记录高校发展的历史轨迹,展示高校精神凝练的过程,传承高校校史校训内涵。历史档案的管理和运用,能增强师生归属感,推动校园文化建设,并为社会各界提供了解学校历史文化的窗口,有助于提升高校知名度和影响力,促进文化传播,推进"精神立校"。

1.2 教育支持功能

高校拥有大量教育资源和教学资料,档案管理可以整理、整合、保管各类教育资源,从而形成丰富、高效、动态的教育资源库,提高教育资源的使用效率,为在校师生提供更多元的学习方式。同时,通过教学档案互通、教学资源共享、远程教育等形式,有助于打破教育资源区域限制,为弱势群体提供更多的教育机会,提升全社会教育水平,确保教育公平和教育资源的均衡性。

1.3 科研辅助功能

高校档案包括学术论文、研究报告、实验数据等科研相关档案。高校通过现代档案管理,对科研档案进行收集、整理、保管,形成学术交流平台。一方面,科研档案整理为师生提供相关学科的研究路径,有助于更高效地挖掘研究热点和前沿领域,为深入研究、评估改进、前瞻性分析提供方向。另一方面,强化学术成果保护,全面、规范管理学术成果,提供查询途径,推动学术成果原创性保护,维护学术环境的公平性。

1.4 行政服务功能

档案管理能够有效收集、整合高校各部门行政资源和信息,强化信息和数据共享,打破信息孤岛效应。一是深化部门交流和协作,加快行政响应速度,提升高校管理和运作效率。二是在大量档案数据和信息的基础上进行梳理和分析,更好地了解和把握各部门运行情况,为行政决策提供参考。三是强化行政决策和执行过程的监督和记录,提升决策透明度。

2 高校档案数字化管理优势

数字化管理有助于提高档案管理的效率和准确性,降低档案管理成本,增强档案管理的安全性。

2.1 提高档案管理效率

与传统纸质档案相比,数字化档案的一大优点是储存量大、保存时间长、便于管理和提取。当前,随着高校专业领域扩大、师生人数增长,档案的种类、数量都大大增加,数字化管理有助于提高档案管理效率。一是档案存储不受限于物理空间,能实现对大量档案的保存。二是档案收集、整理和加工可在线上完成,缩短管理所需时间,简化管理流程。三是通过数字化手段进行检索、查询、分析,提高档案使用效率。

2.2 降低档案管理的成本

传统纸质档案管理的收集、整理、分类、储存、检索、提取等过程中有大量重复性工作,数字化管理能通过技术手段,一次建成、重复使用。一是以电子化方式代替部分人工工作,节约人力成本。二是档案数字化后,可通过电子方式查询、复制、传输,节约了复印、运输等成本。三是档案信息以数据形式存储,减少了档案保存管理的物理空间成本。

2.3 增强档案管理安全性

传统纸质档案在储存、查询、翻阅、传递等使用过程中,容易出现发霉、损坏、流失等情况。档案数字化管理通过信息化手段将数据信息存储在电脑或服务器中,防止在使用过程中发生物理损坏,同时避免了长期保存中污损、虫霉、墨迹褪色等问题。运用加密、电子备份等方式,防止档案信息被篡改或遗失,增强档案保管和传输的安全性。

3 高校档案数字化管理的难点和挑战

3.1 档案管理标准化程度不足

实际工作中,档案的收集和保管主要在行政和教学部门、院系等单位,部分高校的档案管理工作在目标规划和标准统一等方面存在不足。教务、财务、后勤管理等业务系统建设在先,档案数字化管理推进在后。各业务系统产生的档案数据存在较大差异,难以有效整合。档案信息来源多样,导致数据格式异构、部分信息缺失、数据重复收集等问题,增加了档案数字化管理的难度。

3.2 管理方式不够完善

由于档案信息形式多样、来源主体多元,大多数高校的档案管理采用纸质与电子并行的方式,仍需手工对档案信息进行采集、整理与保管,降低了档案管理的效率。部分高校的档案数字化管理还停留在对纸质档案进行扫描、储存上,缺乏兼容统一的数据库应用系统,存在档案信息分类不细、归档材料分散等问题,未对档案中的信息和数据进行分析挖掘,对档案的使用效率不高。

3.3 档案共享应用存在瓶颈

目前,部分高校档案工作依然限于建档、管档、看档,数字平台的功能主要是检索、查询,在此基础上进行档案复制、提供证明等,主要强调档案的记录和凭证功能。在跨部门信息共享、为学校管理决策提供参考、跨院校的科研档案共享等方面,尚未充分发挥作用。同时,数字档案的跨部门、跨院校共享,还需要考虑数据查阅共享的范围权限、传输的安全性,对档案数据系统和平台的功能性和安全性提出了更高要求。

4　高校档案数字化管理优化路径建议

档案数字化管理的目标是通过数字化手段,实现档案的高效和有序管理,从而发挥高校档案的历史记录、教育支持、科研辅助、行政服务等功能。以此为目标,需从机制、技术、人才方面入手,提高档案管理的效率和质量。

4.1　机制路径:完善档案数字化管理机制建设

建立涵盖制度、流程、评价的闭环管理机制。一是健全规章制度,以高校档案数据管理需求为出发点,健全组织架构,完善归档管理制度、查阅利用制度、档案销毁制度等,明确档案信息提供、管理、使用的各主体责任。二是明确标准流程,对电子档案的产生、保存以及查询利用等方面进行规范。三是完善评价机制,将档案管理工作完成质量、工作成效等纳入考查范围,通过评比评优、职称晋升等方式强化激励。

4.2　技术路径:优化档案数字化平台建设

建立健全专业的档案数字化管理系统。一是加强档案管理平台系统的联动,通过加强档案数据标准化和高校各业务系统的衔接,整合高校数据资源。二是根据档案信息特点、使用主体需求,提供档案批量录入、在线查询、远程传输等服务,提高档案管理系统的智能性与实用性。三是强化数字档案的安全管理,严格落实保密制度要求,完善数据应急预案、备份管理,通过信息安全保密、隐私保护、访问控制等技术,维护档案数据安全。

4.3　人才路径:加强档案管理队伍建设

不断提升档案管理队伍的业务能力和技术水平。加强档案数字化管理培训,拓展学习平台,完善讲座培训、校际交流、人才互通等机制,提升档案管理队伍的综合水平。针对数字化管理要求,加大技术型人才的引进力度,培养具有档案管理、计算机技术专业能力,适应数字化改革需求的复合型人才。树立主动服务理念,推动档案管理队伍从档案信息的收集和保管者向档案资源管理和信息使用的引导者转变,促进高校档案数据服务模式的转型。

现代社区建设背景下的社区档案工作思考

章晓敬

丽水市莲都区社区工作指导中心

摘　要:社区是党委、政府联系群众的神经末梢,是基层治理的落脚点,社区承担着多种多样的管理和服务职能,社区档案客观记录了社区发展的全过程。在现代社区建设背景下,社区档案工作显得尤为重要,它不仅记录了社区发展的历程,更是社区管理、服务及居民自治的重要基础。

关键词:现代社区;社区档案;档案管理

1　社区档案工作现状

随着现代社区建设的推进,越来越多的社区开始重视档案工作,因此取得了长足的进步,其内容涵盖居民的基本信息、服务记录、社区发展历程和变迁等方面,丰富多样,在保障社区居民生活质量、推动社区建设中发挥了重要作用。但是站在构建社区治理新格局、提升社区治理水平的角度,必须清醒地认识到,社区档案建设中还存在一些明显的不足,这些不足不仅影响了社区治理的成效,也制约了社区档案工作的进一步发展。

1.1　社区档案收集不全面

社区档案工作涉及范围广,包括居民基本信息、社区发展项目、社区活动等多个方面。人力资源和技术设备的限制,使社区档案工作往往无法收集到所有相关的档案信息,导致档案内容不全面。部分档案管理人员在档案收集过程中,可能因为疏忽或缺乏足够的培训,未能将关键信息或文件纳入档案中,进一步加剧了档案收集不全面的问题。

1.2　社区档案分类不清晰

社区档案分类标准不统一,导致档案分类不清晰,难以找到所需的档案。这既影响了档案的检索效率,也影响了档案的利用价值。在档案分类过程中,由于工作人员的熟悉程度不同,可能出现分类错误或遗漏的情况,进一步加剧了档案分类不清晰的问题。

1.3 社区档案管理流程复杂且不规范

社区档案管理工作涉及档案的收集、整理、归档、检索等多个环节,流程复杂且需要一定的操作规范。然而,在实际操作中,工作人员对档案管理流程不熟悉或缺乏规范意识,容易出现纰漏,导致档案管理工作混乱。档案管理手段落后,传统的手工管理方式仍然存在,这种方式效率低下且容易出错,无法满足现代社区建设对档案管理工作的要求。

1.4 社区档案保密性不高

社区档案涉及居民的个人信息和社区的敏感信息,需要做好档案的保密性工作。然而,由于工作人员的失职或管理不力,社区档案的保密性往往不高,容易导致档案信息的泄露或被他人恶意利用。

1.5 社区档案管理人员流动性大且专业素质参差不齐

部分社区档案管理人员流动性大,导致档案管理工作难以持续和稳定。同时,由于档案管理人员的专业素质参差不齐,部分人员缺乏必要的档案知识和管理技能,无法胜任档案管理工作。

1.6 社区档案管理信息化投入不足

信息化建设是提高档案管理工作效率和质量的重要途径。然而,一些社区由于资金或技术问题,档案管理信息化建设滞后,无法满足现代社区建设对档案管理工作的要求。

2 充分认识社区档案工作在基层治理中的重要作用

社区档案工作在基层治理中发挥着信息记录、民主促进、政策支持、社会监督、文化传承和法律支持等多重作用。因此,加强社区档案工作建设和管理对于推动基层治理现代化具有重要意义。

2.1 信息记录与凭证作用

社区档案是对社区建设、发展以及居民生活实践活动的真实记录,它保存了丰富的历史资料和信息,为基层治理提供了有力的凭证。这些档案资料在研究社区历史、总结社区发展经验、评估社区治理成效等方面具有不可替代的价值。

2.2 支持政策制定与决策参考

社区档案中包含了大量的居民需求、社会问题和治理难点等方面的信息,这

些信息对于制定和调整基层治理政策具有重要的参考价值。通过对社区档案的深入分析和研究,档案工作人员可以更加准确地把握社区发展的脉搏,为制定政策和做出决策提供科学依据。

2.3 加强社会监督与公共服务

社区档案作为公开的信息资源,有助于加强社会对基层治理工作的监督,提升政府和社会组织的透明度和公信力。

同时,社区档案还为居民提供了便捷的信息查询和公共服务功能,如房产证明、户籍证明等,提高了基层治理的效率和水平。

2.4 推动文化传承与社区发展

社区档案中保存了大量具有地方特色的文化和历史遗产,这些遗产是社区发展的重要精神支柱。挖掘和整理社区档案中的文化资源,可以推动社区文化的传承和发展,增强社区的凝聚力和向心力。

3 推进社区档案建设举措

3.1 提高认识,增强工作责任感

社区档案工作不仅是社区建设的重要组成部分,也是加强档案资源建设的重要举措。我们应该从思想上高度重视社区档案工作,增强工作责任感,确保社区档案工作取得实效。

3.2 加强协调,相关部门密切配合

社区档案工作涉及多个部门和单位,需要各方密切配合、共同推进。我们应该加强与相关部门和单位的沟通协调,形成合力,共同推动社区档案工作的顺利开展。

3.3 完善法规制度,规范档案管理

进一步完善社区档案管理的法规制度,明确档案工作的职责、权利和义务,规范档案工作的各个环节。同时,加强对档案工作的监督和检查,确保档案工作符合规范要求。

3.4 加强培训宣传,提高档案管理水平

组织档案知识讲座、档案展览等宣传活动,吸引更多人关注和了解档案工作,提高档案意识。制作通俗易懂、图文并茂的档案宣传资料,如宣传册、海报等,向社区居民和工作人员普及档案知识。通过社区广播、微信公众号等媒体渠

道,定期发布档案工作动态、经验分享等内容,扩大档案工作的社会影响力。

3.5　推进信息化建设,提高档案利用效率

积极推进社区档案信息化建设,建立电子档案系统,实现档案信息的数字化、网络化和智能化管理。这不仅可以提高档案的利用效率,还可以为社区治理提供更加便捷、高效的信息支持。

习近平总书记反复强调要"把社区建设好"。在现代社区建设背景下,社区档案工作面临着新的机遇和挑战。我们应该充分认识社区档案工作在基层治理中的重要作用,采取有效措施加强和改进社区档案工作,为社区治理提供有力支持。同时,我们也需要不断探索和创新社区档案工作的新思路、新方法,推动社区档案工作不断向前发展。

比较视野下提升档案工作者社会地位的若干思考

李凌芳

三门县卫生健康局

摘　要:档案是社会的记忆,档案事业推动社会进步的巨大作用是毋庸置疑的。中外档案工作者在社会地位、薪资待遇等方面都存在差异。在比较视野下,提高我国档案工作者社会地位要做到:观念创新,充分发挥档案资源资产价值;制度创新,推动档案工作适应社会发展;管理创新,不断提升档案工作管理效能;服务创新,切实增强档案服务发展能力,以创新促档案事业发展,以创新促档案工作者社会地位的提升。

关键词:比较视野;档案工作者;社会地位

在人类社会发展进程中,档案工作者作为肩负延续社会记忆重任的重要角色,其职责和功能十分重要。当前,面对经济社会的快速发展,档案工作者无论是在专业知识上还是在专业技能上都感到压力重重。本文立足于中外档案工作者的比较视野,就提升我国档案工作者的社会地位做出若干思考。

1 中外比较视野下档案工作者的社会地位

档案工作者在发达国家的社会地位得到提升,主要得益于政府和社会对档案工作的重视。一方面,他们投入了大量的资源和精力,包括建设档案馆、开展档案业务培训、大力建设数字化档案等。另一方面,国外档案工作者的社会地位也得到非政府部门的强力支持。这些非政府部门为档案工作者提供了专业培训和交流平台,建立完善的档案职业资格认证体系,多渠道帮助他们提升专业水平和社会地位。

相对而言,我国各地区各单位对档案工作的重视程度不一,社会对档案工作的认知程度还不够高,档案工作者的社会地位与档案工作的重要性还不够匹配。一方面,档案工作往往被认为是一项普通的行政或业务工作,社会利用和使用率比较低,社会对档案工作的重视还不够。另一方面,在档案工作者中博士、硕士研究生占比小,多数为大学、大专文化程度,甚至还有一部分是中专、高中文化程度,这也在一定程度上制约了档案工作的质量和水平提升,档案功能未能得到充分发挥,也影响到档案工作者的劳动报酬及社会对该群体的工作认可,影响到档案工作者的地位,导致档案工作队伍人才流失,容易形成负循环。

2 提高我国档案工作者社会地位的思考

通过对中外档案工作者的地位比较,结合我国国情以及档案工作实际,提高档案工作者社会地位需要增强创新意识,以创新促发展,以创新促社会地位的提升。

2.1 观念创新,充分发挥档案资源资产价值

档案工作者应积极转变思想观念,充分认识档案是资产和资源,是知识与信息,具有价值和效益,等等内容。在信息时代,档案是经济社会发展的历史记录,是一项重要资产和重要资源,档案工作者作为档案管理的具体实施人,一定要发挥档案的服务功能,使档案的价值能够在利用中得以充分发挥。

2.2 制度创新,推动档案工作适应社会发展

不断对档案管理进行体制机制创新,使档案管理工作与单位需求、社会需求相适应。档案管理体制应该随单位管理机制和社会需求的变化而不断创新,从过去单纯的档案资料管理体制不断向科技、信息、情报以及档案一体化管理体制转变,从而创造出更大的社会效益与经济效益。充分进行联网操作,使档案信息

资源共享与运用得以同步发展,提高档案管理的灵活性与自主性。

2.3 管理创新,不断提升档案工作管理效能

优化档案职能部门管理效能,明确职责,实现更高效的管理。注重解放思想、创新理念,转变传统观念和意识。优化档案层次布局,提升工作者的工作效率,充分发挥档案的实际作用。建立健全档案管理评价机制,通过建立合理的奖惩机制,有效调动工作者的工作热情,激发其做好档案工作的主动性和创造性。

2.4 服务创新,切实增强档案服务发展能力

要履行好"为党管档、为国守史、为民服务"的神圣职责,增强服务意识,提高档案工作服务中心、服务发展、服务社会的能力和水平,在提供高质量服务中扩大档案工作的社会影响。通过举办档案展览、宣传活动等方式,增加社会对档案工作的了解和认同,从而提升档案工作者的社会地位和声誉。加强对档案工作者的培训和教育,提升其专业水平和社会认可度。档案工作者也要不断加强自身业务能力学习,更新知识结构,提升档案管理能力,不断研究新情况,解决新问题。

面对日益开放的现代社会和信息技术的挑战,档案工作也面临着前所未有的大变革,档案工作者不能片面地将改变自身现状的责任全盘交给政府和社会,必须开拓创新,学会抓住信息时代给予我们的机遇,转变思想观念,寻找存在的问题,找到解决方法。要提升职业能力,使档案工作能够满足社会大众的需求,发挥资源优势,更好地为国家、社会创造更大、更多的效益,只有这样才能真正提升自己的社会地位。

国有企业档案管理效能提升的策略

沈佳艳

宁波原水有限公司三溪浦水库分公司

摘　要:国有企业档案管理是企业发展过程中极为重要的一项工作。随着国有企业改革发展,档案管理现代化制度体系也需要进一步完善与提升。当前,国有企业档案管理还存在档案管理意识较淡薄、档案管理制度不健全、档案管理技术手段落后等问题,需要采取有针对性的策略,强化档案管理效能意识,完善

档案管理制度体系,加强档案管理硬件建设,提高档案管理信息化水平,提升档案管理人员素质,以档案管理的高效能助力企业高质量发展。

关键词:国有企业;档案管理;效能;策略

企业档案是企业在研发、建设、生产、经营和服务等活动中直接形成的对国家、社会和企业具有保存价值的各种文字、图表、声像等不同形式的历史记录。国有企业档案记载了自建设初期以来企业的重大事件,记录了企业发展过程中大量的图表数据,对企业的发展进步发挥了重要的基础性作用。当前,国有企业进入了高质量发展的新阶段,既为档案事业发展提供了新机遇,也对提升档案管理效能提出了新要求。面对新时代新要求,国有企业档案管理还存在一些问题,特别是管理效能亟待提升。为此,文章重点论述了国有企业档案管理效能提升过程中存在的问题,并提出了相应的对策。

1 国有企业档案管理的重要意义

1.1 为企业发展提供数据保障

国有企业的档案管理,在保护有价值的档案资料的同时,也为充分利用这些资料提供了基础资源,为企业的信息收集、整合、统筹等方面提供了服务保障。通过对档案数据的整合、挖掘、利用,给企业变革和发展带来独特的信息保障。

1.2 更好推动企业高质量发展

做好企业档案工作,有利于强化企业内部管理的科学性,推进企业内部各项管理有机结合与衔接,充分挖掘重要的信息价值,为企业的高质量发展提供保障。

1.3 为企业文化传承提供支撑

企业文化在企业发展中有着不可替代的作用,企业档案与企业文化建设有着密切关系,是企业独特的宝贵财富,它既是企业的技术储备,也是企业的文化储备,可以为企业发展提供源源不断的智力支持和精神支撑。

2 国有企业档案管理中存在的问题

2.1 档案管理意识较淡薄

有的国有企业领导对档案管理不够重视,只是单纯地追求经济效益,对档案工作人员权责、工作分工未能按要求落实。有的员工责任意识不到位,且缺乏档案专业知识与技能,使档案管理工作流于形式,大大降低了管理效率。

2.2　档案管理制度不健全

提高档案工作质量,就必须建立健全完善的档案管理体系。有的企业档案管理体系不健全,管理制度不完善,制度的针对性、有效性、可操作性不强,阻碍了企业档案管理效能的提升。

2.3　档案管理技术手段落后

随着信息技术的快速发展,实现档案管理信息化尤为重要。但在实际工作中,有的国有企业档案信息化滞后于企业发展的信息化,档案管理技术和手段仍比较传统,不利于企业档案管理效能的提升。

3　国有企业档案管理效能提升的策略

3.1　强化档案管理效能意识

强化党对档案工作的领导,使管理层充分认识到档案管理工作是一项重要的基础性工作,和企业改革发展息息相关。将档案管理工作列入企业规划和年度计划,建立档案管理绩效考核机制,对档案管理工作进行定期检查和评估,促进档案管理效能的提升。

3.2　完善档案管理制度体系

随着国有企业的改革发展,档案管理体系也在不断发生变化。现代化档案管理制度体系的建立要与企业实际发展相辅相成,与时俱进,明确档案管理的职责、权限、流程和要求,促进档案管理规范化、科学化、法制化。

3.3　加强档案管理硬件建设

在国有企业档案管理过程中,必须严格按照档案工作相关标准规范配置档案管理设施,优化提升档案管理环境和条件。根据档案室的建筑结构和布局要求,因地制宜地实施功能分区,做好"八防"工作。

3.4　提高档案管理信息化水平

随着社会的进步,档案的信息化也成为必然。要推进档案工作信息化和企业发展信息化相同步、相匹配,以现代信息化的方式强化档案管理,提高其专业化、规范化、智能化的管理水平,为企业向全面、优质、高效、智能发展提供信息支持。

3.5　提升档案管理人员素质

提高档案管理效能,需要有一批技术强、业务精的人才。设立专人专岗,持续推进档案技能培训,提高他们的专业能力。倡导创新思维,营造创新氛围,使档案工作者的热情、创造力得到最大限度的发挥。

总而言之,新时代新征程,国有企业应积极推进以提升档案工作效能为导向的现代化档案管理方式,使国有企业档案工作科学化、规范化,为国有企业的改革发展贡献档案力量。

关于做好新时代档案管理工作的若干思考

吴一弦

国网浙江综合服务公司

摘　要:信息时代为新时代档案管理工作带来挑战与机遇。做好新时代档案工作,要把握特点规律,聚焦关键重点。健全制度,把好档案收集关;科学施策,把好档案管理关;创新思维,把好档案利用关;推动档案管理事业可持续高质量发展。

关键词:新时代;档案工作;思考

新时代赋予档案管理工作更高的使命与责任,需要档案工作者把握特点规律,聚焦关键重点,坚持开拓创新,推进新时代档案管理工作不断上新台阶。

1　健全制度,把好档案收集关

收集是档案工作的基石。新时代档案管理,首先要把握新时代档案生成和收集规律,坚持部门间协调联动,构建综合收集网络体系,做到主动、及时、全面、准确收集。档案人员需把握收集范围和途径,与部门紧密沟通,结合随时和定期管理,加强监督和指导,确保档案完整、有价值,防止档案流失。重视案卷收集整理,为提高质量奠定基础。通过构建高效的管理网络体系,强化档案管理工作,把好把牢档案收集基础关,夯实档案管理基础,更好地保护和利用档案资源,为单位发展提供有力支持。

2　科学施策,把好档案管理关

新时代档案管理要以规范化、信息化、智能化为目标,切实提升档案管理现代化水平。

2.1　强化专业化管理意识

在新时代,档案管理是一项极具专业性的任务,对管理人员的素质有着全方位的要求。优秀的档案管理者不仅应具备高度的责任感、崇高的职业道德、严谨细心的工作态度以及乐于奉献的精神,还需拥有扎实的档案管理理论知识和广泛的科技知识。特别是在当前科技快速发展的背景下,运用现代化科技手段和先进的管理方法来管理档案已成为基本技能。

随着档案数量的不断增长和档案材料种类的日益丰富,传统的档案管理方式已难以应对新形势下的挑战。因此,档案专业化管理成为解决新问题的关键。这要求档案管理工作者必须持续学习,不断更新知识,提升专业素养,适应新时代档案管理的需要。

2.2　掌握信息化管理本领

在新时代,档案管理工作者必须积极拥抱信息化,掌握信息化管理本领。随着数字化、信息化的发展,传统的档案管理方式已经无法满足现代社会的需求。因此,档案工作者不仅要具备扎实的档案管理专业知识,还要不断学习和掌握计算机、信息技术和网络技术,努力成为具备信息技术和网络技术的综合型档案管理人才,更好地适应新时代档案管理工作的要求,推动档案管理向数字化、信息化方向发展。

2.3　利用现代化管理技术

在新时代,档案管理工作必须紧跟科技发展的步伐,充分利用现代化管理技术,以提升工作效率和服务质量。借助信息化技术,可以实现档案信息的快速检索和查阅,极大缩短了查找时间,提高了工作效率。利用现代化管理手段,能够减少人为因素对档案工作的干扰,提高档案管理的准确性和规范性。因此,新时代档案管理工作者要不断学习新技术,掌握现代化管理技能,将现代信息化手段融入档案管理工作中,推进档案管理现代化。

3　创新思维,把好档案利用关

新时代档案管理要以推进档案开放开发、提升服务水平为导向,使档案更好

地服务大局、服务发展、服务社会。

3.1　注重数字赋能

在新时代,计算机及信息网络技术在档案管理工作中的应用更加广泛并持续发展。这为档案工作带来了全新的变革。借助计算机技术和相关设备,传统的档案信息被转化为数字化的信息,并进一步被组织加工和整合成各种数据库形式,便于存储和检索。更为重要的是,通过构建完善的网络和信息系统,档案工作者能够提供快速、便捷的档案信息服务。无论是内部员工还是外部用户,只需通过网络连接,就能访问到所需的档案信息,大大提高了档案的利用效率和管理效率。数字化的档案管理模式不仅优化了档案工作的流程,还增加了档案信息的价值,为组织的发展和社会进步提供强有力的支持。

3.2　注重服务导向

在新时代,档案管理要坚持以人民为中心,更加注重服务导向,满足社会各方面对档案利用的需求,提升档案工作的社会影响力和知名度。档案工作者要跳出传统思维模式,以用户为中心,提供多样化、个性化的档案服务。深入了解用户需求,不断优化档案利用流程,简化手续,提高档案利用的便利性和效率。加强档案宣传和推广工作,提高公众对档案工作的认知度和认同感,吸引更多用户利用档案资源。只有这样,才能更好地发挥档案的价值,为社会进步和发展做出更大的贡献。

3.3　注重人才建设

在新时代,档案管理工作面临更大的挑战,要求档案工作者必须与时俱进,积极适应新形势、新要求。档案管理工作者必须深刻理解档案工作的重要性,增强使命感和责任感,更好地履行档案管理职责,确保档案的完整与安全;不断锤炼自己的基本功,全面掌握档案业务知识,着力提高专业能力。

关于加强企业集团子公司档案工作的若干思考

邢子佳

养生堂有限公司

摘　要:加强对企业集团子公司档案工作的领导,提升其档案管理工作水平,已成为企业集团的一项重要职责。当前,企业集团子公司还存在对档案工作重视不够、档案制度建设不完善、档案管理硬件设施不到位、档案人员素质不匹配等问题。该文提出,要加强对档案工作的领导,强化档案工作制度建设,加大档案硬件建设力度,强化档案人员专业支撑,促进下属企业档案工作高质量发展。

关键词:企业;档案工作;思考

2023年10月1日新修订的《企业档案管理规定》颁布实施,其中明确提出企业应该加强对档案工作的组织领导,建立健全档案工作责任制,将档案工作纳入企业整体规划、年度工作计划和考核体系,与业务工作同步部署、同步实施、同步发展。随着企业的不断发展,不少企业逐步成长为集团公司,下属产生多个子公司,如何指导这些子公司开展档案管理工作并纳入企业整体规划,已经成为集团总部档案业务部门的一项重要工作。

1　集团子公司档案工作存在问题分析

1.1　对档案工作重视不够

有的领导对企业档案工作的认识存在偏差,认为档案工作无法为企业带来明显的经济效益,企业在面对激烈的市场竞争时,更重视追求眼前直接的经济效益,而对事关长远发展的基础性工作——档案管理,往往重视不够。

1.2　档案制度建设不完善

总公司与子公司由于职能分工、人员配置等不同,总部档案管理制度一般不完全适用于子公司。子公司的档案管理制度需要在集团档案管理制度的基础上另行编制。很多子公司未设有独立的档案管理部门或专职的档案管理人员,导致档案管理制度往往不够齐全完整,有的制度针对性、可操作性不强。

1.3　档案管理硬件设施不到位

由于企业对档案工作的认识、企业本身规模效益等诸方面原因,子公司在档案工作保障条件方面往往不到位,有的库房面积无法满足需要,硬件设施与开展档案工作要求不匹配,影响到档案工作的正常开展。

1.4　档案人员素质不匹配

出于人力成本等方面考虑,很多子公司未设独立的档案管理部门,档案管理人员身兼数职的情况普遍存在,他们在档案工作上投入的精力有限,也很难吸引

到综合素质较高的人员从事档案工作。档案管理人员配备不足,还存在频繁更换的情况,综合素质参差不齐,对档案工作的有效开展形成较大挑战。

2 对加强集团子公司档案工作的若干思考

2.1 加强对档案工作的领导

集团总部要加强对子公司档案工作的领导,将各子公司档案工作纳入公司发展规划和年度工作计划,将档案工作纳入考核范围,提高各子公司领导对档案工作的重视。建立健全档案业务部门对子公司档案工作的考核奖励机制,每年对各子公司档案工作完成情况进行考核,并对优秀的子公司档案管理人员给予一定的奖励。除此之外,也可将各子公司档案管理人员和各部门兼职档案人员的档案工作纳入人事绩效考核。

2.2 强化档案工作制度建设

集团总部要把档案工作制度建设作为促进子公司档案工作规范化、制度化的重要基础性工作,在指导子公司开展档案工作之前,集团档案部门需要结合实际,编制一套完整并切实可行的子公司档案管理制度指南。在工作准备阶段,集团总部应深入各子公司开展调研,科学分析,了解各子公司业务范围,梳理部门设置,熟悉各部门职责,了解与总部相关部门的联系,再结合档案相关标准规范制定管理制度。同时,在工作过程中也要时刻关注已有制度与实际情况是否匹配,及时修订。集团总部档案部门在制定子公司档案管理制度时应更侧重于实操性,对档案收集、整理、借阅、考核等各项工作的具体流程和要求都有明确规定,方便子公司档案工作管理人员能够参照制度执行。

2.3 加大档案硬件建设力度

将档案库房条件和硬件配置纳入档案工作考核范围。在子公司设立之初,就将档案库房、硬件配置纳入公司整体规划和总体财务预算,与公司发展同规划、同部署、同落实,确保档案库房、设施设备配置,特别是档案信息化等硬件条件能够满足公司档案工作的需要。

2.4 强化档案人员专业支撑

面对子公司档案管理人员配备不足、综合素质参差不齐的情况,集团总部档案部门要不定期组织业务培训,特别是要对各子公司的档案管理人员进行制度文件宣贯。鼓励各子公司档案管理人员参加当地档案局组织的档案工作培训,重视优秀经验分享,集思广益,提高大家的档案业务能力和水平。

综上所述,面对集团子公司档案工作存在的问题,集团总部档案部门要通过制度建设、将档案工作纳入企业年度工作计划和考核体系中,通过加大硬件保障力度和强化专业人才支撑等方法,积极推进和完善子公司的档案管理工作。

机构改革后机关档案工作的问题与对策

——以台州市黄岩区公路与运输管理中心为例

陈伟红

浙江省台州市黄岩区交通运输行政执法队

摘　要:该文以台州市黄岩区公路与运输管理中心为例,指出机构改革后档案工作存在以下问题:机构职能需要整合,档案工作出现边缘化现象;档案管理网络构建难;动态资料数字化难;等等。该文提出要切实加强党的领导,全面提高档案法治意识;加快推进制度建设,确保档案工作科学高效;更加注重数字赋能,全面提升档案信息化水平;加快档案开发利用,更好地服务经济社会发展;加强档案业务培训,提升档案人员业务素质。由此,促进机构改革后机关档案工作持续高质量发展。

关键词:机构改革;档案工作;问题;对策

随着机构改革的推进,更加成熟规范、运行有效的交通运输制度体系基本形成。2021 年,台州市黄岩区公路与运输管理中心由"台州市黄岩区公路事务中心"和"台州市黄岩区道路运输事务中心"整合而成。机构改革后,机关档案工作面临一些新的问题,需要重视并解决。

1　机构改革后档案工作面临的问题

1.1　机构职能需要整合,档案工作存在边缘化现象

机构改革后,中心编制缩减了一半,然而职责仅剥离了执法职能,却增加了客货运管理及驾培维修管理。简而言之,就是工作职责由原来涉及全区 1113 公里公路的养护及路政执法,变更为涵盖全区 1113 公里公路养护、1 家客运场站、1 家公交公司、2 家行业协会、3 家客运公司、3 家汽车检测站、4 家出租车公司、5

家网约车公司、5家物流园区、7家危货企业、11家驾培学校、412家4S店及汽车维修企业、近1200家普货企业等的管理,职责更加琐碎,压力更加繁重。当有限的编制难以满足正常管理的需要时,作为一项重要的基础性工作,档案管理相较主营业务工作被弱化、边缘化。个别领导甚至认为档案管理就是收发文管理,觉得现在都是电子公文自动归档,档案员已可有可无。

1.2 档案管理网络构建难

由于业务扩展的紧迫性,档案部门与相关科室在协同构建完善的档案网络体系上出现了滞后,未能及时形成覆盖全面的档案管理网络。这直接导致了在机构调整后,系统化的档案管理框架未能成型,进而影响了档案工作的有效性和效率。此外,人员全面更新后,档案员与科室内勤人员在新环境中面临的职责分配与意识转变问题,也进一步增加了档案管理的挑战。

1.3 动态资料数字化难

尽管我们已荣获浙江省示范化数字档案室称号,但在面对大量动态更新的工程图纸、工程设计图等关键资料时,我们的数字化进程仍显不足。这些资料的实时性和动态性,使扫描与入库的速度难以完全跟上其更新的步伐,导致数字化程度无法即时达到百分之百。加之人力资源紧张,原本专注于信息化建设的专业人才也被调配至其他业务科室,进一步制约了档案数字化工作的健康与持续发展。

2 机构改革后加强档案管理的对策

2.1 切实加强党的领导,全面提高档案法治意识

坚持档案工作姓"党",建立健全党领导档案工作的体制机制。将档案工作纳入中心工作整体规划、工作计划和考核体系,与中心工作同规划、同部署、同落实。健全档案工作网络,成立由一把手任组长、分管领导任副组长、各科室负责人为成员的档案管理领导小组,下设档案管理办公室,各科室确定1人为兼职档案员,实现档案工作全覆盖。以宣贯《中华人民共和国档案法》和《中华人民共和国档案法实施条例》为契机,加大档案普法宣传,加强《机关档案管理规定》《档案管理违法违纪行为处分规定》《中华人民共和国保守国家秘密法》等的学习,不断强化干部职工依法治档意识。

2.2 加快推进制度建设,确保档案工作科学高效

把档案制度建设作为机构改革后加强档案管理的一项重要工作,通过相关

制度重新明确归档范围、保管年限,明确档案工作的职责分工及流程运转;优化文件材料收集、整理、归档、鉴定、销毁等相关制度,为档案工作规范化、制度化和科学化提供制度保障。

2.3 更加注重数字赋能,全面提升档案信息化水平

将数字技术应用于档案管理,促进档案管理的理念、方式、内容变革,使档案管理更加科学智慧。推进档案工作数字化转型,加快档案数字化步伐,尽快完成馆藏档案数字化。注重运用现代化信息技术,通过数字化、网络化手段,实现对档案资源的有效管理,提升管理效能。适时引进信息化人才,确保档案信息化建设持续健康发展。

2.4 加快档案开发利用,更好地服务经济社会发展

注重档案价值挖掘,从历史资料中找数据及规律,在工程项目谋划、公路应急管理、管理机制创新等方面为领导提供决策参考和数据支持,让档案工作和中心业务工作相融相促,真正实现档案服务经济发展的功能。同时,通过更新陈列室、举办成就展等形式,记录时代变迁中公路交通的巨变与成就,以红色文化激扬时代精神,激发新公路人的自豪感和使命感,实现档案传承文化的功能。

2.5 加强档案业务培训,提升档案人员业务素质

选派专兼职档案员定期参加省市部门各类培训,实现初任岗位培训和继续教育培训全覆盖;定期邀请档案专家进行业务知识培训和现场实操指导;定期召开内部研讨会,确定年度档案管理工作目标和重点任务,就工作中发现的问题进行讨论交流;赴兄弟单位交流学习,开阔视野;发挥单位"老人"传帮带作用等,提高档案人员整体素质。

新形势下国有企业档案管理工作优化路径

余 洁

杭州临安燃气有限公司

摘 要:随着国有企业改革的不断深入和档案改革发展的新时代,国有企业档案管理面临新的发展要求。必须抢抓新时代档案事业发展的重大机遇,积极推进国有企业改革,未雨绸缪,主动服务。该文从我国国有企业档案管理应用现

状出发,突出国有企业档案管理运行中出现的问题,探讨优化档案管理应用的方法和措施。

关键词:新形势;国有企业;档案管理;优化路径

1 推进国有企业档案管理的必要性

国有企业档案记录了企业日常生产经营活动中保存下来的有价值的文字、图表、声像、数据,对新时代企业发展发挥着非常重要的作用。面对内外部环境剧烈变化带来的诸多问题,经过大规模改革与重组后的国有企业规模庞大、档案接收数量众多,各业务领域涉及档案管理的资产、产权变化,需要科学规范的档案管理方法来保证企业档案工作的有序开展。当前,国有企业做优做强、高质量发展、混合所有制改革不断取得进展,在这个过程中,一些国有企业要被合并、关闭或进行股权转让,因此需要处置大量档案文件。以国有企业改革为契机,进一步推进档案资料归集保管机制,完善档案资源集中管理功能,使档案管理达到更加集中、一体化的水平。

2 企业档案管理存在的问题

第一,对档案工作的重要性认识不够,缺乏主体责任。在国有企业发展过程中,把企业经营发展作为企业的重心,把提高企业经济效益作为企业改革转型的核心,从而忽视了对国有企业的内部管理,尤其是档案方面的管理。根据《企业档案工作规范》(DA/T 42—2009)的规定,决策管理团队负责企业档案的总体规划,保证档案的持续发展。而在实际工作中,资金、政策、人才投入较少,企业档案工作难以快速落地和发展。

第二,档案工作者缺乏积极性和动力。近年来,随着国有企业业务发展规模的不断扩大,企业档案工作量逐年增加,而合适的档案人员数量与发展规模的工作量并不成正比。档案人员工作的积极性很难被激发,缺少热情和创新精神。

第三,档案管理履职能力不够,档案收集不够全面,质量不高。国有企业档案管理工作存在管理方法片面、成效不够等现实困境。档案管理部门虽然被赋予了监督和指导档案工作的基本任务,但在履行职能时缺乏权威,在执行任务时也很难配合。档案工作被弱化,功能不能有效体现。一些业务部门的档案不愿意移交档案部门统一管理,档案部门无力监管。企业资产改制、权属变更时档案处理不当,企业关闭时档案误归档,破产清算时会计档案错误,企业设备档案、基础设施档案人为损坏,人事档案未履行交接手续等都会给国家和企业带来难以挽回的损失,甚至危及档案的安全。档案业务人员缺乏专业技能,档案专业素质和技术水平较低。没有系统地学习档案管理知识,档案培训机会少,缺少档案工作的实践经验,加之人员流动性大、人员变动频繁,难以通过有效手段提升专业素质。国有企业档案工作不是单一档案管理部门的事情,要带动和规范干部职工共同参与,充分发挥各主体优势,形成发展合力,提高企业档案管理水平。

第四,档案管理工作机制不完善,档案制度缺失。首先,档案管理制度仍停留在传统纸质档案管理制度上,缺乏电子文档管理以及档案管理与现代信息技术融合的制度标准。正因如此,实践中仍然采用传统的手工存储和保存方式,依靠人工进行搜索和检索,大大降低了电子文件作为重要信息来源的有效性和效率。其次,档案制度形同虚设。档案制度缺乏有力的培训宣贯,已下发的档案制度没有按要求执行和贯彻落实。档案人员在履行职责时缺乏自制力和工作责任感。国有企业作为大型经济综合体,必须加强流程执行的合规性,建立覆盖面广、层次清晰、有效的档案管理制度,保证企业档案管理机制的科学运行。最后,档案管理系统过于老旧,安全性低,操作存在风险,没有明确的档案管理系统运行规范。因此,如何优化国有企业档案管理,建立档案系统运行规范,不断创新档案管理技术和转变档案管理模式变得十分重要。

3 优化国有企业档案管理工作的路径

3.1 坚持正确的档案工作方向,实行党管档案

首先,国有企业档案工作必须坚持党的领导,按照习近平总书记对档案工作的重要指示批示精神,全面推进国有企业档案工作。在国有企业工作布局中,充分认识档案工作的重要性,认真履行"为党管档、为国守史、为民服务"的使命,切实把档案工作各方面落实到位。其次,《中华人民共和国档案法》更多地从法律角度体现了企业的义务和责任。完善档案工作激励机制和约束机制,制定档案工作整体考核评价标准体系,将企业档案工作考核评价结果与员工绩效挂钩,为充分发挥档案工作职能提供评价机制,最大限度地提高档案工作的绩效,提高员工开展档案工作的积极性。再次,坚持"统一领导、分级管理"的原则,要认真宣传贯彻《中华人民共和国档案法》等与档案有关的法律法规,让广大国有企业干部职工了解国家档案工作,真正做好档案工作。广大干部职工必须共同参与档案工作。档案管理部门必须发挥监督和指导作用,与企业各部门保持密切联系,将管理和技术支持纳入相关部门的工作任务中,形成良好的档案运行机制。

3.2 打造一体化档案管理平台,实现统一管控

一是加快推进档案管理系统与办公系统、业务系统等之间的连接,利用计算机系统根据需求设计相关参数,加速资源整合,将 OA 系统中生成的公文、财务系统中的数据目录自动导入档案系统,建立与档案系统的互联互通,实现档案数据资源的共享。二是坚持信息化档案管理理念,充分发挥档案管理系统的归档和使用作用,按照"现有档案数字化、增量档案电子化"的方向,加强系统的功能设计,使其具备在线归档、查询、借阅、统计和编辑功能。开发自动归档,研究在线打印归档目录、档案号、卷号等,开展传统纸质文献档案数字化转换,馆藏档案数字化步伐不断提升。三是国有企业档案管理部门要会同各业务部门,建立横向、纵向一体化的企业档案管理体系,横向缩小企业档案管理平台和不同业务职能之间的差异。

3.3 发挥国有企业档案管理监督指导作用

一是定期对业务部门的档案工作进行监督指导和检查,检查过程中要求实时通报、及时纠正,提高档案管理水平和工作质量。档案管理部门要做好日常档案管理工作,传统载体档案的收集、整理、鉴定、保管、利用必须统一有序。二是全面落实工作责任制,完善档案工作各个环节,按照管理要求落实工作职责,组织专人对工作情况进行监控,对于因档案工作人员操作不规范、安全管理不到位等造成文件损坏,或是违反规定造成档案毁坏、丢失或处置不当的,应按照规章制度追究相关人员责任。提高服务能力,顾全大局,变被动为主动,主动服务大局,服务不同职能部门。未雨绸缪,及时做好应对重大任务的准备,提高档案服务的及时性和主动性。三是做好档案处置预案的编制工作。国家档案局在《关于在深化国有企业改革中加强档案工作的意见》中明确提出,要做好档案的移交与接收工作,档案管理部门加强企业改制过程中产权和所有权档案处置的控制和指导。必须制订企业改革档案的处置计划,企业改革和资产、产权变动工作同步推进,档案处置工作未完成,资产与产权变动工作不得结束。加强资产与产权变动中的档案工作领导、做好处置方案工作等,为国有企业改革特别是资产与产权变动中的档案工作指明方向,为推动全面深化改革发展贡献力量。

4 结语

在新形势下,提高对国有企业档案工作的认识,完善国有企业档案管理工作机制,做好国有企业改革资产与产权变动中的档案管理,是推动国有企业改革发展的重要工作。新时期要切实把档案工作纳入企业发展任务要求中来谋划和推进,从而推动企业发展。

关于县级城投企业档案管理的实践与思考

陈　薇

新昌县城市建设投资集团有限公司

摘　要:档案管理对于城投企业管理工作极为重要,该文从城投企业档案管理中存在的问题和不足出发,提出改进举措,让档案管理更好地应对新时期新要求,更好地服务于国有企业运作。

关键词:城投企业;档案管理;问题;举措

随着新时代社会主义市场经济的高速发展,城投企业作为政府性投融资平台在社会发展中的作用愈加明显,企业在城市建设、债券融资、实体经营、资产运营等生产经营活动中产生大量的信息资料,各门类及载体档案数量随之增多。面对时代发展要求,如何加强对这些档案的管理和利用,为公司管理、领导决策提供参考,是目前城投企业档案管理的重点。县级城投企业要积极实践创新,用科学的应对措施来迎接新时期城投企业档案管理产生的新要求与新挑战。

1　城投企业档案管理实践中存在的问题

1.1　档案管理意识不强

作为一项价值回报周期长的基础性管理工作,大部分城投企业都不够重视其长足发展,投入关注度与资金都相对较少,导致档案管理工作存在滞后问题。一些档案管理人员的工作方式仍然停留在人力阶段,没有很好地顺应科技发展,与时俱进,过分依赖经验"铁饭碗"。这是档案管理数字化建设与转型困难的大阻力之一,使档案查找速度变慢、利用率降低。另外,对于档案管理,很多部门的归档意识不强,认为档案在自己手里更方便本部门工作,不能按时上交档案室集中管理,时间一长易导致一些档案原件损毁或丢失。

1.2 档案管理水平不高

档案管理的主体是档案管理人员,档案管理人员的专业能力直接关系到档案管理工作的高效性。由于城投企业带有政府性质的特殊性,企业管理层人员大多未直接接触过档案业务,且或多或少受传统管理思想影响,在一定程度上导致个别领导对档案管理认识不到位、重视程度不够,使档案管理工作一直是较为薄弱的环节。目前县级城投企业的档案管理人员绝大部分是非专业、专职人员,几乎都是半路出家的。由于缺乏相关知识储备,对档案工作的认识仅停留在传统简单的收集、保管阶段,很难适应新时代电子信息化的档案管理工作。而且因为是兼职,岗位人员流动性较大,稳定性不高,很难取得良好的工作成效。

1.3 档案管理制度不完善

尽管已建立了档案管理工作制度,规定了档案管理工作流程,但县级城投企业档案管理在实际工作中仍存在管理流程缺失、操作不规范的现象,使得管理散乱,资料查找困难,信息资料缺失或被涂改。文件整理工作欠缺真实性与实用价值,相应奖惩也落实不到个人。而且档案管理制度的不完善也会导致管理思路僵化,难以发挥积极作用。

1.4 档案信息化程度不高

县级城投企业档案管理相关软件与硬件基础设施仍存在不完善的问题,面对大数据时代浪潮,明显"心有余而力不足",这一定程度上影响了档案数字化革新的步伐。另外,部分公司尚未完善数字档案室的建设,这些问题都可能会影响档案查询与推送的速度,降低工作效率。

2 改进城投企业档案管理水平的举措

2.1 加强档案管理宣传,提高全员档案管理意识

档案工作表面上看是企业档案部门的专职工作,但实际上,收集档案和处理档案需要各个业务部门配合。为此,要加大宣传力度,加深各方对档案管理工作重要性的认识。引导各业务部门重视对平时档案的收集,定时归档,确保档案的完整性和真实性。另外,通过为公司领导决策积极提供相关编研资料,促进领导对档案工作的再认识,使之真正关心和支持档案工作。

2.2 加强档案管理培训,提升档案管理人员的综合素质

档案管理人员是城投企业档案管理的关键,要想实现高效率高质量的档案

管理,就必须加强对档案管理人员的业务培训。通过"走出去",学习考察外单位的先进经验,结合自身提升档案管理专业水平;通过"请进来",有针对性地开展培训,更新档案管理人员的知识结构,确保档案管理人员能够掌握当前信息化管理中所用的技术软件及设施。此外,对于各档案管理工作的人手配置也要遵从合理、客观的原则。

2.3 加强档案制度建设,完善档案管理工作机制

完善的规章制度是顺利完成各项工作的保证。如果缺少合适的管理制度,工作就难以持续进行。持续完善、规范档案管理制度,是坚持城投企业档案管理工作的根本前提和关键手段。城投企业应依据当前我国档案管理工作的相关法律法规,结合企业的具体问题进行具体分析并付诸实践。制定一套内容较完善的管理制度,规范档案管理的各个环节及流程。

2.4 加强档案信息化建设,提升档案信息的管理能力

城投企业经营活动量大,所产生的相关档案类型多、数量大。面对庞大的管理压力,要加大资金投入,配置信息化基础设施,推进城投企业数字档案室建设,创新档案信息化管理模式,使其与信息社会相融合,从而提升档案管理现代化水平。

2.5 加强档案开发利用,提升档案工作的服务力

档案工作的目的是更好地为企业服务。开发利用档案资源,挖掘档案潜力,用实际工作证明档案工作的重要性。根据城投企业的实际需要来编写全宗介绍、大事记汇编、组织沿革、发文汇编、基础数据汇编等编研材料,将室藏静态档案转化成动态信息,当好领导的决策咨询参谋,更好地为利用者提供服务。

总而言之,档案管理工作能否确保有效开展落实,决定了城投企业的战略发展、决策管理、经营生产等方方面面。应该从创新管理的角度去关注如何更好地适应新时期工作需要,让档案工作更全面地为城投企业发展提供服务。

关于机构改革档案管理工作的实践思考

季琳瑜

丽水市公路港航与运输管理中心

摘　要: 档案是党和国家的宝贵财富,具有广泛的社会作用,工作查考、文化传承、经济建设、科学研究、政治斗争宣传教育都离不开档案。在进行机构改革时,撤销及合并单位的档案管理绝对是一项必须严肃对待的重要工作。该文认为,机关档案是我国机关事业单位留存文档的一种重要记录方式,它旨在将机关主要职能呈现出来。机关及企业、事业单位和相关组织机构改革工作,应以新修订的《中华人民共和国档案法》为根本依据,通过强化组织领导、制定管理措施、加强过程监督、注重教育宣传等推进档案管理,形成责任明确、科学合理、运行高效的档案管理体制,提升机构改革后档案工作的效率和水平。

关键词: 机构改革;档案管理体制;实践思考

1　做好机构改革档案工作的必要性

档案工作是一项事关党和国家各项事业发展的基础性、支撑性工作,其重要性和必要性不言而喻。新修订的《中华人民共和国档案法》(以下简称"新修订《档案法》")于 2021 年 1 月 1 日正式施行。其中,第十六条已明确机关、团体、企业事业单位和其他组织发生机构变动或者撤销、合并等情形时,应当按照规定向有关单位或者档案馆移交档案。如何在机构改革过程中让档案工作正常运行,是自机构改革伊始就要考虑和解决的重要问题。机构改革部门在机构改革中必须认真根据"三定"方案内容,在厘清职责后,做好档案的收集、整理、保管、利用、清理和交接工作。

目前,丽水市机构改革经历了第一阶段,仍处于改革的转型期,档案管理工作面临许多新问题和新挑战。

2　机构改革过程中档案工作存在的问题

2.1　机构改革期间档案工作重视度不够

一是档案管理机制不全。新修订《档案法》已考虑到机构改革后会出现责任主体认识不清或界定混淆的现实问题。丽水市机构改革后,确实存在此类问题。虽在第一时间深刻认识改革的重大意义,但因职责存在模糊、交叉的现象,未能立即调整工作思路,转变工作方式,市县两级未及时印发以新的"三定"方案为指导的相关方案及行业档案管理制度,未形成在改革期间成体系的档案处置预案。

二是工作监管力度不够。新修订《档案法》已对文件归档范围、档案安全保管、档案公布开放、档案监督检查等方面的责任内容做了分解。但是一些行业面对机构改革后层出不穷的遗留问题或新生问题时,就放松了阶段性的监管力度。

三是档案工作人员能力不齐。改革过程中档案工作人员变动频繁,新任档案工作人员缺乏专业知识储备,难以支撑全新的工作任务。新修订《档案法》有法律责任专章,对于防范档案工作出现不良风气做了清晰界定并明确了处置方式。机构改革使一些行业的档案工作涉及领域变广,责任也变大。此外,因《档案法》重新修订,档案工作人员未能及时开展深入学习,也就未能及时承担起本地区档案工作的监督指导职责。

2.2　机构改革期间档案管理集中性不强

一是办公场所未彻底整合。机构改革期间,因合并单位办公场地未实现及时、彻底整合,档案库房也仍旧分离,故档案仍处于分开存放的状态,在库房管理方面无法实现统一,档案工作人员也无法兼顾管理。

二是全宗分类号多且混乱。部门合并设立新机构就会出现档案全宗号需要重新分配的问题,这势必会影响到原全宗号的变更及原分类号的划分。在实际工作中,类似断号的情况也是频繁出现。

三是电子档案管理体系不兼容。合并部门在改制前因业务需要及所属上级部门不同,存在使用不同档案系统的情况。同时,机构改革过程又导致档案工作人员频繁流转,文件资料未能及时通过 OA 系统办理,并且不同档案系统也无法兼容,这就导致档案无法导入同一系统,对日后的管理造成不利影响。

2.3　机构改革期间档案散失风险较高

一是未在开展人员转隶之前及时完成归档工作。机构改革任务重,事项繁杂。改革过程中,文件流向也难以全面跟踪,无法保证资料收集的完整度。人员未转隶前以处室为单位,把分散于原各处室及工作人员手上的各类档案收齐,后

期也就无法再溯源。

二是未在档案流向变化之前进行清点核查。比如,未在本次机构改革前开展全面的档案清点、核查及鉴定工作。同时,也未将经鉴定无保存价值的档案编造销毁清册。

三是未在改革开展期间做好移交工作。本次机构改革职能变化较大,需移交的档案数量也非常多。在此期间,也不乏出现未提前开展系统性整理导致资料缺失等问题。如在移交过程中发现有未附上档案目录、全宗介绍和归档说明等相关材料的,也有未形成交接文据的。

3 对机构改革中档案工作提出的几点对策

3.1 建章立制,绝对突出政治引领

牢牢把握"为党管档、为国守史、为民服务"这一根本原则,牢固树立和自觉践行"四个意识",抓实抓好机构改革工作中的档案管理。以成立丽水市系统改革档案工作领导小组为抓手,丰富制度供给,及时出台档案目标管理责任制、档案工作岗位责任制、档案突出情况应急预案等相关制度,用"机制"有效激活档案管理效能。

3.2 紧扣核心,全面强化责任意识

坚持突出关键、分类指导的工作原则,不等不靠、主动作为,紧紧抓住机构改革的契机。以各类监督检查机制为依据,明确职责、压实责任,及时协调解决机构改革过程中的档案归属管理问题。严格要求抓紧做好全宗更新、分类方案、归档范围和保管期限的修订工作。同时,全面掌握涉改下属单位档案管理情况,确保具有保管价值的档案都能应收尽收、应整尽整、应归尽归。增加监督频次,采用平时、季度、年度、项目周期监管等四类模式,确保档案工作有序衔接、无缝对接,用"责任"搭建监管平台。

3.3 以人为本,持续推进教育培训

根据新修订《档案法》和《浙江省实施〈中华人民共和国档案法〉办法》以及省、市有关文件精神,结合行业实际情况,加强对档案重要性的宣传,强化档案工作人员的意识。丰富业务培训,结合典型案例进行警示教育,深化档案法律法规的宣传,不仅要求档案工作人员学习,非档案岗位工作人员也要结合自己的处室业务学习,如在规定期限内将应归档的档案资料按要求交给档案部门,共同为部门档案工作的有序开展提供强有力的保障,用"学习"有效提升工作能力。

4　对机构改革后档案工作的几点展望

一是建议把档案工作纳入年度重点工作计划。要求把档案管理工作纳入政府绩效考核指标及本系统年度考核当中,以此倒逼各单位建立档案工作室、健全档案管理制度、配全档案管理人员,尤其要规范业务档案归档标准。按要求出台部门档案管理办法及相关预案。

二是建议把档案培训纳入年度重点活动计划。以业务培训为活动载体,强化新进人员的档案专业能力,如开展人事档案培训、会计档案培训及科技档案培训等。同时,机关单位也可以通过合理地购买外包服务的途径,解决档案工作人手不足的问题。

三是建议把数字化建设纳入年度亮点工作计划。坚持定期开展数字化年检工作,不同载体以不同标准开展抽查。严格对照新修订《档案法》中关于档案数字化建设的相关要求,以解决档案"利用难""人工化"等老大难问题为目标,以严防数字化加工中"失密泄密"现象为基础,不断探索数字化档案的发展途径。

档案专业技术资格考试合格情况分析与建议

——以浙江省为例

余锋莉

浙江省档案教育培训中心有限责任公司

摘　要:该文通过分析 2019—2023 年浙江省档案专业技术资格考试的合格人员名单,从人数、级别、地域分布、行业分布等方面进行梳理研究,为浙江省档案专业技术资格考试提出一些建议。

关键词:档案;职称;考试;合格;分析

职称(Professional Title)最初源于职务名称,理论上职称是指专业技术人员的专业技术水平、能力,以及成就的等级称号,是反映专业技术人员的技术水平、工作能力的标志。职称考评是整个人事工作的重要组成部分,也是社会评价体系的重要内容,在人才资源开发、促进专业技术人员队伍建设中有着不可替代的作用。获得职称资格的人员,表明已具备相应的技术(学术)水平、能力。

浙江省较早开展了档案职称考评工作。在 2009 年之前,浙江省档案职称主要通过评审的方式获得。2009 年 2 月 5 日,《浙江省人事厅 浙江省档案局关于印发〈浙江省档案系列初、中级专业技术资格考试和职务聘任实施办法〉的通知》(浙人发〔2009〕27 号)发布,明确从下发之日起,浙江省档案系列初、中级专业技术资格考试开始实行全省统一大纲、统一试题、统一标准、统一组织。至此,浙江省从 2009 年开始实行"以考代评"模式。2012 年 4 月 10 日,《浙江省人力资源和社会保障厅 浙江省档案局关于印发〈浙江省档案高级专业技术资格考评结合试点工作方案(试行)〉的通知》(浙人社发〔2012〕117 号,已废止)发布,明确凡申报档案副研究馆员资格评价的人员,必须参加浙江省档案副研究馆员资格评价业务考试,考试合格者方可按评价条件申报评审,考试成绩为资格评审的重要依据。

本文采取文献研究法,对 2019—2023 年档案专业技术资格考试公布的结果进行量化分析,对浙江省档案系列初、中级专业技术资格考试,高级职称业务能力考试通过的数量、地域、行业等进行分析,并提出档案职称考评工作的建议。

1 2019—2023 年浙江省档案专业技术资格考试合格情况分析

1.1 合格人员级别分布

2019—2023 年,合格总人数从 729 人上升到 1079 人,初级合格人数从 205 人上升到 225 人,中级合格人数从 415 人上升到 763 人,高级合格人数从 109 人下降到 91 人。详见图 1。

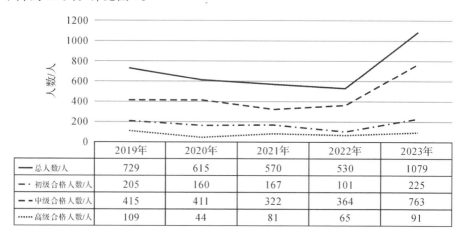

	2019年	2020年	2021年	2022年	2023年
—— 总人数/人	729	615	570	530	1079
– – 初级合格人数/人	205	160	167	101	225
– – 中级合格人数/人	415	411	322	364	763
······ 高级合格人数/人	109	44	81	65	91

图 1 2019—2023 年合格人员级别分布

1.2　合格人员地域分布

在浙江省设考点的有各设区市及义乌市,每年杭州市的合格人数稳居榜首,其他地市合格人数略有不同,通过人数较多的地市有宁波市、温州市、嘉兴市、绍兴市。

1.3　合格人员行业分布

合格人员来自各行各业,档案服务业、文化、卫生、教育、档案馆等行业合格人员人数名列前茅,档案服务业合格人员增长最多,由 2019 年的 84 人增长到 2023 年的 207 人,详见表1。

表1　合格人员行业分布情况

年份	总人数/人	学校		卫生		档案服务业		档案馆	
		人数/人	占比/%	人数/人	占比/%	人数/人	占比/%	人数/人	占比/%
2019	729	60	8.23	99	13.58	84	11.52	76	10.43
2020	615	49	7.97	98	15.93	72	11.71	31	5.04
2021	570	49	8.60	85	14.91	77	13.51	31	5.44
2022	530	56	10.57	88	16.60	85	16.04	33	6.23
2023	1079	71	6.58	150	13.90	207	19.18	52	4.82

2　结果分析

2.1　职称考试通过人数的年度分布情况

从表1可知,浙江省档案职称考试通过人数常年在 500 人以上,年度变化较大。2019 年、2023 年通过人数远远高于 2020—2022 年,笔者认为,2020—2022 年,受新冠疫情及其防控措施影响,考生报考的难度和参加考试的难度增大,导致新冠疫情三年报考人数和考试通过人数都大大降低。2023 年新冠疫情管控措施放开后,考试通过人数大幅增加。

2.2　合格人数级别分析

职称中级考试通过人数最多。从表1可以看出,中级考试合格的人数最多,其次是初级,最少的是高级。中级是目前报考的主流,从每年的考务文件看,中级资格考试受众面广,凡是能符合以下七个条件之一的都可以报考:(1)取得博士学位。(2)取得硕士学位或研究生毕业,从事档案工作满 1 年。(3)取得第二学士学位,从事档案工作满 4 年。(4)大学本科毕业,从事档案工作满 6 年。(5)大学大专毕业,从事档案工作满 6 年。(6)高中、中专学历,从事档案工作满 10 年,并担任助理馆员职务 4 年以上。(7)已取得非档案系列中级专业技术资格,现从事档案专业工作满 1 年。另外,从 2022 年开始,初级的《档案工作实务》考试科目范围从以前的前三章内容变更为整本书内容,和中级考试范围一致,这促使符合中级报考条件的人员更积极报考中级。

2.3　合格人员地域分析

我们将 5 年考试通过总人数汇总,得到通过比例的排名,可以发现,杭州、宁波、温州等地考试通过人数排名较靠前。我们认为,考试通过人数受多方面原因的影响,最重要的是常住人口数量。杭州人口数量基数大,考试通过人数自然多。第二个重要的原因是地区的机构数量,大城市机构多,大型单位多,档案数量多,档案人员多,报考职称考试的人数多,通过人数自然多。第三个原因是档案职称的宣传力度,对档案职称重视、对职称考试宣传发动得较好的地区,职称考试通过的人数也会较多。

2.4　合格人员行业分析

档案服务业从业人员通过人数最多,其次是卫生行业,再次是教育行业。近年来,档案服务业蓬勃发展,档案服务业从业人员逐年增加,这一行业已成为档案事业发展不可忽略的一股力量,通过职称考试是行业人员成长的途径,是市场对行业的要求,也是企业培养人才的一种重要手段。特别是 2022 年浙江省成立了全国首家省级的档案服务业协会,协会积极搭建档案主管部门和服务企业的桥梁,支持鼓励档案服务企业人员参加职称考试,为档案服务企业参加职称考试提供信息服务,起到了积极的推动作用。

3　讨论建议

3.1　加强档案职称评审政策宣传和引导

一是要在档案普法教育中加强职称评审政策的宣讲。《中华人民共和国档案法》第十一条规定:"档案专业人员可以按照国家有关规定评定专业技术职称。"在平时档案普法宣传时应加强对受众特别是档案岗位工作人员进行职称方面的普法宣传,让档案岗位工作人员了解具体的情况和要求,使有志于档案事业的人员有晋升的渠道和奋斗的目标。

二是对档案专业技术人员参加职称考试、评审加以培训和指导。各地对社会经济快速发展过程中伴生的大量档案工作人员,要有针对性地为其提供短、平、快的知识技能培训,考前辅导培训,积极开发、应用现代网络信息技术,满足随时随地想学就学的知识更新需求,吸引档案专业技术人员踊跃参加,不断提高专业技术人员的整体素质。

三是重点鼓励档案服务业从业人员参加职称考试。从浙江省档案服务业协会统计的数据看,110 家会员企业在岗职工 6214 位。2024 年 3 月 31 日企查查相关数据显示,我国注册的企业中,营业资质中带有"档案"的企业有 494867 家,企业名称中带有"档案"的企业有 31463 家。档案服务业从业人员是一个巨大的群体,鼓励档案服务业从业人员参加职称考试可以促使合格人员增长,带动档案服务行业从业人员的素质提升,从而促进行业的发展。

3.2　根据行业发展要求,不断调整职称考试内容与方式

职称考试既是对档案岗位工作人员的一种考验,也是国家选拔人才的一种重要手段。国家"十四五"规划指出要"深化档案专业人员职称制度改革,完善档案职称工作制度,加强档案专业人员继续教育培训"。档案职称考试内容要紧扣档案事业发展主旋律,与时俱进,了解档案行业的最新知识点,调整和更新题库、考试相关内容,结合档案工作特点和实际工作需要,从政治素质、专业素质、知识素质等几方面综合考评。

3.3　适度降低高级职称考试的难度

浙江省档案副高职称的取得是考评结合,既要考试,又要评审。根据 2021 年浙江省档案局、浙江省人力资源和社会保障厅《浙江省档案高级专业技术职务任职资格评价条件(试行)》(浙档发〔2021〕26 号)文件,副研究馆员考试成绩三年有效。近年来,浙江省档案副高职称考试通过人数总体数量不高,很多考生通过了考试,也符合条件,但是单位没有职数,导致无法在有效期限里参加职称评审;也有一些考生,档案工作经验丰富,且实际业绩也很优秀,但因年龄因素导致考试成绩不佳,从而没有参评资格。因此,建议适当降低副高职称考试难度,侧重从德、能、绩等方面开展职称评价。

档案进馆服务外包的业务范畴与工作策略

——以杭州市档案馆档案进馆项目为例

李云玲

杭州江南人才服务有限公司

摘　要: 近年来,随着档案行业国家法律法规及行业标准的不断健全与完善,各级档案馆对档案进馆的标准也有着更高的要求。该文从档案服务外包承包方的角度,以杭州市档案馆档案进馆项目为例,论述档案进馆服务外包的业务范畴与工作策略,给相关从业者提供一些参考。

关键词: 档案进馆;服务外包;业务范畴;工作策略

根据《中华人民共和国档案法》《各级各类档案馆收集档案范围的规定》(国家档案局令第9号)、《机关档案管理规定》(国家档案局令第13号)、《企业档案管理规定》(国家档案局令第21号)等相关法律、法规,杭州市各党政机关、团体、企事业单位符合进馆要求的各类档案应及时向杭州市档案馆移交。档案进馆服务外包是指某一机构将档案进馆业务外包给其他专业机构进行,委托其提供档案进馆方案编制、分类整理、数字化加工、全宗卷材料撰写、与档案馆沟通对接等一系列进馆服务。

1　进馆工作开始前相关信息确认

承包方接到档案进馆服务外包委托后,应先充分了解委托单位及要求进馆档案的具体情况,初步判断该单位档案是否符合进馆条件,并跟档案馆进馆业务负责人确认。对不符合进馆条件、档案馆不予接收的单位/档案,应向委托单位传达结果并解释原因,双方协商后终止或变更合约;对符合进馆条件、档案馆同意接收的单位/档案,须填报《杭州市档案馆档案进馆申请表》报杭州市档案馆审批(无全宗号的单位应先向档案馆申请全宗号)。

2　常规档案进馆业务的处理方法

收到市档案馆同意进馆意见后,开始编制进馆档案整理方案,整理方案要根据单位档案的实际情况并结合市档案馆的进馆标准编制,一般来说,不同阶段的档案应按相应阶段标准整理归档、进馆;但对立档单位长期积压未整理或整理不规范而需要重新整理的档案,可统一按相应门类档案整理的最新标准执行,不硬性要求按不同阶段标准执行;这样根据实际情况来定整理方式的做法可以减少对档案实体的拆、订及涂改工作,使档案整理更加规范,更有利于对档案实体的保护及档案信息的开发利用。

进馆档案整理方案经市档案馆确认同意后,根据进馆档案整理方案进行各类档案的整理。作为档案服务外包承包方要特别关注国家、省市、行业最新的政策法规及标准,及时按照新要求调整进馆档案的整理方法。比如:根据《党政机关电子公文归档规范》(GB/T 39362—2020)、《政务服务事项电子文件归档规范》(GB/T 42727—2023)对符合相关要求的电子文件进行整理归档;按照《录音录像档案管理规范》(DA/T 78—2019)对录音录像档案进行整理;参照《档号编制规则》(DA/T 13—2022)编制进馆档案分类方案、档号等。

在档案数字化加工时,因现代档案管理系统的需求,目录数据库的著录项目包含且不限于纸质归档文件目录中的内容,在参照《档案著录规则》(DA/T 18—2022)、《纸质档案数字化规范》(DA/T 31—2017)、《录音录像档案数字化规范》(DA/T 62—2017)、《实物档案数字化规范》(DA/T 89—2022)等规范的基础上,具体著录规则、扫描要求应于数字化前与杭州市档案馆确认。纸质档案原则上应全部进行扫描,不宜跳跃式扫描;对于成册或较厚的档案,可扫描封面和目录,并在目录数据"附注"字段中说明;如有其他特殊情况不宜扫描的,可与杭州市档案馆协商确定,并记录在《纸质档案数字化前处理工作单》中。

另外,最好是先将各门类不同阶段档案整理、数字化加工出几件/卷样本,请档案馆负责进馆业务的人员现场检查、确认通过后,再进行后续档案整理、加工;这样可以大大降低前期错误导致全部整改的概率,提高服务质量与效率。

将经过整理、数字化加工、质检后的纸质档案按照《纸质归档文件装订规范》(DA/T 69—2018)的要求进行装订;杭州市档案馆要求进馆档案盒统一选用4cm厚度的,特殊情况需与杭州市档案馆协商。

档案进馆须一并移交进馆材料,随着档案信息资源开发利用需求的提高,进馆材料也从仅要求全宗介绍、组织机构沿革、大事记三类材料,到现在要求包含构成全宗卷八大类内容的至少三类材料;因此要特别注意在档案整理过程中收集编纂材料所需的参考文件。

3　新附加业务的处理方法

3.1　密级文件处理

随着现代社会对信息公开、开放利用业务的要求提升,进馆单位向杭州市档案馆移交档案前,需按照国家保密局制定的《国家秘密解密暂行办法》做好密级文件材料的密级变更或解除工作,并提出划控与开放意见。承包方应向委托单位做好解释说明、解密流程指导、解密建议等辅助工作。密级文件目录单独装订成册。

3.2　开放审核

按照新修订的《中华人民共和国档案法》、《机关档案管理规定》(国家档案局令第 13 号)、《企业档案管理规定》(国家档案局令第 21 号)要求,立档单位应对进馆档案进行开放审核,附具开放意见。一般由承包方代为出具档案开放审核意见,并制作标识档案开放审核结论的档案目录。

4　结语

随着新时期档案馆对档案进馆的高标准与严要求,档案进馆服务承包方面临着巨大的压力与挑战,以上是个人从档案进馆服务承包方的角度总结的一些经验与策略,希望对档案进馆业务,特别是对档案进馆服务外包承包方的档案进馆业务有一些帮助。

新时代基层档案干部人才队伍建设探究

徐爱玉

绍兴市越城区文化广电旅游局

摘　要:档案工作是一项非常重要的工作,而基层机关事业单位档案工作重视程度不足、专业人才缺乏、法律法规贯彻落实不到位,为抓好档案干部人才队伍建设,推动基层档案工作,该文从基层档案干部人才队伍现状、基层档案干部人才队伍建设策略两方面来探究。

关键词：新时代；档案干部人才；队伍建设

习近平总书记指出："档案工作是一项非常重要的工作，经验得以总结，规律得以认识，历史得以延续，各项事业得以发展，都离不开档案。""档案工作存史资政育人，是一项利国利民、惠及千秋万代的崇高事业。"要"加强党对档案工作的领导，贯彻实施好新修订的档案法，推动档案事业创新发展"。档案文化的传承、档案产业的发展、档案治理的提升、档案事业的推进、档案强省的建设，都离不开档案人才的引育会聚。

1　基层档案干部人才队伍现状

1.1　机关事业单位专职人员欠缺

机关事业单位，设置专职档案岗位的很少，以办公室文书兼职为主，而兼职工作者对档案工作的热情不高、关注不够。档案实体的收集与整理，以文件为主，业务类照片、实物档案等较少。

1.2　档案智治、档案现代化先行人才缺乏

浙江省正处在数字化改革的关键期，党建统领整体智治体系建设，档案治理体系建设和治理能力现代化，新时代档案事业现代化先行，人才建设是关键，而档案相关高、专、精人才缺乏，很大程度上影响、制约着浙江档案高质量发展。

1.3　档案执法干部队伍素质有待提高

新时代，数字档案盛行，查档、用档不再是档案从业人员的专利，档案与百姓生活有着千丝万缕的联系，全面依法治档迫在眉睫。面对新形势，档案执法干部队伍素质已与档案工作现代化、数字化、开放化不相适应，其综合素质有待全面提高。

2　基层档案干部人才队伍建设策略

2.1　营造基层档案干部人才队伍建设的良好环境

机关事业单位，作为档案形成的基层单位，应建立健全档案工作制度，单位主要责任人思想上必须高度重视，并给予档案专业工作者以人文关怀，推动本单位档案工作的发展。

首先,加强社会宣传,吸引更多人才加入档案事业。积极利用各级档案馆、各类公共文化场所,全面介绍浙江省档案工作取得的成果,并不断推进与百姓生活关联指数攀升:搭建"浙江档案服务网"和"浙里办"查档服务平台,迭代升级"网上""掌上"查档服务;实现民生档案"异地查档、跨馆服务",档案服务从省内向省外跃升,从线下依申请向"线上跑""电子化出证"跃升。运用互联网思维和融媒体理念创新档案传播方式、提高档案传播能力,提升档案工作影响力,以吸引更多的年轻人立志从事档案事业。

其次,凸显人文关怀,呵护档案从业人员成长。机关事业单位主要负责人要关心档案干部成长,保障档案工作人员继续教育、业务提升的机会,为档案工作人员职称评审、岗位聘用等创造条件,切实帮助其解决档案工作中遇到的各种实际问题和后顾之忧,以保持档案干部队伍的稳定。

2.2 加强基层档案干部人才队伍的政治建设

档案工作者,要提高政治站位,始终保持档案工作党性立场,立足自身发展,投身档案事业,服务建设大局。

首先,坚定政治立场。档案干部,要增强党性立场和政治意识,严守政治纪律,在政治方向、政治立场、政治言论、政治行为方面守好规矩,自觉坚持党的领导,自觉同党中央保持高度一致,自觉维护党中央权威。档案干部,要牢记为民服务的档案工作宗旨,坚持民有所呼、我有所应,拓展档案服务领域,提高档案服务质量,不断适应人民群众对美好生活的新期待。档案干部坚定政治立场,坚持党管档案、档案姓党的服务理念,坚持以人民为中心的服务宗旨,积极投身档案事业建设。

其次,坚持自身建设。2024年是浙江档案深入实施"十四五"规划发展的攻坚之年,也是深入贯彻习近平总书记关于档案工作重要论述和考察浙江重要讲话精神、推进新时代档案事业现代化先行开局之年,聚焦高质量发展、现代化先行,在推进档案依法治理、数字化战略转型进程中,档案干部要树立档案专业成长人生观,激发专业成长渴求,激活专业发展动力,以规划促发展,助力档案新质生产力的提升。

最后,守牢安全底线。档案干部,要充分认识到新形势下档案安全工作的新挑战、新任务,牢固树立保密"红线意识",严格贯彻执行保密制度。要坚守档案安全生命线,坚持底线思维,从源头上加强档案安全监管,把防范化解档案风险贯穿于档案工作全过程,推动档案安全工作抓实抓细、落地落实,确保档案绝对安全。

2.3 建立健全基层档案干部人才培育机制

依托高校培养一支档案现代化建设的专业力量,借助档案管理部门培育一批具有档案情怀、热心档案事业的专业工匠,立足实际提升基层档案干部的专业素养,加大档案执法人才培训,多维度促进档案人才建设,改变档案人才结构层次,为档案事业高质量发展提供有力的人才支撑。

首先,规范工作机制。机关事业单位,应建立档案工作责任制,确定档案工作组织机构、职责分工,落实档案工作领导责任、管理责任、执行责任,健全单位主要负责人承担档案完整与安全第一责任人职责制度,明确档案管理、档案基础设施建设、档案信息化等工作要求。基层机关事业单位应设置专职档案岗位,营造档案工作人人参与的良好氛围,规范档案工作机制,将单位重大战略、重大活动、重大工程、重大项目等重点领域档案专题纳入档案收集、整理体系。

其次,加强与高校、职校合作。高等院校、职业院校是人才培养的摇篮,加强与省内高校、职校合作,实现档案事业发展和高职院校学科建设的双赢。在档案整体智治、档案资源共建共享、档案数字化改革创新进程中,促进其与高校利用信息资源管理专业优势的深度融合,加快综合性档案新型人才建设,补齐省内高校档案专业设置空白短板,推动高等院校档案学科建设,并支持职业院校开设档案专业职业教育,鼓励建设职业技能实训基地,为各级档案馆、基层机关事业单位输送现代化档案专业高层次人才,加快打造社会主义现代化档案强省,为谱写中国式现代化浙江新篇章注入一池活水,一片甘露。

再次,打造档案专家人才。充分发挥各级档案馆人才资源优势,突出抓好高层次领军人才、现代化领导人才、创新型专家人才、数字化技能人才的培育发展。依托档案专家、档案工匠型人才和青年档案业务骨干"三支人才队伍"的选拔,着力培养一批"一专多能"复合型档案业务技术骨干,提升档案干部推进现代化建设能力。弘扬兰台精神、工匠精神,积极搭建青年业务骨干学习成长、交流互助平台,大力开展岗位技能练兵比武,充分发挥档案专家传帮带的示范引领作用,以实现档案人才培训与档案事业发展的良性互动。

又次,塑造档案干部新能力。积极运用视频直播、网络培训等数字媒体开展基层档案干部继续教育,让广大档案干部接受专业培训。继续教育培训体系可加大档案法律、法规的宣传力度,结合档案干部更好地适应档案数字化、法治化时代特征实际,着力培养与训练档案干部的数字能力、技能,以此建设能适应档案事业高质量发展的档案干部队伍。

最后,着力提升档案执法队伍素养。依法开展档案保护、利用工作,有效推进档案治理体系和治理能力现代化,档案执法队伍建设是关键。要培养一支素质高、技能强、作风正的执法队伍。加强对执法人员的培训和考核,提高执法人员的法律素养和专业水平,提高执法人员的综合素质。加强执法队伍的组织建设,建立健全监督机制,严格执法纪律,增强执法能力,提升执法效果。着力建设档案执法队伍,更好地发挥法治在引领、保障、规范档案工作中的重要作用,持续

推动浙江省档案依法治理进程,全面推进浙江档案高质量发展。

新时代,新形势,档案干部要以习近平新时代中国特色社会主义思想为指引,埋头苦干、乐于奉献、锐意进取,有效促进高素质专业化档案干部人才队伍建设,为新时代档案事业的改革发展提供有力保证,以档案事业现代化先行的责任担当为浙江"勇当先行者、谱写新篇章"做贡献。

建立企业档案工作责任制的构想与路径

汪　浏

浙江省交通投资集团财务有限责任公司

摘　要:为健全档案工作制度,严格落实主体责任,形成权责明确的档案管理体系,进一步提高档案管理水平,制定完善的档案工作责任制迫在眉睫。该文就档案工作责任制概述、建立档案工作责任制的基本构想、档案工作责任制实施的科学路径三方面展开阐述,以期推动档案工作责任制的落地实施。

关键词:责任制;组织结构;责任清单;管理责任;执行责任

《中华人民共和国档案法》和《中华人民共和国档案法实施条例》都对档案工作责任制做出明确规定,但在实践中如何落地还需进一步研究。要充分认识开展档案工作责任制建设的重要意义,科学高效地推进档案工作责任制落实。

1　档案工作责任制概述

档案工作责任制是指在档案管理工作中明确领导责任、管理责任、执行责任,完善档案工作机制,细化责任清单,确定相关机构、人员在档案收集、整理、编目、归档、保护、利用、信息化建设等各个方面的具体责任。确保各项工作由专人负责,做到事事有人管,人人有专责。

《中华人民共和国档案法》第十二条规定,按照国家规定应当形成档案的机关、团体、企业事业单位和其他组织,应当建立档案工作责任制,依法健全档案管理制度。对于档案工作来说,明确提出"建立档案工作责任制",而且以"法"的形式出现,意义非凡。

《中华人民共和国档案法实施条例》对建立档案工作责任制提出了三项要求：一是确定档案工作组织结构、职责分工，即确定组织机构内部有关档案工作相关组织的架构和职责分工。单位要建立档案工作协调机制、确定企业档案部门、组成企业档案工作网络，分角色承担起企业档案工作的组织协调、统一归口和具体管理职责，形成比较合理的档案工作三级组织结构。二是落实档案工作领导责任、管理责任、执行责任。这是与档案工作组织结构密切相关的三种责任，领导责任是指组织机构负责人或档案工作协调机制应当承担决策、协调档案工作重大事务和重要事项的责任；管理责任是指档案部门承担统一归口、统筹推进档案业务工作的责任；执行责任即直接责任，是指组织机构相关部门和人员承担文件材料的收集、整理、归档和档案管理等具体工作责任。三是健全单位主要负责人承担档案完整与安全第一责任人职责相关制度，要求主要负责人对涉及档案完整与安全的重要工作亲自部署、重大问题亲自过问、重点环节亲自协调、重要任务亲自督办，以上率下，构建各司其职、各尽其能、各负其责的档案工作责任制。

2　企业建立档案工作责任制的基本构想

为进一步深入贯彻习近平总书记关于档案工作重要指示批示精神，全面落实档案工作责任制，履行好"为党管档、为国守史、为民服务"的神圣职责，企业应该从全局工作出发，对档案工作进行统筹规划，整合有效资源，加强档案工作责任制的顶层设计。

第一，坚持党管档案。要加强党对档案工作的领导，贯彻实施《中华人民共和国档案法》《中华人民共和国档案法实施条例》，推动档案事业创新发展。加强党委统筹领导，坚持档案工作与各项工作同步部署、同步实施、同步检查、同步验收，将档案工作纳入年度工作计划，将所需经费列入年度预算。

第二，压实主体责任。建立横向到边、纵向到底的责任体系，明确党委领导、分管领导主抓、办公室综合协调、各部门全覆盖、"谁产生谁负责"的责任内容，统筹重大活动、重特大事件档案同步归档。

第三，加强制度建设。建立健全档案工作责任制制度建设，以健全机制为抓手、落实责任为突破口，抓住领导干部这个"关键少数"，以"七类人员（主要领导、分管领导、办公室主任、档案员、各部门经理、各部门兼职档案工作人员、全体工作人员）"责任落实推动档案"收、管、存、用"任务落实，不断强化档案法治建设。

3 企业档案工作责任制实施的科学路径

为科学高效推进企业档案工作责任制实施,结合企业实际,企业档案工作应当实行统一领导、分级管理、层层负责制。事实上,"责任制"既不是新理念,也不是新鲜词。比如,浙江省交通投资集团财务有限公司前几年就已实施党风廉政建设责任制、意识形态责任制、安全生产责任制。但是,对于档案工作来说,建立档案工作责任制还在起步摸索阶段,因此也可以从其他起步较早的工作责任制建设中汲取经验。

首先,要加强档案工作责任制的顶层设计。从高处着眼,对档案工作的各方面、各层次、各要素进行统筹规划,整合有效资源,以便高效快捷地实现企业档案工作责任制全面贯彻落实的目标。强调档案工作责任制的顶层设计,就是要引起档案工作最高决策层对档案工作的高度重视,促使整个档案管理工作在内容、目标、具体步骤、实施过程等各方面深化细化,形成一个具备可操作性的制度体系,让档案工作者更好地运用执行。

其次,要建立健全各种责任机制。建立档案工作责任制的目的是要解决存在的问题,而解决问题的关键则是在落实档案工作责任制的过程中,要结合实际建立各种机制,做好机制间的兼容和衔接。一要建立责任划分机制,解决责任框架不清的问题。要确保做到科学统筹、整体把握、立足本级、合理划分,形成自上而下、分级负责的档案工作金字塔式责任框架。二要建立责任界定机制,解决责任主体不明的问题。要科学界定不同责任主体的档案工作责任,重点从档案工作职能使命角度,厘清统揽责任、主体责任、第一责任、分管责任和执行责任。三要建立责任细化机制,解决责任清单模糊的问题。在制定责任清单时,既要体现全面性,又要体现差异性,从根本上解决责任模糊的问题。要差别化制定档案工作责任清单,细化不同性质、不同层级、不同岗位、不同机构的责任清单。四要建立责任督查机制,解决责任履行不力的问题。要建立档案工作责任制常态化检查指导制度,包括专项督查制度、重点项目巡查制度、专门约谈制度、定期报告制度和专项述职制度。五要建立责任考核机制,解决责任考核不科学的问题。要逐步建立完善科学有效的档案工作责任制考核办法,提高考核的科学化、规范化水平。通过考核,奖勤罚懒,真奖真罚,推动档案工作责任制的贯彻落实。

最后,要立足档案工作责任制"常抓不懈"。任何政策、制度的实施,要想见成效,必须做到"常抓不懈",而且敢抓真抓。要把落实档案工作责任制作为一项必须完成的"规定动作",而非"自选动作",要同其他各项责任制同谋划、同安排、同推进、同检查、同考核,并明确专人负责。要杜绝落实档案工作责任制中的不敢碰硬行为,只有这样,档案工作责任制才能落地生根,奋力开创档案工作新局面。

数字时代背景下档案人才队伍建设研究

廖梅杰

浙江中医药大学

摘　要：数字时代档案事业发展和档案人才队伍建设面临新形势、新业态、新挑战，要实现习近平总书记提出的"三个走向""四好""两服务"等档案工作目标，档案人才队伍必须进行数字化转型升级。当前档案人才队伍建设面临结构性问题明显、信息化水平参差不齐、职业发展不够开放等挑战，应从政策、管理、自身素养等方面加强档案人才队伍建设，以此促进档案人才职业发展和档案工作现代化发展的正反馈循环、高效能互促，助力档案事业高质量发展和浙江省全面加强"三支队伍"建设。

关键词：数字时代；档案人才；队伍建设

2021年，"数字政府"首次写入政府工作报告。2022年，国务院下发《关于加强数字政府建设的指导意见》。2023年，中共中央、国务院印发《数字中国建设整体布局规划》。当前，新一轮科技革命和产业变革方兴未艾，5G、人工智能（AI）、虚拟现实、大数据、区块链、云计算、网络安全等数字技术迅猛迭代、广泛应用，数字时代深刻影响了人们的思维、生活、生产、学习方式，也深刻改变了档案工作的理念、方法、模式。《中华人民共和国档案法》《中华人民共和国档案法实施条例》均增设了"档案信息化建设"专章，从法律层面规定了档案信息化建设的目标、政策和要求。《"十四五"全国档案事业发展规划》也提出："新一代信息技术广泛应用，档案工作环境、对象、内容发生巨大变化，迫切要求创新档案工作理念、方法、模式，加快全面数字转型和智能升级。"

2024年2月，浙江省委、省政府召开新春第一会，全面加强高素质干部、高水平创新型国家人才和企业家、高素养劳动者"三支队伍"建设。《中华人民共和国档案法》第十一条第一款规定："国家加强档案工作人才培养和队伍建设，提高档案工作人员业务素质。"《"十四五"全国档案事业发展规划》提出："加快推进档案人才培养，提升档案智力支持能力。"数字时代档案人才队伍是支撑档案事业高质量发展的重要人力资源，也是浙江全面加强"三支队伍"建设的重要组成部分，还是实现档案工作现代化建设目标的重要智力支持，要实现习近平总书记提出的"三

个走向""四好""两服务"等档案工作目标,有赖于高水平、创新型、复合型的档案人才队伍建设。

1 数字时代档案人才队伍建设的意义

《国家中长期人才发展规划纲要(2010—2020年)》在序言部分指出:"人才是指具有一定的专业知识或专门技能,进行创造性劳动并对社会作出贡献的人,是人力资源中能力和素质较高的劳动者。"据此理解,档案人才指具有一定的档案专业知识或专门技能的人才,是档案人力资源中能力和素质较高的劳动者。目前我国档案职业组织体系实际由以档案局为代表的各级各类档案行政组织、以档案馆为代表的各级各类档案管理组织、以档案室为代表的各级各类档案基层组织等三类组织组成[1],本研究所指的档案人才包括档案行政管理人员(在各级各类档案行政组织从事档案管理工作的专职人员)、档案专业技术人员(在各级各类综合档案馆和档案室从事档案接收、征集、整理、编目、鉴定、保管、保护、利用、编研等档案工作的专业人员)、档案专业技能人员(各级各类档案馆和档案室的技术人员、档案服务外包行业的技术人员)等,以及在学校、科研机构等单位从事档案教育教学、档案培训、档案科学研究、档案宣传出版等档案关联工作的人员。数字时代背景下,档案人才队伍建设肩负着新使命、承担着新任务、实现着新要求。

1.1 档案事业高质量发展提出新使命

党和国家历来重视档案工作,始终将档案工作看作党和政府的一项重要工作。习近平总书记高度重视档案工作,2003年5月26日考察浙江省档案局(馆)就提出档案工作要"走向依法管理、走向开放、走向现代化"。2021年7月6日,在中国第一历史档案馆新馆开馆之际,习近平总书记又对档案工作做出重要批示:"加强党对档案工作的领导,贯彻实施好新修订的档案法,推动档案事业创新发展,特别是要把蕴含党的初心使命的红色档案保管好、利用好,把新时代党领导人民推进实现中华民族伟大复兴的奋斗历史记录好、留存好,更好地服务党和国家工作大局、服务人民群众。""5·26讲话"和"7·6重要批示"将对档案工作的认识提升到新高度,新时代的档案工作肩负着新使命、承担着新目标。

《"十四五"全国档案事业发展规划》确定了"档案事业高质量发展"的主题,并提出了"加快档案资源数字转型。加强国家档案数字资源规划管理,逐步建立以档案数字资源为主导的档案资源体系""加快推进档案信息化建设,引领档案管理现代化"等档案现代化发展重点工作。档案事业高质量发展和档案信息化建设的关键在于人才队伍,只有高素质、复合型、创新性的档案人才队伍才能适应数字时代档案事业高质量发展和档案工作现代化建设的变革需求,实现档案工作"三个走向""四好""两服务"的目标和要求。

1.2 档案工作创新提出新要求

数字时代,档案工作的外部环境、对象、流程、内容因数字技术的广泛应用都发生了深刻变化,档案工作的理念、思路、方法、路径创新都迫在眉睫,对档案人才队伍的数字素养与技能也提出了更高要求。首先,档案工作对象由纸质、电子向数据转变。传统档案工作对象以纸质档案、电子档案为主,主要局限于政务、社会和企业管理领域,随着电子公文、数字化办公、智能办公的推进,档案生成形态已是"数字态""数据态",档案来源也扩展到公民和社会生活的方方面面,数字档案、档案数据逐渐成为档案工作的新对象。其次,档案工作流程由手工操作向技术辅助转变。传统纸质档案的收集、整理、保管、编研、利用流程大多由档案专业人员手工操作完成。数字时代的数字档案资源来源分散、类型多样、信息海量,档案数据的收集、挖掘、分析、整合、运行、维护、开发、服务、安全保障等都有赖于信息技术手段。再次,档案工作服务内容从单一向多元转变。随着数字政府建设,为满足社会和公众个性化的档案服务需求,各地档案便民利用系统陆续上线运行,档案查阅服务从线下延伸到线上,扩大了档案工作"用户"服务的范围和内容。

1.3 档案人才职业发展提出新期望

数字时代颠覆了档案工作的外部环境,也改变了档案人才的职业发展,对档案人才的职业认知、知识、技能、技术均提出了挑战。2005年修订的《中华人民共和国职业分类大典》将"档案专业人员"独立成小类,2022年新修订的《中华人民共和国职业分类大典》标注了97个数字职业,其中就有"档案数字化管理师",与档案职业相关联的数字职业有计算机软件工程技术人员、计算机网络工程技术人员、信息系统分析工程技术人员、信息安全工程技术人员、信息系统运行维护工程技术人员、数据分析处理工程技术人员、人工智能工程技术人员、大数据工程技术人员、数据安全工程技术人员、数字化管理师、数字化解决方案设计师、数据库运行管理员等20多个。数字化带来的新形势、新业态也影响着档案人员的职业生涯规划和发展,档案人才职业发展亟须从档案收集、保管、利用等传统档案工作向社会记忆、文化传承、知识管理和公共服务等档案信息化、数字化工作转变。

2 数字时代档案人才队伍建设面临的挑战

有研究者估算我国有百万档案从业人员,但国家档案局近10年公布的年报统计数据显示,全国各级档案主管部门、各级各类档案馆中档案专职人才队伍一直维持在 5 万人左右。根据《2022 年度全国档案主管部门和档案馆基本情况摘要(一)》,截至 2022 年底,全国各级档案主管部门共有专职人员 5552 人,各级综合档案馆共有专职人员 36582 人,国家专门档案馆共有专职人员 3429 人,部门档案馆 1338 人,企业集团和大型企业档案馆 1716 人,省、部属事业单位档案馆 3243 人。除了档案服务外包行业的技术人员外,全国档案专职人员共有 51860 人。全国共有各级档案主管部门 3239 个、各级各类档案馆 4154 个,档案专职人员规模总体偏小。在百万档案从业人员中,全国各级档案主管部门、各级各类档案馆、档案室中档案专职人员素质和水平已属于第一梯队,但分析相关统计数据会发现仍然存在人才队伍结构性问题明显、信息化水平总体不高、人才职业发展不够开放等"卡脖子"难题。

2.1　人才队伍结构性问题明显

第一,年龄结构老化。根据《2022 年度全国档案主管部门和档案馆基本情况摘要(一)》,全国各级档案主管部门 5552 名专职人员中,50 岁以上的有 1199 人,占 21.60%;35—49 岁的有 2866 人,占 51.62%;34 岁及以下的有 1487 人,占 26.78%。各级综合档案馆 36582 名专职人员中,50 岁以上的有 11961 人,占 32.70%;35—49 岁的有 18008 人,占 49.23%;34 岁及以下的有 6613 人,占 18.08%。综合起来,各级档案主管部门和各级综合档案馆专职人员 50 岁以上占 31.23%,34 岁及以下占 19.22%,35—49 岁占比不到 50%。档案人才队伍老龄化问题明显,青年人才总量不足,发展后劲有待提高。

第二,学历结构偏低。国家档案局 2022 年年报统计数据显示,全国各级档案主管部门和各级综合档案馆现有专职人员以大本学历为主,其中,各级档案主管部门专职人员中,大本 3946 人,占比 71.07%。各级综合档案馆专职人员中,大本 24695 人,占比 67.50%。总的来看,在各级档案主管部门和各级综合档案馆 42133 名专职人员中,博士、硕士、研究生班研究生毕业人员共有 4450 人,占总人数的 10.6%(见图 1)。虽然博士、硕士、研究生班研究生毕业人员总数占比与 2013 年的 4.4% 相比,已经提高了 6.2%,但与数字时代档案变革的人才建设目标要求相比(尤其是博士占比不到 0.3%),学历层次、文化程度有待进一步提升。

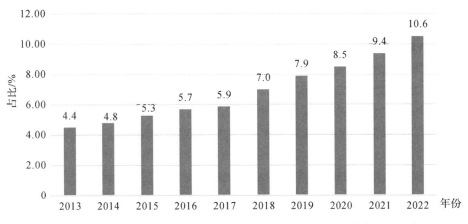

图 1　2013—2022 年档案人才中博士、硕士、研究生班研究生人数占比变化

第三,专业结构失衡。国家档案局 2022 年年报统计数据显示,全国各级档案主管部门、各级综合档案馆现有专职人员中,具有各层次学历档案专业程度的分别有 975 人、6663 人,合计占总人数的 18.1%。2013 年同类统计数据占比为 13.5%,10 年来提升了 4.6%,但专业结构失衡现象依然比较严重(见图 2)。研究者于 2022 年开展的一项档案职业调查也显示,超过 1500 多名被调查对象所学专业分布为:档案学占 31%,管理学、历史学、工学、理学、其他专业分别占 15%、4%、8%、5%、39%,其他专业所占比例远高于档案学专业,大部分档案职业人员非档案学专业出身。[2]值得注意的是,档案专业结构失衡不一定只具有负面意义,多学科、多专业有利于数字化、信息化实施,跨界、跨专业也能更好地带来档案工作的创新活力。

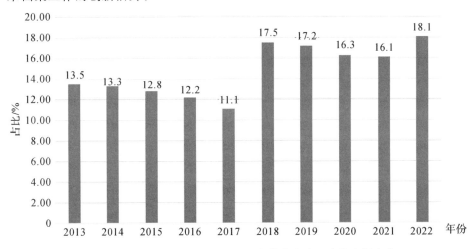

图 2　2013—2022 年档案专业人员占档案人才总人数比例变化

2.2　信息化水平总体不高

《中华人民共和国职业分类大典（2022年版）》首次标注了97个数字职业，人工智能、物联网、大数据、云计算、区块链、数字孪生等领域的新职业纷纷入选。《产业数字人才研究与发展报告（2023）》显示，当前我国数字人才缺口在2500万至3000万人，且仍在持续变大。档案行业也面临数字人才紧缺的状况，除了档案管理信息化外，档案数据库、档案目录中心、档案信息管理系统、档案信息发布平台、档案政务服务"一网通办"等建设均需要大量数字人才。档案人才数字素养与技能水平总体不高，档案数据收集、挖掘、分析、整合、运行、维护、开发、服务、安全保障能力等数字能力和创新能力亟待提高。

值得注意的是，档案人才队伍还存在女性比例偏高的问题，国家档案局相关统计数据显示，档案职业从业人员中女性所占比例长期超出65%，有些省份甚至超过80%，高校档案馆的这一比例更高。[3]研究者于2022年开展的一项档案职业调查也显示，超过1500多名被调查对象中，女性占68%，男性占32%，也印证了档案人才队伍中女性比例远高于男性的问题。[4]女性为档案事业做出了突出贡献，从事档案工作具有明显的性别优势，但大数据、云计算、区块链、人工智能等信息化技术总体薄弱的劣势也日益明显。

2.3　人才职业发展不够开放

在全国各级档案主管部门、各级各类档案馆、档案室及档案服务外包行业中，高层次档案人才总量匮乏，中青年人才明显不足。当前取得专业技术高级职称的人才只占3.7%。高层次档案人才又多在各级档案主管部门、各级各类档案馆，企业高层次档案人才占比不足25%。[5]当前，档案主管部门、档案馆及档案服务企业的组织职业生涯规划仅局限在档案行业，档案人才的自我职业生涯规划也以档案职业为主，"档案＋数字"的复合技能的提升未能形成气候、"档案＋数字"的职业互通局面也未打开，档案人才职业发展和上升通道比较狭窄。

3　数字时代档案人才队伍建设的策略

《"十四五"全国档案事业发展规划》显示，"十三五"期间全国档案人才队伍建设取得了明显的成效，并提出，到2025年"档案人才队伍建设取得新发展。档案人才培养激励和教育培训机制更加健全、成效日益明显，人才评价体系更加科学，档案队伍结构更加合理、素质更加优良、作风更加过硬，职业认同感、自豪感明显提升"，为此国家和各省（区、市）均提出了实施"人才强档工程"。数字时代，要以习近平总书记关于人才工作和档案工作的重要论述为遵循，从政策优化、管理协同、素质升级等方面入手，实现"信息化""创新性""复合型"加持，锻造出一支政治素质高、业务能力强的高素质复合型创新性档案人才队伍。

3.1　政策优化策略，人才队伍加持"信息化"

档案人才队伍建设需要党和政府的大力支持，不仅需要各级党委、政府、人力资源部门、档案管理部门、档案工作部门等多方位的支持，也需要信息化方面的条件保障。各级人民政府要落实《中华人民共和国档案法》第三条规定的"各级人民政府应当加强档案工作，把档案事业纳入国民经济和社会发展规划，将档案事业发展经费列入政府预算，确保档案事业发展与国民经济和社会发展水平相适应"。《浙江省国民经济和社会发展第十四个五年规划和二〇三五年远景目标纲要》已将档案事业发展的相关工作纳入其中，将国家综合档案馆建设纳入"建设面向人民群众的公共文化服务体系"中。各级党委和政府、人力资源部门要将档案人才队伍建设纳入人才工作总体规划，或出台专门的档案人才队伍发展规划，从制度上规划档案人才队伍建设，如浙江省早在 2014 年就出台了《浙江省档案人才队伍发展规划（2014—2020 年）》，对浙江档案人才队伍建设产生了积极影响。各级档案管理部门、档案工作部门要将档案人才队伍建设纳入档案事业的中长期规划、五年规划、年度计划、重点工作、专项工作中，从配置、培养、评价、选拔、激励等方面对档案人才队伍的建设给予政策支持和综合保障。各机关、团体、企业事业单位要将档案工作、档案人才队伍建设作为重要工作进行计划、统筹、安排和落实。如《"十四五"全国档案事业发展规划》《浙江省档案事业发展"十四五"规划》均对档案人才队伍建设进行了专门规定，并确定了人才强档、科技兴档、信息化强基等重大工程的实施目标。当然，各级档案管理部门、档案工作部门要出台更多有利于档案人才队伍建设和发展的政策，完善鼓励与扶持的系列配套措施。

数字时代档案人才队伍建设还需要信息化的加持。早在 2003 年 5 月 26 日，时任浙江省委书记、省人大常委会主任的习近平同志就高瞻远瞩地提出"要提高档案信息化水平，运用现代技术做好档案管理工作。要在实施'数字浙江'，推进电子政务的过程中，把档案工作纳入其规划，统筹考虑"。《中华人民共和国档案法》也规定"各级人民政府应当将档案信息化纳入信息化发展规划"，各级政府、人力资源部门、档案管理部门、档案工作单位要将档案信息化建设与档案人才队伍建设同步规划、结合推进、互相促进。

3.2　管理协同策略，人才效能加持"创新性"

档案管理部门、档案工作部门要切实落实档案系统提出的"人才强档""科技兴档"工程及浙江全面加强"三支队伍"建设等要求，档案管理部门、档案工作部门、人力资源部门及各党政机关、团体、企业事业单位开展人才"选、育、留、用、管"协同管理,不断发挥人才优势、提升人才效能。一是调结构。建立健全一支年龄、学历、专业、性别等结构合理的档案人才队伍,加快选拔构建"国家、省、市、县"多层级、"专家、工匠、青年业务骨干"多层次、"管理人才、技术人才、技能人才"多类型的档案人才体系。加强中青年档案人才的选拔,尤其要加大数字化、信息化专业人才的招录力度,建设符合数字档案的档案人才梯队。二是强培养。与档案学人才培养高校联合培养高素质档案人才,参与"档案+信息""档案+数字""管理+技术"的课程建设和实践培养。构建跨行业、跨区域的数字化、信息化继续教育、培训体系,促进全省域、跨区域档案人才联合培训和资源共享。加快建立档案职业技能实训基地,探索档案技能型人才培养、培训新路径。三是重激励。将档案人才激励纳入浙江全面建设"三支队伍"激励体系,在岗位竞聘、职称晋升、人才计划评审、绩效考核等方面给予政策倾斜。四是多元评价。创新档案人才的多元评价机制,建立包括政治素质、职业道德、专业技能、业务水平等要素及数字思维、数字知识与技术、数字管理能力等指标在内的人才评价体系。加强数字化技能和技术的考核评价,打通创新人才职业发展通道,促进分类分层多元化发展。

3.3 素养升级策略,人才素质加持"复合型"

档案人才队伍建设最后要落实到"人""岗位"上,从高层次人才少、信息化素养不高等痛点、难点出发,从增加高水平人才总量和提升人才数字素养与技能、数字胜任力等入手,通过组织职业生涯规划和个人职业生涯规划有效衔接、内外循环,全面再造创新人才队伍。第一,组织职业生涯规划与个人职业生涯规划有效融合。档案管理部门、档案工作部门及各党政机关、团体、企业事业单位要有效融合组织职业生涯规划和档案人才个人职业生涯规划,以"三个走向""四好""两服务"的档案工作使命引领档案人才职业发展目标,使组织发展与个人发展良性循环,双向促进。第二,工作再造与人才再造有机结合。档案工作创新离不开人才贡献,也需要人才支撑,人才在工作中创新,人才也在创新中提高。首先,与数字档案馆(室)创建相结合。要将档案人才队伍的扩容与提质和数字档案馆(室)创建相结合,尤其是与智慧档案馆(室)的建评相促进。其次,与技术攻关、项目攻关相结合。以档案科技创新项目、科技攻关项目、创新创业项目的实施和应用场景开发促进人才集聚、带动人才培育、推动人才成长。如浙江省档案人积极参与数字化改革、政府数字化转型、亚运会和亚残运会档案等专班、专项任务,在急难险工作中磨炼。最后,与赛事相结合。组织各种档案技能大赛、岗位练兵比武,如浙江省 2021 年举办了全省档案职业技能大赛、福建省 2022 年举办了档案系统首届数字工匠技能大赛,以赛促学、以赛促练、以赛促干,让档案人才增进交流、锤炼技术、提升技能。

注释

[1]胡鸿杰:《我国档案机构改革与档案职业发展》,《浙江档案》2019 年第 5 期,第 27—30 页。

[2]胡鸿杰、刘耀鸿:《档案职业声望测评与指标分析》,《档案管理》2022 年第 6 期,第 10—14 页。

[3]杨绿汀:《我国档案职业女性化现象研究》,硕士学位论文,福建师范大学,2018 年。魏娜娜:《女性视角下档案职业化发展突围路径探析》,《兰台内外》2022 年第 10 期,第 82—84 页。

[4]胡鸿杰、刘耀鸿:《档案职业声望测评与指标分析》,《档案管理》2022 年第 6 期,第 10—14 页。

[5]姚红彩:《5G 时代高层次档案人才培养思路》,《档案管理》2020 年第 2 期,第 119—120 页。

大数据时代数字化档案管理模式探微

潘国炀

浙江省中医院

摘　要:大数据时代背景下,新型的数字化档案管理模式悄然产生。然而数字化转型也非一蹴而就,传统档案管理的遗留问题仍待解决,如何合理运用数字化手段为档案管理工作增色是档案管理者的重要课题。该文分析了档案管理数字化转型的必要性,构思了数字化转型的蓝图,对未来的档案管理工作展开了积极的畅想。

关键词:档案管理;档案管理模式;数字化档案管理;数字化转型

1 数字化管理的必要性

1.1 大数据时代的"新风向"

2023 年初,中共中央、国务院出台的《数字中国建设整体布局规划》提出:建设数字中国是数字时代推进中国式现代化的重要引擎,是构筑国家竞争新优势的有力支撑。中共中央办公厅国务院办公厅印发的《"十四五"全国档案事业发展规划》在第三部分也提出了创新档案业务监督指导方式、加快档案数字化转型的要求:"健全'互联网＋监管'手段,建立档案数字治理新模式,推动档案工作融入各项业务全流程,推进档案业务在线监督指导,提升档案治理网络化、智能化、精细化水平","加强国家档案数字资源规划管理,逐步建立以档案数字资源为主导的档案资源体系"。总之,档案管理工作数字化转型是大势所趋,也是迫在眉睫。

1.2 新旧档案管理模式的对比分析

与传统模式不同,数字化档案管理是纸质档案的数据化呈现,通过数据录入、扫描转录等方式,将档案信息储存在计算机中,并进行更新、维护、管理。表1、表 2 总结了两种档案管理模式的特点。

表 1 传统档案管理模式分析

比较方面	特点分析	实例参考	总体评估
储存	真实场地	档案室、档案馆	人力、物力成本较高,且效率较低
呈现形式	形式单一	仅图文、表格	
取用方式	人工查找	管理员手动查找	
管理模式	人工管理	管理员进行归档、整理等	
安全保护方式	物理技术	安全锁、看守员	
档案可持续性	人工维护更新	档案资料宣传员	
风险评估	自然和人为风险	偷盗、自然灾害等	

表 2　数字化档案管理模式分析

比较方面	特点分析	实例参考	总体评估
储存	虚拟场地	档案信息系统、电子档案馆	大大减少了人力、物力成本，但需注意信息安全问题
呈现形式	形式多样	图文、视频、录音、动画等	
取用方式	数据查找	关键词搜索	
管理模式	自动、一体化管理	系统自动更新、年报生成等	
安全保护方式	信息技术	安全密码、安全账户等	
档案可持续性	数据自动维护更新	云档案博物馆、档案互通等	
风险评估	人为风险	病毒入侵、信息泄露	

显然，数字化档案管理在成本维护、工作效率上都更胜一筹。要想顺利转型，除解决传统档案管理模式的遗留问题外，还需重视信息安全问题。

2　数字化档案管理过程中易出现的问题

2.1　传统管理模式遗留问题

传统的档案管理设备以档案袋、档案室等基础设备为主，因此数据处理设备往往比较陈旧、运行速度欠佳，还缺少专业的档案系统，转型后很难委以数字化档案管理之重任。

2.2　信息安全与隐私保护问题

数字化的管理手段避免了物理层面的各种风险（如水淹、火灾等），但数据丢失、被盗现象也屡见不鲜。例如，计算机病毒会让系统瘫痪，从而中断档案数据的录入、储存、更新，甚至导致数据大量丢失。另外，电脑中的不良软件堆积也会增加后台负担，带来信息安全隐患。

档案管理工作直接涉及员工个人隐私，其重要性不言而喻。《中华人民共和国个人信息保护法》第十一条指出："国家建立健全个人信息保护制度，预防和惩治侵害个人信息权益的行为，加强个人信息保护宣传教育，推动形成政府、企业、相关社会组织、公众共同参与个人信息保护的良好环境。"由此可见，档案管理者必须具备较高的隐私保护意识与能力，打造高保密性、高安全性的档案工作生态。

2.3　管理人员素质问题

良好的管理素质体现在许多方面。第一，较强的隐私意识。素质较低的管理者,容易有意或无意地泄露他人信息,或缺乏信息隐藏、加密的主动性。第二,严格的自我要求。平时不良的网络习惯(如下载不正规软件等)会间接侵害员工的个人信息安全。第三,扎实的管理基础。数字化档案管理人员需具备专业的档案管理学知识、优秀的计算机能力和一定的数据保护能力。目前来看,档案管理人员的综合素质还有待提高。

3 合理运用数字化模式为档案管理赋能

3.1 建立科学、高效、安全的数字管理体系

良好的管理设备和系统是数字化转型的基石。管理者应淘汰落后、老旧的设备,申请购买先进的基础设备(如扫描仪)与管理系统。

科学高效的管理系统不可或缺。首先,根据现有档案内容,选择一套合适的数字化系统。其次,建立不同分类以及子数据库来保存不同性质的档案(如人事档案、考勤档案、大事记档案等),并利用数字手段,统一档案格式。另外,做好数据库间的兼容、连接。

数据安全是重中之重。首先,需建立可靠的密钥机制。应使用高强度密码,或叠加指纹锁、多重验证防护等先进的数字技术,充分保护员工的个人信息。其次,应配备强大的病毒查杀系统或软件。另外,应制定安全分级制度,针对保密程度、重要程度高的档案,配以备份系统,以防重要信息在突发事件中损坏或丢失。

3.2 建设专业的管理队伍

对于现有的档案工作人员,以鼓励提升为主。建立奖励机制,激发其提升意识和学习热情;定期开展数字化档案管理的专题培训,配合课后实践,让员工将知识活学活用;制定新的考核标准,将档案专业知识、培训内容、实践操作等纳入月度、年度考核范围,形成良好的工作氛围。

管理者需进一步提升综合素养。在进行档案登记、扫描、转交时,管理者应该坚守职业道德,秉持保密至上原则,严禁任何形式的信息泄露。另外,处理数据时需要细心和耐心,避免因粗心导致的连锁反应。

此外,还需注入新鲜血液。如招聘颇有建树的档案管理人员、经验丰富的信息技术人员、专业的数据风控人员等。

最后,由于档案管理内容和不同单位的属性息息相关,我们应培养精通档案管理、数据操控和企业事业专业知识的复合型人才。以驻医院的保安人员档案数字化管理为例,掌握档案管理、人事管理、基础医疗、消防武装知识,且具备较

强的计算机处理能力的人员就是理想人才。

4　结语

在大数据时代,档案管理应摒弃陈旧、低效的模式,采用成本更低、效果更佳的数字化模式。转型之路困难重重,信息安全问题是档案管理者的研究重点。因此,档案管理者应丰富自己的档案基础知识,提升综合管理素质,合理运用数字化手段,让大数据时代下的档案管理工作焕发出别样的风采。

档案服务企业新员工入职培训效果优化的实施路径

杜　璇

浙江省档案教育培训中心

摘　要: 档案服务企业高质量发展就必须建立一支高素质、专业化的人才队伍。优秀队伍的建设就要从新员工的入职培训抓起,该文针对档案服务企业新员工入职培训的现状、存在的问题进行分析,提出相应的提升培训效果的对策,从而推动档案服务企业和档案人才的高质量发展。

关键词: 档案服务企业;入职培训;效果优化

入职培训作为新员工进入企业最先经历的环节,是企业培育人才的起点,在新员工与企业之间起着桥梁作用,不仅能让新员工产生对企业文化、制度、发展目标的认同感,还可能影响新员工今后对待工作的主动性、贡献率,甚至是离职率。因此组织新员工入职培训是新员工提升专业技能,传递企业价值观和核心理念的有效方式,是新员工融入档案行业,转变角色的重要手段,是企业促进自身发展、提升经济效益、增强市场竞争力的强有力支撑。

1　档案服务企业培训现状

目前,大多数档案服务企业都能将员工入职培训列入企业员工培训计划,从实施情况、培训次数、受训人员等方面来说,档案教育培训取得了一定效果,但是从长期效果来看,在培训组织策划、实施过程、培训效果等方面存在以下问题。

1.1　培训组织策划不健全

档案服务企业多为中小型企业,投入新员工培训的经费和资源有限,而且大部分的经营者认为,扩大经营才是获得市场竞争力的主要手段,人才只要有钱就能够高薪聘请,新员工培训只需走个过场。领导的不重视、成本的限制导致人力资源部门组织策划培训具有一定的局限性,策划者没有进行培训需求调查和分析,也没有评估培训效果,没有考虑新员工和用人部门双方的需求,更没有做培训需求分析、制订合理的培训计划,没有对训后的培训效果进行跟踪回访,没有进行训后成效收集分析完善培训内容,没有与时俱进及时更新培训资源导致培训内容拓展不足,没有做培训目标的训前心理指导,没有让新员工认识到入职培训对促进个人今后职业发展、提升就业能力的重要性。

1.2　培训过程管控不完善

由于策划部门未做培训需求调研,没有编辑针对本企业的培训教材,讲师授课大多介绍企业的发展历程、企业文化、企业规章制度等方面的内容,缺少沟通交流、团队协作、职业生涯规划等方面的内容。加上讲师对新员工情况不了解,不能根据新员工的特点创新培训模式,及时调整授课方式和授课内容,导致课堂氛围沉闷,新员工听课兴趣不大,培训效果大打折扣。新员工没有明确培训学习的目标,还未实现从学生到企业员工的转变,认为学习只要懂了理论知识,实践肯定没有问题,没有主动学习意识、创新意识以及终身学习意识,容易在今后的工作中产生懈怠心理。

档案工作专业性和实操性强,但是很多档案企业存在专业管理能力弱化的现象,培训的策划者不了解档案工作,只是按照一般的培训流程开展培训工作,无法对讲师的授课质量进行监督和评估,导致培训的效果和质量得不到保障。培训的经费限制、培训的场地和设备不足,讲师无法将理论结合实践,更好地利用案例分析、情景化教学以及互动交流等方式来增强学习效果,导致培训如同隔靴搔痒、浮于表面。

1.3　培训效果没有有效发挥

企业没有建立培训效果监督检查机制,无法从制度上对培训效果进行监督,培训只是流于形式,打卡应付了事,新员工仍然无法快速进入岗位角色中。培训管理部门没有开展培训成果的考核评估,未能及时地与相关用人部门了解新员工的工作情况,缺少循序渐进、不断完善培训效果的反馈机制,来促进新员工入职培训的实施。培训效果没有有效地发挥。

2 档案服务企业培训效果优化的实施路径

2.1 培训前,周密策划

其一,建立体系。群策群力,调动各部门的积极性共同建立企业新员工入职培训体系,明确各部门在新员工入职培训中的职责,明确培训的内容、侧重点、专业知识、业务流程等,以及明确此次培训所要实现的具体目标。

其二,明确权责。做好需求分析和整体规划,将企业的需求、部门的需求以及个人的实际情况进行有机结合,按照新员工的特点,设计出相对应的入职培训课程。明确各个培训主体的权责,按照培训需求,制定培训方案、培训课程、培训考核与评估等内容,对新员工和讲师宣讲学习目标,让讲师和新员工清楚此次培训的计划和具体学习的内容,确保培训的有效性。征求用人部门的培训意见、收集用人部门的培训效果反馈,让新员工入职培训更具针对性和实用性,结合岗位要求,适当增加或缩短集中培训的时间,确保每名新员工都能掌握学习的内容,真正提升培训实效。

其三,加强保障。结合每次培训经验,及时调整培训课程和培训内容,定期更新教学资源,重视对行业新技术、新业态等新兴领域内容的学习,不断丰富培训资源。实行导师制,即通过企业内部选拔或培养建立一支人品过硬、有奉献精神、专业技能全覆盖、授课能力出众、管理经验丰富的讲师队伍,帮助新员工快速熟悉岗位知识、熟练掌握工作技能、明确职业目标、缓解心理压力。导师制是一种互惠共赢的双向机制,导师在赋能新入职员工的同时,新员工也会对导师进行反向赋能,实现教学相长。导师和新员工在教学中进行更多的经验交流,得到更深的体会,以此提升新老员工的工作满意度,最终实现提升组织绩效的目的。

其四,准备支撑。安排一个适合教学培训的学习基地,并为实操课程准备先进的设备设施,按照"缺什么、补什么,学什么、有什么"的原则,统筹安排设施设备,切实提高培训的针对性、有效性和实用性,确保培训的顺利开展。

2.2 培训中,严格管理

其一,明确纪律。培训开始后,培训管理人员首先必须宣贯学习纪律,明确学习的管理考核制度,强化新员工对此次入职培训的正确认识和参训意识,让他们充分认识到入职培训对其今后的职业发展、升职加薪起着关键作用。正确引导新员工认识身份转变,使其以更加积极向上的心态认真投入培训学习之中。

其二,保证质量。培训管理人员对培训过程进行监督,保证培训过程中学员的安全,落实培训后勤工作的安排,及时与讲师进行沟通,确保讲师授课内容的丰富性、教学方式的多样性、教学过程的互动性,尽可能地激发学员的学习兴趣,提高培训效果。

其三,着重场景。讲师在培训时不能照本宣科,宣读讲义,课程内容要与时俱进,有重点、有热点、有看点。要重视与新员工的互动交流,调动学习的积极性。要使用多元化的教学方式,如案例教学。案例具有真实性和实用性,它通常来源于我们的工作、生活,与我们息息相关,更容易引起员工的共情,可以让新员工更好地理解和应用所学知识,从真实案例中获得启发,从而提高新员工的分析能力和解决能力,还能更好地引起新员工的学习兴趣,增强学习动力。讲师还可以采用小组形式,让新员工分组完成任务,调动其主观能动性,增强其团队协作能力,通过对设备、器具进行实践操作,强化新员工的动手能力,更好地掌握和运用实物操作知识的技能,实现知行结合,真正做到培训实施场景化,进一步提升培训效果。

其四,及时纠偏。严格把控培训考核问题,通过考核情况了解新员工的学习能力、接受能力是否符合岗位的需求。对于表现不好的新员工,训后与其深度交流,找到不足的原因,帮助其更好地掌握工作技能。

2.3 培训后,及时改进

培训管理人员要组织开展培训满意度调查,及时收集参训人员对于入职培训的意见和建议,及时沟通、反思、提炼和总结,将信息汇总反馈给组织策划部门和讲师,以便于企业持续改进和完善新员工入职培训工作。

3 结语

档案服务企业新入职人员的培训工作是一项长期性、系统性工作,新入职人员的培训作为新员工入职的重要环节,其培训效果直接关系到新员工入职初期的知识、技能和心理的"适应期",以及新员工与企业的融合程度,对企业的认同感和归属感。因此,组织好新员工入职培训,是提升企业自身管理水平的体现,也是企业稳定员工就业、弘扬企业文化、建立高素质人才队伍的需要。档案服务企业要发展,就必须顺应发展潮流,不断改进和完善新员工这支队伍,发掘他们身上的潜力,帮助他们更好地成长,使档案服务企业和新员工建立起共赢的良性关系,从而推动档案服务企业和人才的高质量发展。

第二部分

文件与档案管理

浅议建设工程档案全流程服务助力营商环境优化

董雯雯

余姚市住房和城乡建设局

摘　要:建设工程档案是工程项目实施全过程中形成的真实记录。随着社会进步和时代发展,各行各业对建设工程档案越来越关注,其在市场经济活动特别是优化各地营商环境中发挥着越来越重要的作用。因此,如何改进建设工程档案工作,助力营商环境优化,是档案部门面临的新课题、新挑战。该文以余姚市城乡建设指导服务中心为例,分析了建设工程档案的特殊性及其对推动经济建设的意义,结合营商环境优化对建设工程档案提出的新需求,对如何改进建设工程档案工作提出具体对策和建议。

主题词:建设工程;档案;营商环境;优化

建设工程档案是工程项目实施全过程中形成的真实记录。随着社会进步和时代发展,各行各业对建设工程档案越来越关注,其在市场经济活动特别是优化各地营商环境中发挥着越来越重要的作用。

1　建设工程档案概念及其特殊性

1.1　建设工程档案的概念

建设工程档案是指从工程项目的提出、调研、评议、决策、规划、征地、拆迁、勘测、设计、施工、生产准备、竣工投产、交付使用全过程中形成的,应当归档保存的文字、图纸、图表、计算、声像等各种形式的文件材料。

1.2　建设工程档案的特殊性

首先,建设工程档案的形成主体和今后保管使用主体往往不同,责任主体的变化给档案工作带来了挑战。现实工作中,工程建设和运营维护往往是分开的,建设单位大多是重工程建设,轻档案管理,在工程完工后,各单位才开始应付整理工程资料,造成工程项目档案资料管理无序,资料流向不明。

其次,要规范工程项目档案管理,就必须加强文件形成、归档阶段的前端控制,扎实做好建章立制、文件资料归档等前期的基础性工作,这也是工程建设档案管理中的难题。尤其是在项目建设前期阶段就应及时建立档案工作机制,加强对前期阶段产生的文件材料收集和管理;在建设合同中要明确提出对文件材料的编制、整理及提交的具体要求;在检查落实建设项目过程中,要同时检查落实档案管理情况。

2 建设工程档案对经济建设的重要意义

建设工程档案作为整个工程的见证与真实记录,能为今后工程竣工验收、审计部门核查、日常维护或改扩建等提供可靠的依据。工程档案管理工作是否落到实处,直接关系着建设工程的施工质量,并影响着建设单位及相关单位的整体效益。因此,建设工程档案管理人员要深刻理解自身职责,有对国家和单位高度负责的责任心与使命感,主动学习总结和提升档案管理工作技能,严格审核档案的质量,确保每个项目形成齐全、完整、准确、系统的档案资料,最大限度地发挥建设工程档案在经济建设和社会发展中的作用。

3 围绕助力营商环境优化,切实改进建设工程档案工作

下面以余姚市城乡建设指导服务中心为例,介绍该中心围绕助力营商环境优化切实改进建设工程档案工作的具体做法。

3.1 优化档案验收,助力工程项目行政审批制度改革

对工程项目档案进行联合验收,高度优化建设工程档案验收的步骤。实行"一次性告知制",切实做好城建档案政策宣传和答疑解惑。在积极主动开展指导服务工作的基础上,全面梳理和完善城建档案接收、查询、利用服务,为企业和群众办事提供更多便利,提高企业办事效率。

落实全流程告知。档案部门制定关于进一步加强建设工程档案移交和验收工作的告知书,全面告知各建设单位线上报送工作流程。在核发建设工程施工许可证时,一并发放建设工程档案报送告知书,提前告知建设单位有关城建档案的报送目录及报送方法。

落实全阶段跟进。实行城建档案分阶段报送机制,并结合报送情况,采取现场指导、线上咨询等多种方式,实时跟进,提供全流程城建档案报送指导服务,避免因一次性提交资料而造成的验收时间较长、竣备时间紧张等问题,确保建设工程档案顺利验收。

落实全周期闭环。全面落实"制度化"管档、"标准化"归档、"长效化"用档要

求,做好城建工程档案接收,规范调阅查询、内控自查相关流程,确保文件材料归档率、完整率全部达到要求。同时,探索跨馆查询利用服务,实现数据双向互通,提高企业查档效率。

3.2　推行电子存档,优化简化材料收档范围

以"材料减少"为目标,围绕涉及的建筑、市政基础设施等工程,结合实际对归档移交材料进行合理优化。通过对接政务服务网服务部门用户统一工作平台的审批结果,调整城建档案收档范围,避免建设单位重复提交申请材料。凡是可通过浙江政务服务网签发的含电子签章的审批结果性文件,都以通过验证后的原生电子文件进行单套制存档。

3.3　注重精准施策,建立"一档一策"全流程服务台账

档案馆联合职能科室,主动对接企业,做好服务,及时做好建设工程档案验收工作的各项制度制定、指导培训、工作衔接、监督和监管等工作。从项目办理施工许可证开始,档案工作提前介入,对项目存档工作实施"一档一策",建立全流程台账制度,项目办理到哪步,台账更新到哪步,对档案移交滞后的建设单位进行电话提醒、预警,提升优质归档率。

3.4　积极主动作为,提升建设工程档案指导服务水平

践行"奉献、友爱、互助、进步"的精神,定期开展为企服务志愿活动。根据《建设工程文件归档规范》对企业建设工程档案的归档整理工作开展业务指导,同时对项目工作人员提出的档案收集过程中时间紧、资料多等难点和疑惑进行解答,对检查中发现的问题提出整改意见。如余姚市城市建设指导服务中心每年多次对各承建单位的工程档案整理工作进行业务指导,通过现场沟通与答疑,切实提高建筑企业建档效率,从源头上规范建设工程档案管理,有效解决项目在档案验收环节的常见问题,确保档案进馆规范化、标准化,帮助企业少走弯路,缩短建设工程档案资料报审时间。此外,档案馆还应进一步加强与相关部门的协同,确保建设工程档案验收畅通无阻。

4　结语

做好建设工程档案管理工作,在服务经济社会发展、助力地方营商环境优化中有着重要作用。档案部门应增强主动融入和服务大局的意识,全面落实档案工作服务助推优化营商环境行动的各项举措,通过主动靠前服务,打通服务企业"最后一公里",更好地为当地经济社会高质量发展贡献城建档案力量。

建设项目档案优化管理探究

沈琴晓

杭州市商贸旅游集团有限公司

摘　要:随着我国经济的迅速发展,工程建设项目遍地开花。建设项目档案全面记录了工程项目前期规划、中期建设、后期竣工验收的全过程。该文从建设项目档案的特点和管理现状出发,围绕事前指导、事中监督和事后核验的全程管控链条,对加强档案全程管控提出对策建议,以期提升建设项目档案管理水平。

关键词:建设项目;档案管理;全程管控;研究

建设项目是指按照一个总体规划或设计进行建设的,由一个或若干个互有内在联系的单项工程组成的工程总和,包括项目前期准备、项目实施和项目收尾等三个阶段。前期准备阶段包括依法进行的立项、可行性研究和勘察等工作;项目实施阶段包括设计、招标、采购、建设和试运行等环节;项目收尾阶段包括竣工验收、后评价等步骤。这一系列构成了项目建设的全生命周期。

建设项目档案是指从建设项目前期准备开始到项目收尾结束整个过程中形成的具有保存价值的各种载体材料,如纸质文档、电子数据、影像资料等。项目档案作为项目全生命周期管理的重要文档,不仅是项目建设的实录,也是项目投产、运维、改造等阶段不可或缺的重要依据,是促进项目质量提升的重要推动力。在建设项目的生命周期中,档案管理有着举足轻重的地位,为提升档案管理的效率和质量,需要在项目的各阶段实施全方位的管控。本文从建设项目档案的特点和管理现状出发,围绕事前指导、事中监督和事后核验的全程管控链条,对建设项目档案管理进行优化探究,以期推动建设项目档案管理工作转型升级。

1　建设项目档案的特点

1.1　分散性和复杂性

建设项目档案涉及领域较多,且建设周期较长,有些重大项目建设时间长达一年甚至数年,在项目建设的不同阶段不断产生各种文件资料。特别是规模庞大的建设项目,由于其复杂性、专业性和多单位协作等特性,对档案管理人员的专业素养提出了更高要求。

1.2　全面性和真实性

建设项目档案作为项目全过程的真实记录,必须全面且真实地反映项目建设的各个环节。档案工作应贯穿从项目立项、可行性研究、勘察设计到招标采购、建设实施、试运行直至竣工验收等环节,确保档案内容的全面性与真实性,为项目的决策、执行和后续管理提供坚实支撑。

1.3　专业性和综合性

建设项目档案涉及多个专业领域的知识,包括但不限于建筑、结构、给排水、电气等。每个领域不但有其独特的技术要求和标准,还要综合考虑经济、环境等多方面的因素。

2　建设项目档案管理中的现实困难

2.1　档案来源主体多元化,责任界定困难

在项目建设中涉及的参建单位较多,有建设单位、勘察单位、设计单位、监理单位、施工单位等,每个单位在建设项目推进过程中都会产生大量的档案资料,包括前期资料、报批材料、勘察报告、设计文件、施工图纸、监理文件、施工记录、竣工验收材料等。这些档案有些来自单个主体,有些来自多个主体,经常出现责任交叉、分工不明的情况,导致很难将归档责任落实到某个人或某个单位。

2.2　档案管理模式亟待更新,数字化转型滞后

目前,许多建设项目档案管理仍停留在传统的纸质档案管理模式上,数字化进程缓慢。主要原因是建设项目档案数量庞大,且包含大量大幅面图纸,数字化成本较高。近些年,技术的不断发展及智慧工地等先进数字化平台的搭建,极大地促进了档案管理从传统向数字化、数据化的跃迁,但大部分档案人员对于新技术的接受程度不高,缺乏数字化转型的积极性和主动性。

2.3　建设项目档案复杂且专业性强,复合型人才稀缺

建设项目档案涉及工程建设的各个领域,具有高度的专业性。因此,对档案管理人员提出了更高的要求,不仅需要具备深厚的档案管理知识,还应对工程建设领域的专业知识有所涉猎和了解。然而,在实践中,这样的复合型人才往往十分稀缺。一方面,专业的工程人员往往更愿意从事技术性的工作,对档案管理工作缺乏兴趣;另一方面,具有档案专业知识的人员往往缺乏工程建设的实践

经验。

3　优化建设项目档案管理的对策措施

通过加强建设项目档案的全过程控制,有效解决建设项目档案管理中的问题。

3.1　加强事前指导,规范档案收集工作

首先,制定统一的档案管理标准与流程。建设单位档案部门在遵循国家档案管理标准与行业规范的基础上,结合建设项目的特殊性及实际需求,制定项目档案管理标准与流程,明确项目档案的归档范围、移交时间、对应责任人等,细化档案管理流程,确保各参建单位能遵循统一的标准进行档案管理。

其次,强化档案意识调动全员参与。通过培训、宣传等方式,提高各参建单位人员的档案意识,明确建设项目档案管理工作的重要性。同时,建立档案工作责任制,确保各参与方职责清晰,将档案的形成、收集、整理和移交等工作落实到位。积极倡导并激励各参建单位深入参与档案管理工作,共同营造全员关注、全员参与的良好氛围。

最后,打造专业化档案管理团队。统筹规划档案人才培育策略,鼓励专兼职档案人员参与项目建设专业知识培训,通过理论与实践的深度融合,全面提升综合素养。同时,进一步完善人才引进与培养机制,着重提升档案人员在信息技术应用方面的能力,打造一支既具备数字素养又精通档案管理的复合型人才队伍,为档案工作的数字化、智能化转型提供坚实的人才支持。

3.2　加强事中监督,提升档案管理工作

首先,建立档案监督检查机制。制定档案监督检查制度,明确监督检查的内容、标准和程序,定期对各参建单位的档案管理工作进行检查和评估。对于发现的问题,及时提出整改意见并督促落实,确保档案管理工作不断改进和提升。

其次,实施关键节点把控。在建设项目实施过程中,加强与各参建单位的沟通协调,对项目建设的关键节点进行严格把控,如项目启动、设计变更、施工进场、竣工验收等节点,确保档案的及时收集、整理、移交和归档。同时,将档案工作纳入工程建设过程,确保档案工作与工程质量并重。建立档案保证金及考核制度,将档案工作质量直接与建设单位经济责任挂钩。对于竣工文件编制和整理不达标的参建单位,扣留部分工程质量保证金,直至档案整改达标后再行支付。

3.3 加强事后核验,确保档案归档质量

首先,制定档案移交验收标准。根据档案管理标准和项目特点,制定档案移交验收标准,明确档案移交的内容、格式、质量要求等。同时,建立档案移交验收程序,确保移交工作的规范性和有效性。

其次,严格档案移交审核。在档案移交过程中,严格按照验收标准进行审核,确保移交的档案内容完整、准确、系统。对于不符合要求的档案,要求相关单位进行整改后再进行移交。

最后,建立档案移交反馈机制。在档案移交完成后,及时将移交情况反馈给相关单位,对于存在的问题提出改进建议。同时,加强与各参建单位的沟通联系,共同推动档案管理工作的不断完善和发展。

4 结语

建设项目档案全面、真实地记录了工程的各项活动,是确保工程项目质量、追溯历史责任、指导未来发展的重要凭证。要在建设项目全生命周期视角下,做好事前指导、事中监督和事后核验等全过程管控,不断优化和提升建设项目档案管理水平。

关于机关档案编制"三合一"制度的几点思考

刘鑫烨

浙江省档案事务所有限责任公司

摘 要:国家和浙江省"十四五"规划要求全面推行机关档案分类方案、文件材料归档范围和档案保管期限表三合一制度。该文分析了机关档案编制"三合一"制度的背景、概念、作用、内容、基础条件,针对编制中存在的难点问题,探讨如何规范编制和落实机关档案"三合一"制度。

关键词:机关档案;"三合一"制度;编制

1 机关档案"三合一"制度的背景

浙江省全面推行机关档案分类方案、文件材料归档范围和档案保管期限表三合一制度(以下简称"三合一"制度)是落实"十四五"规划提出的要求,主要目的是优化档案资源结构,加强档案资源质量管控,并以此全面规范机关档案建设。2022 年 5 月 10 日,国家档案局印发《关于全面推行机关档案分类方案、文件材料归档范围和档案保管期限表三合一制度的通知》(档函〔2022〕58 号),2023 年 10 月 31 日,浙江省档案局印发《浙江省档案局关于全面推行机关档案分类方案、文件材料归档范围和档案保管期限表三合一制度的通知》(浙档发〔2023〕17 号),全面启动此项工作。

2 机关档案"三合一"制度的概念与作用

"三合一"制度是在原来的档案分类方案、文件材料归档范围和档案保管期限表的基础上,按照文档一体化的理念,通过梳理、整合、规范,实现三者融合和无缝衔接。"三合一"制度是用于机关单位规范和指导档案形成与收集、整理与归档、鉴定与销毁等工作的一项基本档案制度。"三合一"制度的推行主要是为了重点解决各机关、团体档案门类划分不科学、分类方案不一致、档号编制不统一、归档范围不全面、保管期限不完备等问题,并更好地适应当前档案信息化发展需要。

3 "三合一"制度的内容组成

"三合一"制度由档案分类方案、文件材料归档范围和档案保管期限表组成。

首先,机关档案分类方案通常是根据本机关所确定的档案门类、各门类档案分类方法及档号编制要求来制定的。机关档案门类划分为文书、科技、会计、人事、专业、照片、录音、录像、业务数据、公务电子邮件、网页信息、社交媒体、实物等 13 个一级档案门类;其中科技档案分为科研、基建、设备 3 个二级门类;专业档案按三定方案及实际情况划分二级门类。分类方法采用年度、机构(问题)、保管期限等分类项结合的方法。

其次,机关文件材料归档范围可以依据的制度规范有《机关档案管理规定》《机关文件材料归档范围和文书档案保管期限规定》《科学技术研究档案管理规定》《科学技术研究课题档案管理规范》《建设项目档案管理规范》《国家电子政务工程建设项目档案管理暂行办法》《照片档案管理规范》《数码照片归档与管理规范》《录音录像档案管理规范》《印章档案整理规则》等。

最后,档号结构以《归档文件整理规则》确定的编制规则、《档号编制规则》为基础,参照《浙江省档案局关于全面推行机关档案分类方案、文件材料归档范围和档案保管期限表三合一制度的通知》(浙档发〔2023〕17号)编制,不同门类的档号编制方法相互呼应。

4　编制机关档案"三合一"制度的基础条件

首先,全面分析梳理本机关的档案门类,科学编制机关文件材料归档范围和档案保管期限表。为科学编制机关文件材料归档范围和档案保管期限表,档案部门需要根据机关的实际情况及档案现状,全面梳理、分析本机关的档案门类,汇总各个档案门类下档案的内容及大概数量,确定合理的分类方案;不同门类、载体或形式的档案的分类方法应当协调呼应,便于档案的统一管理和利用。分类方案一经确定,应当保持一致,不得随意变动。应依据制度规范编制科学、全面的文件材料归档范围及保管期限表,做到应收尽收、应归尽归。

在编制机关文件材料归档范围和档案保管期限表时,要重点关注以下方面:(1)档案门类除了通用的文书、科技、人事、会计档案外,还需要注重专业、音像、数字、实物档案的收集与归档;(2)同一全宗内的档案分类层级不宜太多或者存在多种分类标准,否则,各门类档案整理将繁杂、混乱;(3)要系统梳理本单位及各内设机构已经产生的、可能产生的文件材料,需要特别关注账外文件的收集,分析所有文件材料的归档范围;(4)设置档案保管期限时不能过于随意、主观,不能简单地根据档案库房面积够不够、利用率高不高、档案数量多不多等因素缩短或者加长档案保管期限。

其次,明确统一的机关档案档号编制规则。根据档案门类及实际情况形成统一的档号编制规则,不同载体或形式的档号编制方法应相互呼应。

5　机关档案"三合一"制度编制工作的注意事项

机关在行使职责工作活动中,会产生不同类型的业务活动文件材料,以往归档中往往会产生不少疑惑或问题。比如,对业务活动中产生的文件材料应该归档到专业档案还是文书档案门类?不同的机关档案有不同的选择:有为了整理方便全部归档到文书档案的,有为了方便利用既归档到文书档案又归档到专业档案的,还有索性按办事流程分为立项专题、审批专题、验收专题的,等等。这些归档方式导致档案的交叉、重叠、混乱,不利于档案的保管、统计、利用。为了处理好专业档案与文书档案之间的关系,做到不交叉不遗漏,可以通过以下条件来

判定是否属于专业档案:(1)通用、音像、数字、实物类档案之外的;(2)履行行业特有职责形成的[各单位普遍开展行政许可、复议、信访等工作形成的档案原则上不作为专业档案,除非满足(3)(4)条件];(3)形成的档案数量特别大(超过一个部门正常形成的档案数量);(4)无法纳入文书材料进行管理。需要注意的是,在专业档案与文书档案存在一定冲突时,优先执行专业领域的政策文件和制度规范要求。

此外,机关档案各门类文件材料归档范围和档案保管期限应当与机关各部门工作职责、工作分工、具体要求密切关联,重点关注本机关"三定"方案及委托行使职责,对机关的职责有详尽的把握。机关档案部门还需要紧扣本单位核心业务,确定可能形成的主要文件材料类型和档案门类,使得归档文件材料能够全面反映本机关核心业务和职能履行情况。

关于德清城建档案的前世今生及实践思考

何彬雅

德清县建设局

摘　要:城建档案作为城市设计、施工、管理和科学研究的历史记录,在现代化城市发展建设中具有重要的意义。它是城市改造和发展的基本资料,在进行城市规划、社会管理、提供公共服务、维护城市安全、应对城市突发事件等工作中,发挥着重要作用。该文通过文献分析法、网络调研法、现场调研法等研究方法,深入了解德清县城建档案的建设管理情况,从源起、发展历程、业务现状、新形势下的变化等四个方面进行分析思考,提出对策建议。其中,"源起"部分从城建档案管理部门、建设工程档案的保存及地标性建筑、公用设施档案保存三个方面阐述了德清无城建档案的历史现实;"发展历程"部分从城建档案前期调研考察、对接谋划、正式启动、归档范围、制度建立、查阅利用、专项验收等几个方面着手,阐述了德清城建档案的建立、规范及完善提升的过程;"业务现状"部分重点阐述了城建档案工作流程,以及档案预验收和档案接收两个重要节点;最后一部分对数字化改革进程中城建档案工作提出了新的思考。

关键词:城建档案;现状分析;数字化;规范化;方案对策

1　源起（2009 年前）

1.1　德清无城建档案馆及城建档案无专门机构管理的现实

按照档案有关规定,城市建设档案(以下简称"城建档案")应由住建部门档案馆(室)负责管理,其档案管理活动受同级档案行政管理部门监督管理。但德清的实际情况是,住建部门仅有综合档案室,仅仅管理文书档案,且其各类行政许可档案均在各职能科室保存,并未规范整理归档,更遑论城建档案。县住建局本级档案规范化管理亦仅从 2011 年起步,同时由于库房狭小等原因,断断续续数年后,才实现各门类档案基本齐全。

由于德清县没有建立专门的城建档案管理机构,档案人员都是兼职,也没有专门的城建档案管理经费,建设工程档案由县建设工程质量安全管理站(以下简称"质安站")代管。质安站在代管中,仅以"该项目工程档案由建设单位自行保存"的承诺书来代替工程档案的接收、管理工作,即建设工程档案谁形成由谁保管,甚至可以说有或无都可以,一纸承诺书代替了整个城建档案及城建档案工作。

事实上,德清城建档案除县质安站工程竣工备案档案中含有少量城建档案内容(严格意义上讲,这不是城建档案中的建设工程档案)外,还有县城建发展总公司中存有一些未经整理的零散的工程档案。

1.2　德清城建档案由建设单位自行保存的现实

原本应在建设单位办理竣工备案时,移交给城建档案馆集中保管的建设工程档案,却在办理竣工备案时被一纸"该工程项目档案由建设单位自行保存"的盖有建设单位印信的承诺书代替,整个城建档案及城建档案工作由一纸承诺书"完成"了。这些原应移交城建档案馆集中保管的档案,因无专门档案机构和"建设单位自行保管"的方式而游离于监管之外,处于失管、失控状态。

1.3　德清地标性建筑、公用设施档案失管的现实

2009 年,德清县档案行政管理部门在调研基础上,拟从地标性建筑着手规范城建档案,并扩展到公用建筑方面。在工作推进过程中发现,即使是地标性建筑,如政府机关大院、会展中心、气象大楼等地标性建筑的工程档案都无法完整找到,更遑论其他建设项目档案。

针对以上突出问题,德清县档案行政管理部门清醒认识到,唯有档案行政管理部门主动出击,在原有业务指导职能基础上,以自身的专业人员与素养代理城建档案业务指导,并以综合档案馆为辅助,全量接收城建档案,才能解决好城建

档案失管的问题;唯有将建设单位工程档案归档范围与城建档案接收范围整合,才能保证建设工程档案的完整性,才能使综合档案管理与专业档案管理相糅合,起到事半功倍的作用;唯有整合档案行政监管职能与城建档案指导业务内容,才能有效提升建设工程档案管理效能,保证城建档案有效服务城市建设发展。

2 发展历程(2009—2015 年)

2009 年,赴深圳考察学习。

2009 年 10 月,经浙江省档案局介绍,德清建设部门与档案行政管理部门赴深圳档案部门考察学习城建档案工作。在考察学习中发现,深圳城建档案自并入综合馆档案中心后,其管理活动或效能反而有所降低。究其原因,是档案管理机构与人员隶属关系脱离了住建部门,原本纳入住建部门行政审批职能的档案接收职能也随之脱离。城建档案收集率降低,由原来的 90%降至 68%左右。这成为日后德清城建档案需要考虑的一个重要因素。

2010 年,对接、谋划、起草加强城建档案管理工作相关政策文件。

深圳考察后,2010 年整年基本都忙于城建档案再次调研、协调、对接工作,基本框定城建档案工作运行管理模式,即与县住建部门联合,落实建设系统各单位、各乡镇村镇建设管理站、各施工单位城建档案工作机制,分先后缓急接收城建档案,采用过渡式保管方式解决档案安全保管问题,县档案行政管理部门在城建档案建设过程中开展全程监督指导、培训工作,为城建档案收集、整理、保管等方面提供全方位的业务技术支持,将县档案馆开具的《档案接收证明书》纳入工程竣工备案时必备的依据性文件。

档案、住建两个部门屡次磋商、数易其稿后,于年底定稿《关于加强城市建设档案工作的通知》,正式确定了城建档案工作的运行管理模式。

2011 年,城建档案工作开始规范运作。

2 月,县档案局与县住建局联合印发起草《关于加强城市建设档案工作的通知》。

3 月,所有建设工程办理《建设工程许可证》时,必须与县档案馆签订《建设工程竣工档案承诺书》;当年度有 143 家单位签约。

10 月,第一期工程建设项目档案管理培训班在德清县档案局开班。

住建部门竣工备案环节需要县档案馆开具的《建设工程档案接收证明书》,纳入住建系统行政许可事项职能。这是德清城建档案工作的核心突破之一,较好解决了深圳档案中心遇到的问题。同时,德清县城建档案分类大纲、城建档案工作流程、城建档案工作指导工作书、建设工程档案接收证明书、建设工程竣工档案承诺书等规范性文本也基本制定,质安站、城建发展总公司所藏的部分零星工程档案接收进馆,部分签约建设工程档案接收进馆。

2012年,进一步理顺了档案接收进馆范围,解决了城建档案多头指导、多头查档的问题。

起初,建设工程档案接收进馆的范围是按城建档案馆接收标准来确定的,但在实施过程中发现了若干问题:一是接收进馆的城建档案不能反映建设工程全过程;二是同一项目未接收进馆部分档案仍需督促指导建设单位进行归档,显然这又将增加档案行政管理部门的工作量;三是同一工程项目档案分开保管,势必加大查档难度,甚至造成相互推诿的情况。所以,综合众多因素,最终决定将工程项目全部档案接收进馆,按综合档案管理要求执行,而非按城建馆标准执行。即使在城建档案查阅利用中,各方查阅时也只须到城建分馆即可,而无须多头查阅。如此,方能达到一举多得、事半功倍之利。这是德清城建档案工作的核心突破之二,有效解决了城建档案多头指导、多头查档的问题。

2013年,进一步明确城建档案管理的职责分工和工作机制。

无论是内部工作还是对上汇报,都缺少县域统领性的城建档案管理政策文件,住建、档案两部门工作职责也未明文规定。

为此,经协调,以《德清县人民政府办公室关于进一步加强城市建设档案工作的实施意见》(德政办〔2013〕70号)确定了德清城建档案工作原则,城建档案工作机构分工与职责:县建设局是全县城市建设档案工作的行政主管部门,业务上受县档案局的监督和指导;县档案局是全县城市建设档案工作的业务主管部门;县档案馆具体办理全县城市建设档案工作管理事项,负责全县范围内城市建设档案的接收、整理、保管和利用等业务工作,并对城市建设档案的形成、管理等工作进行技术业务指导。

至此,德清城建档案管理模式开始得到省市档案行政管理部门的认可。

2014年,逐步完善城建档案查阅利用制度。

为满足城市建设查档需求,进一步促进城建档案工作,德清县档案馆城建档案分馆对馆藏档案的阅览、出具证明、复制等档案利用工作模式进行了较大调整。

根据《德清县人民政府办公室关于进一步加强城市建设档案工作的实施意见》(德政办〔2013〕70号)精神:"县住房与城乡建设局是全县城建档案工作的行政主管部门""负责依法制定、实施城建档案工作的业务规范和技术标准",经住建、档案两部门会商,《德清县城市建设档案利用办法》(德建发〔2014〕53号)由档案部门起草,由住建部门发文。

至此,城建档案查阅服务逐步规范化。

2015年,加强政府投资项目专项验收及开展档案数字化管理。

至2015年,可以说城建档案工作整体走上正轨,建设单位自觉主动移交城建档案、查档服务有效规范、档案住建两个部门互补协力,社会对城建档案理解

度越来越高,甚至出现了村民建房时主动要求代管其建筑图纸材料的现象。

这一年,档案部门与县发展和改革局联合,对省级重点及以下政府投资项目开展档案专项验收,以满足项目建设需求及项目资金补助申请等。除开展档案专项验收外,对政府投资项目档案全部接收进馆。接收时,除接收纸质档案实体外,还要求进行数字化转换,并一并接收进馆。

3 业务现状

自2012年城建档案起步至2013年,整个城建档案工作流程经数次调整后,最终基本框定成型。

3.1 城建档案工作流程

城建档案工作流程如图1所示,具体步骤见表1。

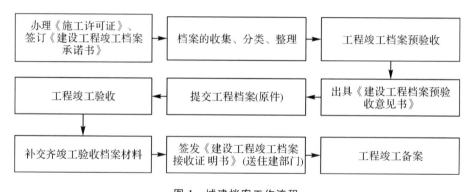

图 1 城建档案工作流程

表 1 城建档案工作具体步骤

序号	内容
(1)	办理《施工许可证》时,与德清县档案馆签订《建设工程竣工档案承诺书》
(2)	县档案局对建设项目档案进行业务指导(档案的收集、分类、整理)
(3)	在工程竣工验收前,进行工程竣工档案预验收
(4)	档案预验收合格后出具《建设工程档案预验收意见书》
(5)	向县档案馆提交一套符合归档要求的工程档案(原件)
(6)	进行工程竣工验收
(7)	向县档案馆补交齐竣工验收档案材料
(8)	经县档案馆审核后签发《建设工程竣工档案接收证明书》(送住建部门)
(9)	进行工程竣工备案

3.2　两个重要节点

在整个流程中,县档案部门把握两个节点,两个节点与住建部门工作流程交互融合,交替进展,最大限度吸取深圳档案中心的教训,最大限度保障城建档案的完整性。重点加强两个节点把关。

一是档案预验收节点。工程竣工档案预验收是为满足建设单位开展工程竣工验收,对工程形成文件材料完整齐全性进行检查的一项配合式、过渡式工作,其目的是提前对城建档案归档的完整齐全性进行检查,以便于工程竣工顺利进行。德清城建档案设想之初,就是以档案部门的专业标准要求(含档案保管馆舍的要求)来促进城建工作的。这是德清城建档案工作核心突破之三。

二是档案接收节点。档案接收节点侧重的是档案接收范围。按《建设工程文件归档规范》(GB/T 50328—2019)规定,一个建设工程归档文件材料,应由建设单位、设计单位、施工单位、监理单位、城建档案馆等5个保存单位各自保存所需保存的档案。所以,只有把城建档案馆接收范围与建设工程应归档文件范围合二为一,才能满足城建档案馆与档案部门建档监管两类需求,才能彰显综合档案相较城建档案的优势。这是德清城建档案工作核心突破之四。

4　数字化改革背景下的新变化及其思考

近年来,城建档案工作又有新变化,被纳入企业投资在线审批平台3.0(以下简称"平台3.0"),住建部门则在平台3.0中直接开具《城市建设档案馆建设工程竣工档案认可意见书》,而此意见书由住建部门签发。

4.1　最新业务流程

城建档案新业务具体流程见表2。

表2　城建档案新业务具体流程

序号	内容
(1)	建设单位在平台3.0中提出档案认定申请。——建设受理,告知档案馆
(2)	建设部门根据档案馆提供的档案卷数,在平台3.0中开具《城市建设档案馆建设工程竣工档案认可意见书》。——从提出申请到认定须在5个工作日内完成
(3)	建设单位向档案馆移交档案
(4)	建设单位办理竣工备案、办理房产证

4.2 疑虑和担忧

第一,原有纳入住建职能似被游离。从新业务流程看,城建档案在县城建部门及县档案馆间的业务环节似已成两条平行线,不再交互。那么,深圳档案中心的问题似会重现。

第二,档案接收内容不可控。目前城建档案归档范围仅是城建档案馆接收部分,这从城建档案馆来看固然未错,但从建设工程档案完整齐全性来看,仅有20%的归档率,其他未接收的城建档案存在失管隐患。

城市供排水隐蔽工程档案规范化管理初探

蔡艳秋

嘉善县水务投资有限公司

摘　要:为规范城市供排水管网工程的建设,确保项目能通过竣工验收,并顺利支持保障后续各类审计等需求,需要加强工程档案的规范管理。该文以嘉善县供排水隐蔽工程为例,分析了当前城市供排水工程档案管理中存在的问题,并提出了针对性的对策措施,以期为其他工程建设的档案规范化管理工作提供借鉴和参考。

关键词:城市;供排水;隐蔽工程;档案管理

隐蔽工程通常指在建筑施工或装修过程中,那些被覆盖或隐藏起来的工程。这些工程在建筑完成后是看不见的,或者在正常使用条件下不易被察觉。而城市供排水作为比较典型的隐蔽工程,当涉及穿越河道、航道、公路、天然气管道等时,还需要进行洪评、航评、涉路安评、涉油气管道的安评等特殊咨询评价,其整体建设流程会更加复杂,在项目建设、验收、后期使用、运维及工程审计等方面,较寻常工程而言更加需要完备的工程档案。

1　城市供排水隐蔽工程档案管理的背景

自2019年11月,嘉善被列为长三角一体化示范区以来,市政基础设施建设逐年增加。嘉善县水务投资有限公司作为嘉善县北部唯一供水单位,负责嘉善北部供水管网建设,平均每年需建设 2—3 个管网工程,核心资料要求存入县城建档案馆,全套工程资料则由建设单位自行保存。随着公司的发展、项目的增多,以及为满足项目审批、审计等需要,城市供排水管网工程建设与管理逐步从粗放型转向精细化,对工程建设的规范性要求也不断提高。自 2024 年 4 月起,嘉善县建设局质监站联合县城建档案馆强化了对工程档案的要求,要求在县建设局质监站组织质量验收前,将核心施工过程档案资料移交到县城建档案馆并验收合格,之后县建设局质监站才组织工程质量验收。这些举措极大保障了工程质量,维护了建设单位的利益,也对施工单位项目管理、档案收集提出了更高要求,嘉善县水务投资有限公司迫切需要加强工程档案的规范化管理,确保工程顺利通过综合验收,并支撑保障后续审计等需求。

2　城市供排水隐蔽工程档案管理中存在的主要问题

目前城市供排水隐蔽工程在档案管理中存在的问题多而复杂,有的属于业务问题,有的涉及项目及档案管理体制机制等深层次问题。

一是档案管理制度不完善,档案工作保障跟不上要求,硬件、人才、资金等方面均无法保障档案管理工作顺利开展。多数参建企业没有配备档案管理软件、档案用房及专业人才。

二是项目管理的粗放型造成工程档案不齐全等问题,导致审计中面临各种问题。比如,工程管理不规范,该办的手续没有办,重要工程资料遗失,文件形成的日期存在严重瑕疵或者逻辑混乱,有的甚至手续不齐全或未批先建。若参建企业内部人员调动离职等,这给审计答疑的人员带来了巨大的困难。

三是多数中小企业只有兼职档案管理人员,缺少专职档案管理人员。这些兼职档案管理人员对具体的工程管理规范要求不熟悉,无法有效监督指导文件归档工作,未能及时发现手续漏办等问题,往往是项目负责人或者经办人给什么,档案员就收什么,档案业务能力比较欠缺。

四是不少参建单位档案意识薄弱,施工单位尤为严重。不少施工单位属于借资质中标(俗称挂靠),中标的施工单位在收取一定比例的管理费后并未有效管理项目,多数是由实际的施工班组自行负责项目,实际施工中见不到投标文件上的项目经理已属常态。不少施工班组负责人文化程度不高,造成递交的施工资料各种缺失、错误百出,很多甚至是靠施工单位外聘的档案人员事后补出来的,并不是靠及时收集的。

3 加强城市供排水隐蔽工程档案规范化管理的几点对策措施

第一，全面落实项目档案工作责任制。像县级国企这样的供排水建设单位，规模不大，大多未配专职档案员，很多都是身兼数职的办公室文职人员，他们本身并不精通工程推进的全过程。因此，应根据项目实际情况，将作业建设单位的项目负责人作为工程档案的第一负责人，第一时间把项目所需归档的批文、许可、评审等各类工程资料包括其办理的时间段数据及先后顺序以表格形式交给兼职档案员及参建单位，以便兼职档案员及时收集、归档、整理工程资料。

第二，加强对归档工作的前端控制。建设单位的兼职档案员应注重平时工程资料的收集汇总、分类整理，根据项目工程档案的归档范围及收集整理要求，做好项目文件材料的预归档工作，如项目前期资料、设计方资料、监理方资料、航评资料、洪评资料、水土保持资料、施工方资料等，并定期整理组卷，形成卷内目录及案卷目录。这里需重点关注的是收集档案资料的及时性，将归档整理要求落细落实到项目建设的前端环节和平时工作中，建设单位项目负责人或者其他经办人，在收到需要存档的工程资料的时候，应尽量做到立办立归，由兼职档案员归类保存到对应的档案盒内，以免重要工程资料遗失。兼职档案员应按照逻辑先后顺序对档案盒内的材料进行排序、整理，标注好每份文件的形成日期，编制卷内目录底稿。通过比对卷内目录与归档范围要求，尽早发现文件材料内容或排序的错漏、日期填写不准确等问题，并第一时间采取补救措施，有效避免工作上未批先做的情况。兼职档案员也需要及时更新案卷目录和卷内目录并共享给项目负责人和经办人，以便于项目负责人和经办人及时查漏补缺、发现问题，确保工程资料收集及时、完备。当人事变动时，及时整理好的档案材料也便于接替者迅速了解工程推进的情况，以最快速度做好工作衔接。

第三，完善工程档案资料移交机制。工程档案作为项目建设过程的真实记录，对归档有时效性要求，如当时未及时形成档案资料，事后很难补齐，如检测报告等。而各参建单位大多以民营小企业为主，档案意识薄弱、熟悉档案的人员匮乏，导致工程资料提交不及时或者提交的材料存在问题。在实际施工中，不少施工单位只知道把项目做完，并没有递交全套档案的概念，建设单位对于档案的要求更被他们视为"吹毛求疵"的行为。为确保参建单位及时保质保量地移交工程档案材料，需要从制度上及合同条款上规范工程验收和支付流程，以确保工程档案收集的及时性、完备性。在落实各项支付前，项目负责人和资料员需核对当前阶段提交的档案是否完整，将归档完整性作为工程支付的前提。实践证明，手握"钱"柄才是对工程档案完整性、规范性最有效的保障。

第四,加强归档工作指导和检查。城市供排水项目属于隐蔽工程的一类,业内常用"工程做得好不好,首先看档案做得好不好"来评价工程档案在隐蔽工程中的"高规格"地位。建设单位兼职档案员在项目推进过程中需要加强对参建单位归档情况的跟踪指导和检查,发现问题及时整改到位,确保项目能顺利通过交工验收、综合验收,并满足今后审计的要求。

4　结语

本文结合工作实践,对城市供排水隐蔽工程档案管理的背景及存在的主要问题进行了分析,并从全面落实项目档案工作责任制、加强对归档工作的前端控制、完善工程档案资料移交机制、加强归档工作指导和检查等方面提出针对性对策措施,希望对其他单位做好隐蔽工程档案规范化管理有所帮助。

以"补充卷"解决建设工程"容缺受理"的档案后续归档问题探析

周虹君

宁波前湾新区建设和交通运输局

摘　要:建设工程档案验收是工程质量管理的重要组成部分,也是工程建设项目审批制度改革的一项重要内容,但囿于档案验收、移交事项涉及归档文件种类多、数量大、内容杂、专业性强等因素,成为"最多跑一次"的痛点、难点。该文基于《宁波市住房和城乡建设局关于开展建设工程档案联合验收"容缺受理、告知承诺"改革试点工作的通知》(甬建函〔2020〕33号)提及"对纳入告知承诺涉及档案齐全、完整性的后补档案单独组卷,原档案不再拆卷补充",探索引入"补充卷"来解决"容缺受理"项目后续归档相关问题。

关键词:建设工程;"容缺受理";归档;补充卷

建设工程档案是工程建设全周期的真实记录。档案业务涵盖"收、管、用","收"和"管",最终需要服务于"用"。利用价值,可以说是档案的终极价值。一套档案的内容齐全完整,其利用价值才能完整呈现,才能发挥到最大化。在"最多跑一次"改革的大背景下,如何确保"容缺受理"项目归档文件材料完整齐全、方便利用,是当前档案部门迫切需要解决的现实问题。为此,笔者建议探索引入"补充卷"来解决"容缺受理"项目后续归档相关问题。

1 推行建设工程档案验收"容缺受理"改革的背景

为深化"放管服"改革、优化营商环境、推进政府治理体系和治理能力现代化,国务院提出"工程建设项目审批制度进行全流程、全覆盖改革,努力构建科学、便捷、高效的工程建设项目审批和管理体系"。浙江作为全国工程建设项目审批制度改革试点省,通过精简申请材料、压缩审批时间、优化审批流程等举措,提高审批效能和服务质量,实现"最多跑一次"甚至"跑零次"就能完成审批。

《国务院办公厅关于全面开展工程建设项目审批制度改革的实施意见》将工程建设项目审批流程主要划分为立项用地规划许可、工程建设许可、施工许可、竣工验收四个阶段。建设工程档案验收属于竣工验收阶段,按照《浙江省城市建设档案管理办法》第十一条"列入城市建设档案机构接收档案范围的工程,由城市建设档案机构按照建设工程竣工联合验收的规定对工程档案进行验收",与规划、土地、消防、人防等事项实行限时联合验收。

《建设工程文件归档规范》规定,建设单位"在组织工程竣工验收前,应按本规范的要求将全部文件材料收集齐全并完成工程档案的立卷;在组织竣工验收时,应组织对工程档案进行验收,验收结论应在工程竣工验收报告、专家组竣工验收意见中明确。……工程竣工验收备案前,应向当地城建档案管理机构移交一套符合规定的工程档案"。而整套工程档案涵盖了从项目立项报批、建设施工到竣工验收整个流程中的相关材料,主要有工程准备阶段文件、监理文件、施工文件、竣工图、竣工验收文件五部分内容,文件材料形成时间跨度大、形成单位多、文件材料种类复杂且部分材料专业性强等情况,注定完成一个建设工程档案的收集整理并通过验收并非易事。

长期以来,建设工程项目各个参建单位往往只注重建设工程项目立项报批、工程实体质量和安全等工作,而对于工程档案管理的重要性认识不足,疏于管理,致使一些项目工程档案的收集整编工作严重滞后于工程进度。在需要档案验收意见书的时候,东拼西凑、临时应付的现象时有发生。建设工程档案验收归档本就不易,加上前期重视上的"先天不足",在竣工验收阶段,建设单位往往难以在短时间内突击完成建设工程档案资料的完整收集和规范整理,需要在城建档案管理机构核验后"补齐补正",甚至多次重复返工。及时完成档案验收对于涉事各方而言都是巨大的考验,不仅费时费力,还直接影响完成审批流程的时间,成为工程建设项目审批流程中实现"最多跑一次"难度最大的改革事项。

为此,宁波市住房和城乡建设局根据浙江省住房和城乡建设厅《关于做好工程档案"最多跑一次"改革试点工作的通知》,于 2020 年 4 月出台了《宁波市住房和城乡建设局关于开展建设工程档案联合验收"容缺受理、告知承诺"改革试点工作的通知》(甬建函〔2020〕33 号),该文件指出,符合"容缺受理"承诺办理原则的,城建档案管理机构可以先行做出验收认可意见。

2　推行"容缺受理"对建设工程档案的影响

2.1　对建设工程档案验收层面上的影响

由于档案验收是建设工程竣工验收备案或者其他事项办理的重要基础,"最多跑一次"改革已将档案验收事项列入联合验收的事项范围,并推出"容缺受理、告知承诺"等便利措施,客观上提高了审批办事效率,降低了办事成本,但这项措施也容易使建设单位以及其他参建各方产生"容缺受理"就是降低归档要求的错觉,导致在工程建设中更容易忽视工程建设资料的归档工作,给后续工程运行管理带来隐患。因此,对于"容缺受理"项目,虽然城建档案管理机构已先行做出验收认可意见,但不代表这个事项已经完结或全部已符合规定要求——建设单位还须在"告知承诺"的承诺时限内协调参建各方按照项目档案验收整改意见提交后续补充的档案,并移交城建档案管理机构。

2.2　对建设工程档案保管利用层面上的影响

甬建函〔2020〕33 号文件指出,"经全面指导、检查评估,在档案基本齐全、完整、系统的前提下,可以容缺受理……在办理档案移交事项时容缺档案资料需完成整改","已归档案按现状存放城建档案管理机构并提供对外利用"。但对于通过"容缺受理"验收但尚未完成整改并完整移交的档案,如何有效管理和对外利用,是当前实践层面需要重点考虑的问题。尤其是对房产项目档案,在房产市场下行的大环境下,一旦交付,往往伴随着各种房产纠纷。通过城建档案管理机构查阅调取项目档案,是业主了解相关情况、获取证据以维护自身权益的重要手段,客观上要求将验收通过的档案集中存放在城建档案管理机构,并进行整理组卷、装订成册,否则将难以检索利用。

2.3　"容缺受理"项目补充归档并形成"补充卷"的具体做法和措施

笔者将建设工程档案"补充卷"定义为"容缺受理"项目完成限期整改后补充归档并单独组卷的后补档案——以独立的概念来表明后补档案的存在感和重要性。

甬建函〔2020〕33 号文件中明确"对纳入告知承诺涉及档案齐全、完整性的后补档案单独组卷,原档案不再拆卷补充",鉴于项目后补档案的归档日期和归

档卷数并不一定能够准确预估,而已归档案需要及时编号上架,故而笔者引入了"补充卷"的概念。此类后补档案需单独组卷,也单独编号上架。因此,"补充卷"是项目档案不可分割的一部分,只有将已归档案和"补充卷"合在一起,才是该项目的完整档案。

由此可见,实行"告知承诺制"的"容缺受理"项目,并非可以终身带"缺",其实质是分阶段归档,其中,已归档案按现状存放城建档案管理机构并提供对外利用,"容缺受理"的材料在完成限期整改后再补充归档形成"补充卷"。这就要求城建档案管理部门根据建设单位承诺整改期限做好催归催补工作。

在"容缺受理"的材料补充归档之前,原档案也需要及时上架。补充归档并单独组卷的"补充卷",难以再编入原档案上架,建议重新分类赋予"补充卷"新的特定档号,比如可以用字母"B"(补)来专门标记,再单独分类上架,并通过在系统、"立卷说明"或者使用两类档案档号特殊标记等方式,来建立两者的联系,以便日后检索利用。

以党建档案助力公立医院高质量发展

郑越文

台州市中心医院(台州学院附属医院)

摘　要:为深入落实党委领导下的院长负责制,用高质量的党建引领医院高质量发展,公立医院党建工作越来越受到重视。规范党建档案管理,对推动医院党务工作有着基础性作用。该文分析了公立医院党建档案的重要作用及具体范围,针对实际工作中存在的问题,提出了规范医院党建档案管理的具体对策措施。

关键词:公立医院;党建档案;问题;对策

1 公立医院党建档案概述

公立医院党建档案是公立医院在抓思想建设、组织建设、作风建设等各类党建活动中形成的真实记录,包括党员管理、党费收缴使用管理、党员教育培训、党建工作载体、集中学习教育、督导检查等材料。

医院党建档案管理具有重要价值。首先,党建档案是医院加强内控管理的必备资料,深化医疗卫生体制改革,保障医院各项事业健康发展,必须加强党建档案规范管理。其次,党建档案能够推动医院党建与经营管理工作有机融合、相互促进,党建档案是医院党建与核心业务开展情况的集中体现,党建与业务工作的系统性推进必须建立在完备的档案工作基础上。再次,优化医院党建工作也需要利用好党建档案,通过党建档案工作创新与档案资源高效利用,为党建工作更好地开展提供参考。

公立医院党建档案的具体范围如下。

一是党的思想建设中形成的文件材料。包括党的基本理论、基本路线、基本纲领等思想教育方面的文件材料,以及党员教育和管理等方面的文件材料。

二是党的组织建设中形成的文件材料。包括"三会一课"、民主生活会材料、组织生活会材料、干部考核与表彰等会议文字记录、会议照片、发言材料等文件材料;医院各党支部开展下乡义诊的记录、影像、宣传报道等文件材料;围绕医院领导班子开展的民主生活会材料,包括发言提纲、会议计划、通报内容、整改方案等;医院各科室党支部组织生活会和党员评议材料,含自检剖析材料、会议方案、点评意见、会议总结、问题整改措施等;干部选拔任用相关的方案、民主选举要求、竞聘过程、任命文件等文件材料;考核干部任务完成情况和表彰/批评干部的相关文件材料。

三是党的作风建设中形成的文件材料。党的作风建设包括党风廉政建设、医德医风建设、医学医药行业建设。医院党风廉政建设中形成的文件材料包括反映廉政警示教育活动、参与廉政建设责任书、廉政谈话等资料;医德医风建设中形成的文件材料包括考评要求、考评结果统计和运用等资料;医学医药行业建设中形成的文件材料包括突发公共事件医疗救援信息、对口支援记录、援外医疗队事迹、公共卫生任务等资料,还包括反映分级诊疗政策与国家基本药物制度的材料。

2 公立医院党建档案管理工作中存在的主要问题

2.1 党支部对党建档案管理不够重视

医院党支部书记身兼多职,绝大部分都是由科主任或科长兼任,临床一线业务十分繁重,很难有时间开展支部党建工作,对支部党建档案管理更是很少关注。具体表现为:一是党建档案管理工作没有指定专人负责,导致材料收集不及时;二是党建档案管理工作经费支持不足,经常忘记或没有及时申报年度工作预算,导致档案管理工作开展受到限制;三是党建档案管理工作推进机制不健全,

没有建立相应的考核机制,导致档案工作质量难以保证;四是对党建档案管理不规范,有的党建材料没有及时归档,导致党员的个人信息和党组织的活动记录等重要资料丢失。

2.2 档案管理人员专业素质和能力有待提升

档案管理人员专业素质和能力不足主要表现在以下几个方面:一是缺乏档案管理基础知识,对归档要求理解不准确和执行不到位,导致归档不及时、整理不规范等问题的产生。二是主动服务意识不够。大多被动应付,科室归档时"交什么就收什么",缺乏提前介入、主动指导、主动服务的意识。三是学习动力不强。在面对新的档案管理理念、技术和方法时,缺乏主动学习和钻研的精神,无法及时更新知识体系,更好适应现代档案管理工作的需要。四是沟通协调能力不足。与其他科室部门和人员的沟通协调不够,导致档案管理工作交接不畅顺,影响工作效率和质量。

2.3 档案利用服务跟不上要求

加强党建档案管理的目的是提升医院党务活动的规范性,强化档案工作对党建发展的服务能力。在实际工作中,医院普遍对党建档案利用不充分,具体表现在:一是档案利用渠道单一,信息没有在微博、微信和其他社交网络平台上传播,通常以档案外借、阅览、编写书面材料、陈列实物等方式为主,这在很大程度上限制了党建档案的价值发挥。二是档案利用意识薄弱。一些医院对党建档案的利用意识相对薄弱,缺乏主动开发的意识,党建档案管理工作大多停留在收集整理阶段,没有深入挖掘、大力宣传宝贵的党建档案资源,档案利用效率较低,没有充分发挥其应有的价值。

3 规范公立医院党建档案管理的对策措施

第一,从思想上强化认识,增强做好党建档案管理工作的自觉性。

做好党建档案管理工作需要全面调动档案管理工作者的积极性、能动性和创造性。一是增强全员参与的意识。新形势下的党建档案管理需转变"档案是专职档案人员的事情"的固有观念,档案工作既与专职档案管理人员相关,也与形成档案材料的各科室部门的所有人员相关。不管是医院党委办公室人员、党支部班子成员还是档案工作者,都要深刻理解档案法中关于坚持党对档案工作的领导这个根本要求,深刻理解以党建档案推动医院党建工作,进而推动医院高质量发展的内在逻辑,落实好医院档案管理责任制要求,将档案管理要求贯穿于医院党建工作的全过程、各环节。二是营造良好的工作环境。医院要为档案管理工作的开展创造良好的工作氛围和条件,通过加强宣传教育,帮助专兼职档案人员提高政治站位,认清肩负的责任与义务,主动承担好工作职责。

第二,从能力素养出发,强化党建档案管理队伍建设。

一方面,配备必要数量的专职档案人员。让党建档案管理工作顺利开展的前提是保证必要的人力供给,要以满足工作需要为前提配备必要人员,匹配合适的人员去承担党建档案组织机构细分下来的任务。针对公立医院强化党建工作、推进档案信息化建设、提升党建档案服务水平等新的任务要求,及时配备和补充专职档案管理人员。要强化教育培训,通过定期组织培训、研讨会等形式,提高档案管理人员的工作技能和业务水平,使他们更好地适应工作需求,提高自身素质和能力。另外,可尝试专职档案管理人员轮转党务部门的方式,通过交流、共享与讨论,逐步提升党建档案管理水平。另一方面,最大化发挥党务部门职能,让党务部门人员参与党建档案管理工作,从收集、整合到开发利用,逐一破解党建档案管理中的理论性难题和专业性困境,充分发挥兼职档案人员的力量,培育党建和档案管理复合型人才,以顾问或兼职的方式来壮大党建档案管理人员队伍。

第三,围绕提升档案管理规范性,完善相关制度与激励机制。

党建档案是医院档案的重要组成部分,为确保医院党建档案管理规范有序,首先要完善相关制度和工作机制,立足于医院工作实际情况和需求,制定党建档案管理办法,明确医院党建档案管理的各项具体要求。比如:医院党建档案必须由专门部门或人员负责管理,确保档案的完整性和安全性;党建档案应实行科学管理,包括档案库房内橱具、设备放置整齐合理,档案排列整齐美观、条理系统、编号科学规范、查找方便等;党建档案的归档范围包括反映医院职能活动情况的各种文字、图表、材料等,各部门兼职档案员应将材料收集齐全,并按档案立卷要求整理组卷;档案立卷材料必须纸质优良、规格统一、书写规范、字迹清楚,禁止用铅笔、圆珠笔书写,也不能用复写纸复写;要在每年规定时间内完成上年度的党建档案立卷归档任务;对党建档案要认真进行鉴定,销毁确实无保存价值或保管期满的档案;等等。

第四,聚焦智慧医院建设,加强数字档案信息资源开发及运用。

在数字化时代背景下,公立医院党务工作者和档案管理工作人员要主动与信息技术部门建立合作关系,围绕党建工作特点,结合智慧医院建设要求,充分开发并运用数字档案信息。可以从以下几个方面制定相应的策略:一是提高档案工作者的数字化素养和能力。提高档案工作者对数字档案信息资源的认知和应用能力,使其能够熟练地运用数字化技术进行档案信息的采集、整理、存储和利用。二是加强数字档案信息资源建设。加大对数字档案资源的投入,建立健全数字档案资源的采集、整理、存储、检索和利用等环节,确保数字档案资源的完整性和准确性。三是推动档案信息资源整合与共享。加强档案部门与党建工作、各业务部门的合作与协调,实现档案信息资源的整合与共享,提高档案信息资源利用效率。四是优化档案信息传播策略。利用数字技术,如大数据、人工智能等,提高档案信息的检索和分析能力,保证档案信息精准、高效、无损地传播。五是加强档案信息安全管理。加大对数字档案资源的防护力度,保证档案资源完整与安全,防止档案信息被泄露、篡改等安全风险。

第五,充分挖掘党建档案价值,发挥好党建档案对医院党建工作的服务保障作用。

首先,明确党建档案的服务对象,包括决策层、党支部、党务部门,既要提供有政治高度的发展意见给决策层,还要将党建档案工作应用于基层党建环节,助力各党务部门提升医院党建工作水平。

其次,创新党建档案服务方式。一是建立档案专题数据库,为党建部门提供更全面、准确、可靠的档案数据资源。二是构建档案检索体系,考虑到档案利用工作的常态化特征,可以案卷目录、专题目录等为基础建立档案检索体系。三是提升编研工作质量,立足党建工作实际情况,提供联合党委发文汇编、多类党建主题活动汇编、干部任免汇编等各种形式的编研成果。

最后,把握党建档案服务方向。一是积极参与和党建相关的各种会议,全面了解公立医院党建工作情况,找准党建档案挖掘利用方向。二是在优选专题的基础上开展服务,将各种纪实内容与党建目标相结合。三是摆正积极主动服务的态度,坚持"跳出档案搞服务",为院领导、各支部、各业务部门提供与业务关联密切、有实际需求的档案信息服务。

综上所述,公立医院要强化党建档案工作的规范管理意识,增强做好党建档案管理工作的自觉性;建设专业化、高素质的人才队伍;围绕提升档案管理规范性,完善相关制度与激励机制;聚焦智慧医院建设,加强数字档案信息资源开发及运用,尝试引进信息化、数字化技术来创设管理工作平台并拓宽管理渠道;充分挖掘党建档案价值,发挥好党建档案对医院党建工作的服务保障作用。坚持多措并举,推动医院党建档案管理工作创新性突破、规范化发展。

对城建档案鉴定工作的几点思考

胡玉琴

杭州市城市建设档案馆

摘　要:城建档案鉴定不仅是档案管理流程中的关键环节,也是保障城市建设历史记录准确、完整、可用的基础。该文就城建档案管理机构接收过程和馆藏档案保管期间对档案真伪和档案价值的鉴定进行了探析。

关键词:城建档案;鉴定;思考

城建档案鉴定指对城建档案进行系统性、科学性的分析和评价,以确定档案的真实性、完整性、可信度及其价值。城建档案鉴定不仅是档案管理流程中的关键环节,也是保障城市建设历史记录准确、完整、可用的基础。城建档案鉴定工作是城建档案管理工作的其中一环。根据《城建档案业务管理规范》第9部分的规定,城建档案鉴定工作的内容包括:将无保存价值的档案和保管期满的档案予以销毁。由此可见,城建档案鉴定是指档案价值的鉴定,对失去保存价值的档案进行销毁,其最终目的是精简档案。本文中所称的城建档案鉴定是称在城建档案管理机构接收过程和馆藏档案保管期间对档案真伪和档案价值的鉴定。

1　城建档案鉴定工作的重要性和必要性

首先是依法行政的需要。《浙江省城市建设档案管理办法》第二十二条:城市建设档案机构应当建立健全科学的管理制度,依法做好档案的接收、整理、保护、鉴定、统计、保密等工作。由此可见,开展城建档案鉴定工作,是城建档案法定的工作内容,是依法行政的需要,是履职尽责的需要,是全面开展城建档案工作的需要。

其次是节约行政资源的需要。城建档案鉴定工作能节约档案存储空间,缓解馆库压力,降低档案管理成本,节约行政资源,提高档案管理效率。

20世纪80年代初,各地城建档案机构纷纷建立。随后城建档案事业如雨后春笋般蓬勃发展。建馆之初全国各地纷纷把丰富馆藏作为最主要的一项工作。随着城市建设的蓬勃发展,各地馆藏数量高歌猛进,库房匮乏问题日益凸显,档案管理成本大大增加。如果城建档案鉴定工作还原地踏步,馆藏只是一味地接收而没有销毁,只增无减,纵使馆房不断建设,也远远跟不上馆藏增长的速度,加之馆藏档案数字化,行政成本越来越高。因此,积极有效地开展城建档案鉴定工作迫在眉睫。

最后是优化馆藏的需要。城建档案是城市规划、建设、管理的依据,失去保存价值的城建档案不仅不能对城市规划、建设、管理发挥积极作用,反而会带来弊端,暴露出问题。如已拆除建筑物和该处原址新建建筑物,已经是两个不同的项目,只是项目地址是同一个,此时在天地图平台查档,极有可能查到的是已拆除建筑物的档案,给想获取新建项目信息者提供错误档案。开展城建档案鉴定工作关系到城市建设信息的准确性。馆藏中"真真假假""对对错错"的现象严重影响了城建档案事业的发展。众所周知,地下管线档案管理的最大问题就是管线数据的准确性不够高。有些已经作废的地下管线,数据没有及时更新,还在被保留和应用,从而给管理带来困难。

2 城建档案鉴定工作现状及面临的困难

首先,对城建档案鉴定工作重视程度不够。档案鉴定是一项风险大、责任重、难度极高的工作,是被档案工作者回避的话题,大多数档案工作者存档护档意识强,销档意识弱,经常是"不求有功,但求无过"。另外,还有一些档案工作者认为,档案鉴定是一项耗时、耗力的工作,是一项高投入低产出的工作,短期效应不明显,有点得不偿失。大多采取等待、观望的态度。列入工作计划的少,作为存在问题进行查摆的少,作为衡量档案事业或档案馆发展指标的少。不少档案工作者认为做好城建档案接收、保管、利用这个主业就行了,没有认识到城建档案鉴定工作其实已经成为影响档案工作发展的瓶颈问题。

其次,城建档案鉴定的法规依据有待更新。档案鉴定是一项操作性极强的工作,但是目前大多还处于理论阶段。1988年住建部颁布的《城乡建设档案保管期限暂行规定》(以下简称《暂行规定》)是鉴定城建档案价值和确定城建档案保管期限的法规依据,时隔30多年,已与现在城市建设发展极不相适应,与时俱进的标准急需出台。

再次,城建档案真伪鉴定难度大。城建档案真伪鉴定一般发生在档案接收过程中。城建档案馆工作人员除了需要对档案完整、齐全、是否为原件等进行审核把关外,还要对档案的准确性进行鉴定。准确性问题也就是档案的真伪问题,一方面指档案是否与实际建筑物一致,另一方面指移交档案是真是假,如有刻假章制造假档案的。城建档案接收时很难判定档案的真伪。一方面无法掌握移交档案是否与实际建筑物一致,另一方面对移交造假档案更是无从判定。

最后,城建档案价值鉴定难度大。城建档案来源广,移交单位包括建设单位、勘察单位、施工单位、监理单位等基本建设项目参建各方主体和城市建设各专业管理部门等。在对城建档案价值鉴定中,城建档案管理人员往往专业知识欠缺,非常需要得到档案移交单位的配合,但一般来说,档案移交单位认为这项工作对他们意义不大,所以积极性不高,没有多少意愿参加城建档案鉴定这项工作。

3　有效推动城建档案鉴定工作的几点思考

第一,提高认识,充分认识城建档案鉴定工作的重要性和必要性。

尽管城建档案鉴定工作面临诸多困难,但随着城建档案事业的发展,馆藏数量不断增加,城建档案鉴定工作的研究将是我们必须面临的挑战。城建档案鉴定工作可以为城市规划、建设管理提供准确可靠的信息。因此,笔者在此呼吁,应在档案领域加大档案鉴定工作的宣传力度,加大城建档案鉴定工作力度,加大城建档案鉴定工作的指导力度,消除城建档案鉴定工作人员的思想包袱。

第二,法规迭代,为依法治档提供技术支撑。

《暂行规定》的修订要充分听取城乡规划、建设、管理相关领域的意见,应该坚持宏观与微观相结合的原则,既要具有普遍的指导意义,又要兼顾不同规模、不同发展水平的城市。

第三,从无到有,先简后难,一步一个脚印地开展城建档案价值鉴定工作。

城建档案鉴定工作需要大量的数据支持,比如建筑物拆除与否、档案产生单位和归档单位,是重点工程还是普通工程等。要获取这些信息,城建档案管理机构要与各管理部门加强信息共享,还要加强与项目参建单位的联系。城建档案鉴定是一项实操性工作,先从馆藏档案中鉴定标准简单的档案入手。可以通过普查、实地踏勘,摸清已经拆除的建筑物。笔者以为,档案鉴定第一步鉴定已经拆除且保留价值相对较小的建筑物的档案,如已拆除的公厕、厂房、住宅档案等。对一些已拆除但档案价值不能判定的建筑物,如重点项目城建档案,建议继续保留;对已报废地下管线,坚决予以鉴定销毁,实行动态更新、动态管理;对保密档案,宜保密期满后解密再鉴定。档案工作者要在实践中不断总结经验,一步一步建立和完善城建档案鉴定制度、鉴定工作流程。

对于城建档案鉴定工作,笔者坚信问题和困难是暂时的,只要我们下定决心踏出第一步,书写城建档案鉴定工作零突破的篇章,相信城建档案鉴定工作必将走上规范化、标准化、常态化的道路。

推进医院医疗设备档案管理规范化

程 超

浙江省舟山市妇女儿童医院

摘 要:医疗设备档案管理在医院设备精细化管理中有不可替代的作用,其档案管理规范化如何,将直接影响医疗设备档案的服务利用效果。为此,必须加强医院医疗设备档案管理规范化。

关键词:医院;医疗设备档案;规范化管理

随着科技的发展,医疗设备日新月异,它也成为衡量医院规模质量、技术水平、现代化程度以及医院资产管理的指标。医疗设备档案管理作为医疗设备管理的基础,将影响到医院医疗设备的效能发挥、医疗技术水平和社会经济效益。本文通过分析现阶段部分医院医疗设备档案规范化管理中存在的不足,提出相应的改进意见。

1 医疗设备档案管理规范化的重要性

医疗设备档案通过科学有效的管理,能大幅度提升医疗技术水平,保障医疗质量和安全,提高设备使用率、降低医疗设备突发故障率和提升开机率,同时能在医疗设备的采购、使用、维护及保管等工作中发挥更好的社会效益和经济效益。因此,必须建立规范化的医疗设备档案,这样才能便于医院设备管理人员依据原始档案了解设备采购状况、处理合同中尚未履行事宜、查明设备基本现状、分析设备剩余价值,便于使用人员和维护人员查找说明书,解决操作和维修上的难题,及时排除风险隐患,减少宕机概率,并对医院的医疗设备进行充分的整合利用,为一切后续工作提供实效证明。

2 当前医疗设备档案管理规范化存在的不足

2.1 对医疗设备档案管理重视程度不够

在医疗设备档案管理中,医院对设备档案重要性缺乏认识,一般安排编外人员负责或者兼职人员管理设备档案。同时,为了节约成本,对档案管理人员也没有进行岗前培训。大多数职工对医疗设备档案管理不够重视,缺乏全生命周期管理档案的意识,这导致医疗设备的采购、使用、维修等科室各自为政,严重制约了医疗设备档案管理规范化。

2.2 医疗设备档案归档不及时、不完整

设备档案的收集需要医疗设备申请、采购、安装、使用、维护等多个科室配合,每个科室若不能及时上交文件材料,就会导致相关医疗设备档案的归档不及时。另外,有部分医疗机构的医疗设备档案仅包含了其使用前的论证、申请、合同、安装的材料,缺乏对医疗设备入院后使用、维护、报废等材料的收集归档,再加上档案需要全面记录医疗设备的动态过程,并不断跟踪和补充相应的材料,容易造成文件材料归档有遗漏、不完整。

2.3 医疗设备档案管理信息化程度不高

医疗设备档案内容涉及面广,需要较长时间收集。目前,部分医院仍沿用传统的方式,对医疗设备档案实行传统人工管理,给使用设备档案者造成一定的查找困难。随着信息化的发展,各种信息技术在医院管理中得到了广泛的应用。然而,信息技术在医疗设备档案管理方面的应用还比较少,数据库模式辅助医疗设备档案进行信息化管理的程度还比较低,致使医疗设备档案不能做到动态管理。

3 推进医疗设备档案管理规范化的措施

3.1 提升对医疗设备档案管理的重视程度

医院领导和各科室必须深刻理解设备档案管理的重要性,应通过多种方式和渠道,向相关科室宣传设备档案管理知识,特别是要强调设备档案的价值作用,建立健全医疗设备档案管理制度,增强科室员工尤其是医院领导的档案意识,确立"档案管理人人有责"的理念。通过展示设备档案管理和服务利用的成功案例,深化员工对其在医院运营中的重要性的认识,从而激发他们参与设备档案管理的热情和主动性。另外,医院从相关科室中选拔业务能力强、责任心重的人员担任科室设备档案员,由医院档案室提供专业培训并进行统一监管,以便更有效地促进医院设备档案管理规范化。

3.2 确保医疗设备档案归档率

医院要制定设备档案预立卷制度,明确归档范围,设置完成时限及突发情况

报备预案,规定由设备科负责人在医疗设备开箱验收时备齐购进计划书、订货合同、随机图纸、产品说明书、使用操作规程等材料,逐一建立医疗设备档案并分册立卷,在安装完毕后根据规定时限交由综合档案室归档。同时建立微信群、钉钉群进行相关部门联动,实时沟通协作,进一步提高档案归档率。

3.3 推进医疗设备档案管理信息化进程

根据等级医院评审要求,浙江省舟山市妇女儿童医院按照国家药品监督管理部门制定的医疗设备分类与代码,建立医疗设备分类、分户电子账目,实行信息化管理。同时通过搭建医疗设备申请购置档案、招标采购档案、采购合同档案、履约验收档案、巡检保养档案、维修档案、调拨报废档案等功能模块,使各模块系统既相互独立又相辅相成,实现设备档案管理的全周期覆盖。下一步,医院还将依托档案信息系统与卫生医疗系统互联互通,共享数据,实现建立全面系统信息架构的目标。

新时代县级公立医院党建档案工作的路径探析

陈淑珍

宁海县中医医院

摘　要:新时代县级公立医院党的领导、党的建设不断纵深推进,应时产生了大量具有历史意义和保存价值的党建档案,做好县级公立医院党建档案管理对全面提升党建高质量发展具有十分重要的现实意义。该文分析了新时代县级公立医院党建档案在党的建设过程中的重要性和必要性,指出了当前影响县级公立医院党建档案工作的制约因素,探索分析相应的发展路径,不断提升党建档案工作的科学化、制度化、规范化水平。

关键词:县级公立医院;党建;档案工作;路径

党建档案工作是医院党建工作的重要组成部分,加强新时代县级公立医院党建档案工作势在必行,对于保障党建工作的系统性、连续性和有效性,助推医院党建实现高质量发展具有重要作用。

1　充分认识做好党建档案工作的重要意义

1.1　有助于增强党组织功能与定位

党建档案工作是党的历史重要载体,详细记录了县级公立医院各级党组织的活动、决策、发展规划等情况,完整反映了党的建设发展历程中的重大事件、机构变革等信息,为县级公立医院各级党组织制定方针政策、总结经验、摸索规律提供了重要参考和依据,为完善党的组织体系建设,保持正确政治路线,进一步明确党组织建设功能与定位,全方位开展工作、发挥作用提供了根本遵循。

1.2　有助于净化政治生态环境

县级公立医院党建档案记载着党员干部名册、各级党组织文件、活动会议记录、表彰奖励、民主评议、党费收缴、换届选举等各方面情况,这些党建档案不仅是党组织战斗堡垒作用和党员先锋模范作用发挥的生动体现,更是各级党组织和党员责任和行为的有效记录,对党建工作的决策、执行和监督行为实行全方位把控,有助于提升党建工作透明度,强化纪律规矩约束,对营造风清气正的良好政治生态有积极促进作用。

1.3　有助于传承创新党建文化

县级公立医院党建档案承载着党建文化建设与发展的所有文献史料,为党建文化守正传承、创新赋能提供了力量源泉。尤其党建档案包含丰富的红色档案,其独特的红色基因和红色文化,是弘扬伟大建党精神的生动教材,有助于推动党员开展革命传统教育和爱国主义教育。充分挖掘红色档案的价值内涵和文化元素,将红色档案有效融入党建文化,对于新时代党建工作具有重要的强化引领作用。

2　新时代县级公立医院党建档案工作的制约因素

2.1　对党建档案工作的认知不到位

部分县级公立医院对党建档案工作认识不足、重视不够,存在分工不明、责任主体缺位的情况。认为党建档案仅限于党内工作的过程记录而不需要管理,关键节点未予及时归档,容易造成党建档案缺失。另外,档案工作比较传统、单一,未发挥其综合利用价值。

2.2　党建档案工作体系不健全

县级公立医院党组织建设工作有具体考核标准和规范要求,但党建档案工作方面缺少相应的机制体系建设。党建档案是一种专项档案,归档范围、保管期限未具体明确,价值鉴定工作未开展,移交时限及查阅利用要求也无明确界定。实际工作缺乏统一参照标准,存在目录格式不一、文档残缺、归档照片缺失等诸多问题,导致执行起来"无章可循、无法可依",亟待进一步健全完善。

2.3　党建档案人员能力有待提升

党建档案工作是一项长期性、系统化、专业性较强的工作,要求档案工作者全程参与各个环节,精准把好收集关、从严整理归档关、认真守好保管关、善于把住利用关显得尤为重要。当前县级公立医院党建档案工作人员大部分非专业出身,甚至有些没有专门业务人员,根本无法满足档案岗位要求,导致党建文件材料归档不及时、档案不完整、分类不准确、移交不规范、管理不到位,直接影响档案工作的整体效率与质量。

3　新时代县级公立医院党建档案工作的路径

3.1　提高思想认识,加强组织领导

坚持党建档案工作的政治定位,牢固树立"为党管档"使命担当,按照"党管档案"原则,将新时代党的指导思想融入党建档案工作全过程,切实提高政治站位,强化责任担当,全面提高党建档案质量。把党建档案工作统一纳入党建考核,与党建工作同部署、同推进、同落实,成立党建档案工作领导小组,实行一把手亲自抓、分管领导具体抓,形成一级抓一级、层层抓落实的工作推进机制,为党建档案工作顺利开展提供有力的组织保障。

3.2　建立健全制度,强化规范标准

根据档案法律法规和上级有关档案工作规范性文件,结合单位党建工作实际,加快建立健全系统内关于规范党建档案资料归档工作的相关意见,保障党建档案有序规范整理。按照档案管理规定出台党建档案的管理办法,制定党建档案收集、整理、保管、鉴定、检索、利用等实施细则,规范党建档案管理流程和方法,强化档案归档意识,明确党建档案收集、分类范围,划定保管期限,做到归档及时、材料完整、分类准确,确保党建档案"应收尽收、应归尽归",全面真实地反映党建工作的开展情况。在日常党建工作督导考核中,对档案整理情况进行指导和评估,发现问题及时对照整改,切实提升党建档案管理工作科学化、规范化、

精细化水平。

3.3 加强队伍建设,提升能力水平

加强县级公立医院党建档案队伍建设,定期开展系统化专题培训,进一步明确党建档案工作要求,不断提升党建档案队伍专业化水平。党务人员在完善党建档案工作机制的同时,积极与档案主管管理部门加强沟通协调,借助专业力量强化对党建档案工作的业务指导,确保管理规范和标准与上级要求一致,并采取现场教学、专题培训等多种方式,促进基层党建档案人员政治意识和档案管理技能"双提升"。同时强化监督考评,定期组织抽查,督促按时归档,并将其纳入年终述职范围,以此不断提高党建档案人员的工作能力和水平。

3.4 坚持数字化引领,助推转型升级

当前单一的党建档案管理模式已不能适应实际工作需要,档案信息化已成为党建档案工作发展的必然。随着信息化技术的普遍应用,党建成果记录和展示形式需要更加多元化,相对于传统纸质档案而言,开发建立党建档案归档模块不可或缺。加快组建自由的党建档案信息服务矩阵,打破信息共享瓶颈和信息孤岛,为各方利用党建档案提供便利,最大化发挥党建档案信息价值,也为适应新时代新技术条件下的党建档案工作提供可持续的能力支撑。

持续加强县级公立医院党建工作将是今后相当长一段时期内的政治任务和重点工作。加强县级公立医院党建档案工作,不断提升党建档案工作水平,促进全面从严治党要求落到实处,保障党建工作持续健康发展。

中小型医院医疗设备档案管理存在问题与提升策略

李红娟

常山县中医医院

摘　要:医疗设备档案管理是医院管理工作中的一项重要内容,中小型医院医疗设备档案管理普遍存在重视程度不够、人员配备不足、管理机制不健全、技术水平低等问题。该文结合常山县中医医院医疗设备档案管理存在问题进行分析,并进一步探讨中小型医院医疗设备档案管理水平提升策略。

关键词:医疗设备;档案管理;制度建设;人员培训;信息化

随着医疗设备在现代医疗中发挥的作用越来越大,医疗设备购置占医院资产比例也越来越大。医疗设备档案作为医疗设备管理的重要环节,从申请、论证、申购、验收、使用、维修、培训、报废等多个方面对医疗设备全生命周期跟踪记录、管理,为设备正常运转提供有力保障。

1 当前中小型医院设备档案管理存在的主要问题

1.1 对医疗设备档案管理的重视程度不够

一是人员配置不足。中小型医院正处于发展的起步阶段,由于资金有限,对于人才队伍的配置和培养,更倾向于发展医疗业务骨干,行政后勤科室人员长期配置不足。医疗设备管理人员通常少于建议配置人员数量,工程技术人员需兼职负责医疗设备采购、维修、计量、档案管理等多项工作。二是工程技术人员作为兼职档案管理人员缺少专业知识,缺乏档案管理培训和工作经验,对医疗设备档案的形成、归档、整理等方面了解不足。三是医院存在"重购轻管"的现象,管理者对医疗设备档案管理的重视程度不够,疏于管理,放任管理。这种现象导致医疗设备档案管理工作的质量和效率无法得到保证。

1.2 缺乏完善的医疗设备档案管理机制

中小型医院在医疗设备管理的制度建设方面存在问题,包括在购置论证、成本核算、考核评价等方面存在不足。这些问题导致医院在医疗设备的采购、使用、维修和报废等环节缺乏有效的管理和控制。中小型医院普遍没有制定完善的医疗设备档案管理制度,缺乏统一的规范标准。即便有管理制度,制度落实也是一大难题,医院未建立专门的医疗设备档案管理部门,未配备专业的医疗设备档案管理人员;部分医疗机构甚至未配备独立的档案存储设备及空间。

1.3 档案管理质量不高

中小型医院在医疗设备档案管理方面存在质量问题,如档案内容不够完整、回收及时性差等。这些问题甚至影响了医疗设备的正常运转和医疗工作的顺利完成。

1.4 信息化管理水平低

尽管有研究提出针对小型医院开发自动化医疗设备管理系统,但实际上许多中小型医院仍然面临信息化管理水平不高的问题。这导致医疗设备档案管理效率低下,难以满足现代医院管理的需求。

2 中小型医院设备档案管理提升策略

2.1 完善医疗设备档案管理制度

医院应根据国家有关规定和标准,结合本单位实际情况制定本单位的医疗设备档案管理办法,明确档案的收集、整理、保管、借阅等具体要求。同时应建立医疗设备档案的安全保护制度,防止档案信息泄露。管理部门对医疗设备档案管理工作实行定期考核制度,考核结果作为年终评审和评先评优的重要依据。对于不重视医疗设备档案管理工作或存在较大安全隐患的医院要求其限期整改或采取惩罚措施。

2.2 加强人员培训

医院加强对医疗设备相关人员,特别是那些直接参与医疗设备的采购、安装、运行和维修人员的培训和教育,提高他们的专业技能,增强其责任感。设备管理人员应进行必要的设备档案管理培训,确保资料收集的完整性。医院也应当制定相应的激励措施,提高工作人员的积极性。

2.3 集中统一管理

医院应配置必要的档案储存设备和办公场所,为医疗设备档案管理提供必要的保障。医院也可以整合现有资源,如成立综合档案室,配置专业的档案管理人员。在有限资源条件下,充分发挥人员分工及专业优势。医疗设备管理人员负责定期收集设备档案,交由综合档案室统一归档和管理。综合档案室可以显著提高档案管理水平及档案工作的规范化。

2.4 推进信息化建设

设备档案管理信息化的重要性和实践应用已经得到广泛的认识和探讨。医疗设备档案信息化管理不仅能够降低运营成本,还能够为医疗安全提供保障。此外,设备档案管理信息化能够促进国有资产管理规范化,有利于资源共享和资产的保值增值。

医疗设备档案管理是一项复杂的系统工程,是医院医疗工作中的一项重要内容,中小型医院应重视医疗设备档案管理,将其列入医院发展战略规划,定期检查医疗设备档案管理情况,不断完善医疗设备档案管理制度,促进医院医疗设备档案管理水平的提升。

设计院基建项目归档验收管理模式探索

——基于杭州铁路设计院电子档案管理系统平台

王晨亮

杭州铁路设计院有限责任公司

摘　要：为更好地服务于经营生产，紧随数智时代的发展步伐，突破现有的档案管理运作模式，杭州铁路设计院有限责任公司研究开发档案管理系统。该文围绕日益增长的项目、归档需求与档案传统管理模式不平衡、不充分之间的矛盾以及档案管理系统的应用产生的积极影响，展望电子化归档技术在未来的发展。

关键词：档案管理系统；不平衡；不充分；积极影响

杭州铁路设计院有限责任公司（以下简称"铁路设计院"）的科技档案传统管理模式以管理纸质文件材料为主，项目负责人根据归档要求在项目竣工验收后整理文件材料移交至档案部门进行归档，档案人员对移交的文件材料开展诸如分类、编码、标识和入库系统的梳理，档案人员仅围绕纸质文件材料进行档案编研，档案的总体利用率比较低。

在科技档案传统管理模式下，电子材料归档需要单独刻盘。对于移交归档的项目负责人来说，既耗费了额外的时间和人力成本，又要承担刻盘失败带来的各种风险；对于接收归档的档案部门来说，增加了验收材料和保管材料的难度，档案部门不仅需要查看光盘里面的电子材料，还要检查刻盘内有无病毒，并定期检查光盘是否可用。从档案保管的私密性来看，诸如光盘这类物理介质存储是较为稳定的方法；但是从归档的实操性看，设计人员整理时理不清思绪，且档案部门验收文件材料存在滞后性，档案管理员很难把控设计人员精准归档；从档案利用角度看，利用是否流畅完全取决于物理介质的寿命，相比较云服务器，物理介质缺乏动态更新和维护；从档案备份的角度看，物理介质同样需要备份，多增加一台物理设备就会多占据部分实体库房空间，导致库房整体档案容纳量减少。

1　日益增长的项目、归档需求与传统档案管理模式不平衡、不充分的矛盾

其一，随着铁路设计院业务板块和体量的不断扩大，工程项目的周期逐渐被拉长，从单一的施工图设计拓展到方案设计、初步设计、施工图设计、施工图变更设计、施工配合等项目全过程设计。传统档案管理模式要求的归档时限为项目完成施工图设计或竣工验收后。传统档案管理运作模式要求的归档内容为施工图蓝图、施工图蜡底图、施工图设计文件说明等。文件材料只有移交到档案部门之后才能正常开展档案管理。

其二，设计师生产任务繁重且自主归档意识普遍比较薄弱，积压在生产部门的设计文件日益增加，少部分主动归档的设计师认为材料归档时限过于苛刻。例如，较长工期的项目归档安排在项目竣工验收之后，其中方案或初步设计阶段的文件材料往往会丢失，从而影响材料归档的完整性和真实性。

其三，在实际归档验收过程中，蜡底图和设计说明书基本可以流畅地完成归档；施工图蓝图因保存不当而遗失，原则上设计师应重新编制蓝图归档。但是从企业落实降本增效方针的角度看，项目文件材料已覆盖蜡底图和设计说明，不影响未来利用档案的效果，可以不用再编制。

其四，在实际归档验收过程中，各归档部门提交的移交清单格式内容混乱，档案部门需要安排额外的时间和精力修正移交清单上的版式问题。

其五，档案部门对工程项目情况的认知存在时间差。设计人员在提交归档验收时，项目信息才会推送至档案部门，传统档案管理运作模式存在滞后性，在项目阶段进行的过程中，档案部门对材料的完整性和真实性缺少直观的判断。

2　档案管理系统平台的诞生

在日益增长的项目、归档需求与传统档案管理模式矛盾的基础上，铁路设计院档案管理系统应运而生。档案管理系统涵盖全院所有科技类档案的归档，科技档案分为基建档案和科研档案两大类。其中，基建档案包括设计项目档案、咨询项目档案、总承包项目档案，科研档案包括科研项目档案和业务建设项目档案。

档案管理系统开发了设计院科技档案模块，通过系统平台，完成线上电子归档、线上归档的审批、电子档案查询的操作。档案系统操作平台位于一台操作服务器上，归档的电子档案数据储存在一台独立的存储服务器上，同时另一台独立的备份服务器将自动对存储服务器上的数据进行适当备份，三台服务器的独立

运行为档案数据的安全性保驾护航。

目前,铁路设计院的科技档案归档模式采用双套制归档,即有效电子归档和纸质归档两部分,设计师先完成电子文件预归档,档案管理员在对归档信息的真实性和完整性审核无误后,接收对应纸质资料归档。

伴随着档案管理系统的投入使用,铁路设计院一改往日的传统档案管理模式,逐渐将工作重心从纸质文件材料转向电子文件材料。在项目负责人归档移交纸质文件材料之前,档案管理员通过档案管理系统先行验收对应的电子文件材料。

在档案管理系统平台上完成归档的项目,设计师可随时查看电子文件信息,如需要下载或借阅利用,设计师可直接在档案管理系统平台申请相应的档案利用流程。

3 档案管理系统应用产生的积极影响

第一,档案管理系统平台上线之后,档案管理工作在项目立项环节就可以开展,配合铁路设计院协同管理系统,设计人员登录协同系统进行立项,相关项目信息随即推送至档案管理系统,档案人员即可赋予项目档案号,至此,档案管理工作与项目全生命周期实现同步。

第二,对于周期较长的项目,相比较传统档案管理模式,档案管理系统简化了设计人员的归档流程,设计人员可以随时归档,不需要等到项目竣工验收后才着手归档,在项目完成方案设计或初步设计时就可以登录档案管理系统平台完成有效的电子归档。后续施工图完成或项目竣工验收后,设计师再次登录档案管理系统进行电子文件归档,档案人员审核无误后,汇总形成科技档案移交清单并线上发送至归档设计师进行核对,设计师核对无误后,安排施工图阶段或竣工验收阶段的纸质材料归档。

第三,在实际电子归档验收过程中,档案人员可以更早地发现一些归档材料存在的问题。例如,录入和上传的信息内容版式问题,设计程序文件中的签字合理性问题,设计成果文件真实性问题以及其他归档材料完整性问题。这些问题在项目过程中被发现,可以及时得到补救,档案人员线上驳回存在问题的归档申请,设计人员按照归档要求修改相应内容后重新提交归档鉴定。

第四,档案管理平台上线后,档案人员陆续上传历年档案目录数据,后续的档案检索利用无须再局限于 Excel 表格当,在档案系统平台检索项目名称或档案号等关键字段即可查询项目档案信息。

4　展望未来

随着时间的推移,日益增长的档案数量与实体档案库房逐渐萎缩的可用空间之间产生了新的矛盾。铁路设计院可否在未来完全实现真正意义上的电子化归档,即电子文件单套制归档?探索单套制归档的道路势必艰难,首先要解决路设计院在出图过程中使用的系统平台与建设单位、咨询单位、施工和监理单位等系统平台的有效衔接。2020 年 6 月 20 日修订通过的《中华人民共和国档案法》提出"电子档案应当来源可靠、程序规范、要素合规""电子档案与传统载体档案具有同等效力,可以以电子形式作为凭证使用"等要求,为电子档案单套制管理提供了法律支撑。

2021 年,中共中央办公厅、国务院办公厅发布的《"十四五"全国档案事业发展规划》明确指出,要应用人工智能助力档案管理工作转型升级,并与数字档案馆(室)建设相结合。目前,我国的人工智能技术应用于科技档案的比较少,运用在档案管理的"收管存用"环节比较零散,缺少集成性的整体方案。

科技档案有较强的专业性,资源内容较为复杂,包含项目立项审批至竣工验收全过程产生的文件材料,能反映项目合同、质量、进度、费用、安全和环保工程建设管理基本情况,此外,对项目投入运营后的维护、改建和扩建等具有查考价值的各种历史记录也可以归入科技档案。人工智能技术通过强化计算、分析以及整理一体化操作,可以整体提升档案管理效率。

铁路设计院档案管理系统的探索不止于此,科技档案的管理模式需要突破既有的固化思维,立足于信息时代,以信息技术为依托,重点探讨人工智能技术在科技档案管理中的运用,寻求理念创新,推动档案管理朝着更加智能、安全、可持续的方向发展,更加灵活地服务于企业经营与生产,在铁路设计院成为国家级高新企业的目标上助力一小步。

服务导向视角下的重点工程档案管理

郑　静

嘉兴市原水投资有限公司

摘　要:重点工程档案建设管理关系到地方经济社会发展与文化传承。该文以服务导向为视角，从超前服务、跟踪服务和优化服务三个维度，提出要强化重点工程档案基础支撑，强化重点工程档案全程管理，打造重点工程档案文化精品，高质量推进重点工程档案建设管理，更好地保障地方发展和文化传承。

关键词：服务导向；重点工程档案；重点工程建设

随着社会的不断发展，重点工程建设已经成为推动国家和地区经济社会发展的重要支柱。在这个过程中，工程档案建设管理作为一项基础性、战略性的工作，对于提高工程质量、保障工程安全、促进工程管理现代化具有重要意义。以服务为导向，推进重点工程档案建设管理，既是对传统档案工作的继承和发扬，也是对新时代档案事业发展的创新和拓展。

1 超前服务，强化重点工程档案基础支撑

超前服务，就是在重点工程立项后，档案部门要主动挖掘相关馆藏档案信息，为工程的前期规划、勘察、设计等重要环节提供参考依据和支撑。这种超前式的档案信息服务，可以大大节约工程建设的资金和时间成本，也可以提高建设及设计单位对档案价值的认识，推动重点工程档案建设管理水平的提升。如嘉兴市域外配水工程，该项目是浙北水资源配置的重大工程，也是浙江省"十三五"期间重点项目。嘉兴市城建档案馆在工程设计之初，就主动出击，查阅并整理相关水利规划资料、工程地质勘察报告、用地范围档案、沿线环境保护信息等，提供档案信息"打包"服务，为建设方提供超前支持。这不仅节省了设计单位大量调研和勘察成本，也加深了他们对档案价值的认识，为档案文化建设赢得声誉。档案部门和机构要努力强化超前服务，为重点工程建设提供强有力的档案基础支撑。

2 跟踪服务，强化重点工程档案全程管理

2.1 开工前承诺服务，明确档案建设管理内容

在重点工程开工前的规划许可或施工许可环节，档案部门要主动出击，与建设主体签署《建设工程档案移交承诺书》，明确规定工程建设和竣工决算全过程中形成的档案资料都需按要求及时收集整理，并最终移交市城建档案馆。承诺书中还需明确双方在档案收集管理中的权利义务，使建设主体充分理解和接受档案业务部门提供的业务指导、人员培训、质量检查等服务。

2.2 施工中指导服务，提升档案建设管理技能

在重点工程正式施工后，档案部门要定期了解工程进度，为参建各方开展有计划、分步骤的业务指导服务。如对建设单位、施工单位、监理单位等，指导其建立档案管理机构，并对相关人员进行培训。在此基础上，督促和检查各单位落实电子文件即时归档制度，对产生的图纸、会议纪要、业务信函等电子文本及视频、照片、录音等多媒体档案资料，实行全过程收集归档。如嘉兴市快速路建设项目，市城建档案馆业务科专门成立服务团队，在规划调研和选线阶段就进入项目部开展档案指导工作。团队帮助建立项目电子档案系统，提供文件标准化制定与电子档案采集技能培训。最终，快速路建设项目实现了选址报告、拆迁报告、设计方案、监理日志等档案材料的规范化全过程电子档案管理。

2.3 竣工时的把关服务，确保档案建设管理质量

重点工程档案的竣工验收，是维护其文化特质的最后关口。一方面，档案部门要提前做好沟通协调，针对性组织预验收，确保项目档案的顺利移交；另一方面，要严格把关资料质量，组织专家进行抽样复核，检查资料的完整性、准确性等特质要素，对问题档案要求项目负责人限期整改，提供技术支持，确保质量合格。

3 优化服务，打造重点工程档案文化精品

重点工程档案建设管理尤其要注重声像资料与文字材料的同步收集。在拍摄影像时须采取多角度、全方位立体式记录，通过无死角拍摄、航拍俯瞰、延时摄影等手段，反映工程的立体感和历史脉络。编研工作可选取地标性工程，对其全生命周期资料进行数字化整理，考证所在地区原有风貌文化，追踪记录实施过程，并利用数字技术进行虚拟展示和专题研究，通过图片展、系列丛书等形式面向公众，在开发利用中实现文化传承。这样的档案管理模式，有助于系统化挖掘工程的文化内涵，展现城市发展轨迹。

4 结语

重点工程承载城市发展的使命，其档案建设管理关系社会效益和文化传承。本文从超前服务、跟踪服务和优化服务三个维度，提出一系列务实举措，以服务化思维和方式，有力推进重点工程档案建设管理水平的提升。

历史保护建筑档案管理工作浅析

刘汉慧

杭州拱墅国投建设开发有限公司

摘　要:历史保护建筑档案是历史文化的重要组成部分。历史保护建筑档案具有复杂性和完整性要求高,历史悠久,连续性强,文化和科研价值重大的特性。当前历史保护建筑档案工作存在档案制度不够健全、档案管理多头分散、档案安全面临挑战、档案信息化水平较低等痛点。应建立健全档案法律法规,理顺历史保护建筑档案管理,构建历史保护建筑档案综合管理系统,深入开发利用档案资源,切实提升历史保护建筑档案管理质量和水平。

关键词:历史保护建筑;档案管理;档案资源

历史保护建筑(以下简称"历保建筑")档案是指在建筑活动中形成的具有保存价值的图纸、文字材料、照片、录音、录像等科技文件材料。历保建筑档案真实记录了历史建筑建设、修缮、运营、维护全过程,是历史文化的重要组成部分。2023年5月1日,《杭州市历史文化名城保护条例》出台,《杭州市历史文化名城保护条例实施细则》也于2023年12月完成意见征集,将为历保建筑档案工作提供一定的理论指导。

1　历保建筑档案的特性

1.1　复杂性和完整性要求高

历保建筑档案包括建筑的设计图纸、施工记录、改造维修记录、历史图片、测绘报告以及相关的行政文件等,涵盖了从设计、施工到日常管理、后期维护全过程,形成了一个多维度、立体化的信息体系。历保建筑档案相较于其他类别的档案专业性更强,也更加复杂。

1.2　历史悠久,连续性强

历保建筑档案记录了从最初的建筑设计图稿、施工记录,到后来的使用、修缮、改造乃至保护规划等各阶段的文件材料,伴随历史建筑一起跨越了较长的历史时期,为后人提供了关于建筑全生命周期的完整记录。

1.3　文化和科研价值重大

由于档案本身的原始记录性,作为不可再生的文化遗产资源,历保建筑档案中的每一项记录都富含多重历史文化信息,是研究建筑史、科技史、文化艺术史乃至整个国家历史变迁的重要实物证据。

2　历保建筑档案工作的痛点

2.1　档案制度不够健全

目前,工程建设上有《建设工程文件归档规范》(GB/T 50328—2019)、《建设项目档案管理规范》(DA/T 28—2018)、《科学技术档案工作条例》,文物上有《中华人民共和国文物保护法》,但历保建筑档案缺乏专门的法律法规和规章制度,缺乏统一的档案规范管理准则,对档案工作的实际指导作用有限。

2.2　档案管理多头分散

目前,许多历保建筑档案分散存放在各级政府、房产部门、市园文局及产权单位,各部门间的档案管理权限交叉,没有建立综合档案数据库,且部门之间沟通成本高,组织协调难度较大,也不利于历保建筑档案的高效利用。

2.3　档案安全面临挑战

由于历史原因或保管不当,部分历保建筑的相关档案可能散佚或破损,威胁档案安全,且档案积累的时间长,其间经历多次修缮和变更,更新维护时需要追溯大量历史信息,工作量庞大且复杂,导致保护、修复工作缺少必要的参考依据,给后续的保护修复工作带来一定的困难。

2.4　档案信息化水平较低

由于历保建筑档案的复杂性及各地经济水平的差异,存在部分历保建筑档案数字化程度不一及开发水平较浅的现象,不利于档案信息的高效检索和利用,给历保建筑档案的管理和专业研究带来一定的难度。

3　加强历保建筑档案工作的对策

3.1　建立健全档案法律法规

从法律法规的层面规范档案的收集与整理、保管及监督利用工作,与其他相关法律法规相衔接,构建一套科学严谨、操作性强的历保建筑档案管理体系,以适应新时代发展和城市化进程中的文化遗产保护需求。

3.2　理顺历保建筑档案管理

通过确立清晰的管理架构和职责分工,明确历保建筑档案主要负责单位或成立专门的历保建筑档案管理中心,协调整合各相关部门的信息资源,着力解决档案管理多头分散问题,避免重复建设和管理混乱。

3.3　构建历保建筑档案综合管理系统

构建历保建筑档案管理综合系统,形成"一建筑一档案",设立基础信息数据库、结构及设计档案、维修保护记录、影像资料库,与各部门实现数据共享和联动机制,全面提升历保建筑档案工作的信息化水平,加快纸质档案数字化,保护档案实体安全,提高档案利用效率,为科学决策、精细管理和高效利用提供强有力的技术支撑。

3.4　深入开发利用档案资源

组织专门力量,对历保建筑档案进行深入研究和整理,挖掘历保建筑里的文化,形成编研成果、专题研究报告等。运用现代化信息技术手段,将历保建筑档案资料数字化、可视化,让历保建筑"活"起来。同时,加强宣传推广与公众参与,通过专题纪录片、专题展览、数字博物馆等多种渠道大力宣传古建筑保护的重要性,增进公众对历保建筑档案的认知和理解,共同守护和传承历史文脉。

历保建筑档案管理是一项漫长而繁重的任务,需要各级部门及民众的不懈支持与广泛参与。在建立健全法律法规制度、构建历保建筑档案综合管理系统、挖掘档案资源、加强公众广泛参与等方面采取有效的对策,才能更好地保护历保建筑,延续中华优秀城市文脉。

重大活动档案管理问题及解决策略

曾晓蓓

温州市妇女儿童活动中心

摘　要:活动档案是档案资源的重要组成部分,该文对活动档案建设与管理工作中存在的问题,如重视不够、资料缺失、缺少规范等问题进行探究,从制度、思想、实操等角度挖掘问题出现的原因,并思考可行的解决方案。

　　关键词:活动档案;管理问题;档案工作;解决策略

　　档案是各类主体,包括国家机关、社会组织和个人在实践活动中直接形成的历史记录,其中活动档案指在活动过程中形成的有保存价值的文字、声像、电子文件等不同形式的记录,是记录活动过程和成果的重要载体。随着社会的快速发展,各类活动日益增多,活动档案管理的重要性不断增强。活动档案的收集管理不仅是开展工作的考查依据,更是宣传教育和文化建设的可靠素材。由于活动的开展往往具有不可逆性、群团性等特点,因此活动档案的管理工作往往要提早谋划,系统收集。然而,当下的活动档案管理工作还存在制度不健全、收集整理不到位、资源缺乏、存储不利等问题,影响了活动档案的有效管理和利用,需要引起深入思考。因此,本文将对这些问题进行研究,提出相应的解决建议。

1　活动档案管理工作中存在的问题

1.1　对活动档案的重视程度不够

　　一方面,在固有思想中档案管理是专职人员负责的工作。大多数人认可这一观念,认为档案工作与自己无关,在活动过程中缺少收集、整理活动资料的习惯。而专职档案人员一般不参与活动过程,只在活动后对资料进行收集整合,由于活动的即时性,档案人员在工作过程中容易出现遗漏。

　　另一方面,一些大型活动的组织团队很多是临时组建的,为在有限时间内完成活动策划、场地布置、过程协调等工作,往往会忽视档案工作。一是没有安排特定人员负责资料收集;二是没有提前考虑需要保存的文字、影像等资料,使得收集的档案资料不够全面且形式单一。

1.2　活动档案管理的标准性不强

　　档案管理的标准化能够保障档案工作的顺利开展,提高管理效率,我国档案工作国家标准规定了文书档案的案卷格式,并规定了照片档案等常见档案的管理规范。活动策划及开展过程中产生的档案不少,应当按照明确的标准和整理要求将相关资料存放好。但在实际工作中,活动档案的管理并未完全按照标准规范执行,活动档案出现内容残缺、分类杂乱、移交迟缓等问题。除文字档案不规范外,活动档案中的图片、视频、音频等因涉及范围较大、内容繁多且杂乱,在整理过程中缺乏统一规范,许多单位可能出现不整理的情况。这些问题可能导致活动档案管理效率低,查询困难。

此外,重大活动涉及的单位、部门较为广泛,容易产生档案归属流向不明确的问题,导致档案的割裂、缺失,给档案管理工作带来不便。同时,这种档案归属的不明确性容易导致各部门之间的推诿扯皮现象,影响档案管理和后续查阅。在跨层级的重大活动中,上级部门可能提出不科学的管理要求。例如,要求过早移交档案或要求将重大活动细节纳入档案,导致档案资料的收集整理与实际活动情况脱节,影响下级部门对档案的利用。

1.3 档案管理人员专业技能不足和储存空间不足

大部分单位存在档案管理人员配备不足的问题,相关从业者往往是其他专业人员,并未接受过系统的档案管理学培训,这导致档案管理人员队伍缺少档案管理能力,在实际工作中无法实施。同时,随着活动档案数量的增多,存储空间不足的问题逐渐凸显。随着数字化档案管理的普及,考虑到实际存放空间有限,一些单位考虑将活动档案转为线上储存,但也面临着技术原因或人为操作失误导致的档案丢失、泄露风险,因此大多数单位仍旧以线下储存管理为主。然而,部分单位没有建立专门的档案存储室,只能将档案存放在办公室或库房,对这些单位来说,极其有限的存储空间无法满足日渐增多的档案存储需要。

1.4 档案资料利用率低

活动资料归档后往往保存在封闭的档案室内,且电子资料并不共享,工作人员查阅档案资料的程序较为烦琐,使得档案资料不被重视。此外,由于档案管理的设施设备落后,信息化水平低,对于图片、影像等非纸质档案的储存管理不够规范,容易出现影像模糊、文件损坏等情况,很难再次查阅。

2 活动档案管理工作的对策思考

2.1 更新档案管理观念,采取标准化管理流程

活动档案的管理工作应当适应新形势。一是要争取引起管理者的重视,将档案管理工作作为顶层设计的一环,强化档案意识,建立明确的档案管理制度和责任机制,由领导层统一部署工作,使档案管理工作更加规范。二是要凸显主动性,将档案资料的收集整理融入活动全过程,档案管理人员要主动介入,了解信息。三是要制定科学的档案管理制度,包括明确活动档案的移交权责、灵活调整档案人员的职责范围、加强对档案工作的监督检查等,以确保档案管理的有效性。四是要明确档案归属流程,对于多单位、跨部门联合的重大活动,应提前明确档案的归属,共同协商,重视对档案资料的登记和移交工作,避免出现资料割裂和散失的情况,确保档案资料的完整性。

2.2 加强人才培养,优化管理布局

档案管理工作对于人才的素质要求较高,应充分认识档案人员的重要性,努力提高档案人员的知识水平和管理能力,发展继续教育,真正培养具有专业性、创造性的档案管理工作者。此外,在开展活动的过程中,相关人员应有对档案的开发利用能力,灵活运用现存档案,吸取活动经验,让活动档案成为有价值的资源。

信息化管理是提高管理效率的重要途径。在档案管理的过程中,纸质档案仍占绝大部分。然而,在活动档案中,大量图片、影像资料不便以纸质形式储存,活动数量的增加导致纸质档案增多,增加了查档难度,因此活动档案的管理需要依靠信息技术。在档案建立和管理的过程中可以利用大数据等现代信息技术手段,建立档案管理信息系统,减少纸质档案的需求,实现档案数字化管理,方便快速获取档案信息,提高档案的利用价值。这也要求档案管理人员应全面掌握计算机技术,做好电子档案的收集和整理工作。

2.3 推动档案资源共享,提高档案利用价值

针对活动档案利用率低的现状,笔者认为要加大档案资源盘活利用力度。一是本单位人员从策划到开展活动期间全程参与,对于活动流程和细节较为熟悉,在类似活动中有经验可依;二是在实际工作中开展活动要求创新,本单位人员在策划活动时会避开以往经验,寻求新思路。因此,重大活动档案就成为举办过活动的证明,再次参考利用的机会不多。在管理过程中,可以尝试打破单位、部门甚至地域的壁垒,依靠信息化平台和技术推动活动档案资源的共享,使档案资源充分发挥作用,增强活动的影响力,提高资源的利用率。

做好活动档案管理工作是提高活动质量和效率的重要条件,是衡量活动举办单位管理水平的重要尺度。重大活动档案的管理问题需要从多角度、多方位进行思考和解决,科学规范的活动档案能够为决策者提供参考,及时掌握活动开展情况,为后续决策提供准确依据,提高工作效率。因此,做好活动档案管理工作具有重要意义。

机关单位档案收集中常见的问题及解决对策

周乃君

余姚市农业农村局

摘　要: 随着社会经济的发展,机关单位的业务工作量日益增加,产生了大量需要归档的文件材料,而现实中许多文件材料往往在不经意中不断流失,没有做到及时地收集整理,得不到归档,为日后的利用带来了诸多不便,给各项工作带来了许多不利影响。该文就机关单位中档案收集面临的常见问题及解决对策进行了探讨。

关键词: 机关单位;档案收集;解决对策

机关档案工作是档案工作开展的基础,是国家档案事业的重要组成部分。档案收集是档案管理工作的首要环节,对保证单位档案的齐全完整、维护全宗不可分散性,起着决定性的作用,直接影响到整个单位档案的质量。档案收集的不完整常常使归档的文件材料不能够系统地、真实地反映本单位的工作面貌,不能了解这个单位该年度的基本工作情况,给以后档案的查阅利用带来种种不便。

1　档案收集面临的问题

现实中很多大型机关单位由于机构庞杂、人员众多,使档案收集面临许多困难,常常造成本单位的档案收集不完整,主要表现在收发文、业务性材料、基建材料、特种载体的收集不完整。

1.1　文件收集不完整

一个单位的发文通常是各科室拟好发文稿后交由文印室打印,打印完成后再通知各科室来拿,但各科室经常忘记把要存档的一式两份文件加发文稿留底归档,直接带回自己保管,这就造成发文不能及时归档。现在机关单位基本是在网上政务平台进行收文,然后进行网上传阅,但还是有不少单位按老办法进行纸质传阅。如果单位较大,领导多、科室多,有些文件一圈轮阅下来,再也找不到文件的踪影,自然档案室也收集不到它。还有情况是当年度的文件要到第二年初才由文印室统一交到档案室,这中间一段时间有办公人员来文印室找文件,借走后不归还,文印室既不登记又不去催要,时间一长文件容易流失。

1.2 业务性材料收集不完整

有些机关单位科室经常把一些工作统计、总结,各类项目合同、项目申报验收材料等长年累月地堆放在身边,或随便塞进文件柜里,不去登记也不去整理,完全没有归档意识。如果档案室来催,他们又常常以方便使用为借口拒绝归档。直到资料越堆越厚越乱,才把好几年前的材料捧去档案室要求归档,给归档工作造成很大干扰。有的人员也存在违法违纪行为,出现不想交出档案、不敢交出档案的现象。

1.3 装修、基建材料收集不完整

此类材料属于基建科技档案,有些项目工程量多、涉及的资金数额大,经常由办公室负责。办公室虽然管理着档案室,但这些项目建设根本没有让档案室去参与。大量的立项、招投标、施工等材料没有收集,只是把部分验收材料交财务室用来报销做原始凭证用,却不留一份交档案室存档。时间一长,遇到这些基建因为审计、办各类证件、修理、扩建、消防、给排水等需要查阅档案时,由于没有收集归档,档案人员要到处找资料,工作变成一团乱麻。

1.4 奖牌、奖状、光盘、照片等特种载体类收集不完整

奖牌、奖状、光盘、照片这些特种载体类档案直接反映一个单位的精神面貌和荣誉,是一个单位档案的重要组成部分。现实情况是很多机关单位根本没有把这些特种载体收集归档。机关各科室把一些重大活动的照片、光盘放在自己的电脑里,私自占有。他们把集体的奖牌、奖状挂在办公室墙上或是放在办公桌上或是乱丢在墙角,随意处置。随着人员流动,办公室变换,时间一长,这些需归档的实物就慢慢流失。

2 档案收集完整性问题的应对策略

以上这些情况是机关单位中普遍存在的问题,如何才能完整收集机关单位的档案?笔者认为要做到以下四点。

2.1 组建一支稳定有力的兼职档案员队伍

兼职档案员队伍在各机关单位基本都有设立,通常是由各科室的负责人来担任的。但科室负责人管理的事务较多,再加上调动频繁,常常会忽略业务材料的归档问题。由于各科室主要的业务工作还是由业务人员来做,而且这些业务骨干又常常是业务档案的使用者,人员流动相对来说比较稳定,所以兼职档案员

最好是由各科室业务骨干来担任比较合适。可以把各科室年轻有为的业务骨干组织起来,形成一支稳定的兼职档案员队伍。每年由单位定期组织专业的档案管理人员对他们进行业务指导和培训,提高他们的档案业务能力,为文件材料的完整、准确、及时归档打好基础。

2.2 提高归档意识,实行预归档制度

《中华人民共和国档案法》第十四条明确规定,应归档的材料要按规定定期向本单位档案机构或者档案工作人员移交,集中管理,任何个人不得拒绝归档或者据为己有。机关文书及各业务科室兼职档案员应该明确法律责任,认识到收集归档的重要性,提高归档意识。机关各科室兼职档案员要按照本单位的《归档范围及保管期限表》及时加强文件材料的收集工作,在档案室指导下进行材料的登记、分类、编制目录进行组卷(件),做到文件材料的预归档,到第二年年初时统一移交档案室。

2.3 落实档案工作责任制,优化档案工作考核机制

中共中央办公厅、国办院办公厅印发的《"十四五"全国档案事业发展规划》在主要任务部分,明确指出,"全面建立和落实档案工作责任制,优化档案工作检查考核机制,各级党委将档案工作纳入年度考核内容"。机关单位制定档案工作责任制时要明确各专兼职档案员的工作责任,要求按照本单位制定的归档范围和时间要求,及时把各类需要归档的文件材料移交档案室整理归档保管,确保档案收集的完整性和及时性。机关单位要把这一项内容作为各科室考核的组成部分,也作为各专兼职档案员个人年度考核的内容之一,奖惩分明以激发各专兼职档案员对文件材料收集归档的积极性。

2.4 文印室要把好收发文大关

机关单位的文印室,是所有当年度收文与发文的集中地。文印人员在发文时,要坚持做到保留发文稿及一式两份的发文,如发现没有留存,要及时补留。对于收文,可以先留存一份原件,另外复印一份进行领导传阅,传阅完毕后再把传阅单粘贴到原件上。这样既可以防止原件在传阅过程中流失,又可以保留传阅信息。对于通过政务网的收文,要求能在政务网上完成传阅,这是最便捷、节约、科学的。对于当年度没归档的文件,遇到各科室人员查阅,不能让他们私自带出文印室,确实有需要的,可以直接复印一份,这样可以大大减少文件流失的危险概率。

文件材料的收集完整与否直接影响着归档的完整性,影响着能否反映整个单位的工作情况,影响着今后工作的正常开展,也影响着今后档案的利用效果。档案室管理员要有较强的责任心,遇到单位各科室不及时移交归档范围内的文

件、材料、实物时,档案管理员要不厌其烦,多次劝说讨要,动之以情,晓之以理,共同努力把档案管理的第一步,即重要的收集工作做好。

浅谈如何做好基层科技档案的管理工作

王　佳

崧厦街道办事处

摘　要:新形势下,只有加大基层科技档案的有效管理,才能更好地应对科技档案管理面临的新挑战和机遇,为基层科技决策提供科学依据,有助于提高科技决策的准确性和效率。该文基于当下基层科技档案管理问题进行深入分析,并提出改进工作的相关对策和措施。

关键词:基层;科技档案;管理

随着我国社会经济的飞速发展,各基层政府积极推进社会主义新农村建设和城市社区建设,随之在农业生产、工程建设等活动中形成了大量的图纸、表格、文字、照片、声像资料等科技文件材料,对基层档案管理部门的科技档案收集、整理、存档和利用都提出了更高的要求,然而目前档案管理部门在科技档案管理过程中还面临诸多亟待解决的问题,值得我们探索和研究。

1　目前基层科技档案管理的主要问题分析

当前基层政府的科技档案主要来源于党政办公室、村镇建设办公室和农业农村工作办公室等,包括基建、设备和科研等门类,在收集、分类、归档、开发、利用中,仍然存在着不少亟须解决的问题。一是科技档案管理制度有待完善。通过资料查阅、电话访谈、实地走访等调研方式发现目前基层政府制定的科技档案管理制度并不完善,现有的科技档案管理制度的对象主要以档案管理人员为主,很少针对科技项目相关人员,如基建项目负责人、设备采购使用人员和科研人员等,因此在科技档案的收集阶段,对项目各个主体的资料收集整理提交职责不够明确具体、操作性不强、缺乏约束力,导致科技项目相关人员存档意识薄弱、存档不及时,甚至出现截留部分科技档案核心资料的情况,归档的资料不及时、不完整。二是基层档案管理人员业务能力不强。目前大多数基层档案管理人员只熟悉文书档案业务,科研业务知识只是略知一二,甚少有人能承担起科技档案数字化处理工作。基层档案管理人员科技业务知识的贫乏,使其无法判断所接收的档案资料是否齐全,没有把牢科技档案收集的关口,导致档案管理人员只能被动接收移交部门的档案,往往使所接收的科技档案资料不完整。三是科技档案数字化率低。当前大多数基层档案室科技档案的管理以纸质档案管理模式为主,弊端较多,其中科技档案中的底图多为硫酸纸打印,纸质保存方式容易导致图纸发黄、掉墨、掉粉,甚至字迹模糊不清,反复利用也会使纸质档案资料卷边、撕裂、起皱,即使部分基层档案室已经配备了计算机、扫描仪等先进的设备,但档案管理员数字化知识贫乏,导致本单位科技档案数字化工作开展缓慢。

2 提高基层科技档案有效管理的具体对策措施

2.1 完善科技档案管理制度

在基层科技档案的管理过程中采用统一管理模式,建立符合统一管理模式的归档制度,主要包括科技档案的收集、整理、移交、立卷、查阅等制度。基层档案室应该建立单位内部的基建、设备和科研项目清单,党政办公室、村镇建设办公室和农业农村工作办公室等应该根据单位的收集、整理和移交制度及时将科技档案材料上交档案室。对产生科技档案相关工作人员进行有效监督和指导,确保档案的收集能够符合统一管理模式的要求,促进科技档案管理工作的规范化、科学化、标准化。

2.2 培养科技档案复合型人才

一是加大科技档案专业人才队伍的培养力度。通过组织开展科技专业知识和数字化业务知识等专业的培训,进一步提高档案管理人员的科技知识和数字化业务水平。二是吸纳具备信息化管理水平的科技档案管理人才,选聘既懂科技档案专业知识,又熟练掌握信息化技术的复合型人才来增添队伍活力。三是加强档案管理人才交流,通过开展优秀科技档案管理员的经验介绍座谈会,加大与科技档案利用管理工作先进地区业务人员的交流力度,学习对方先进的科技档案管理理念和信息化应用的成熟做法,致力于打造一支业务能力强、服务水平高的高素质队伍。

2.3 推进科技档案的数字化进程

科技档案数字化是大数据背景下实现档案现代化的必然要求。由于科技档案包含特殊版式、特殊字体、学科符号等,这些特殊情况对数字化工作要求相比于其他档案要求更高,需要专业的扫描设备和人力资源来完成扫描工作。基层政府应该在科技档案数字化工作中加大人力和财力的投入,完善科技档案数字化发展保障机制,应将科技档案数字化工作列入政府工作报告,设立专项资金,通过采购外包服务来破解当下科技档案数字化率低的难题。有效实现科技档案的价值最大化,提高科技档案的利用效率。

3　结　语

科技档案是基层建设、技术、科研管理工作的成果和智慧的结晶,又是继续进行生产、建设和科学技术研究的依据和必要条件之一,与基层经济建设和科学技术事业的发展关系密切。通过完善科技档案管理利用制度、培养科技档案复合型人才和推进科技档案的数字化进程等多项措施定能顺利推进科技档案实践工作,促使科技档案工作更好地服务于基层经济建设,以不断推进我国基层科技事业的有序发展。

工程项目关键性文件材料的归档控制

万红梅

杭州和达市政园林建设有限公司

摘　要:在工程项目管理中,档案的整理与控制对确保项目的成功执行和后期维护具有至关重要的作用。该文详细讨论了工程项目档案中的关键资料类型,并探讨了如何有效控制这些资料的整理和归档。通过对现有档案管理策略的分析以及案例研究,该文提出了优化建议,旨在提高档案管理的效率和安全性,为未来工程项目档案管理的改进提供方向。

关键词:工程项目;关键资料;归档控制

随着工程项目复杂性的增强,项目档案管理的重要性日益凸显。档案管理不仅涉及法律、财务和技术信息的保存,也影响项目的顺利执行和质量控制。合理的档案管理策略能够确保关键信息的安全、可靠和易于获取,从而支持项目管理的各个阶段。本文首先识别了工程项目档案中的资料类型,然后深入探讨了如何对关键性资料进行有效的控制和管理。

1 工程项目资料归档与关键性资料的确定

工程项目资料归档是确保项目从策划到完成整个生命周期顺利进行的基础。有效的资料归档不仅支持项目管理的日常运作,而且为项目的监控、审计和持续改进提供了必要的信息基础。归档资料的范围广泛,包括但不限于以下几个关键类别。

项目启动和策划文档:包括项目的可行性研究报告、项目建议书以及项目启动会议记录,为项目提供初步的战略方向和资源规划。

合同和法律文件:记录了与供应商和承包商的法律协议,详尽描述了工作范围、成本结构和责任分配,对于管理合同履行和解决法律争议至关重要。

设计和工程图纸:所有项目设计的初稿、修改稿和最终批准稿,是实际施工的蓝图,提供详细的施工指导。

施工记录和日志:详细追踪项目的日常施工进度,包括劳动力使用、材料消耗和机械使用等数据,对监控项目进度和质量控制很重要。

进度报告和会议记录:定期生成的进度报告反映项目整体进展,项目会议记录则详细记录决策过程和关键讨论点。

质量控制文档和安全记录:包括质量检验报告和安全事故记录,评估项目执行的质量和安全性,帮助团队及时识别问题并采取改进措施。

最终交付和项目闭环文档:项目完成后的完工证明、维保手册以及评估报告,为后续运维和可能的扩展提供支持。

关键性资料的识别和正确处理是工程项目管理的核心部分,包括合同更新、变更以及完整性的保证,避免潜在争议和额外成本。工程图纸和设计文件的准确性和可访问性,安全记录和质量控制文档的系统管理,都是保证项目顺利进行的关键。通过有效地识别和管理这些资料,项目团队能够更好地控制项目进度,保证项目质量,及时应对挑战,实现项目的成功交付。

通过确立这些资料的归档范围和对关键性资料的管理,项目团队可以更有效地组织和管理信息,确保关键数据的安全存储、及时取用,从而支持项目的高效运行和成功完成。这些资料的管理不仅关乎项目的效率和安全,还涉及合规性和对外的法律责任。综上所述,资料归档和关键性资料的管理是工程项目成功的关键因素。

2 关键性资料归档的标准把控

在工程项目管理中,关键性资料的归档是确保项目顺利进行的关键环节之一。本部分将深入探讨关键性资料归档的标准把控,包括文件内容的标准化和规范化、数据安全和保密性、跨部门协作和信息共享、长期存储和文档保全以及技术支持和培训等方面。

2.1 文件内容的标准化和规范化

工程项目中的文件内容需要标准化和规范化,以确保文件的一致性和质量。在归档过程中,应制定统一的文件模板和内容要求,明确文件的结构和必须包含的信息。例如,在设计文档中,应规定必须包含的设计原理、材料选用、技术规范等信息,以及标准化的符号和表示方法。

此外,针对不同类型的文件,可以制定相应的内容标准和规范,以确保文件的质量和可读性。例如,对于工程图纸和设计文件,可以规定必须包含的要素和详细程度,以及标准化的符号和表示方法,从而提高文件的可理解性和使用效率。

为了确保文件内容的标准化和规范化,可以建立文件审核和审查机制,对文件的内容进行定期审核和评估,及时发现和纠正内容不规范或不完整的情况。通过这些措施,可以提高文件的质量和一致性,有利于工程项目的顺利进行。

2.2 数据安全和保密性

随着信息技术的发展,数据安全和保密性成为归档管理的重要方面。在归档过程中,需要考虑如何保护敏感数据和商业机密,防止信息泄露和非法获取。这可能涉及加密技术、访问控制策略、安全审计等手段的应用。

对于涉及商业机密或个人隐私的文件,需要采取额外的安全措施,如访问权限限制、加密存储等,以防止未经授权的访问和使用。同时,应建立完善的安全审计机制,定期审查和监控文件的访问和使用情况,及时发现和应对安全漏洞和风险。

为了提高数据安全和保密性,可以引入先进的加密技术和安全控制手段,确保文件在存储、传输和使用过程中都能得到有效的保护。同时,应加强对用户的安全教育和意识培养,提高其对数据安全的重视和保护意识,共同维护项目数据的安全和保密性。

2.3 跨部门协作和信息共享

在大型工程项目中,不同部门和团队之间需要频繁共享和使用关键性资料。因此,归档系统应该支持跨部门的协作和信息共享,确保所有相关人员都能及时获取到所需的文件和信息。这可能涉及权限管理、跨系统集成和数据接口的设计等方面。

为了促进跨部门协作和信息共享,可以建立统一的平台或系统,集成各个部

门的归档需求和数据资源,实现信息的集中管理和共享。同时,应建立灵活的权限控制机制,根据用户角色和需求设定不同的访问权限,确保信息的安全和合规性。

在实际操作中,可以采用流程化的协作方式,明确各部门之间的责任和权限,建立协作机制和沟通渠道,促进信息的及时传递和共享。此外,还可以借助现代化的协作工具和技术,如在线文档共享平台、即时通信工具等,提高跨部门协作的效率和便捷性。

通过跨部门协作和信息共享,可以加强团队之间的合作和沟通,提高工程项目的整体效率和协同性。同时,也能够减少信息孤岛和重复劳动,最大限度地利用项目资源,推动项目顺利进行。

2.4　长期存储和文档保全

工程项目的生命周期往往很长,因此需要考虑如何保证关键性资料的长期存储和文档保全。这包括选择合适的存储介质和技术、定期备份和归档,以及文档的定期审查和更新等措施,以确保资料的完整性和可持续性。

针对长期存储和文档保全,可以采用多种技术和方法,如云存储、磁带备份、纸质档案保管等。同时,应建立完善的文档管理制度和流程,规定文档的存储周期和更新频率,及时清理和归档过期或无用的文件,确保文档库的整洁和高效。

为了进一步增强长期存储和文档保全的效果,可以引入自动化的备份和归档系统,实现定期自动备份和归档,减少人为干预和错误的可能性。同时,还可以建立定期的文档审查和更新机制,确保存储的文档始终是最新版本和完整的,以应对项目后期可能出现的变更和需求调整。

2.5　技术支持和培训

归档系统的有效运作需要技术支持和用户培训。相关人员需要掌握归档系统的操作方法和管理技巧,以确保系统能够正常运行并发挥最大效益。因此,培训计划和技术支持服务也是关键性资料归档的重要组成部分。

为了确保归档系统的有效运作,应制订完善的培训计划,针对不同角色和职责的用户,设计相应的培训内容和课程安排。培训内容可以包括系统功能介绍、操作指南、管理流程说明等,旨在帮助用户快速掌握系统的使用方法和技巧。

除了定期的培训课程外,还应提供及时的技术支持服务,解答用户在使用过程中遇到的问题和困惑。技术支持团队应具备专业的技术知识和丰富的经验,能够及时响应用户的请求,并提供有效的解决方案。可以通过电话、邮件、在线聊天等多种方式,为用户提供便捷的技术支持服务。

另外,为了保障归档系统的持续运行和改进完善,还应建立反馈机制和改进计划,定期收集用户的意见和建议,及时处理用户反馈的问题和需求,不断优化和改进系统的功能和性能。通过技术支持和用户培训,可以确保归档系统的稳定运行和用户满意度,为工程项目的顺利进行提供可靠的支持和保障。

3　结　语

本文探讨了工程项目档案管理中的关键资料类型、关键性资料的识别及其控制策略。通过有效的档案管理,可以显著提高项目的执行效率和质量控制,同时确保法规遵从性和成本效益。展望未来,随着技术的发展,特别是信息技术的进步,工程档案管理将趋向数字化和智能化,从而进一步提升管理效率和减少人为错误,为工程项目的成功提供坚实的信息支持基础。通过上述详细分析,我们可以看到,系统的档案管理对于工程项目的成功具有不可替代的重要性。正确的档案管理不仅能够确保项目信息的准确无误,还能够在项目需要调整或遇到法律争议时提供必要的文献支持。因此,建立和维护一个高效、安全的档案管理系统是任何工程项目都不可或缺的一部分。

关于水利行业施工图设计文件管理的若干思考

王丽姣

浙江省水利水电勘测设计院有限责任公司

摘　要:施工图,是表示工程项目总体布局,建筑物、构筑物的外部形状、内部布置、结构构造、内外装修、材料做法以及设备、施工等要求的图样。施工图是重要的科技档案,是企业的财富,有着重要的凭证作用、利用价值和经济价值,是科学技术转化为生产力的重要形式和手段,在生产、企业管理中发挥着重要作用。该文分析了水利行业施工图管理中存在的问题,提出了加强施工图管理的对策。

关键词:施工图;文件管理;开发利用

施工图是企业设计人员工作经验的总结,是设计人员智慧的结晶,是企业文化软实力的体现,对今后的工作而言具有很大的参考价值和指导意义。因此,促进施工图管理势在必行。施工图的管理显示出独特的专业特色,而如何用好、管

好施工图,更好地服务企业、服务社会就显得十分重要。

1 施工图管理存在的问题

1.1 档案管理意识薄弱

档案管理人员须持证上岗,不同于专业档案管理人员,工程项目建设人员都是建筑、水工、机电、道路、水机等专业毕业,一般没有接受过系统的档案专业培训,"档案管理＋水利专业"复合型人才缺乏,不能进行全过程管理。工程项目通常时间紧、任务重,他们的工作重点在图纸的具体内容上,当蓝图晒好寄给业主后,他们认为此项工作已经完成,平时不太重视文件资料的归档工作,导致施工图的成套性、完整性、真实性得不到保障,从而影响工程竣工验收及日后该工程档案的利用。

1.2 档案管理系统和项目管控流程系统互不衔接

目前档案归档的实际情况是,档案管理部门与业务部门互不衔接,施工图主要依靠业务部门人员主动归档,档案管理人员不了解项目管控流程,难以掌握全部项目信息,导致档案完整性缺失。尤其是施工图几经修改,过程中的版本与最终版本只有细微差别,如果图纸编号完全一致,档案管理系统中会存在同一图纸的很多版本,导致真实性无法保障。

1.3 施工图的开发利用不够深入

不少人员总觉得管理施工图就是把它们按照工程名称、专业、阶段等分门别类、上架入库,并没有考虑到施工图的借阅、增晒等开发利用工作,导致服务企业的效率低,不能直接转化为经济效益。不少企业的施工图由于各种原因躺在柜子里"睡觉",发挥不了应有的作用,比如没有及时被检索、调用,或者检索起来非常麻烦,借阅审批流程过于复杂,档案系统处理速度慢,数字化率低,等等,影响档案人员的工作效率,不能直接将施工图转化为生产力,及时应用到现有的工程实践中去。

2 加强施工图管理的策略

2.1 加强人员培训,培养复合型人才

国有企业要想跟上时代的步伐,就要创新人才的培养方式,加大"档案管理＋水利专业"方面人才的培养,全面提高档案管理人员的素质,这样才能切实深

化、优化施工图管理。

首先,可根据需要进行内部轮岗,有计划地选派档案管理人员到业务部门交流,根据需要对管理人员进行流程系统、工程项目管理系统设计,电子档案收集、整理技术和质量管理能力提升等方面的培训。

其次,结合企业发展的实际需求,出台积极的人才引进政策,招聘热爱档案管理工作、业务能力强的人员,组建高质量的档案管理人员队伍。

最后,加大对现有档案管理人员的培训,每年进行继续教育培训、业务培训,使其专业技能能够满足企业持续发展的新需要。

2.2　优化项目管理系统,与科技档案管理系统相互衔接

科技档案融入项目管理,就是要把档案管理工作与项目管理的各个阶段糅合在一起,将档案工作的控制管理扩展到项目建议书、可行性研究、施工图审查、施工图管理阶段,使每份档案的形成、收集、整理、归档都处于档案人员的控制状态之下,避免项目结束后才发现档案遗漏的问题,确保档案的原始性、真实性、完整性,实现项目管理与档案管理双丰收。

浙江省水利水电勘测设计院有限责任公司优化了项目管理系统:一是在项目管理系统中增设了"增晒"功能,如果是带电子章的图纸,可直接在系统中"增晒";二是可以申请带电子章、设计人员签名、校核人员签名、审查人员签名的电子版图纸查看、下载等。以上的图纸利用均不需要到档案室借阅图纸实物,大大提高了施工图的安全性,延长了施工图的寿命。

2.3　加快科技档案数字化建设

目前施工图归档仍然是以纸质为主,传统载体的档案占用的存储空间大,保管成本高,使用过程中容易磨损,难以满足员工日渐增加的档案利用需求。数字化档案和传统纸质档案相比具有得天独厚的优势,在充分考虑软件功用性、可操作性与方便性的前提下,引进适当先进的数字化档案管理系统,只要开通了线上查阅权限,借阅人员就能通过高级检索,在数据库中迅速找到与关键词相关的条目,快速实现对所需施工图的检索、查看、下载,提高利用效率。数字化使施工图的利用不再受"孤本"的限制,同一张图纸可以同时提供给所有需要它的人共享,尤其是对出差人员、子公司人员来说,不必来回奔波,就能在数字档案化管理系统中直接调取需要的档案,大大提高档案利用效率,助力公司业务发展。

基于新修订的《中华人民共和国档案法》 把好水利工程档案验收关

郑钰娴

嵊州市水利局

摘　要：水利工程档案验收是项目竣工验收的关键环节,是检验水利工程档案是否真实记录工程各个阶段的发展情况,是否真实反映工程建设全生命周期的重要手段。2023 年 4 月,水利部、国家档案局修订出台《水利工程建设项目档案验收办法》,对水利工程项目档案验收程序、标准、质量做出了进一步规范。该文围绕新修订的《中华人民共和国档案法》,分析当前档案验收存在的系统性、准确性等问题并提出相应的解决措施。

关键词：新修订的《中华人民共和国档案法》；水利工程；档案验收

1　存在的问题

1.1　档案工作保障体系不完善

一些项目法人存在"重建设、轻管理"思想,在项目建设过程中,未根据项目各个环节产生的文件、数据,图纸的收集、整理、归档等建立"集中统一管理"制度,也未配备专职的档案管理人员且人员更换频繁,大量文件材料分散在分包单位或工程技术人员手中,致使档案管理不能与工程进度同步且缺乏系统整理,有的甚至长期滞留在业务部门,增加了遗失风险,从整体上不利于保障水利档案资料的完整性,也为后续通过档案验收带来不确定因素。

1.2　档案收集整理质量不达标

水利工程的多功能性、长周期性及技术复杂性决定了工程文档的内容广泛且多变,从项目启动到竣工,会生成大量的文档资料,如项目前期及批复、重要合同、重要设备、设计变更等各类原始资料。在档案验收过程中发现一些工程项目存在地貌图等原始资料不完整的现象;设计图纸未经修改即作为竣工图纸归档,竣工图纸未加盖印章或签名;部分水利工程资料排序杂乱、组卷不科学,没有按照资料目录进行填写,前后项目名称不规范,缺失卷内目录、备查表等资料,影响验收工作的开展,不利于水利工程的顺利交付。

1.3　档案信息化建设水平薄弱

传统水利档案管理主要是纸质化管理,但随着信息技术的发展,现代水利档案逐步向数字化、信息化管理转变,这决定了水利档案管理人员需具备较强的专业性和较高配置的软硬件。目前在水利工程档案信息化管理中,存在设备陈旧、电脑配置级别较低的情况,无法支持水利工程档案各种绘图软件及图纸的使用,同时缺乏专业的信息化人员,软件应用与硬件结合基础薄弱,导致水利档案信息化建设还处在起步阶段。

2　原因分析

2.1　档案管理意识淡薄

水利工程建设单位中普遍存在只重视看得见、摸得着的工程建设质量,缺乏完善的档案管理架构和体系,工程资料散落在各参建单位技术人员手中,资料交接不及时、不规范,且在竣工验收前才组织收集、整理资料的情况时有发生,导致资料的系统性、完整性、动态性、及时性、全面性管理缺失。

2.2　监督检查不够到位

新修订的《中华人民共和国档案法》规定,项目法人要对项目档案实行集中统一管理,并进行监督。但一些项目法人未能在项目建设前期制定有效的档案管理机制,也没有对各参建单位的资料收集开展检查、指导、监督工作,日常档案管理基本处于"谁的档案谁负责"的分散状态,导致文件收集不全、管理混乱的无序状态。

2.3　专业技术人员缺乏

在水利档案管理信息化建设过程中,专业人才问题是影响其信息化建设的重要因素。近年来,随着国家对档案管理工作重视的加强,相关的档案管理规范标准不断更新完善。但在实际的项目建设过程中,从事档案管理的人员在年龄结构、知识结构上参差不齐,给水利工程信息化建设工作造成较大的阻碍。

3 对策建议

3.1 组建专家团队,落实评分制度

按照新修订的《中华人民共和国档案法》要求,组建不少于5人单数的档案管理或工程管理中级专业技术职称人员为验收组成员,严格落实评分制,对项目档案工作保障体系、档案收集整理质量、档案信息化管理等内容逐条打分。《水利工程建设项目档案验收评分标准》明确规定:总分90分以上的为优良等级;70分至89.9分的为合格等级;达到70分以上但"档案收集整理质量与移交保管"项未达60分的为不合格等级。严把验收关,确保项目档案的完整、准确、系统、安全。

3.2 做好全过程跟踪指导管理工作

项目参建单位从业人员的低素质影响档案的管理水平,致使建设过程中的重要资料不能及时归档和妥善保管,造成无法挽救的损失。为此项目档案管理部门、行业主管部门要主动与项目参建单位做好交底,做好业务指导;监理单位对各施工单位提交的项目资料要严把审核关,并履行审核签字手续,做到自控、监控并重,提高档案管理水平。

3.3 完善软硬件设施,强化制度管理

新修订的《中华人民共和国档案法》规定,"档案馆和机关、团体、企业事业单位以及其他组织应当加强档案信息化建设",各水利工程相关单位要适度超前建设数字基础设施,如配备计算机、扫描仪、存储系统、传感系统、RFID系统等。同时,进一步完善档案数字化管理制度,明确档案数字化的管理权限、密级划分、借用备份、电子签章等制度,引入具有档案管理专业知识且兼具信息技术应用能力的综合型人才,为档案信息化管理夯实基础。

4 结语

把好水利工程档案验收关,势必需要所有水利建设单位和人员高度重视档案管理工作,要建立起完善的档案管理制度及工作体系,不断提升档案管理人员的综合素质,确保水利工程档案的齐全、完整、规范,才能顺利通过档案验收。

压力容器资料归档的实践与研究

朱芬华

杭州杭氧低温容器有限公司

摘　要：该文主要探讨了压力容器质检资料归档的实践方法和相关研究。通过对实际归档工作的分析，阐述了归档的重要性和难点，并提出了相应的解决方案。同时，对归档过程中的关键技术和管理方法进行了深入研究，为提高归档质量和效率提供了理论支持。

关键词：压力容器；设备档案；归档

压力容器作为一种特殊的设备，广泛应用于化工、食品、医药、能源等行业，其安全性、可靠性直接关系到人身和财产安全。为确保压力容器的安全运行，企业需要进行科学有效的资料归档管理。本文就压力容器资料归档的实践和研究进行探讨。

1　压力容器资料归档的重要性

压力容器资料归档的重要性主要体现在以下几个方面。

第一，质量追溯和责任认定。质检资料记录了压力容器制造、安装、检验等过程中的各项数据和结果。通过归档，可以在需要时对产品质量进行追溯，确定问题的来源和责任，有助于提高产品质量和管理水平。

第二，法规符合性。压力容器受到严格的法规和标准的约束，归档质检资料有助于确保企业在制造和使用过程中符合相关法规要求，降低法律风险。

第三，安全保障。压力容器的安全性至关重要，质检资料可以为安全评估和事故调查提供重要依据，帮助发现和解决潜在的安全隐患，保障人员的生命财产安全。

第四，技术改进和经验积累。归档的质检资料可以作为技术改进和经验积累的基础，为企业不断提升产品质量和工艺水平提供数据支持。

第五，售后服务和维护。质检资料对于压力容器的售后服务和维护也具有重要意义，维修人员可以通过查阅资料更好地了解设备的状况，提高维修效率和质量。

第六,证明产品质量。完整的质检资料可以作为产品质量的有力证明,提升企业在市场上的竞争力和声誉。

2 压力容器资料归档可能面临的问题与挑战

第一,资料数量庞大。压力容器质检涉及多个环节和大量数据,导致资料数量众多,整理和归档工作繁杂。

第二,数据多样性。压力容器资料可能包括各种形式的数据,如文件、图像、测试报告等,需要统一的管理方式。

第三,时效性。部分资料具有时效性,需要及时归档和更新,以保证资料的有效性。解决方案:建立有效的工作流程,确保资料能在规定时间内完成归档和更新。

第四,安全性和保密性。资料压力容器资料涉及敏感信息,需要确保其安全性和保密性。

第五,人员流动。人员变动可能导致资料交接不畅,影响归档工作的连续性。

第六,法律法规遵从。压力容器行业受到严格的法规监管,归档工作必须符合相关要求。

3 压力容器资料归档的实践路径

第一,收集资料。从各个部门和环节收集与压力容器相关的各种资料,包括设计图纸、制造工艺文件、质量检验报告、安装调试记录、维护保养记录等。对照《固定式压力容器安全技术监察规程》等和产品相关的规范和标准,把相关的资料收集齐全。

第二,分类整理。将收集到的资料进行分类。例如设备基本信息,包括设备名称、编号、型号、规格等。设计资料,包括设计图纸、计算书、设计说明书、技术规范等。制造资料,包括制造工艺文件、质量检验报告、材料证书等。安装资料,包括安装图纸、安装记录、验收报告等。检验检测资料,包含各阶段的检验记录、检验报告、无损检测报告等。操作和维护资料,包括操作手册、维护规程、维修记录等。安全评估资料,包括风险评估报告、安全论证文件等。相关标准规范,涉及国家标准、行业标准等。整理方法:为每台压力容器建立独立的档案夹或文件夹,按照分类原则将资料依次放入相应的隔层或文件袋。对资料进行编号,便于查找和管理。

第三,审核校验。对分类后的资料进行审核,确保资料的完整性和准确性:

确认是否包含所有必要的资料,检查资料的份数是否齐全;检查文件中的签名、日期等是否正确;确保资料符合相关的标准、规范和法律法规要求。对于缺失或有疑问的资料,及时与相关部门和人员沟通,进行补充或核实。

第四,建立索引。为了方便查找和检索,为每一份资料建立索引或标签;为每一份资料分配唯一的编号,便于索引。每一套归档资料内建立一个归档目录(卷内文件目录),案卷内的资料按照目录顺序排列;将资料录入数据库,并利用数据库的索引功能进行快速检索。在建立索引时,要确保索引的准确性和一致性,并定期更新索引,以适应资料的增加和变更形势。同时提供清晰的索引使用说明,以便用户能够高效地利用索引进行资料的检索和查阅。

第五,存储保管。选择合适的存储介质和方式,将资料进行存档。可以是纸质文档归档,也可以是电子文档存储在数据库或特定的文件管理系统中。同时,要确保存储环境的安全和稳定,防止资料的损坏或丢失。

第六,制定查阅制度。建立资料的查阅、借阅制度,明确权限和流程。查阅流程:查阅人填写查阅申请单,说明查阅目的和需求。申请提交给相关部门负责人或领导审批。查阅人在指定场所,在管理人员的陪同下进行查阅。借阅制度:资料的进出都要有记录和签字,确保资料的使用和管理规范,确保资料的安全与保密。

第七,定期更新。随着压力容器的使用和维护,会产生新的资料。定期对归档资料进行更新,删除过时或无用的资料,保证归档资料的时效性和实用性。

第八,备份与恢复。为了防止意外情况导致资料丢失,定期对归档资料进行备份,并建立恢复机制,确保在需要时能够快速恢复数据。

4　结　论

压力容器资料归档是保障压力容器安全运行的重要手段,通过建立健全资料归档制度,设立专门的资料归档部门,采用信息化手段进行资料归档,并定期对归档资料进行检查、整理,可以有效提高压力容器资料归档的效率和质量,为压力容器的安全运行提供有力保障。

关于新形势下进一步加强城建档案收集工作的若干思考

龚　彬

义乌市城建档案馆

摘　要: 在信息时代,按照源头告知收集、分阶段过程监管、开发在线接收智慧系统、提升中介收集质量、竣工后执法监督等举措,实现城建档案的全过程分阶段归集,不仅提高了管理工作的效率,还从信息化上形成了档案管理的标准和水平。该文以加快档案接收进度和提高档案归档质量为目标,提出了新形势下档案管理体制与模式改进的建议。

关键词: 新形势;城建档案;收集工作

城市建设档案是城乡建设活动的真实记录,是城市规划、建设、治理工作中的重要内容,是城乡建设高质量发展和人民群众生命财产安全的重要保障。做好城建档案管理工作,是城建档案工作人员的法定职责。近年来,由于许多建设单位和施工单位对城建档案的法律、法规不了解,重建设进度、轻档案管理的思想普遍存在。工程项目档案资料员业务水平参差不齐、施工过程档案资料监管缺失、档案代理机构整理案卷质量不高、缺乏对档案工作人员的考核激励措施等问题,极大地影响了城建档案收集归档的质量。本文围绕加快档案接收进度和提高档案归档质量,提出如下解决思路。

1　加强档案源头收集,做好指导服务

依据相关规定,凡列入市城建档案馆接收范围的新建、改建、扩建、迁建和恢复建设工程,建设单位在领取《建筑工程施工许可证》时,必须履行项目有关登记手续。一是发放《建筑工程施工许可证》时,做好档案归档业务的告知。完善告知的业务操作指南和进馆标准,明确网站下载地址,下载资料要有纸质和视频化的学习内容。二是建立工程资料收集员信息登记制度。《建筑工程施工许可证》办理后一个月内,应在城建档案管理系统(在线归档)登记工程档案的基本信息和档案资料员的相关信息。三是领取《建筑工程施工许可证》时签署档案归集告知书并做出归档承诺。四是开展档案资料员施工过程的跟踪指导,提高档管收集管理的水平。通过前期的一次性告知和学习,让档案资料管理人员更进一步

了解城建档案归档的要求,为建设、施工、监理等单位开展档案收集、整理和归档等提供参考和依据。

2　强化部门配合,采取分阶段审核

档案收集要形成合力,利用质监员现场管理的便利,提前做好工程主体和竣工初验两个阶段档案的收集和审核。主要需采取以下措施:一是制定具体详细的分阶段验收审核标准;二是开展与质监站联动机制,借助质监员对工程现场的管理,提高现场各方对资料管理的重视程度;三是定期对平台公司等建设单位开展档案分阶段接收培训,提升资料管理员的业务水平,使建设单位重视工程文件资料,并逐步实现工程进度与资料同步。通过各部门的通力配合,为建设工程档案归档提供了相应的监督和制约保障,确保建设工程档案能够按时、完整、准确、系统地接收进馆。

3　开发在线接收智慧系统,推进档案数字化

按照新形势下对全面推进档案工作数字化转型的要求,必须加大在线档案接收系统的开发和推广运用。要加强科技支撑,运用现代化管理手段,开发智慧化分阶段管理系统,设置工程施工计划结点自动提醒和工作人员实时监督提交功能,并对照档案归集自检表内容充分运用系统自动检索漏项识别功能,确保档案的完整性,加快档案审核的进度并提高工作效率。分阶段在线接收既可实现工程资料的形成和工程项目建设同步,有利于督促项目建设方及时收集和整理工程资料,又能提高建设工程文件归档效率,与其他相关验收并联办理,缩短项目验收时间。

4　加强中介机构的考核,提升收集归档质量

当前,档案的整理、装订均委托专业的中介机构,故档案移交进馆的质量高低取决于各中介机构整理装订的业务能力和水平。因此,我们有必要从以下三个方面加强档案人员和中介机构的管理:一是通过举办培训班集中对全市建设、施工、监理单位资料员和相关部门档案管理人员进行岗位培训,通过培训让他们充分认识到城建档案的重要性,了解城建档案的法律、法规和规章,掌握城建档案业务规范;二是引入第三方机构开展进馆档案的初审工作,可以采取公司业务骨干轮训的方式进行培育;三是每个季度开展现有档案代理机构的考核评分,引导中介代理机构良性发展、做强做大。通过前期对档案人员的集中培训和轮训,

为建设单位在竣工验收后能按时向城建档案馆报送一套完整、准确、规范的建设工程档案奠定了坚实的基础。

5　建立日常联动机制，加强执法监督

近年来，政府相继出台了《中华人民共和国档案法》《城市建设档案管理规定》《建设工程文件归档整理规范》《建设工程质量管理条例》等法律法规，在优化营商环境的背景下，很多地区档案预验收采用承诺制加快工程竣工备案的做法，造成承诺而不按期兑现的现象普遍存在。故依法强化档案行政执法监督，形成部门联合、专项跟进、社会参与、反应迅速、查办有力的档案行政执法机制很有必要。加强档案行政执法队伍建设，积极开展重点领域、重点项目执法检查，提高执法监督指导能力，并依照《建设工程质量管理条例》第五十九条规定，给予建设单位相应的行政处罚，对建设单位形成震慑，有利于档案移交的及时性和完整性。

总之，在新形势下，城建档案工作必须摸准时代的脉络，采取有效的措施，加大收集力度，确保工程档案资料的齐全、完整和准确，提升工程档案的归档质量，促进城建档案工作整体水平的提高，更好地服务于城市规划、建设、管理工作。

综上所述，档案创新是时代的必然需求，我们要更新观念、与时俱进，重新审视档案基础工作，不断探索创新，切实推进档案整理、利用方法更新，提高利用效率。

民营科技企业科研项目档案管理问题与改进建议

吴璐璐

浙江新安迈图有机硅有限责任公司

摘　要：在民营科技企业快速发展的过程中，科研项目档案管理是一个不可忽视的重要环节。科研项目档案管理的有效性直接关系到企业研发创新能力的提升、市场竞争力的增强以及企业可持续发展的保障。然而，当前许多民营科技企业在科研项目档案管理方面存在诸多问题，这些问题不仅影响了企业的日常运作，还可能对企业的长远发展造成潜在威胁。该文将深入分析民营科技企业科研项目档案管理存在的问题，并且提出相应的解决对策，帮助企业改进管理制

度,提升核心竞争力。

关键词:科研项目;档案管理;民营科技企业

随着市场竞争的日益激烈和科技创新的飞速发展,民营科技企业面临着越来越复杂多变的项目管理挑战。项目档案管理作为项目管理的基础环节,对于保证项目顺利进行、提高决策效率和维护企业核心竞争力具有不可替代的作用。然而,当前许多民营科技企业在科研项目档案管理方面存在诸多不足,如档案收集不全、分类不规范、更新不及时等,这些问题严重影响了项目管理的效率和质量。因此,探讨如何提升民营科技企业科研项目的档案管理能力,对于促进企业健康发展、提升市场竞争力具有重要意义。

1　科研项目与项目档案管理

1.1　科研项目

科研项目,顾名思义,是指科学研究中具体、明确的研究项目。它是科学进步和社会发展的重要驱动力,旨在探索未知、解决现实问题、推动知识创新和科技进步。科研项目的定义涉及多个方面。首先,科研项目应具备明确的研究目标和问题。这意味着研究者需要清晰地阐述自己试图解决的科学问题或实际需求,这是科研项目立项的基础。其次,科研项目需要严谨的研究方法和技术路线。这包括选择合适的实验设计、数据分析方法,以及相应的技术手段,以确保研究结果的可靠性和有效性。最后,科研项目还应包括预期的研究成果和应用价值。这既是科研项目的目标,也是衡量科研工作质量的重要指标。

1.2　项目档案管理

项目档案管理,顾名思义,是对项目运行过程中产生的各种档案进行系统化、标准化管理。这些档案包括但不限于项目文件、会议记录、合同文本、技术图纸、电子邮件、研究报告等。管理的目标在于确保这些档案能够在项目团队内部及其他相关方范围内得到高效、安全的共享和利用。

项目档案管理的核心在于建立一个完善的信息体系,这个体系既要有足够的灵活性和扩展性,以适应项目过程中不断产生的新档案,又要保证信息的准确性和完整性,以支撑项目决策和实施的需要。

2　民营科技企业科研项目档案管理存在的问题

2.1　档案管理体系不健全

科技行业中,民营科技企业地位重要。但在科研项目档案管理方面,它们面临着许多挑战。档案管理体系不完善影响了企业的运营效率和长远发展。其中,档案分类标准混乱是一个显著问题,导致员工在检索和利用档案时效率低下,可能遗漏或误用重要信息。此外,存储方式不规范也是一大难题,电子档案的管理需要高效、安全。随意保存在个人电脑或网络云盘里可能增加数据丢失和信息泄露的风险。更严重的是,缺乏统一的管理规范和流程导致部门间档案共享和交流受阻,形成信息孤岛,不利于资源利用和企业整体发展。

2.2　信息化水平较低导致档案收集能力不强

随着信息技术的迅猛进步,人类社会已全面进入数字化、网络化和智能化的新时代。然而,令人遗憾的是,仍有部分民营科技企业沿用传统的纸质档案管理方式,这不仅制约了企业的运营效率,更增加了档案丢失或损坏的风险。纸质档案管理方式效率低下,需要大量的人力和物力资源用于存储、检索和更新。同时,纸质档案易于受损和丢失,可能给企业带来重大的经济损失。在数字化时代,数据备份与恢复对保障企业信息安全具有至关重要的作用。然而,这些民营科技企业普遍缺乏有效的备份和恢复机制,一旦发生意外情况,就可能导致企业数据全面丢失,进而造成难以估量的损失。在项目研发过程中,每一步都充满了挑战与机遇。然而,实际情况是,许多企业在档案收集方面存在明显短板,导致大量有价值的信息和数据无法及时、准确地记录和保存。这不仅严重影响了项目的顺利进行,还可能对后续的技术创新和产品升级产生深远影响。缺乏完善的档案收集机制意味着在项目研发过程中可能会遗漏关键信息,如市场需求、用户反馈、技术难题和竞争对手动态等。没有这些信息的支持,企业的决策可能会变得盲目和片面,导致项目偏离正确的方向。此外,数据是支撑技术创新和产品升级的重要基石。缺乏数据支持的研发往往缺乏说服力和可信度。在进行技术改进或产品升级时,如果没有充足的数据支持,企业很难做出明智的决策。同时,缺乏数据支持还可能导致企业在研发过程中重复劳动,浪费大量的时间和资源。档案更新对于民营科技企业的持续发展至关重要。然而,许多企业在此环节存在滞后现象,导致决策层面临困扰和风险。档案更新滞后会影响企业把握市场动态和做出准确决策。这背后的原因包括资源限制、认识不足以及缺乏有效的管理机制等。同时,市场竞争和技术变革也增加了企业关注档案更新的难度。滞后更新可能导致决策失误、技术创新困境和市场竞争力下降。

2.3　人员素质参差不齐

在民营科技企业运营中,科研项目档案管理的重要性不言而喻,它关系到企业的信息安全和完整,是推动项目顺利进行的关键因素。然而,目前许多企业在招聘管理人员时忽视了其专业素质和技能,导致人员素质参差不齐,给科研项目的档案管理带来了诸多困扰。为了解决这个问题,民营科技企业需要采取一系列有效措施。首先,在招聘时应明确专业素质和技能要求,确保招聘到的人员具备相关知识和经验。其次,加强培训和教育,提升管理人员的专业技能和责任心,使其能够更好地履行职责。此外,建立考核机制,定期评估工作表现,激励积极履行职责的员工,这也是确保科研项目档案管理有效性和安全性的重要手段。总之,重视科研项目档案管理人员的专业素质和加强技能培训,强化责任意识和提高工作能力,是民营科技企业确保科研项目档案管理有效性和安全性的关键。只有这样,企业才能在市场竞争中立于不败之地,实现持续、稳定发展。

2.4　档案安全性不足

民营科技企业在科研项目档案访问控制上经常缺乏严格规章制度和整改措施,导致敏感信息容易泄露。比如员工无身份验证授权,就可以轻易通过内外网访问档案,或者员工离职后仍能访问公司档案,这些都会带来安全隐患。此外,数据加密措施应用不足,企业可能未对档案进行加密或采用不安全算法,使档案容易受到攻击。同时,安全审计和监控机制不完善,员工安全意识薄弱,容易遭受社会工程学的攻击,从而导致档案信息泄露。

3　民营科技企业科研项目档案管理建议

3.1　建立健全科研项目档案管理体系

合理的组织和分类,可以使档案易于管理和更新。首先,简化档案的分类层级,避免过多的子文件夹,这样可以减少查找档案的时间。其次,制定统一的文件命名规则,让每个文件的名称都能直观反映内容,便于理解和记忆。同时,采用标准化的文档模板,不仅可以保证档案的格式统一,还能在创建新文档时节省时间。此外,利用现代信息技术,如云存储服务,就可以实现档案的集中存储和快速访问。

3.2　完善信息化水平,提升科研项目档案收集能力

通过电子文档管理系统,民营科技企业可以数字化存储和管理科研项目档

案,节省存储空间,便于快速检索和高效利用,员工可以通过搜索、分类等方式迅速找到所需档案,提高工作效率。系统还具备权限管理功能,防止信息泄露和滥用。此外,项目管理软件可帮助企业优化配置和监控项目资源,实时掌握项目的执行情况,降低风险,确保项目按时按质完成。同时,软件提供数据分析和报表功能,为企业决策提供支持。随着信息化水平的提高,数据安全和备份问题日益凸显。因此,民营科技企业需建立完善的数据备份和恢复机制,确保科研项目档案安全可靠,包括定期备份、测试备份数据完整性和可用性、制订应急恢复计划等,以应对数据丢失或灾难性事件,保障企业正常运营。

3.3　加强人员培训和管理,增强档案安全性

选拔专业的管理人员是科研项目档案管理工作的基石。这项工作涉及多个学科领域,要求管理人员有扎实的理论基础和实践经验。选拔时,应该全面考核候选人的教育、技能、工作经验和项目管理理念,确保他们能够胜任工作。为了提高管理人员的专业素养和综合能力,企业应该定期组织培训、研讨会和经验交流等活动。健全的考核机制和激励机制能激发管理人员的工作积极性和增强其责任心。企业应该制定科学的考核标准,定期评估工作绩效,并且根据结果进行奖惩。此外,企业可以加强与其他企业或机构的合作与交流,共同推动科研项目档案管理工作的创新和发展。

3.4　提升科研项目档案更新及时性

通过权限管理,确保只有相关人员才能够对档案进行编辑和更新,维护档案的安全性和准确性。定期对数据进行整理和更新,去除无用或过时的档案,保持档案结构的清晰和有效。通过这些措施,可以显著提高档案更新的效率,确保信息的及时性和准确性。

4　结　论

总之,科研项目档案管理是民营科技企业发展过程中的重要环节之一。针对当前存在的问题和挑战,民营科技企业应该积极采取有效的对策措施加以改进。通过建立健全的科研项目档案管理体系、提升信息化水平以及加强人员培训和管理等方面的努力,共同提高科研项目档案管理的效率和质量,为企业的创新发展提供有力支持。

工程影像资料的收集归档

沈于兰

嘉兴市嘉城建设发展有限公司

摘　要：该文以工程影像资料的收集归档为题,从工程影像资料收集的重要性、归档范围、方法、规范和流程、归档要求、挑战和对策等六个方面,探讨如何规范做好工程影像资料的收集归档,对实际工作具有一定的参考和借鉴价值。

关键词：工程；影像资料；收集归档

工程影像资料作为记录施工过程的重要媒体,既为施工、监理、建设单位提供反映工作状况和工程质量的重要资料,也为工程签认、计量和变更提供重要依据,其重要性不言而喻。施工影像资料包括反映工程建设全过程的照片、录像等,承担着记录建设项目从原始状态到工程完工全过程、全方面管理的重要任务。因此,在工程建设过程中,项目部应注意收集和整理影像资料,按规定及时向建设单位档案管理部门移交工程影像资料做好归档工作。下面,笔者结合自身从事工程档案管理工作多年的经验和体会,从六个方面谈谈如何做好工程影像资料的收集和归档。

1　工程影像资料收集的重要性

1.1　信息丰富、快捷有效

工程影像资料可以通过影像技术快速、有效地获取大量信息,包括工程的实际状况、进度情况、质量状况等。相对于传统的测量手段和记录方式,工程影像资料收集更为全面、直观,可以提高工程信息的获取效率。

1.2　可视化、直观

照片、录像等影像资料,可以直观地展现工程现场的具体情况,有利于各方了解工程的实际情况,减少信息传递的误差。尤其是在工程监管、验收等环节,工程影像资料的直观性更加重要。

1.3 信息保存、共享便利

利用数字化技术,可以方便地保存和管理工程影像资料,实现信息的快速检索和共享。这对于工程项目的长期监管和资料归档工作非常重要。

2 工程影像资料的归档范围

2.1 工程准备阶段

归档内容包括:建设地点原址、建筑物旧貌,特别是能反映原建筑物建筑风格、文化特色的内容;工程建设项目的可行性论证、土地征用、拆迁、勘测设计、方案评审、招投标等重大决策的场景影像材料;建设前期重大活动如开工典礼等活动影像材料。

2.2 工程施工阶段

归档内容包括:施工过程中形成的反映重点部位、重点工作、新技术应用、质量事故等方面的影像材料。

2.3 工程竣工阶段

归档内容包括:工程竣工验收情况影像材料;竣工后建筑物整体外观和立面状况影像材料;室外亭台、连廊、小品等景观建筑影像材料。

2.4 其他

其他归档内容包括:工程建设期间,领导视察等活动影像材料;反映工程建设情况的有关专题片、资料片;反映工程获国优、部优、市优奖项的影像材料;与工程有关的航拍材料;有关工程建设的其他有保留、纪念价值的影像材料。

3 工程影像资料收集的方法

工程影像资料的收集方法多种多样,主要包括照相、摄像、激光扫描、无人机航拍等技术手段。不同的收集方式适用于不同的工程项目和具体情况,下面将介绍其中比较常见的几种方法。

3.1 照相

照相是最常见的影像资料收集方式之一,可以通过普通数码相机或专业的全景相机进行拍摄,获取工程现场的立体照片。照相的优点是简单易行、成本低廉,适用于对工程现场的整体情况进行记录和了解。

3.2　摄像

摄像是通过摄像机对工程现场进行连续录制，可以获取更直观和详细的工程影像资料。摄像可以实时记录工程现场的活动情况，也可以用于专门的时间变化分析、工序监控等需要长时间连续记录情况的应用场景。

3.3　激光扫描

激光扫描是利用激光雷达进行三维测量，获取工程现场的点云数据，可以精确还原工程现场的形状和结构。激光扫描适用于需要对工程现场进行精确测量和建模的场景，如复杂结构的建筑物、地质勘探等工程项目。

3.4　无人机航拍

无人机航拍是通过无人机搭载摄像设备对工程现场进行航拍，可以获取大范围的影像资料，并且可以在不同高度进行拍摄，有利于对工程现场进行全方位的了解。无人机航拍适用于大型工程项目的监测、勘察等场景。

除了上述几种常见的工程影像资料收集方法外，还有一些其他的新兴技术，如红外摄像、全景扫描等，也在工程项目中得到了应用。影像资料应随工程进展同步拍摄、编辑、整理归档，应在日常整理过程中及时备份，防止丢失。

4　工程影像资料收集的规范和流程

为确保工程影像资料的准确、全面、及时获取，并能够适应后续的管理和利用需求，需要建立规范的影像资料收集流程和管理制度。

4.1　制订影像资料收集计划

在工程项目实施前，应制订详细的影像资料收集计划，明确需要收集的影像资料类型、频率、范围和方式，根据工程项目的特点和需要进行定制化规划。

4.2　选择合适的影像资料收集方式

根据工程项目的实际情况和需求，选择合适的影像资料收集方式和设备，保证影像资料的准确性和完整性。

4.3　实施影像资料收集

按照计划和要求，对工程现场进行影像资料的定期收集，保证数据的及时性和连续性。

4.4　数据处理和管理

对收集到的影像资料进行整理和处理，包括数据的归档、存储、检索等工作。

利用信息技术手段建立信息平台,实现影像资料的统一管理和共享。

4.5 应用和分析

对收集到的影像资料进行应用和分析,根据实际需求进行工程监测、管理、决策等。

以上是一个基本的工程影像资料收集规范流程,实际项目中还需要根据具体情况进行定制化和细化处理。

5 工程影像资料的归档要求

5.1 照片档案的归档要求

照片档案的归档应遵循有利于保持照片档案的有机联系,有利于保管、利用的原则。

分类:应在同一工程项目内按照建设程序、问题等进行分类。单张照片或组合照片都可以作为一类,分类方案应保持一致,不应随意变动。

排列:应按照分类方案,结合时间和重要程度等进行排列。

编号:照片号是固定和反映每张照片在整个工程项目照片中的代码,同一个工程项目的照片应连续编号,从"1"开始按顺序编号。

入册:应按照分类、排列顺序将照片固定在芯页上,组成照片册。应使用国家规定的标准照片册。

填写说明:分单张照片说明和组合照片说明两种。一组(若干张)联系密切的照片按顺序排列后,可拟写组合照片总说明。采用组合照片总说明的照片,其单张照片说明可以从简。

首先是单张照片说明的格式。单张照片应采用横写格式,分段书写,具体如下:

题名:应简明概括、准确反映照片的基本内容。

照片号:照片的编号。

底片号:为档案保管单位底片的统一编号,由档案保管单位填写。

参见号:由档案保管单位填写。

时间:照片的拍摄时间用 8 位阿拉伯数字表示,如 20070506。

摄影者:一般填写个人,必要时可加写单位。

文字说明:应综合运用事由、时间、地点、人物、背景、摄影者等要素,概括揭示照片影像所反映的主要信息;或仅对题名未及内容做出补充。其他需要说明的事项亦可在此栏表述,例如照片归属权不属于本单位的,应注明照片版权、来源等。

单张照片说明的位置:单张照片的说明,可根据照片固定的位置,在照片的右侧、左侧或正下方书写。

其次是组合照片说明的格式。组合照片总说明应概括揭示该组照片所反映的主要信息内容及其他需要说明的事项。总说明中应指出所含照片的起止张号和数量。组合照片一般不宜越册。

卷内目录的编制:照片整理成册后,每一册都要编写卷内目录,卷内目录由序号、照片号、底片号、题名、拍摄时间、备注组成。卷内目录的条目应根据分类原则,按单张照片或组合照片填写,并按照片号排列。

5.2 光盘、录像带、录音带档案的归档要求

光盘、录像带、录音带,应根据录制内容,制作卷内目录,将不同时段录制的内容逐段反映到卷内目录中。卷内目录由序号、录制时间、内容、录制者、备注组成。

光盘、录音带、录像带的正面,录像带的脊背,应粘贴标签。标签内容包括:建设单位、工程项目、总登记号、档号。

6 工程影像资料收集的挑战和对策

尽管工程影像资料收集有诸多优点,但在实际应用中也面临一些挑战,需要采取相应对策。以下是目前工程影像资料收集方面的一些挑战和应对对策。

6.1 数据安全性

工程影像资料涉及大量的工程信息,其中可能包含涉密信息,如工程设计、施工计划等。如果这些信息泄露,将对工程项目的安全和合法权益造成严重影响。因此,在影像资料的收集和管理过程中,需要加强对数据安全性的保护,包括加密、权限控制等措施。

6.2 数据准确性

工程影像资料的准确性直接关系到后续应用的效果,因此需要采取措施确保数据的准确性,包括设备的维护和校准、人员的培训等。

6.3 数据处理与管理

随着影像资料获取量的增加,对于数据的处理和管理工作也提出了更高的要求。需要利用信息技术手段,建立完善的信息平台,实现数据的快速检索、存储和共享。

6.4 数据应用与分析

除了数据的收集、保存、管理外,更重要的是数据的应用与分析。要充分利用收集到的影像资料,为工程监测、管理、决策等提供有效支持。

工程影像资料收集是现代化工程项目管理的重要组成部分,对于提高工程信息获取的效率和准确性、提升工程管理水平具有重要意义。在实际应用中,需要根据工程的具体情况,选择合适的影像资料收集方式和设备,并建立规范的影像资料收集流程和管理制度。同时,在数据安全性、准确性、处理与管理、应用与分析等方面,也需要采取相应的对策。希望本文对工程影像资料收集有所启发,并为工程项目提供更好的信息支持。

水利工程建设项目档案管理的问题与对策

黄小燕

浙江珊溪水利水电开发股份有限公司

摘　要: 水利工程建设项目档案是水利工程建设全过程的真实记载,对促进水利事业发展具有重要意义。该文阐述了水利工程建设项目档案管理的重要性,分析了当前管理中存在的主要问题,提出了推进水利工程建设项目档案管理工作规范化、科学化的对策建议。

关键词: 水利工程;档案管理;存在问题;对策建议

水利工程建设项目档案是水利工程建设过程中形成的各种文件、资料、图纸、图表、声像等不同形式和载体的历史记录,贯穿于工程建设的整个过程,包括工程规划立项、可行性研究、地质勘测、初步设计、征地拆迁、招投标、施工、监理、竣工验收等资料,具有重要的历史价值、科研价值和实用价值。随着水利事业的不断发展,水利工程建设项目档案管理工作面临更高的要求。

1 水利工程建设项目档案管理的重要性

1.1 为工程质量提供保障

水利工程建设项目档案详细记录了工程建设过程中的各项质量控制指标和

安全措施,包括设计方案、施工过程、质量检测等,是工程质量的重要佐证,为工程质量的评定和安全隐患的排查提供了重要依据,有助于保障工程的质量和安全。

1.2　为工程管理提供依据

水利工程建设项目档案详细记录了工程的结构、性能、运行状况等信息,为工程的日常运行和维护管理提供了重要的参考,便于管理人员了解工程的历史情况,制定科学合理的管理方案,有助于提高工程的运行效率和延长工程的使用寿命。

1.3　为水利事业提供借鉴

水利工程建设项目档案详细记录了工程建设的信息和历史数据,是水利事业发展的历史见证。对档案进行研究分析,可以为未来水利工程的规划设计、施工组织等提供重要的参考依据,为水利科技创新提供宝贵的经验和启示,推动水利科技的不断发展进步。

2　水利工程建设项目档案管理存在的问题

2.1　档案管理意识淡薄,档案管理与工程建设脱节

大多数建设项目负责人对档案管理的重要性认识不足,不同程度地存在重建设轻档案的情况,缺乏档案管理的积极性和主动性。档案收集整理工作没有和工程建设同步推进,很多都是为了应付工程的档案专项验收,对手头现有文件材料简单整理,临时抽调人员突击整理的情况屡见不鲜,档案缺失的情况严重。

2.2　档案管理制度不完善,监督和考核机制缺乏

大多数建设项目未有效落实水利部《水利工程建设项目档案管理规定》的新要求,普遍存在档案管理制度不完善、管理职责不明确等问题,档案收集、整理、归档等环节缺乏规范,影响档案管理的质量和效率。特别是一些小工程、小项目,负责人对工程档案管理缺乏概念,更不可能制定考核和监督机制,甚至没有配备文件资料的管理场所和设备,不能妥善保管工程档案,导致工程档案丢失损坏。

2.3　档案管理技术落后,信息化程度不高

大多数建设项目人员流动性大,且缺少专业的档案业务指导,由于一些项目建设周期长、参建单位多、涉及面广,形成的资料量大复杂,档案收集工作经常出

现遗漏。例如,隐蔽工程、重要部位施工工程等,因在施工过程中没有及时收集整理档案资料,造成无法弥补的严重后果。另外,档案管理与工程建设不同步,未及时有效地分类归档,建设项目人员面对海量资料不知从何入手,不仅工作量增加,而且档案质量很低。当下信息化时代,水利工程建设项目档案管理也要跟上时代步伐。受传统管理思想影响,大多数项目仍以传统的纸质档案管理为主,多是手工完成档案管理各环节工作。虽然一些项目也建立了档案管理系统,但系统功能不完善、不适用,档案信息化管理程度不高。

2.4 档案管理力量不强,人才队伍建设滞后

大多数建设项目只重视工程建设,没有配备专人负责档案管理,基本都是由施工人员兼职,更不可能有专业的人才队伍,根本无法应对日益增长的档案管理任务。很多建设项目都是在档案验收前临时抽调人员整理,然而被抽调人员专业素质参差不齐,缺乏档案管理业务知识和技能,不清楚水利工程档案管理的法律法规和制度要求,对工程情况了解程度也不同,对整个工程建设项目档案框架没有概念,人家给什么就收什么,无法主动收集、指导工作,导致出现档案资料收集不完整、档案整理质量差等问题。

3 提高水利工程建设项目档案管理水平的建议

3.1 增强档案管理意识,同步档案管理与工程建设

水利工程档案管理主管部门和项目建设单位应以"统一领导、分级管理"的原则,向各参建单位明确档案管理的具体任务和要求。各参建单位要增强档案管理意识,树立正确的档案管理思想,同步档案管理与工程建设进度。比如:施工准备阶段,档案管理人员要参与施工准备各项活动,主动与建设人员沟通对接,做好准备阶段档案资料的收集工作;施工阶段,档案管理人员要深入施工现场,根据施工进度收集第一手档案资料;竣工验收阶段,档案管理人员要参与竣工验收各环节,复盘工程建设全过程,将前期收集的档案资料和验收资料进行整合,确保整个工程档案资料真实完整。

3.2 完善档案管理制度,制定监督和考核机制

水利工程档案管理主管部门和项目建设单位要督促各参建单位落实水利部《水利工程建设项目档案管理规定》的新要求,制定与工程项目相适应的档案管理规章制度,规范档案收集、整理、归档等环节的操作流程,确保档案管理工作有章可循、统一有序。项目建设单位在项目招标文件中要明确档案管理相关条款,参建单位在投标文件中要有明确回应,签订的合同中要详细写明对档案管理工

作的要求。项目建设单位应将档案管理工作纳入工程建设考核体系,作为对参建各方的重要考核指标,并制定相应的奖惩机制,以保证工程建设项目档案管理的有效落实。

3.3 创新档案管理技术,提高档案信息化程度

水利工程档案管理主管部门和项目建设单位要定期对各参建单位的档案管理人员和一线建设人员进行档案专业指导,从源头上进行控制。坚持档案管理与工程建设同步,档案管理人员要在项目建设初期介入,同步指导对工程建设过程资料的收集整理,改进在验收前突击整理等乱象。档案由传统纸质管理到信息化管理,这是社会进步的必然。水利工程建设项目档案对国家水利事业发展具有重要意义,自然也要紧跟时代前进步伐。项目建设单位要改变传统管理思想,牵头开发功能强大、操作便捷、适用于水利工程建设项目档案管理的系统,通过信息技术及时收集档案资料并上传保存至系统,确保档案资料的真实性和完整性,优化档案管理全流程,实现档案管理系统与工程建设管理系统之间的互联互通。利用信息技术手段提高档案管理的效率和质量,便于今后的利用。

4 加强档案管理力量,组建档案人才队伍

水利工程档案管理主管部门和项目建设单位要牵头成立由各参建单位联合组成的档案管理小组,各参建单位必须配备专业人才负责档案管理工作。水利工程建设项目档案涉及专业面较广,既有档案本身的规范性要求,又有水利工程建设档案的特殊性要求,其专业性强、综合性高、形成周期长、载体多样,培养一支懂水利懂文书懂档案管理的复合型人才队伍显得尤为重要。参建各方可以从社会和高校引进一些符合水利工程档案管理需要的优秀人才,也可以从内部选拔一些优秀人才进行专项培养。组建队伍时要做好水利工程项目专业知识培训,同时要开展档案信息化建设知识培训,不断提升档案管理人员的专业能力。

数字档案室场景下从按卷整理到按件整理

——以某企业采购类档案为例

吴墀忠

宁波市轨道交通集团有限公司

摘　要:该文以企业采购类档案为例,分析了在混合档案阶段建设数字档案室时,以"组内件"方式实现档案按件整理的设计方案,同步提出档案管理系统按件整理的功能需求。该文进一步分析"组的普遍适用性、卷的局限性",提出实现档案整理从卷、件两种方式走向单一的按件整理"大一统"模式的远景。

关键词:数字档案室;场景;按件整理

当前企业档案来源多样化、载体多样化,不再是单一的传统纸质档案,基本是既有纸质又有电子载体的混合档案。企业在此背景下建设数字档案室,本质是解决谁适应谁的问题。本文认为应以数字思维对传统档案管理模式进行系统性重塑,以适应数字环境,而不是相反。

1　问题提出——数字档案室碰到混合档案

近年来,虽然关于电子档案的规范标准不断出台,但企业档案工作数字化转型、规范标准落地仍然面临艰难的"最后一公里",主要原因是过去一般按卷整理的纸质档案,现在变成同时有纸质和电子两种载体的混合档案,整理困难加大。

某企业合约部门负责采购项目的实施,每年形成大量采购文件。过去全部是纸质文件。近年来,企业推进信息化建设,采购方式由线下实施改为线上线下混合实施,一个采购项目的归档文件往往有三种来源:一是部分采购文件,发布、电子招投标由合同管理系统形成,可直接在线归档;二是招投标文件,在政府采购平台中实施,形成部分电子文件,需要离线归档;三是评标文件、合同文件,完全是纸质文件,只能纸质归档。

以往在单一纸质档案管理场景下,企业将采购项目归档文件分到两个门类:建设项目的采购文件归到基建类,按卷整理;非建设项目的采购文件归到管理类,按件整理。

新采购方式形成大量混合型的采购文件。建设数字档案室,如果只是单纯地把过去的方法搬到线上,将面临系列问题:一是合同管理系统的电子文件要归到不同的档案门类,需要判断电子文件的归属。二是要采用卷和件两种不同的整理方式,需要赋予两种不同的档号。三是要保证混合档案整理时线上与线下协调同步。上述问题给档案管理系统功能设计和开发带来沉重的负担,实际操作也非常不便,电子文件归档需要大量人工干预,不利于数字档案室的数字化建设。

2　解决方案设计

混合档案管理的关键是统一纸质和电子档案的整理方式,尽量用电子文件管理的思路和方法引领归档文件整理,进而实现纸质文件和电子文件统一标准、统一整理、统一管理的要求。按照这个思路,通过业务规则设计和系统功能设计"两条腿走路",实现采购文件从按卷整理到按件整理的转变。

2.1　简化:分类方案和档号业务规则设计

首先,"合二为一"简化。采购文件统一归到新设的"采购类"档案(代码CG),不再分散归到基建类、管理类两个门类。采购类档案既包含采购文件,也包含合同执行过程中形成的合同变更/终止文件、结算文件,实现全过程集中。

其次,"组内件"简化。采购类档案按件整理,统一档号规则和整理规则。《档号编制规则》(DA/T 13—2022,以下简称"DA/T 13")明确,按组或册整理的档案可用组号或册号,提出了"组内件"档号结构:类别号-组号-件号。企业将该档号结构用于采购类档案,经过调整,将组号融入类别号(将"-"改为"·",后文具体说明),形成按件整理档号,示例:CG·2024·0007-0001,"2024"是年度,"0007"是组号,是采购项目的代码,"0001"是件号。

简化方案对档案管理系统的需求:一是设立"采购类"档案门类;二是执行"组内件"档号结构。

2.2　搭桥:档案管理系统功能设计

首先,线上流程搭桥。合同管理系统通过接口向档案管理系统在线归档合同管理台账、采购项目电子文件,档案管理系统自动为采购项目建立文件夹。

其次,线上线下搭桥。档案管理系统配置"加工整理"功能:一是通过前端"界面搭桥"划分档案工作界面。合约部门上传纸质文件和离线电子文件的条目及对应电子文件,流转到加工整理环节。二是后端的"整理搭桥"。系统自动完成部分整理工作,如赋予档号、归档文件目录、档案盒"三件套"等,详见下文应用场景分析。

3 应用场景分析和系统功能需求设计

3.1 设置采购类档案门类分析

混合档案场景下,"合二为一"设置采购类档案门类,是符合数字档案室规律的方案。

首先,"合二为一"具有必要性。分两个门类的情况下,进行合同管理系统电子文件归档时,需要人工判断档案归属,工作量大,不能实现自动归档,"合二为一"可以实现自动归档。

其次,"合二为一"具有合理性。一般情况下,档案类别的划分以其来源为基础,按照功能、组织结构或主题进行分类。合约部门是企业的重要部门,采购文件数量较大,可以形成独立的功能、主题,构成一个档案门类。

最后,"合二为一"具有便利性。把原来两个门类、两种整理方式,简化为一个门类、一种整理方式,简化档案整理、归档、利用和保管工作,有效为合约部门和档案部门减负。

3.2 按件整理系统功能设计:线上与线下衔接

一个档案门类应当采用同一种整理方式。合同管理系统形成的电子文件以件的形式在线归档,纸质档案也应按件整理,实现整理与归档、线上与线下顺畅衔接。档案管理系统整理功能分析和设计应考虑以下三个场景。

第一,档号生成规则。纸质和电子档案都采用按件整理档号结构。纸质档案采用《归档文件整理规则》(DA/T 22—2015,以下简称"DA/T 22")的归档章式,电子档案不要求生成归档章式。

第二,归档文件目录生成规则。采用 DA/T 22 的归档文件目录表式,档案管理系统在归档流程办结后自动生成,自动归到电子全宗卷。

第三,档案盒盒脊生成规则。企业原来只有管理类一个门类档案按件整理,档案盒采用 DA/T 22 的盒脊式样。采购类档案按件整理,需要在盒脊上增加"门类"进行区分。盒脊由档案管理系统自动生成。盒脊要素见表 1。

表 1 按件整理档案盒盒脊要素

式样名称	盒脊式样						
DA/T 22 式样	全宗	/	年度	保管期限	机构(问题)	起止件号	盒号
企业式样	全宗	门类	年度	保管期限	组	起止件号	盒号

4 "组的普遍适用性、卷的局限性"认识

DA/T 22 提出按件整理后,档案工作者一直希望科技档案也能享受按件整理的红利,推进"卷件融合管理"。笔者组织实施"卷内件"整理,深感不易:第一,纸质"卷内件"整理,按件整理的工作一项没落,按卷整理的工作一项没少。第二,涉及案卷级管理,混合档案的线上与线下协调同步难以实现,易出错。DA/T 13 提出"组"的概念,为科技档案按件整理工作带来突破。当然,突破需要合适的环境:一是企业要有数字档案环境,混合科技档案按件整理的需求与纸质科技档案按卷整理的方式矛盾激化。二是观念环境,档案员要进一步解放思想,深化对"组的普遍适用性、卷的局限性"的认识。

4.1 组是"最低一级文件夹"

档案管理系统中,任何门类档案都事实存在"最低一级文件夹",如文书档案中的问题/机构,科技档案中的项目或单位工程,它们本质上都是具体化的"组"。组就是"最低一级文件夹",而卷不是。组与卷有本质的差异,具体见表 2。

表 2　组与卷差异对比

项目		对比分析
功能	组	有边界的功能概念。一个完整、独立的功能构成一组,与之相关的文件材料应当归入该组,比如一个采购项目、一个科研项目、一个单位工程,相当于档案分类的"最低一级文件夹"
	卷	有边界的实体概念。容量有限,无法适应数量不确定的纸质档案,无法作为档案分类的"最低一级文件夹",只能成为"最低一级文件夹"下的一个小集合
形态	组	逻辑形态。若是电子档案,只要档号资源足够,容量不限。若是纸质档案,一组档案可以分装多盒(盒仅是容器,只有盒号,无须档号和题名,不构成卷),对纸质件数也无限制
	卷	物理形态。只能以本卷容量为限拟写题名、赋予档号,通常无法满足一组的容量需求,导致一组档案往往要产生多个题名、多种封面
适用	组	适用于数字档案室场景,适用于各种档案门类、各种载体,适应性强。按件整理更方便利用
	卷	适用于按卷整理的纸质档案。适应性弱,难适应于数字档案室

4.2 组是"理想档案盒"

卷是纸质档案场景下,介于组和件之间的过渡手段。当数量较大、较厚的一组纸质档案整理装盒时,不得不"化组为卷"。因此,以"卷内件"整理的纸质

档案,事实上存在"件→卷→组"隐形链条。如果物理世界存在尺寸可自动调整的理想档案盒,任意数量和厚度的一组档案都可以完美"整存",将自然免除案卷题名、案卷封面、案卷目录,卷将自然消失,"卷内件"也将自然过渡到"组内件",从而全面实现按件整理。这对档案管理系统、档案员都是有力的"减负"。

在档案管理系统中,"最低一级文件夹"就是理想档案盒,被赋予具体的组的名称和代码。DA/T 22 提出"组"的概念,事实上构建了理想档案盒,将"件→卷→组"三级复杂链条简化为"件→组"两级扁平化链条,构建了线上线下直接的对应关系,契合档案信息化需求。

5　档案改革再深化,档案整理大一统

DA/T 13 按件整理档号结构"全宗号－类别号－件号"与按卷整理档号结构"全宗号－类别号－组号－件号"的区别在于中段,具体见表3。

表3　按卷整理与按件整理档号中段差异对比

结构方案	门类	其他代码			示例
按卷整理	CG	2024	Y	组 0007	CG·2024－0007,企业弃用的老方案
					CG·2024·0007,企业调整后选用方案
按件整理	WS	2024	Y	机构 BGS 问题 0007	WS·2024·Y·BGS 或 WS·2024·Y·0007

表3所示的档号中段代码并无二致,有两点值得注意:第一,组0007、机构BGS与问题0007的角色与功能一致,都是"组"的具体化。二是档号示例依据DA/T 13 提出了两种类别号:"CG·2024－0007"是按卷整理结构,类别号与组号是上下位代码关系,用连接号"－"相连;"CG·2024·0007"是按件整理结构,把组号融入类别号,作为其中的一个元素,与其他元素属同级代码,用间隔号"·"相隔。鉴于采购类混合档案按件整理的业务逻辑完全理顺,企业没有必要走按卷整理的老路,可选择后一个方案。

组可以成为档案整理从卷、件两种方式走向单一的按件整理"大一统"模式的最优解。DA/T 22 提出按件整理带来操作方式的变化、观念的突破,是档案改革的发令枪。文书档案按件整理是档案改革的起点,档案部门应当解放思想,持续深化档案改革,使改革进程更具连续性、系统性,"接二连三"迈向新境界:既要"接二"破除科技档案按卷整理桎梏,推动科技档案按件整理,解决混合档案条件下建设数字档案室的突出矛盾,解放基层档案生产力,又要"连三"实现电子档

案单套管理,培育档案工作新质生产力。档案改革最终应当实现所有门类档案、所有载体档案统一按件整理。

工程档案管理对工程质量保障的作用机制研究

陈美云

温岭市建筑工程质量安全事务中心

摘　要:在工程建设规模和范围不断扩大的时代背景下,企业档案管理工作的实施应用成为社会普遍关注的热点话题。为了提升工程档案管理水平,文章首先简单介绍了工程档案管理对建设工程质量的影响,随后从不同角度分析了工程档案管理实践中提升建设工程质量的路径,为后期工程建设与施工管理活动的顺利进行夯实基础。

关键词:工程档案管理;建设工程质量;影响;实施路径

在实际工程档案管理过程中,部分档案管理工作人员综合素质较低,缺乏相应的归档意识,一定程度上导致工程档案管理资料无法充分发挥其应有的价值。针对此种现象,建筑工程管理人员应对档案管理资料工作予以高度重视,制定科学完整的档案管理制度,规范档案管理人员的工作意识,借助信息化技术及档案风险防控管理措施,达到预设的档案管理目的。

1　工程档案管理对建设工程质量的影响

首先,完善的工程档案管理利于建设单位及时发现施工过程中存在的问题和不足之处。建设单位可以实时监控工程质量,确保施工过程中的每一个环节都符合标准和要求。其次,完善的工程档案管理对于合同的履行和施工计划的实施也有着重要的推动作用。合同是建设工程中非常重要的法律文件,而合同的内容一般都需要在工程档案中留存。建设单位通过工程档案管理,能更好地掌握合同的履行情况,确保施工单位能够按照合同约定完成工程建设。同时,施工计划是保证工程质量的重要组成部分,而施工计划的策划和实施需要依靠工程档案提供的一系列资料。有了这些资料的支持,施工计划才能更加科学、合理和可行。工程档案管理还有助于提高建设工程的经济效益和环境协调性。通过

对工程档案的整理和分析,建设单位可以更好地了解工程建设的成本、效益和环境影响等方面的情况,从而更加科学、合理地制定建设方案。如果工程档案管理不善,建设工程的质量就会受到影响。例如,如果工程档案缺乏完整性或可追溯性,我们就无法及时发现施工过程中的问题和缺陷;如果工程档案被损毁、遗失或盗窃,就会给建设工程的质量带来极大的风险。因此,加强工程档案管理对于提高建设工程质量具有非常重要的意义。

2 工程档案管理实践中提升建设工程质量的实施路径

2.1 建立健全工程档案管理制度

建立健全工程档案管理制度是提升建设工程质量的首要步骤。建设、勘察、设计、施工和监理单位应依据工程建设法律法规和规章,并结合本单位实际,建立健全工程档案的管理制度,明确工程文件的形成、收集、整理、归档内容和相关部门的责任。落实工程档案收集责任制,在工程招标及与勘察、设计、施工、监理等单位签订协议、合同时,应对工程文件的套数、费用、质量、移交时间等提出明确的要求,保证档案与工程建设同步形成,不得事后补编。这样可以确保工程档案的完整性和准确性,为建设工程质量的提升提供有力保障。建立健全档案工作网络,明确专兼职档案员岗位职责,要求勘察、设计、施工、监理等单位将工程文件的形成和积累纳入工程建设管理的各个环节和有关人员的职责范围,并将其纳入工程程序和考核内容。这样可以确保工程档案的质量和完整性,为建设工程质量的提升提供有力支持。发挥监理单位作用,监理单位代表建设单位对工程建设从勘察、设计、施工到竣工验收实行全过程、全方位控制管理,对工程文件质量进行把关。监理单位应认真履行职责,及时发现和纠正工程中的问题,确保建设工程质量符合标准和要求。

2.2 加强档案管理的信息化建设

通过信息化手段,可以实现档案资料的数字化、自动化和网络化管理,大大提高档案管理的效率。这意味着工程项目中的各类文件、图纸、报告等可以更快地被收集、整理、存储和检索,从而更加及时地提供给相关人员使用。信息化建设可以通过电子化的方式,对档案信息进行实时更新和备份,避免传统纸质档案因人为因素或环境因素而损坏、丢失或篡改,确保档案信息的准确性和完整性,为工程质量提供有力的保障。在信息化档案管理系统中,建设单位可以方便地追踪和查询工程项目的各个环节和阶段,包括材料采购、施工过程、质量检测等。这为质量追溯和监管提供了便利,一旦出现问题,建设单位可以迅速定位并采取相应的措施进行整改。信息化建设可以实现档案信息的共享和协同工作,使得不同部门、不同人员之间可以更加便捷地获取和使用档案信息。这有助于加强部门之间的沟通和协作,共同推动工程质量的提升。通过信息化手段,建设单位可以更加全面地收集和分析工程项目中的各类数据和信息,为质量管理工作提供科学依据。同时,信息化手段还可以帮助工程企业实现质量管理的自动化和智能化,提高质量管理的效率和准确性。

2.3　加强工程档案管理的人才队伍建设

首先,加强人才队伍建设,可以提高档案管理人员的专业素质和技能水平,使其能够更准确、更完整地记录和整理工程项目中产生的各类档案。这不仅有利于保留和传承建筑工程的历史信息,还能为后续的运营、维修和改造提供可靠的依据。工程档案管理是动态的,它涉及对资料文件的整理、编制以及记录描述工程进度事件等。其次,加强人才队伍建设,可以确保档案管理人员具备足够的专业知识和能力,从而实时监控工程质量,及时发现问题并采取相应措施,确保工程项目的顺利进行和后期运营。应设置较高薪资标准,采用适当措施及时挑选出适量档案管理专业知识较广博、实践经验较丰富的专业性人才,优先录取学历背景高、工作经验丰富的候选人;应注重理论知识和实践相结合这一真理,定期集中组织档案管理人员深入施工现场进行实地考察,为相关人员综合素养与档案管理水平的提升添砖加瓦。

2.4　做好工程档案管理资料审核

2.4.1　做好工程准备阶段的档案管理

在实际的工程准备阶段,基层管理人员应采用适当方式对工程项目的设计资料及报建程序进行统一审核。首先,档案管理人员应具备较高的核心素养,利用业余时间及时对各个建筑工程项目的建设方式和设计特点进行全面了解,确保各个工程建设项目清单与建设实物相匹配,在设计图纸和建设流程符合施工建设标准后,档案管理人员应逐一审核各个施工建设图纸和表格的实施与应用是否存在矛盾,一旦发现问题及时进行优化与调整,在动态、及时地跟踪处理后,全面解决工程建设过程中出现的各类问题,并做好后期汇总与记录。

2.4.2　做好工程施工阶段的档案管理

进一步了解后发现,建材、设备、施工中各道工序产出的文件和施工管理文件,是工程施工阶段档案管理的重要组成部分。在此期间,档案管理人员应根据建筑工程项目施工图纸和设计方案对建筑材料、施工设备及其他工程物资进行全面验收审核,并严格遵守档案管理标准对采购合同的真实性和完整性进行综合检查分析。此外,应加强对施工建设过程中的各种产出文件进行审核分析,结合施工合同内容、建设任务及设计图纸相关内容与建筑材料、施工设备类型和数量进行严格比对,确保大量建设方案图表盖章完整、签字审批流程真实合规后,档案管理人员还要加强图表格式要求、组卷内容的统筹规划管理。

2.4.3　做好工程竣工阶段的档案管理

在工程竣工阶段,档案管理人员应加强对工程项目的施工总结与评估,采用多种方式检验并审核工程项目是否达到设计标准,并确保其相关档案文件资料能够得到建设方的认可,及时收集并汇总相关数据信息资料,在对工程项目质量进行检查后,确保后期验收质检能够符合相关部门的管理要求。

2.4.4　做好隐蔽工程资料的存档管理

在实际的工程档案资料管理过程中,进行隐蔽工程资料的档案管理是至关重要的,对于配套工程建设质量的提高有着深远影响。在对隐蔽工程档案资料管理过程中,档案资料管理人员应保持严谨、认真的工作态度,采用适当措施对检验批、分项、分部工程的质量验收与控制情况和数据信息进行全面收集,确保工程项目施工质量得到有效保证。在对隐蔽工程资料信息拍摄记录过程中,拍摄人员应保证每个拍摄位置能够真实反映工程控制和建设质量,并从侧面反映出新工艺、新结构、新材料在工程中的应用情况,对重要施工建设区域和重大节点控制情况进行真实记录,确保工程建设活动的安全与功能检验效果能够凸显。

3　结　语

总而言之,工程档案管理资料对建筑工程质量的影响涉及的内容是多个方面的。为了达到预设的管理效果,当地政府及建筑企业管理人员应加强技术交流与合作,结合实际情况,制定并更新先进的档案管理制度,与此同时,应投入相应的财政建设资金,组织并集中实施各类档案保管线上培训、知识讲座及心得交流分享会,确保相关人员能够互相借鉴并汲取其他地区成功的档案管理工作办法,在人员综合素养提升的基础上,为后期工程建设质量提质增效奠定基础。

关于企业编制档案"三合一"制度的思考

邵　靓

温州市现代服务业发展集团有限公司

摘　要：档案"三合一"制度是档案管理工作的重要内容，是档案管理的基石。该文探讨了企业编制档案"三合一"制度的必要性及企业编制档案"三合一"制度面临的问题，通过明确责任制定方案、科学制定"三合一"制度、推动制度落地实行等三方面措施阐述如何做好企业档案"三合一"制度编制工作。

关键词："三合一"制度；分类方案；归档范围；保管期限

档案"三合一"制度，即机关档案分类方案、文件材料归档范围和档案保管期限表三合一制度，是规范和指导档案形成与收集、整理与归档、鉴定与销毁等工作的一项基本档案制度。2022 年 5 月，国家档案局印发《关于全面推行机关档案分类方案、文件材料归档范围和保管期限表"三合一"制度的通知》，要求全面推行机关档案"三合一"制度，对于提升档案基础业务和信息化水平、优化档案资源体系、维护档案资源完整与安全、促进档案事业健康长远发展具有重要意义。

1　企业编制档案"三合一"制度的必要性

1.1　有利于优化企业档案管理工作

档案"三合一"制度可以正确指导企业档案归档工作，便于企业各归档部门进行预归档和平时查找利用，归档工作在做法上的统一，使企业各归档部门克服各行其是、无章可循的弊病；档案"三合一"制度可以维护档案资源完整与安全，便于企业各归档部门对标对表，保证档案收集过程的文件材料齐全和完整；档案"三合一"制度可以提高归档工作的效率和档案质量，便于企业各归档部门明确应归档的材料，减少重复性工作，避免信息冗余和浪费。

1.2　有利于契合电子档案归档管理

档案"三合一"制度为电子档案归档分类提供标准依据。通过将"三合一"制度植入档案系统，系统能够自动判断该电子文件是否归档，并对档案进行分类，

确定保管年限。档案分类自动化摆脱了档案分类工作对档案员主观判断、经验水平的过分依赖,使档案工作全流程更加具有逻辑性、条理性,也充分发挥了现代信息技术的优势。

1.3 有利于提高档案人员专业素养

档案"三合一"制度诠释了企业档案分类方式,明确归档的范围和保管期限。在企业人事变动的情况下,"三合一"制度能有效保持档案归档和档案工作的连续性,为档案人员提供全面掌握本单位档案管理情况的制度保障,帮助档案人员尽快熟悉业务,进入角色,提高档案的整体质量。

2 企业编制档案"三合一"制度面临的问题

2.1 合得不科学

"三合一"制度是将分类方案、归档范围和保管期限表三合一,但在实际编制时往往容易陷入误区,即将这三方面内容简单、机械地叠加,而忽视了"合"的真正内涵。

一是缺乏整体规划。"三合一"制度的编制需要全面考虑企业的职能、业务流程以及档案的形成规律,确保档案分类、归档范围和保管期限与企业的实际情况相契合。缺乏整体规划,会导致档案门类划分不准确、归档材料收集不齐全、保管期限划分不合理等问题。

二是忽略三者内在联系。"三合一"制度是一个有机整体,三者是层层递进、相互联系的关系。档案分类方案是总纲,归档范围是细目,档案保管期限表是落脚点,忽略这三者之间的内在联系,各自为政,就会导致三者之间的脱节和矛盾,使"三合一"制度难以发挥应有的指导作用。

三是缺乏标准化。"三合一"制度的编制需要遵循一定的标准规范,确保制度的科学性和合理性。缺乏统一的标准规范,会导致企业不同部门、不同人员对同一份档案的处理存在差异,影响档案的管理和利用效率。

2.2 认识不够,合力不足

一是对档案的认识不够。企业对于档案工作的重要作用缺乏正确的认知,档案意识淡薄,重视不够,未能深刻认识到档案的历史价值和利用价值。企业为追求经济效益,缺少对档案工作的人力、物力和经费的投入。二是档案管理未形成合力。认为档案工作就是档案人员的事情,与其他各部门没什么关系。档案收集整理的规范化、标准化是一项系统工程,需要企业领导、归档部门负责人、档案工作专兼职人员充分配合,形成合力共同完成归档工作,仅仅依靠档案部门难以达到档案完整、齐全、规范的目的。

2.3 制度不完善

企业档案普遍存在分类方案和文件材料归档范围及保管期限表制定不完善的问题。一是档案分类设置不科学。多数企业照搬照抄《工业企业档案分类试行规则》规定的 10 个一级类目及若干二级类目，并未契合本企业的实际，导致制度是一套方案，实施又是一套方案。二是归档范围不完整。突出表现在未把各职能部门形成的应当归档的文件材料全部列入归档范围，已列入的也存在残缺不全的情况。三是保管期限划分不合理。保管期限是确定档案生命周期的关键所在，不合理的保管期限划分会造成难以挽回的损失。例如，将非本级产生的重要文件划分为永久，本级重要人事材料放在定期，信息类材料放在短期，等等。四是全宗内档号结构不一致。由于参照的规范性文件不同，不同门类档案档号结构各不相同。如文书类档号"全宗号－档案门类代码·年度－保管期限－机构(问题)代码－件号"，而照片档案档号"全宗号－保管期限代码－(册号－)张号"，导致同一全宗内的档号缺乏一致性、唯一性和连贯性。

3 企业编制档案"三合一"制度解决策略

3.1 明确责任制定方案

明确主体责任，建立档案"三合一"制度编制领导小组。领导小组由企业主要负责人担任组长，档案分管领导担任副组长，由档案管理部门牵头，职能部室负责人、业务部门负责人作为成员。领导小组负责批准档案"三合一"制度编制工作计划，审定档案"三合一"制度，协调编制工作中的重大事项。

编制印发档案"三合一"制度的实施方案。明确实施范围、时间、流程和责任分工。采用逐级编制审核模式，明确归档部室负责人审核责任、兼职档案员汇总责任及职能主办条目编制责任，进而形成一张全覆盖、零死角、无盲区的"三合一"制度编制网络。

3.2 科学制定"三合一"制度

3.2.1 明确档案分类方案

企业档案分类参照《工业企业档案分类试行规则》结合企业经营实际设置门类，一般可分为党群工作类(DQ)、行政管理类(XZ)、经营管理类(JY)、基本建设类(JJ)、会计档案类(KJ)、科学技术研究类(KY)、设备仪器类(SB)、人事档案类(RS)、特种载体类(TZ)等 9 大类，生产型企业还应增加生产技术类

(SC)、产品类(CP)等。上述门类档案一般采用年度、机构(问题)、保管期限等分类项相结合的方法进行复式分类。党群、行政管理类宜参照年度－保管期限设置;经营、生产技术类一般按问题或组织机构设置;科研、基建、设备类可按课题、项目类型、设备类型设置;会计档案根据《会计档案管理办法》划分会计凭证、会计账簿、财务会计报告、其他会计资料等 4 大类;照片、实物、音频、视频等一般归入特种载体类。人事档案按照组织部相关规定执行。

3.2.2　确定文件材料归档范围和保管期限表

企业根据《企业文件材料归档范围和档案保管期限规定》,结合《建设项目档案管理规范》《会计档案管理办法》《照片档案管理规范》《录音录像档案管理规范》等规范文件制定文件材料归档范围和保管期限表。本着"以我为主"的指导思想,企业档案部门应当根据企业自身经营特点,对照部门职责及岗位职责,广泛征求各归档部门业务人员的意见。各归档部门要按照职能情况,在充分考虑文件的实际内容和长远价值后做出判断,确保制定的保管期限既满足法规和相关标准的要求,又符合企业工作的实际需求。

3.2.3　规范档号结构

统一企业各门类档案档号结构及编制规则。按照《归档文件整理规则》规定,确定按卷、按件整理的两种档号基本结构。按卷整理的档号结构应为:全宗号－类别号－案卷号/组号/册号－件号/页号;按件整理的档号结构应为:全宗号－类别号－件号。明确门类号统一采用大写汉语拼音字母标识;项目号采用大写汉语拼音字母标识或项目代号;年度采用 4 位阿拉伯数字标识;保管期限以"Y"标识永久,以代码"D"＋年限标识定期;案卷号宜采用 3 位数字标识;件号采用 4 位数字标识。

3.2.4　编制"三合一"表

"三合一"表的文件材料排列体例和结构可按机构或按职能设置。按机构设置有利于明确归档责任和文件材料的收集归档,更适用于机构或职能调整不频繁的企业;按职能设置更适用于机构变化频繁或第一次编制"三合一"表的企业。

"三合一"表一般由档案门类、条款号、条款、保管期限组成。如是按职能排列,宜在各条款之后增加责任部门以便明确职责。档案门类采用门类名称及代号;条款号一般分为 2—4 个层次,按照"1、1.1、1.1.1"层次,按顺序统一编;条款为一组类型相同的文件名称或标题,要能够反映一组文件的来源、内容和形式;保管期限在每一条款之后,按照该组文件材料应当保存的期限编制(见表 1)。

表 1 "三合一"样表(部分)

分类方案		序号	文件材料归档范围	保管期限	责任部门
一级门类	二级门类				
党群工作(DQ)		1	党委(总支、支部)组织工作的规章制度	永久	党群部
		2	党员代表大会、党委(党支部)会议及其他有关会议		党群部
		2.1	会议通知、报告、换届选举结果,决议、通报、纪要等	永久	党群部
		2.2	商品、快报	30 年	党群部
		3	党员干部考察、考核、任免、政审决定等	永久	党群部
行政管理(XZ)		1	综合性工作会议通知、议程、决议、决定、记录、纪要、名单、报告、领导重要讲话、总结	永久	办公室
		2	专项工作会论文通知、议程、决议、决定、记录、纪要、名单、报告、领导重要讲话、总结	30 年	办公室
经营管理(JY)	台网管理(HT)	1	租赁决策文件材料:相关会议纪要、记录,资产租赁审批单、租赁变更审批表	30 年	资产部
	采购管理(OG)	2	采购项目计划纪要、记录、决议	30 年	办公室
基本建设(JJ)	按工程项目名称设置(基建项目代号)	1	项目建议书、预可行性研究报告、可行性研究报告、初步设计及投资概算审批文件	永久	工程部
设备仪器(SB)	按设备名称设置(设备仪器代号)	1	设备管理条例、办法、方案、规定、通告等	30 年	生产部
科学技术研究(KY)	按课题名称设置(课题代号)	1	项目指南、可行性研究报告、项目经费预算文件材料,申报书及相关证明	30 年	研发部
会计档案(KJ)	会计凭证(PZ)	1	会计凭证原始凭证	30 年	财务部
	会计账簿(ZB)	1	总账	30 年	财务部
	财务报告(BG)	1	财务报告月度、季度、半年度会计报告	10 年	财务部
	其他(QT)	1	其他会计资料银行存款余额调节表	10 年	财务部

续　表

分类方案		序号	文件材料归档范围	保管期限	责任部门
一级门类	二级门类				
特种载体(TZ)	照片(ZP)	1	记录集团主要生产经营、管理等活动的照片	永久	各部室
	实物(SW)	1	企业荣获的各种奖状、奖杆、奖牌、奖章、奖旗、证书、锦旗、牌匾、荣誉册、光荣册等	永久	各部室
	录音(LY)	1	记录企业主要生产经营、管理和基本历史面貌的,对单位工作、国家建设和历史研究具有利用价值的录音	永久	各部室
	录像(LX)	1	记录企业主要生产经营、管理和基本历史面貌的,对单位工作、国家建设和历史研究具有利用价值的录像	永久	各部室
人事档案(RS)					人事部

3.3　推动制度落地实行

3.3.1　加强宣传和培训

开展宣传教育活动,组织档案培训,提高企业员工对档案"三合一"制度的认识和理解,增强对制度的支持和配合度。通过培训,系统介绍如何鉴别文件材料的查考利用价值和档案的保管期限,对各门类档案整理方法和归档范围、档号结构规则进行讲解,要求各归档部门按规定执行,从而实现企业各类档案的规范和统一。

3.3.2　"三合一"制度在电子归档中的应用

实行电子档案归档自动化,基础功能便是档案分类与保管期限划分。以"三合一"制度为依据,将各条目进行分词与组合,转换为由关键词构成的鉴定规则。计算机根据鉴定规则,对待归档的电子文件的标题、文号、责任者等字段进行关键词匹配,通过相应的匹配与逻辑运算,判定电子文件是否归档及其保管期限,从而实现电子文件归档自动判定。电子档案与"三合一"制度的融合应用,将进一步提升企业档案管理的信息化水平,为企业的发展提供有力支持。

异地光伏项目档案管理的现实困境与对策

贾敏华

浙江浙能金华燃机发电有限责任公司

摘　要：光伏项目档案真实、完整地记录了项目建设的各项活动，是反映项目建设全过程唯一的依据性技术成果，对光伏项目建设的后期维护和检修、验收和评优等具有重要作用。该文概述了异地光伏项目档案管理现状，分析存在的一系列问题，提出了相应的解决方案。

关键词：光伏发电工程；工程档案；科技档案；档案管理

在国家"双碳"目标大背景下，按照规划，到 2030 年全国风电光伏总装机规模将达到 12 亿千瓦，新能源发电项目近两年如雨后春笋般高速发展。浙江浙能金华燃机发电有限责任公司在主业发展的基础上，在异地同时投资建设多个光伏发电项目，并且投资力度逐年加大，建设规模不断壮大，其管理过程中形成的档案数量也在不断增加。光伏项目档案真实、完整地记录了项目建设的各项活动，是反映项目建设全过程唯一的依据性技术成果，对光伏项目建设的后期维护和检修、验收和评优等具有重要作用。在近几年的实践过程中，笔者发现在此背景下光伏档案管理工作中存在的一系列问题，并就此提出一点相应的对策思考。

1　异地光伏项目档案管理的现实困境

首先，异地光伏项目档案数量不断增大，光伏项目档案管理更趋复杂。光伏项目装机规模从早期的 2 万扩大到 3 万，再到现今的 50 万；光伏工程管理模式从分布式到分散式再到集中式、漂浮式等多种新型方式；光伏项目开发由自主开发到合作开发，并有共富项目、援建项目等。2 个以上项目同时进行的基本是常态，随之产生的光伏科技档案从原来的数十卷到上百卷，收集、整理难度趋向复杂化。

其次，管理规范待完善，标准化建设实施需进一步细化。光伏项目是国家大力扶持的新兴领域产业，发展历史较短，在标准研制、制度建设等方面相对滞后。《光伏发电建设项目文件归档与档案整理规范》基本明确了光伏发电项目中各单位的档案管理职责，但新兴信息技术的引入、光伏产业政策的变化、投资建设模

式的多样化,影响了光伏项目档案的收集范围和保管期限,应与时俱进及时进行更新修订。建设单位对新标准的学习执行滞后,未能在光伏项目前期及时修订相关管理细则,在异地光伏项目建设时间短、参建单位档案员缺乏的情况下,光伏档案管理质量堪忧。

最后,现实要求剧增,档案管理人才、复合型档案管理人才匮乏。光伏项目档案具有自身的特点,这要求档案人员既要具备扎实的档案基础知识,又要掌握光伏项目建设的专有知识。而在实践工作中,由于"重建设,轻档案",很少有专业的工程人员愿意从事档案管理工作,也缺乏对档案人才队伍的培养;因多地同时建设多个光伏项目,档案人员分身乏术,很少能够深入基层了解工程建设细节,不能及时了解光伏政策变化,复合型人才更是缺乏。

2　异地光伏项目档案管理优化对策

首先,针对异地多个光伏项目档案管理的复杂性,公司调动全员充分参与,实现多元协同治理。提高工程档案归档质量单靠档案人员是远远不够的,必须加强项目全体人员对项目档案工作重要性的认识,做到全员参与档案工作。在开工前组织公司各部门人员以及各参建单位学习档案法律法规和项目档案管理制度,纠正"重工程,轻档案"的思想,增强建设单位各部门和参建单位全体人员的归档意识;同时,为提高档案收集效率和质量,在项目建设前期召集各参建主体就光伏项目档案管控中的各个关键环节征求意见,充分发挥各自的优势和经验。

其次,建章立制,实现异地多个光伏项目档案的前端控制、规范管理。建设单位应配备专兼职档案人员,并保持人员的稳定。应要求光伏项目档案管理人员及时学习、消化光伏项目档案管理的最新规章制度,制定和光伏发电项目相适应的档案管理制度,统一该项目所用工程表式,并在项目开工前做好档案工作交底工作,对文件资料收集移交归档范围、整理标准组卷要求、案卷质量以及参建单位的档案人员数量资质等做出明确规定,让参建单位统一标准、有章可循。

再次,开展电子文件单套制管理。为解决异地多个光伏项目的档案管理,推动光伏项目档案数字化移交以及电子文件单套制归档,从而提高工作成效。推进光伏项目文件全生命周期管理,在 OA 办公、基建管理、招投标、合同管理、财务管理系统等各个业务系统中,实现文件管理的全流程覆盖,将电子文件以流程化的形式固化于各系统中并利用电子签名及区块链等相关先进技术加以验证,同时完成各业务系统和档案管理系统的接口建设,嵌入自动归档功能,实现光伏项目电子化归档。

最后,强化档案复合型专业人才的培养,组建高素质档案工作人员队伍。光伏项目档案管理工作是一项新的复杂的系统工程,光伏项目投资开发模式多样、建设形式多样,政策变化快,同时随着网络信息技术不断发展,原有的档案管理模式和管理手段已经很难适应需求。建设单位需要组建高素质的档案工作人员队伍,积极协调相关部门,落实光伏项目档案管理专职人员,并结合发展需要对光伏项目档案管理人员进行系统培训,提高光伏项目档案管理人员的素养,提供相关晋升通道,从而实现异地多个光伏项目档案的高质量管理。

大型总承包项目文控管理体系构建研究

张绛青　　轩艳梅

中国电建集团华东勘测设计研究院有限公司

摘　要:项目档案是项目质量追溯、查证、参考和利用的有价值数据资产,是工程投产运行、维护、检修、改造、扩建等工作所必须参考的材料。项目档案验收也是项目竣工验收的必要条件。而项目档案真实性、完整性、合规性、及时性是建设项目档案发挥档案价值作用的有力前提和保障,为确保项目档案完整、准确、系统、真实、合规,建立一套科学、系统、现代化的项目文控管理体系,实施全过程、全生命周期管控是必然前提。

关键词:项目档案;文控管理体系;全生命周期管控

本文试图引入项目管理理论与方法,把项目档案管理作为一项系统工程,研究与构建了"四控制一平台"的总承包项目文控管理体系,实施项目档案全生命周期、全过程控制。

项目档案是工程建设中直接形成的各种文件和记录,是后续项目质量追溯、查证、参考和利用的重要凭证,是工程投产运行、维护、检修、改造、扩建等工作所必须参考的材料。项目档案验收也是项目竣工验收的必要条件。然而,目前大型总承包项目档案普遍存在以下诸多痛点。

文件质量方面:因缺乏过程管控,存在文件内容填写不规范,未反映工程实际的现象。比如:文件编号规则不统一,文件题名不准确;文件签署不全,资格文件失效;文件不齐全、不完整;等等。

文件形成进度方面:普遍存在项目文件未随工程实际进展同步形成的情况。如试验文件后补,应用质量验评文件线上电子签章项目,各签署环节未同步签

署,签署日期滞后,文件形成日期与工程进展严重不符,文件合规性存在问题,等等。

文件整理方面:因参建单位多,接收方前期未进行规范性统一,存在项目文件分类、组卷、编目不统一等问题,给后续档案验收、移交带来很大困难,频繁返工,损坏档案。

档案保管方面:受项目现场办公条件所限,存在项目现场未设专用档案库房,或库房设在地势低的一楼或顶楼闲置房间,或库房不稳定、频繁搬迁等情况;还有档案柜架缺少标识、未及时上架等问题;项目文件由各形成部门分别保管,未集中统一管理,档案存在安全隐患。

档案移交方面:因过程管控不善,造成档案不完整、原件套数不足等问题,从而造成项目档案迟迟无法移交。

考虑上述普遍存在的诸多痛点,本文结合实践,研究构建"四控制一平台"大型总承包项目文控管理体系。

项目管理是指为达到特定目标而进行的一系列协调、计划、执行、监控和控制活动的过程。目前工程建设领域,普遍推崇"一协调四控六管"的现代项目管理理论体系,"四控"即工程进度控制、工程质量控制、工程安全控制、工程成本控制。

项目档案全生命周期管理是一个系统工程,与项目管理实际密不可分。本文试图引入项目管理理论与方法,研究与探索构建"四控制一平台"的项目文控管理体系,进行项目档案全生命周期、全过程控制。

1 四控制

"四控制"即项目档案合同控制、质量控制、进度控制、风险控制。

1.1 合同控制

归档范围、归档要求、归档套数、移交时间,以及违约罚则等合同文控条款,是项目档案移交履约的重要依据。

严把合同签署关。在项目投标时,应吃透标书文件文控条款内容,依据标书严格响应编制投标文件,中标后,应结合合同与工程实际,分包采购合同中应明确档案管理职责、移交要求、移交套数、移交时间、违约罚则等文控条款。

严把合同付款关。在合同支付环节,应在支付前,检查档案是否同步形成、是否满足归档要求,验收通过后,方可支付。

严把合同结算关。在合同结算环节,应在结算前,确认项目档案已全部移交,且项目档案完整、准确、齐全、有效、规范,方可进行合同完工结算。

1.2　质量控制

项目档案质量即工程质量,为此应全面重视项目档案质量控制。

项目档案全生命周期质量包括项目文件形成、流转、整理及归档移交四个阶段,如图1所示,每个阶段又包括诸多环节,各环节环环相扣,一个环节质量是上一环节结果,也是下一环节质量前提,质量呈螺旋式上升,构成一个有机生命系统。故应对项目文档质量进行策划、组织和控制,实施 PDCA 改进。

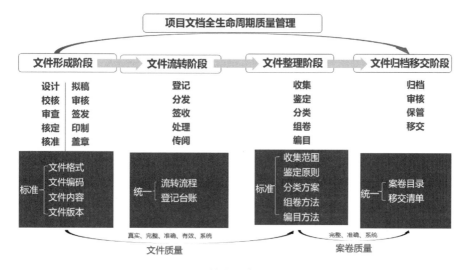

图1　项目文档全生命周期质量管理

一是构建项目档案质量管控体系。质量管控体系是质量控制的前提和保障。应明确"项目档案应完整、准确、真实、有效"质量目标;构建以项目经理为第一责任人的项目档案质量领导小组,全员参与;制定项目文档编制、收发文处理、报审等文档质量控制程序,纳入项目管理工作程序,纳入每名项目管理人员的工作职责。

结合合同及国家、行业、移交方等规范要求,明确项目文件质量标准化技术要求,包括文件内容质量和档案案卷质量。

文件内容质量是文档质量的核心。主要包括项目信息、文件技术内容、文件格式、文件编码、文件报审以及文件签署。

统一项目信息:参照合同文本,统一项目名称,项目开工、竣工日期,参建各方单位名称,项目划分,等等,识别工程技术要求;依据国家、行业、企业法律法规、规程规范,解读强制性条文、合同边界等要求,识别文档标准要求。

统一文件模板:应统一项目文件格式、填写内容等要求。特别是施工文件表、报审表在确定前应报监理单位、质量监督站确认,确保应用准确与统一。

项目文件编码：为利于文件分类、有序、齐全管理，以及文件全过程全生命周期跟踪，应建立文件分类、编号、档号三合一编码体系，并具科学性、唯一性、稳定性、可扩充性和关联性，实现文档科学、有序管理。

项目文件签署：文件签署准确是项目文件准确、有效的保障。在项目启动时，应明确项目部章名称与格式，确保项目部章与合同签署一致，明确各类项目文件盖章要求，且在项目文件形成时，应即时编制一套签署完备的项目文件，以避免某些单位中途离场等突发情况，造成文件无法签署等烂尾事件。

文件整理质量是项目档案有序规范的前提。主要包括文件归档范围、分类、组卷、档号编制、编目规范与统一。

归档范围：应根据行业与工程实际梳理项目文件归档范围，并部署到文件分类目录树，实现标准化指引。

分类：编制项目文件分类目录树，部署到信息化系统，实现文件自动分类归集。

组卷：通过分类、归档范围与文件编号三合一，实现标准化组卷。

档号：确保顶层设计档号编制规则与档案分类目录树一致，从而通过档案目录树自动生成相应案卷档号，实现自动化档号编制和标准化输出。

编目：将编制的建设单位案卷封面、卷内目录、脊背、卷内备考表等标准化编目用表，部署到系统中，通过批量编目功能，自定义实现一键标准化编目，确保整理规范化。通过归档范围、分类、组卷、档号、编目用表内嵌信息化系统，实现整理标准化。

二是实施三阶段质量控制，即项目启动时文件质量要求交底、过程文件质量检查与考核、合同完工档案质量验收，实施三阶段文档质量控制。

在项目启动时，对合同文控条款、项目文档工作程序、工程文档标准化要求等进行交底，明确文档管理边界与质量要求；项目实施过程中，开展文档质量过程定期检查与考核，以督促质量标准落实；合同完工前对档案进行三方四审验收，验收合格方进行接收，确保项目档案满足质量要求实现。

1.3　进度控制

为实现按期向相关方完成项目档案成套移交的进度目标，满足移交质量、移交套数和移交时间等多方面要求，应采用进度计划编制、进度动态监测、进度评估与更新等进度控制方法，确保实现按期移交目标。

1.3.1　进度计划编制

进度计划编制前，应结合合同范围、项目档案管理实施过程和细节，对全过程进行系统规则分解。可按合同项进行分解，施工文件可按项目 WBS 将项目档案分解到单位工程、分部工程，甚至到相对独立的、内容单一的项目单元，制订对应文件形成进度计划,将每个单元文档管理具体落实到相应责任人。

进度计划编制,应依据项目合同范围、工期要求、项目特点、项目内外部条件、项目划分、项目施工总进度与分项进度计划、项目资源状况等实际情况进行。编制时应与合同、质量、风险等目标相协调,充分考虑客观条件和风险预计,确保实现项目档案管理目标。可通过编制网络计划图,确定关键路线和关键工作,制订总进度计划,并将总计划分解到年、季、月、旬等各阶段,实施项目档案全过程P-D-C-A循环控制。

进度控制应随项目进展,由计划编制到计划实施、计划调整,再到计划编制,不断循环,直到目标实现;计划实施与控制过程中应不断进行信息传递与反馈;同时,进度计划应考虑风险因素,保留弹性,推进过程中,可利用弹性,机动灵活处理不可控因素,适时调整。

1.3.2　进度动态监测

根据工程进展、阶段或节点对项目档案进度计划执行情况进行动态监测与检查;检查各阶段档案工作进度和关键工作变化情况。通过监测与检查,及时调整进度计划。

文件形成阶段:项目文件随工程进展同步形成,在分部工程、单位工程验收时,检查文件是否同步形成、是否完整、内容是否准确有效,确保项目文件形成同步和及时。

文件流转阶段:实施文件流转全流程标准化控制。来往文件均通过收发文系统进行处理和流转,施工文件通过质量验评模块填报,实现在线自动督办、收发文件闭合。

根据项目文件特点,编制收发文登记台账、文件闭合登记台账、图纸分发登记台账、设计修改通知单登记台账等标准模板,并部署到系统中,实现在线文件及时跟踪和管控。

文件归档移交阶段:合同工程完工分包单位撤场、合同结算前,应及时督促分包单位项目文件整理与归档,并进行审核验收;在向建设单位完成最终审核移交后,方可对各分包单位完成结算。

1.3.3　进度评估与更新

根据进度计划执行情况,实时评估与监测进度计划合理性和可实施性,将在项目进展中监测、检查、收集到的信息整理后,直接用横道图将其并列标于原计划的横道线,做直观比较,分析进度偏差影响,对项目档案进度计划及时调整更新。

1.4　风险控制

风险控制指在项目档案管理过程中,对项目档案实际情况深入研究、分析,结合自身经验对其存在的风险进行识别、分析、处置等一系列工作,涉及项目档案全生命周期全过程的各个环节,以实现项目档案管理目标。

风险控制主要围绕防范风险、发现风险和处置风险展开,一般包含以下三方面的内容。

第一,风险识别。持续地对项目档案管理进行梳理、分析,通过相应风险识别方法,结合个人工作经验,找出项目档案管理中潜在的风险或已存在的风险,并确定主要的风险因素。项目档案涉及风险主要有:文件内容、格式、签署不符合要求,导致文件不合规,存在文件合规性风险;文件未通过文档中心流转,存在文件安全风险;未集中统一管理,导致档案原件遗失风险;无档案库房或有档案库房但库房不固定或易受潮,文件存在损毁风险;项目档案未按时移交,存在履约风险。

第二,风险评估。针对已识别的风险,对其发生的原因、概率、项目影响程度、优先级等方面做出具体的评估与评级,根据评级与重要性影响,采取对应的风险控制措施。

第三,风险控制。基于评估的结果,参考项目档案实际情况和已知风险的关系,制定相应的风险控制或处置方案,并督促相关人员执行。

2　项目文档管理一体化平台

建立前端与业务系统贯通,后端与单位数字档案馆贯通,实现项目文档在线形成、流转、整理、归档移交的全过程管理一体化平台,通过该平台实现文件标准化、编号体系化、管控流程化、管理信息化"四化"管理。

2.1　业务侧标准化

嵌入项目文件标准化模板。制定建设项目各专业涉及的文件标准化表单,支持并关联相关标准条文、填写示例、填报说明、计算公式、默认值、审批流程设置、提醒时间设置等,实现文件在线标准化填报。

嵌入统一的文件编号规则。嵌入文件编号与文件分类一体化规则,自动生成文件编号与分类指引,实现文件编号与分类标准化。

嵌入在线签章功能,实现电子文件在线签章,生成合规电子文件;具备文件报审功能,可自定义报审流程,实现文件线上定制化报审。

2.2　文件侧自动归集

具备自动归集功能。平台应与勘测设计管控系统、企业集采系统、企业财务系统、项目管理系统等业务系统进行贯通,并具备业务系统文件自动归集至文件库相应目录树下功能,确保项目文件自动、及时与完整收集。

2.3 档案侧标准化

嵌入统一的文件分类目录树和组卷规则,实现项目文件在线自动分类和组卷;嵌入统一的文件/案卷题名与档号生成规则,嵌入标准化案卷封面、脊背、卷内目录、卷内备考表,实现半自动化在线批量编目及项目档案整理标准化。

平台应与移交单位数字档案馆进行贯通,具备在线审核、在线提交功能,实现项目档案一键自动归档,确保项目档案归档移交及时与完整。

3 结语

本文通过"四控制一平台"项目档案管理体系构建,提出大型总承包项目档案现代化管理建议,希望为大型总承包项目档案管理提供借鉴与参考,以解决项目档案管理痛点,全面提升项目档案管理水平。

第三部分

专业档案与特殊载体档案管理

高职院校财会档案整理过程探究

牟　静

台州科技职业学院

摘　要:根据《中华人民共和国档案法》《中华人民共和国档案法实施条例》《中华人民共和国会计法》《会计档案管理办法》等有关法律和行政法规,财会档案是国家档案资源的重要组成部分,客观记录和反映了一个单位的主要经济活动状况。该文结合台州科技职业学院实际,分析了高职院校财会档案的主要构成,并以会计凭证为例,介绍了财会档案整理和利用流程。

关键词:高职院校;会计档案;会计凭证;归档整理;利用

财会档案可以全面及时地记录和反映财务会计信息,反映出高校的财务收支管理及各项经济活动的开展情况,它是高校经济业务的重要资料和证据,是准确细致开展财务工作的基础和依据,是高校档案的重要组成部分。其中,会计凭证的归档整理是会计工作中的压轴性工作,对于规范做好高校财会档案工作尤为重要。

1　高校财会档案的组成

高校财会档案通常包括以下两个部分。

第一,财会文书档案。高校财会文书档案涉及范围广泛,包括日常财务活动中形成的文件,有预算、决算、计划、总结、报告、规章制度等;也包括省、厅、市下发给本单位财会部门相关的文件等。

第二,会计档案。高校会计档案主要包括会计凭证、会计账簿、财务报告、银行对账单、银行存款余额调节表等其他具有保存价值的会计核算专业资料。

其中,会计凭证作为会计档案的主体和重要组成部分,其归档整理过程烦琐、工作量大,要求档案员有一定的工匠精神,为日后查档工作提供便利。下面主要以会计凭证为例,介绍高校财会档案的归档整理过程。

2　会计凭证的归档整理流程

会计凭证,按填制的程序和用途不同,可分为原始凭证、记账凭证两类。原始凭证是由报销人员提供完备的原始单据,经会计审核通过、出纳支付,办理完毕后生成凭证号的报销凭证。一般在会计自然月份结束后,对原始凭证进行整理。

会计凭证的整理步骤如下:

首先,原始凭证初步整理工作。根据凭证号逐份进行排序,摘除凭证内的金属物(如订书钉、大头针、回形针)。修补粘贴破损票据,小单据粘贴在粘贴单上,并一张张依次排列,错落有致。由于原始凭证纸张大小不一,粘贴小票时,注意避开票据金额等有效信息,确保在装订线内保持数字完整,以便日后查阅。大单据折叠至适合 A4 纸大小。保证原始单据纸张方向统一对齐左上角,纵向凭证表头统一向上,横向凭证表头统一向左。整理完一份凭证后可以不直接进行左上角粘贴,先用夹子夹回去。按照顺序逐份整理凭证,保证每一张凭证平整、美观、大方。这项工作是凭证装订过程中最费时的,要求档案员耐心、细致。

其次,记账凭证的初步整理工作。将打印好的记账凭证,按凭证号逐份附在原始凭证上面,此时要求档案员检查凭证是否有缺号,附件是否完整,及时解决发现的问题。为了便于日后查阅,工资名册、住房公积金、各类税费的申报、缴纳等管理工作中的重要材料都需整理;原始凭证太厚、不易折叠的合同,可不附在记账凭证之后,可单独进行装订,另行组卷,同时在附件封面上注明记账凭证的日期、编号、种类,然后在原始凭证上注明"附件另订"。

再次,凭证装订工作。每本凭证按序列号排列,厚度视情况保持在 1.5 厘米左右。加封面、封底后,将凭证左上角放到钻机上,对其进行钻眼,钻三个眼,两边的眼要在装订线上,中间的眼要在装订线外略靠外边缘,这样的三点自然形成一个平面,稳定而牢固。再对装订处进行包角,为防止任意拆装,还应该在包角处和封面、封底交接处加盖立卷人章。

最后,凭证装盒工作。对凭证封面、凭证盒按月进行编码,包括年度、月份、案卷号、册号、凭证号数、保管期限等。其中案卷号以年为单位进行编码,册号以月为单位进行编码。最后将装订完毕的会计凭证入盒,凭证盒可以是 A5 纸大小或 A4 纸大小,大小统一即可,依序存放在凭证专用铁皮柜内。至此,一本整齐、美观、牢固的会计凭证才算整理完毕。

3　财会档案的保管利用

　　财会档案整理的最终目的是方便今后利用,而整理工作质量直接影响今后的利用效果。因高校财会业务工作需要,会计档案一般先在财务部门存放1年,之后移交给单位综合档案室综合保管和查阅。由于高校规模较大、教职工人员众多,为教职工提供更好的查档服务,财务部门和档案部门需要规范查档流程,严格管理流程,确保操作有序规范。高校财会档案查档工作的一般流程如图1所示。

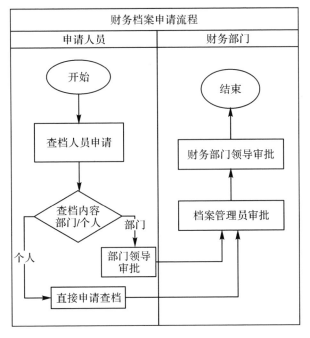

图 1　高校财会档案查档工作的一般流程

　　高校财会档案是高校档案资源的重要组成部分,随着高校财务事业的发展而不断变化。档案部门和财务部门要密切配合、互相支持,重视财会及档案人员的专业理论知识学习,注重在工作实践中吸取经验,共同做好财会档案管理工作。

农村土地确权档案管理工作实践探索与对策研究

王珍慧

玉环市农业农村和水利局

摘　要:2013年,中央提出全面开展农村土地确权登记颁证工作,健全农村土地承包经营权登记制。此项工作关系农民切身利益,加强对确权档案管理的对策研究,使确权档案管理不断趋于规范化,提高档案管理的效率和质量,为顺利开展农村土地确权工作提供可靠保障,具有重要的现实意义。该文结合工作实践,分析了做好农村土地确权档案工作的重要性和主要任务,提出了加强农村土地确权档案管理工作的具体对策建议。

关键词:农村;土地确权;档案管理;任务;对策

随着农村土地确权工作的深入推进,确权档案管理工作主动适应时代潮流和改革大局,取得了显著成效,但工作中也暴露出一些问题和不足,如日常档案管理工作落实不到位、农村档案意识薄弱、确权档案信息化建设相对滞后、档案利用服务和基层档案行政执法力度不够等,这些问题影响了农村土地确权档案管理的整体效果,迫切需要加以研究解决。

1　做好农村土地确权档案工作的重要性

农村土地确权档案是对开展土地确权工作的真实记录,展示最后的工作成果,是在广大农村地区落实党和国家的土地承包法律政策的历史见证。做好农村土地确权档案工作是保证土地确权资料真实性、完整性的关键所在,是开展农村土地确权登记工作的必要条件和基础支撑。对农村土地承包方面的历史档案进行系统整理,能为土地确权环节的摸底调查工作提供重要依据,如当前很多地区在处理土地确权时经常出现纠纷,往往就是因为找不到第二轮农村土地承包时办理的历史档案资料。

在农村深化改革的进程中,土地确权档案也发挥了至关重要的作用。对于农村改革发展而言,土地确权档案管理是一项基础性工作,对农民合法土地权益的维护、农业现代化发展的推进、农村社会管理的强化、城乡统筹发展的促进等都有非常重大的意义。加强土地确权档案管理,推进档案信息资源开发利用,能够为农村土地流转经营奠定坚实的基础,为建设新农村、管理农村土地资源、推动农业生产等提供可靠依据。不断深化对土地确权档案管理的特征认识与规律探索,有助于档案管理部门更新服务理念、提高工作效率和服务水平。

2　明确农村土地确权档案管理工作的主要任务

基于土地确权档案工作的现实需求和运行规律,首先需要明确职责分工,将土地确权档案工作任务分解落实到不同档案部门,纳入土地确权工作的计划组织管理中。

结合工作实际,当前农村土地确权档案工作任务主要包括:针对土地确权档案的来源和质量进行对应管理,针对农村土地确权的文件材料做好积累、整理与归档处理。从档案管理的实际出发,提前介入,实施一系列组织管理、检查、监督以及业务指导。确保土地确权调查的信息与数据,如土地权属、土地面积、组织管理等工作能够完整准确。当文件归档之后,就可以开展土地确权档案的接收与整理、编辑与研究、编目与检索等工作。对土地确权档案信息的大力开发,也可以促进土地确权档案利用与服务的全面提升。

3　加强农村土地确权档案管理工作的对策建议

在农村土地确权档案管理工作中,档案部门需要重点注意以下几个方面。

3.1　把握好档案工作五大要素

第一,坚持一个机制。首先,要成立专门的农村土地确权领导小组,承担本地所有的农村承包地确权及档案管理工作的总牵头及业务总指导工作。其次,制定考核办法,建立以县级确权业务部门为主体、镇乡街道负责实施的工作考核机制,形成两级联动来共同推动确权工作整体进程,确保有序开展农村土地承包确权档案管理工作。

第二,抓好两个重点。一个是抓好档案资源组织架构管理。注意分级开展确权档案的收集、归档工作,针对各部门档案实现应收尽收和应归尽归,形成完整的市、镇、村三级确权档案资源组织架构体系。另一个是做好确权档案指导服务工作。市级确权业务主管部门在确权档案管理中应以提供便捷、高效、优质的档案服务作为出发点、落脚点,保证规范有序地开展农村土地确权登记颁证档案管理工作。

第三,实行三个同时步骤。(1)在实施动员部署阶段同时部署档案管理工作,启动本地农村土地确权登记颁证档案工作。在县级层面下达实施意见里明确把确权档案管理列为重点工作并予以安排。（2）任务和责任同步。应明确规定农村土地确权档案管理中市、镇、村三级的职责与任务，合理布置各阶段的各项工作。（3）业务熟悉同步。业务分管负责人在确权档案整理环节亲自过问，每一个镇、每一个村都要确定熟悉政策、懂业务、有较强责任心的专职人员管理确权档案，保证确权档案收集、整理和立卷的完整性，并准确分类，规范确权档案管理及有关指导工作。

第四，遵循四个基本原则。（1）划定标准规范模板原则，使确权档案整理规范化。经过两轮土地承包权发证后，农村土地承包经营权确权登记的档案资料形式多样，所以须划定统一标准规范模板，并遵循完整收集文件材料的原则。（2）形成的材料资料载体须符合质量要求。根据档案管理规范，档案人员应把控确权档案材料的形成质量，并且文件材料应做到数据准确、字迹工整、图样清晰；严格遵循档案的基本规范化工作。（3）统一整理档案。分门别类地整理档案，主要包括档案综合管理、确权登记颁证、纠纷调处、特殊载体及有关公示照片资料等。（4）集中统一保管档案。专门建立档案保管室、库房，落实好防潮、防火、防盗等防护措施，严格保证档案质量。

第五，做到五个及时。（1）及时整理农村土地确权登记颁证文件材料，最大限度地预防文件材料散落、丢失，特别是在权属出现变更时，要及时补充变更的文件材料及原始记录，保证确权档案完整、齐全。（2）及时跟进确权档案的整理。镇、村应专门抽调人员，协调分解档案整理工作。对已经办理完毕的、必须归档的材料及时整理，真正实现农村土地确权档案管理和承包地经营权确权登记同步。（3）及时发现确权档案管理问题。档案质量是开展确权档案管理工作的第一生命及档案工作的根本要义，平时在档案整理时应多次复查，及时补差补缺，严格控制确权档案整理中的差错，确保档案的整理质量。（4）及时对接县级档案部门。整理的确权档案必须与进馆要求相符，在第一时间使农村土地确权系统的档案和档案馆对接，按照确权档案进馆要求妥善解决对接环节的问题。（5）及时验收并移交确权档案。在完成确权档案的整理工作之后，县级确权业务单位应组织业务专家开展确权档案验收工作，并做好移交工作。

3.2 不断提高农村土地确权档案意识

为进一步提高农村土地确权档案工作效果，除了采取上述策略做好日常档案管理工作外，档案部门还应加强相关领导及相关人员的土地确权档案意识，主动向领导及工作人员宣传《农村土地承包经营权确权登记颁证档案管理办法》和其他规定，使其熟悉确权档案管理的有关规范、法律法规，同时经常向领导汇报开展确权档案管理的进展，组织基层档案人员学习确权档案管理办法，提高档案意识和对确权档案管理的重视程度，形成良好的基层档案工作氛围。应深入农村群众,扩大宣传范围、加大宣传力度,通过不间断的宣传显著增强群众档案意识,让更多人自觉接受确权档案管理工作,并提供帮助。

在确权档案宣传教育中,应坚持丰富宣传内容,改进宣传形式,利用会议、标语、电视、网络等群众喜闻乐见的多种形式大力宣传档案管理,使其充分认识农村土地确权政策及确权档案资源的重要价值,理解确权档案管理是维护农村群众切身利益的工程,从而最大限度地调动群众参与确权工作的主动性、积极性,为正常有效地开展确权档案管理工作提供服务。如可大力宣传确权档案作为关键性不动产档案的使用价值,向群众展示做好确权档案管理的重要意义,促使群众树立牢固的档案意识,为今后广泛利用确权档案打下基础。

3.3　严格基层档案工作行政执法

加强基层档案工作行政执法,需要大力推进依法治档。不断完善相关法律法规,严格落实《农村土地承包经营权确权登记颁证档案管理办法》相关规定,并与土地确权各个阶段的业务办理及档案收集、保管、整理、利用等工作结合起来,实现农村土地确权业务与档案管理工作相互印证、相互促进的良性互动。县一级的农业主管部门要高度重视土地确权档案工作,定期开展督查考评工作,将档案管理纳入土地确权工作绩效考核,确保土地确权档案的安全性和完整性。市县级的档案行政管理部门要做好行政执法工作,针对违反规定的刻意破坏档案导致档案出现失真、损毁等情况的单位及个人,按照法律法规严肃追究其法律责任,真正做到有法必依、执法必严、违法必究,将依法治档落到实处,这样才可以提供有效的法律保障,服务农村土地确权档案的管理与利用。

4　结语

在农村产权制度改革工作推进过程中,需要高度关注和重视土地确权档案管理工作,积极发挥好档案工作在服务保障土地确权重大任务中的应有作用和价值。具体而言,要重点把握好档案管理的五个要素,不断提高农村土地确权档案意识,严格基层档案工作行政执法,推动农村土地确权档案管理工作健康、持续发展。

刍议医院外事档案管理特点及优化对策

杨　凝

浙江省肿瘤医院

摘　要:随着医院国际合作进程的加速,国际交流与合作相关工作中产生的外事档案呈现出来源复杂、载体多元、数量激增等特点。为规范医院外事档案管理,促进外事档案的开发与利用,该文以浙江省肿瘤医院为例,分析了外事档案管理中存在的主要问题,提出了"建章立制,责任到人""文档一体,前端控制""数字赋能,提高效率"等改进措施,以期提升医院外事档案管理水平。

关键词:医院;外事档案;前端控制;信息化

近年来,在习近平外交思想指引下,浙江省肿瘤医院与国际知名院校、机构间的国际合作与交流不断加深。搭建交流合作平台、推进国际学科共建、承担援外医疗任务、拓展医院国际影响力等各项工作有条不紊、纵深推进,医院外事工作在医院发展中的作用已经从事务性的出国手续办理转变为管理性的医院学科发展的重要推力。外事工作中产生的外事档案愈发呈现出来源复杂、载体多元、数量激增的特点。如何加强外事档案的管理,使之真正发挥为医院领导层科学决策、医疗技术质量改进、医疗经济效益提升等提供科学依据、基础数据的功能,成为医院档案管理工作者应该深入思考的问题。

1　医院外事档案管理特点

医院外事档案,顾名思义,是医院在国际交流合作各项工作中形成的档案。医院公派人员的出访与深造、外籍专家来访、国际学术会议、国际科技合作项目、联合培养学生、外聘专家、国际多学科会诊等工作中产生的具有重要历史价值、凭证价值,以及对未来工作具有借鉴意义的文件资料,经收集、整理、鉴定、归档后,即成为珍贵的外事档案。外事档案的载体形式并不局限于传统的纸质档案,常见的还有大型外事活动的声像档案、荣誉证书、纪念品等。

外事档案在产生过程中,因涉及的人员广泛、渠道多样,呈现出来源复杂、载体多元、数量激增等特点,对外事档案的收集与管理工作提出了更高的要求。而在医院涉外档案的管理实践中,普遍存在无专人负责、信息化程度较低、档案形成部门各自为政等问题,严重制约了外事档案的收集与利用。外事档案收集工作质量,不仅直接影响馆藏的外事档案信息资源开发利用的水平与价值,还关系到它能否真实记录外事工作历史的重大问题。

2　医院外事档案管理的优化对策

2.1　建章立制,责任到人

外事档案形成部门分散,来访、出访、大型外事活动相关档案常见于医院国际合作办公室,国际科技合作项目档案常见于科研管理部门,而国际会议档案常见于主办科室。为确保医院外事档案的完整性,避免收集上的遗漏,医院档案管理部门可根据外事档案的特性,制定医院外事档案归档管理制度,制度应涵盖外事档案材料的收集、建立、存档、查询、借阅等各个环节,明确每一环节的材料来源及责任部门,并在院内加强制度的宣贯以及外事档案收集、管理、归档要求的培训。重点科室可设置兼职的外事档案管理员,每次外事活动结束后,在档案管理部门的指导下,及时将活动档案收集、整理并归档,将外事档案管理责任落实到人,避免遗漏重要档案。总而言之,外事档案的收集工作要做到全面动员与个别收集相结合,医务人员主动上交与档案人员具体指导相结合,一般要求与有针对性的收集相结合。

2.2　文档一体,前端控制

医院档案管理部门可推动文档一体化的档案管理模式,在文书材料形成时就提前介入、前端控制。针对文字、图片、声像等不同载体的外事档案,医院外事档案管理部门可预先制定针对不同载体类型档案的收集程序及归档要求,编制成册,与相关档案产生部门密切沟通,各部门也应按照程序和归档要求及时移交外事档案。针对重大外事活动的档案,医院外事档案管理部门可提前介入,与档案产生科室及时沟通、互相配合,敦促做好外事档案的移交工作。

2.3　数字赋能,提高效率

信息化时代背景下,医院国际交流合作工作中产生的电子文件占比越来越大,而电子档案具有传输速度快、管理分类便捷、查询效率高等特点,借助信息化手段,更新升级传统外事档案管理模式,构建实用便捷的管理系统以提高医院外事档案的管理和利用水平势在必行。医院可加大外事档案电子化管理的软硬件及人力资源投入,开发一套符合医院外事档案形成规律的电子管理系统,按档案的全生命周期规律,在系统中合理设置档案采集、整理、编研、归档、存储、开发、利用等模块,便于繁杂的外事档案的管理和开发利用。为每个可能产生外事档

案的科室开通系统权限,打通线上线下档案收集、整理、利用渠道,实现医院外事档案管理高效化。在档案信息化建设过程中,为确保重要档案的安全性,还应定期检查电子管理系统的网络安全,防止重要档案数据丢失、篡改、病毒感染等风险;对于珍贵音像档案,可采用系统管理加异地备份的管理模式。

3 结语

在大数据及信息化时代浪潮下,医院外事档案管理应与时俱进,在明确归档范围、落实责任到人的基础上,加强前端控制并合理运用信息化手段,确保对外学术会议开展以及对外交流合作中高价值的学术材料、证书、文件等得到有效收集。

干部人事档案管理之"三龄两历"
存在问题与规范措施

李 燕

杭州市富阳区教育局

摘 要:该文结合工作实践,比较深入地分析了当前干部人事档案管理工作中存在的"三龄两历"不一致等历史因素造成的问题,并提出具有针对性的对策建议,以期为人事档案管理"三龄两历"认定工作提供借鉴和参考。

关键词:人事档案;"三龄两历";困难;措施

干部人事档案是组织人事部门用以管理干部的重要资料,是干部个人成长历史的真实记载,为组织、人事合理分配使用人才资源提供了信息参考,是维护干部人才合法权益的主要原始记录。进入新时期,与干部息息相关的最重要的内容为"三龄两历"的确认工作。"三龄"指的是年龄、工龄、党龄,"两历"指学历和简历。

1 当前干部人事档案"三龄两历"中存在的主要问题

首先,对档案工作重视力度不够,造成关键材料不进档,进档材料千篇一律。

由于历史因素,早期很多单位对档案的认识停留在"档案没有多大用处"的阶段。以前的人事档案管理工作没有规范,存在人事档案材料进档时千人一面、重要材料不进档等现象,在收集时往往只注重收集一个人的家庭出身、政治面貌、社会关系及受教育程度等基本材料,个人年度考核表、评价材料等大同小异,难以准确地反映出档案记载人员工作中的真实情况。

其次,档案材料收集不及时,关键性材料缺失。人事档案材料是多部门形成的原始材料,有的单位档案管理员专业知识不够扎实,也较少参加系统的专业培训,对材料缺乏甄别能力,造成材料与履历不符、印章不清晰、没有落款日期等问题,给后期人事档案利用造成了一定的困难。

最后,档案中"三龄两历"存在前后矛盾、逻辑关系不统一的情况。随着各级干部选拔任用、交流、监督管理的日益严格,"三龄"的真实性把关有待加强,一些干部人事档案中"三龄"材料经常出现前后不一致的情况。"三龄"中的年龄,有的与身份证信息出入很大,整册档案前后不一致的记载非常多。"三龄"中的工龄则经常出现材料缺漏或不合规等问题,有的档案记载的参加工作时间前后不一致。"三龄"中的党龄记载也存在问题,部分党员材料因形成时间较早,没有及时归档,造成关键材料缺失,还有的党员发展过程有逻辑性问题,因没有及时发现,后期难以纠正。以上问题给干部个人和工作带来了麻烦,在实施竞争上岗、选拔干部和交流时,这些都关系到干部本人的切身利益,有时甚至直接决定了干部的进退去留。

2　加强干部人事档案"三龄两历"认定的规范性

针对以上问题,笔者结合工作实践,提出以下四点具体对策和建议。

首先,加强组织领导,提高对人事档案管理工作重要性的认识。领导重视是做好人事档案管理工作的前提条件,应将人事档案管理工作纳入单位重要议事日程,加大对人事档案工作的保障力度,及时研究解决人事档案管理中面临的困难和问题。同时,要完善各种规章制度,做到制度上墙,让操作人员有章可循,规范操作,严格按制度办事,全面落实管理责任,切实增强人事档案管理工作的严肃性和权威性。

其次,加强档案材料审查鉴别,确保干部人事档案的真实性。要求归档材料必须完整、真实,文字清楚、对象明确。同时要加强系统专业知识的学习。在管理人才培养中重视系统的专业培训和继续教育,提高管理人员的业务素质和业务能力。

再次,加强专业知识学习,规范做好"三龄两历"的认定工作。如对出现前后年龄不一致的情况,可根据《中共中央组织部、人事部、公安部关于认真做好干部出生日期管理工作的通知》（组通字〔2006〕41 号）文件精神，反复推测，合理排除各种因素，从而确定最终的年龄。对于参加工作时间的认定则需要多方查找原始工作的记录材料，从中判断材料的合理性，根据事实情况做出认定。对于党龄则要学习党员发展的规范流程，从逻辑上形成闭环管理。

最后，加强人事档案数字化建设，全面提升档案管理服务效率。鉴于干部人事档案的历史性、唯一性和不可复制性，为避免多次翻阅造成纸张的破坏，并促进人事档案的高效管理和便捷利用，人事档案数字化建设已势在必行。要更新思想观念，积极应用信息技术手段，在严格落实人事档案的保密性和安全性的情况下，积极推进档案数字化建设。

干部人事档案整改工作中存在的难点及对策

王　玥

永康市机关事务服务中心

摘　要： 整改是还原干部人事档案"真面目"的工作，档案完整准确，才能为党的干部队伍建设和人才队伍建设提供有力保障。该文结合浙江省 2023 年底开展的人事档案赋码工作，着重介绍基层部门在干部人事档案整改工作方面存在的一些难点，并提出相应的对策，旨在为新时代更好地开展干部人事档案工作提供经验借鉴。

关键词： 干部人事档案；整改；难点；对策

1　干部人事档案整改工作的重要意义

2018 年 11 月 28 日发布的《干部人事档案工作条例》，鲜明提出干部人事档案是党的重要执政资源，也是干部队伍建设的重要基础。严格按照干部管理权限，做到"凡提必审""凡进必审""凡转必审"。干部人事档案审核工作在新接收档案材料环节时就已经进行预审鉴别，在后续的分类整理中会进行更加详细的审核。审核后才有整改工作。通常，整改工作是作为审核工作的一个后续程序，档案整改阶段的工作质量直接决定了档案审核整改工作的最终成效，以及档案材料的真实性、规范性、完整性。

2 干部人事档案整改工作的重点

2.1 干部人事档案信息内容方面

干部人事档案作为记录干部个人成长发展的重要参考资料,是选人用人、识别考察干部的重要依据,是干部选拔任用程序中的必审材料。干部人事档案内容必须真实可靠,只有在确保档案材料真实性、可靠性的前提下,整改工作才能有序有效开展。在档案日常工作中,归档材料是一个系统工程,涉及收集、鉴定、整理、归档等各个环节,以上任何一个环节出了纰漏都将影响档案内容的真实性、可靠性。一则主观因素会造成档案材料参考价值降低,如干部履历表、年度考核登记表等,有些人在填写时会选择对自己有利的内容,这种带有较强主观性的材料,会导致参考价值降低。二则客观因素也会造成档案内容不实,如在档案建立之初就存在同音字误写,出生年月阴阳历转换不一致、参加工作时间前后记载不一致等问题。这些主观因素、客观因素导致的问题,都会给后续的整改工作带来困难。坚持"实事求是、有错必纠",是干部人事档案整改工作的基本原则,但在实际档案审核查缺过程中,如发现关键材料缺失、最早形成材料中记载的出生年月有涂改、参加工作时间前后不一致等问题,调查核实是否到位、认定依据是否充分、政策适用是否正确、程序履行是否到位等情况都会影响整改结果。在整改过程中,若对原始材料的真实性、规范性、完整性存疑,得出的认定结论有异,那么整改就是无效用的。因此要特别注意鉴别原始材料的真实性、规范性、完整性,避免产生在利益驱使下更改档案材料的行为。三则整改工作不是简单地补充完善与核实,整改中有些认定是需要结合现有档案材料调查核实、全面取证,再经集体研究、综合研判后做出的。此方面的整改难点是需要综合分析干部本人在不同阶段的人生经历,查核相关材料以及不同时期的政策规定并加以研判。

2.2 干部人事档案管理部门及工作人员方面

干部人事档案工作的核心是审核,关键在管理。目前,对干部人事档案工作的重视程度、县级单位现行管档模式等情况都在一定程度上影响着干部人事档案整改工作。通常各个干部人事档案管档部门都能严格遵守干部人事档案管理规定,履行档案管理、审核与整改过程中需履行的职责,并且在上级部门的支持下配备了充分有效的档案设施设备,这些都为干部人事档案整改工作夯实了基础。干部人事档案材料鉴别工作具有一定的职业敏感性,而目前有些档案工作人员的专业素养和业务水平是有所欠缺的。首先,逻辑推算不严谨,无法判断整改材料与现有档案材料的逻辑关系,导致整改工作滞后;其次,日常管理不严格,个别管档部门管理体制不顺畅,人事档案移交或材料接收不及时,干部人事档案工作由于各种因素出现阶段性断档,这些都会在干部档案使用时导致信息不正确,严重时可能会造成"带病提拔"等情况。因此,提升各单位干部人事档案工作人员的政治素质和业务本领也是干部人事档案整改工作中的一大重点。

3 干部档案整改工作中存在的难点

干部档案整改过程中会遇到很多难题,如原始材料缺失、认定取证困难等,本文主要阐述以下两个难点。

第一,人员的频繁流动或机构单位的变迁导致人档分离,造成干部人事档案材料缺失或原始材料无法查找。人员的频繁流动导致材料缺失的情况一般出现在基层乡镇,乡镇工作人员流动性大,工作繁杂,对一些业务性强的工作不能做到深入学习。在这种情况下,干部人事档案资料收集及移交工作,往往会滞后甚至遗漏。如某县某部门一正科级领导,年轻时曾在多个乡镇工作,工作经验丰富,可是个人档案中任免材料却很少。历经单位机构变迁的干部,他们的档案材料也很容易缺失。譬如某县的自然资源和规划局,历经多次机构改革,该局干部的档案材料大多存在不完善的情况,这也增加了人事干部的工作量。以上这些情况的发生,根本上还是因为大多数人对档案工作还停留在"口头重视,管理忽视"的层面。

第二,干部或因利益驱使导致材料内容不实,但若按原始材料认定会导致重复得利。比如出生年月,以前因入伍、入学、招工需达到一定的年龄,有些人将出生年月改大或改小,后期又将出生年月改为实际年龄,导致档案里出现出生年月记载不一致的情况。按照公平公正原则,避免重复得利,组织部门会从严认定,但在认定过程中,需要进行调查核实或者材料补充。现实操作中,会出现一些取证无效、不全面的情况,这些情况出现的原因主要是沟通方式不恰当、部门间协作不畅、痕迹鉴定不专业等。这个过程耗时费力,但关系着档案的整改是否彻底。

4 干部档案整改工作的对策措施

针对难点一的情况,有以下几点建议:一是建立精准收集制度。档案材料收集是档案工作的起点,要从源头入手,结合普通收集与定向收集,规范收集程序。对需经组织人事部门相关科室审批、审核、备案的工作所产生的材料,协调相关职能科室统一收集归档,建立工作闭环。如入党材料、各种工资表、年度考核登记表、转正定级审批表、干部任免材料(职务或职级变化)等。这样在一定程度上可以避免材料的缺失,使档案的完整性得到充分保证,做到观其卷、知其人。二是强化档案价值教育。主要从提升组织价值认知、深化使用价值教育、推广全民价值教育等三方面着手,以此提升档案工作人员的业务能力,增强公众的档案意识,发挥干部在干部人事档案方面的主观能动性。

针对从严从实做好难点二中的认定工作,有以下几点建议:一是补充管档队伍后备力量。建立档案鉴定专业队伍,从各单位选派政治素质过硬的业务骨干到档案主管部门或上级档案主管部门挂职或顶岗培训,实行档案管理人员传、帮、带,充实档案管理后备力量,交叉补充到日常档案管理队伍中。二是增强管档人员的获得感。建立科学的激励机制,通过绩效考核、晋升机制等方式来激励档案工作人员,打破成长天花板,提升职业尊崇度,从精神和物质两方面对优秀的档案从业者进行表彰奖励。三是搭建档案整改跨部门协助平台。根据整改工作需要,由人事档案主管牵头,联合档案整改中涉及较多的几个部门如市档案馆、公安局、教育局、人社局等,确定档案查找协作的分管领导和协作专员,研究工作细则,为各单位搭建出一条更为顺畅的整改渠道,依据各自职能相互配合,建立长效合作机制,保证档案整改工作的顺利进行。

5　小结

做好干部人事档案整改工作能推动干部人事档案工作科学化、制度化、规范化建设,通过补充材料、还原档案存在问题的真实情况,为建设高素质干部队伍奠定有力基石。最后,本文建议,可以将整改作为审核后的一个独立程序,与档案审核工作分离,更好地助力干部人事档案发挥效用。

不动产登记档案管理难点与对策研究

洪　文

桐庐县规划和自然资源局

摘　要:随着不动产统一登记改革的实施,不动产登记改革作为新生事物,受到的关注度在不断提升。一方面,不动产登记改革与人民群众生产生活密切相关,另一方面,不动产登记改革是"最多跑一次"改革的重点领域。以桐庐县为例,近年来,"一窗办理""一件事联动""不见面办理"等各种改革举措陆续推出,在不动产登记业务改革创新不断深入的同时,各种档案管理难题也接踵而来。不动产登记档案作为不动产登记业务的重要凭证,是不动产登记管理的重要基础,如果在档案管理中出现偏差,将会造成直接的社会影响。该文结合工作实际,对不动产登记中档案管理难点进行深入分析,并提出了针对性的对策措施,切实研究解决档案管理中的具体问题。

关键词:不动产登记;档案管理;难点;对策

1 不动产登记档案管理难点分析

1.1 登记流水线操作,档案收集难

第一,流转环节多,归档经手人员多。不动产登记采取的是流水线操作,以桐庐县为例,为减少群众等待时间,往往会设置较多的前台受理窗口,最多的时候共设置窗口超 20 个,档案资料需从权籍调查窗口流转到相应窗口完成受理,流水式移交给后台初审、复审、登簿、制证、发证,流转环节多、档案经手人员多。由于人员紧张,前后台不能做到一对一审核,一个后台审核人员要对应多个前台受理人员,档案资料在前台流转至后台审核,再从后台审核流转至前台发证,在流转和归档过程中,任何一个环节的疏忽和出错,都极易出现问题。如档案遗漏和丢失、档案信息随意篡改、档案信息泄露、档案人员岗位变动未及时有效移交工作等,都会给不动产登记造成潜在的纠纷和风险,加上"最多跑一次"改革,允许容缺受理,如果归档材料不能在规定时间内补齐,也会影响收集归档工作。

第二,工作人员归档意识不强。以桐庐县为例,因缺少专业的档案工作人员,不动产登记管理中日常的档案材料收集工作往往都是由登记人员完成的,统一移交给档案技术服务公司进行档案整理。登记人员不是专业的档案管理人员,缺少专业的档案业务知识,且人员综合素质参差不齐,档案材料收集意识不强,加上缺乏制度化的归档程序,给归档工作增加了难度。

1.2 登记档案内容复杂、数量庞大,整理分类难

第一,档案数量庞大。涉及不动产的产权登记从原来的多部门分散登记到集中一个部门实施,档案的数量急遽上升。以桐庐县为例,不动产统一登记前办理的是土地登记业务(不含宅基地登记档案),2016 年前归档数量不大,最多的一年如 2007 年产生的档案归档量是 7000 卷,最少的年份仅上百卷;2016 年不动产统一登记后,年归档量迅速增加到 3 万卷以上,最多的一年达 5 万卷,平均

每天归档 100 多卷,这还仅仅是除宅基地、查询档案以外的统计。档案数量的剧增,给档案数字化及档案整理分类带来了难度。

第二,集成化改革创新业务多。不动产登记涉及建设用地使用权、房屋所有权、森林及林木所有权、承包经营权、宅基地使用权、抵押权等,为减少提供资料、方便群众和提高登记效率,往往会采取很多组合登记业务,如建设用地及房屋所有权＋抵押权的组合登记、预购商品房预告登记＋抵押权预告登记等,一系列的组合业务,给档案整理尤其是分类增加了难度,已经不能采取传统的简单方式编号。

1.3　"互联网＋登记",档案"双套制"管理难

随着数字化改革深入,不动产登记迅速进入互联网时代,通过大数据实现了"一窗受理",与税务、民政、公安等部门数据共享,申请人可以通过网办提交登记资料,产生大量的电子归档材料,也可以通过数据共享,免于提交部分证明资料。如桐庐县的抵押权登记已经实现不见面办理,本地银行办理的抵押登记,群众可无须至登记窗口,直接在银行端网上提交资料,但本地以外的银行因系统未打通,还需要至窗口现场提交纸质资料,导致形成线上和线下登记双套档案管理模式,不动产登记业务转型给档案管理带来诸多影响。

一是传统的"单套制"纸质档案管理模式难以适应新的改革需求,亟须探索以电子文件为主的"单套制"归档及管理模式。二是档案部门缺少可靠的电子档案管理系统,电子文件存在易被篡改、保存介质不稳定、法律效力难以保障等问题,在实际操作中,还需要线下提交纸质原件,经核对后按照纸质档案要求归档,形成"双套制"档案管理模式。三是缺少成熟的基于"双套制"模式的档案管理制度。在档案管理系统中,已分别实现纸质档案系统、电子档案系统的管理归档,但缺少两者之间融合的管理规定,而不动产登记档案有电子档案和纸质档案两种,亟须建立一套适合的管理制度规范,提升档案管理效率。

2　解决不动产登记档案管理难点的对策研究

2.1　建立和完善不动产登记档案管理制度

统一的行业业务标准是做好不动产登记档案管理工作的重要基础。不动产登记档案是重要的民生档案门类,目前,各地为规范不动产登记档案管理,制定了不少关于不动产登记管理的规定规范,但做法不一,尤其在分类整理上,缺少统一的业务标准,急需加以规范和完善。

第一,制定统一规范的收集归档工作流程。不动产登记档案数量庞大,且档

案的产生源头是分散的。为做好收集归档工作,要提高每个流水环节的工作人员档案收集意识,对每个环节的工作要求和内容进行明确,同时遵循登记流水线操作的规则,建立流水线收集归档工作规范,实行日收集制,对每日办结的案件,由流水线末端的发证人员将档案登记系统信息与实物案卷进行比对和检查,确保当日的档案不遗漏、不缺失。

第二,明确统一的档案整理标准。不动产统一登记实施时间短,但目前登记业务范围内容、类型等已基本稳定,急需通过建立统一的档案分类体系,制定统一的档案命名规范、规范保管期限和资料移交、建立档案的索引和目录规则等,以确保档案有序管理,有据可依,避免因为档案遗漏、档案信息错误造成行政诉讼,降低不动产登记人员承担的风险。

第三,制定统一的档案查询利用标准。不动产登记档案关乎民生,大到诉讼维权,小到购房贷款,都需要查询利用不动产登记档案信息。目前,虽然已经出台了《不动产登记资料查询暂行办法》,但是具体到形成档案后如何查阅利用的实际操作规程,还存在很多要求上的不统一,建议在已有的规章制度基础上,制定相应的不动产登记档案查询利用操作细则,避免引发查询纠纷。

2.2 加强不动产登记档案管理专业人才建设

专业管理人才的缺失是造成当前不动产登记档案管理创新内生动力不足的重要因素。需要加大档案管理专业人才建设力度,全方位培育和引进人才。

第一,探索建立不动产登记档案管理新职业体系。2022年人力资源社会保障部对《中华人民共和国职业分类大典(2022年版)》(公示稿)进行公示,不动产确权登记专业人员作为新职业进入国家职业分类大典。探索建立不动产登记管理专业人员的新职业,鼓励更多的人从事且钻研不动产登记档案管理业务,提供晋升渠道和奖励措施,加强人才储备,提高从业人员的积极性。

第二,优化内部人员结构,培养专职档案员。不动产登记业务复杂,且登记的不动产涉及的价值巨大,潜在登记风险大。不动产登记档案管理人员应具备一定的登记专业知识和档案知识,以提高档案管理水平、降低管理风险。针对当前不动产登记档案管理人才紧缺的现状,需加大对登记工作人员的档案业务培训,培养部分人员转岗担任专职或者兼职档案员,在掌握登记业务的基础上鼓励其学习档案管理专业知识,实行奖惩机制,提高其工作积极性和职业稳定性。

2.3 建立完善的不动产电子档案管理系统

以杭州市为例,目前,对于线下登记产生的不动产登记纸质材料,各地都已建立相应档案辅助管理系统,并与不动产登记系统实现数据实时推送。但是,随着抵押权登记全流程网办等网办业务范围的不断扩大,档案部门亟须建立一个高效、便捷、安全的不动产电子档案管理系统,满足新形势下不动产登记网办需求。

第一,明确电子材料归档要求和范围。将网上办理形成的申请材料、实名认证情况以及登记机构通过数据共享获取的信息、电子证照、不动产登记簿等作为电子材料进行归档。

第二,实现电子档案管理系统与登记业务系统的有效衔接。将需要归档的电子材料在办结后自动交换到电子档案管理系统,相关信息与登记系统数据实时挂接,对更改文件的操作严格审批和设定权限,防止随意篡改。

第三,做好电子档案与纸质档案的有效衔接。尤其是针对线上容缺受理,即提交的材料不完整,部分材料通过线下窗口补充的情况,需要进一步明确归档工作规则,同时完善电子档案管理系统与纸质档案管理的有效衔接功能。

3　结语

为全面落实不动产统一登记制度,全方面、全流程规范登记及确保登记安全,需要进一步重视和研究不动产登记档案管理制度和具体措施,特别是要研究解决好不动产登记业务中的"双套制"归档与管理问题,充分发挥档案工作对不动产登记业务的基础性支撑作用。

人工智能技术在声像档案管理中的应用研究

王　园

浙江星汉信息技术股份有限公司

摘　要:随着社会信息化建设的日益加快,声像档案在传统档案中的占比逐年递增,声像档案的查询利用率也在逐年增加,然而目前绝大多数单位的声像档案管理与利用还维持着传统的管理方式。该研究将人工智能技术同声像档案管理与利用结合起来,以期提升声像档案的管理与利用水平。

关键词:人工智能;声像档案;智慧化

随着信息技术的日益发展,声像档案资源与日俱增,声像档案主要指照片档案、录音录像档案等,由于其直观性、生动性和感染力,在还原历史真实面貌、研

究社会发展、传承人类记忆、提供法律凭证等方面具有不可替代的作用。声像档案是档案资源的重要组成部分,需要专业的管理和保护措施以确保其长期保存和有效利用。然而目前普遍存在各级单位声像档案管理水平落后,维持着传统的管理方式等现象,给声像档案查阅利用带来不便,制约了声像档案资源的深度挖掘分析利用。这一现状与当今时代、政策背景和信息技术发展趋势不相匹配,因此我们亟须进行人工智能技术在声像档案管理与利用中的应用研究。

1 声像档案管理现状

目前,声像档案管理存在采集渠道单一、档案收集不全、未及时归档、管理不规范、格式多样保存难、整理困难、检索不便等问题,绝大多数单位的声像档案还停留在传统纯人工管理的模式,该模式难以有效应对海量数据的采集、整理、保存和利用,更难以满足当下更加便捷、精准、个性化、多元化的利用需求。

虽然人工智能在其他领域已取得显著成效,但在声像档案管理中的应用尚处于起步阶段,存在技术选型、系统集成、标准规范等方面的空白,需要通过实践研究探索适合声像档案管理的特色应用模式。

2 人工智能技术在声像档案管理中的必要性

2.1 政策推动的必要性

《"十四五"全国档案事业发展规划》明确指出,要推进档案信息化基础设施建设,利用人工智能等新技术提高档案管理与服务的智能化水平。声像档案是文化遗产的一部分,国家在文化遗产数字化、开放共享、创新利用等方面的政策法规,为声像档案的保护与利用提供了战略指导。

2.2 社会发展的必要性

声像档案作为一种特殊载体的档案类型,是档案记录的重要形式之一,声像档案是生动鲜活的历史活动记录。近年来,人工智能技术迅速发展,自然语言处理技术、大数据分析、语音识别、人脸识别等新兴技术正在广泛应用并取得了突破性进展,给整个社会的发展带来了先进生产力,带动了档案管理方式的巨变,声像档案已经从传统的物理介质向数字形态转变,声像档案亟须与数字技术融合,实现多模式新业态的深度检索与利用。

3　人工智能技术在声像档案管理中的研究目标

3.1　声像档案智慧管理平台的建设

基于语音识别转写、人脸识别、自然语言处理（NLP）等人工智能技术，建设声像档案智慧管理平台，实现声像档案管理规范化、智慧化。

3.2　声像档案管理效能提升

利用人工智能技术，通过自动化采集、智能分类、打点著录、精准检索等功能，显著提高声像档案的管理效率，减轻工作人员负担，实现资源的优化配置。

3.3　声像档案资源利用深化

利用人工智能进行内容识别、语义分析等，可挖掘声像档案的深层次信息，支持更深入的研究利用，如重大活动重现、文化传承等。

4　声像档案智慧管理平台应用系统开发

4.1　应用核心技术，构筑智慧管理平台

通过数字化技术，将传统模拟载体记载的信息转化为计算机存储的数字信息，实现档案著录的规范化、标准化，便于长久保存和利用。

基于语音识别转写、人脸识别、NLP 等人工智能技术，建设声像档案智慧管理平台，实现声像档案的采集、编目、著录、整理、保管、统计分析等基本功能，通过对声像档案进行"数据化"，实现声像档案基于内容的检索、利用。

4.2　全方位思考，全链路打造功能应用

第一，全面支持国产化环境适配，在局域网部署运行，采用完全 B/S 架构、基于 J2EE 架构开发。

第二，声像档案采集。采集平台支持灵活的档案数据采集管理：支持音频、视频、图像数据的批量导入；支持通过第三方业务系统对接采集音频、视频、图像数据；支持对录音录像采集终端采集口述档案、重大活动全貌档案数据；支持断点续传、超大文件导入、高速传输工具、传输过程中加密等功能。

第三，声像档案编目、著录、整理。通过语音识别、人脸识别、NLP 等人工智能技术，解决当前声像档案管理中的编目难题，实现智能分类、自动编目、自动著录等功能。

第四,声像档案管理。按照严格保存计划对声像档案数据进行长期保存管理,系统提供存储规则的制定、存储路径的设置、存储方式的选择等功能。

第五,口述档案、重大活动档案管理。系统支持对收集的口述史料和重大活动的音频、视频、图像、文书进行综合展示和编目。

第六,声像档案的检索利用。系统在支持传统文本检索的基础上,实现"以图找图、文字搜图、分帧查询"等一站式检索。

第七,声像档案统计分析。支持通过多维度组合条件进行声像档案数据的统计分析,并结合柱状、饼状、曲线图表以及数据报表显示结果等。

打造声像档案收集、管理、保存、利用"一站式"服务平台,提高对声像档案载体、档案内容、档案元数据和档案管理信息的感知、处置能力,通过技术应用让声像档案实现对收集的口述史料和重大活动档案的管理,真正盘活馆藏声像档案。

打破传统声像档案管理方式,从档案"数字化"到档案"数据化",将人工智能技术运用到声像档案管理中去,在声像档案得到长久保存的同时,为今后的查询、利用、编研提供方便,努力挖掘声像档案的价值,结合实际情况,系统研究和实践人工智能技术在声像档案管理与利用中的具体路径与策略,为各级单位声像档案的管理与利用提供可靠依据,使档案真正为社会服务,推动我国声像档案管理工作迈入智能化新阶段。

社会教育文化机构数码照片档案管理和开发利用对策

黄跃曼

温州市妇女儿童活动中心

摘　要:公益性社会教育文化机构,是党和政府服务社会、开展各种文化活动、丰富群众文化生活、提升群众幸福感的主阵地,是人民群众接受社会文化素质教育的主要场所和成长成才的摇篮。在各种大型主题文化活动、素质教育、领导视察、重要人物参访、社团活动的过程中,形成了大量纪实的、艺术的对国家和社会具有保存价值的数码照片。加强公益性社会教育文化机构数码照片档案管理和开发利用,对于总结工作经验、宣传人民美好文化生活、增强文化自信、助力浙江文化大省建设,具有十分重要的意义。

关键词:数码照片;档案管理;开发利用

1 数码照片档案管理存在的问题

1.1 思想认识不足,制度不健全

无论是职能管理部室,还是一线业务部室,往往偏重文书档案的整理归档,而对数码照片收集归档管理工作的重要性认识不足。《数码照片归档与管理规范》于 2014 年 12 月 31 日发布,2015 年 8 月 1 日实施,相较于历史悠久的文书档案管理,整体上在工作业务宣传和经验积累上都还有待加强,也影响了数码照片归档与管理制度的建立,以至于各业务部室在大型主题文化活动、领导视察、重要人物参访、重要会议、素质教育、社团活动等过程中产生的大量照片没有及时收集,往往存留在摄影人员个人手中,随着时间的流逝而遗失,导致无法弥补的损失。

1.2 档案收集不规范,管理利用难度大

首先,数码照片有成像快速、无须等待胶片冲洗、经济实惠等特点,所以一场大型主题文化活动,摄影者为拍摄到满意的照片,可以拍摄成百上千张数码照片,为达到理想的活动宣传效果,所选照片会经过后期编辑,这些经过编辑丢失了 EXIF 信息的照片往往被缺乏专业培训的业务部室收集归档,导致归档照片不合规范。其次,缺乏具备一定摄影技术和摄影鉴赏能力的档案管理人员。档案管理人员在收集照片时无法辨别数码照片的优劣,部分归档照片主题不鲜明、寓意不深刻、纪实性不强、曝光不恰当、对焦不清晰、构图不合理、色彩不自然等,导致实际应用价值不高,增加了档案整理的难度。依据《数码照片归档与管理规范》,机构纳入归档的数码照片数量庞大,部分档案专业指数欠缺(如没有附相关的文字说明),各业务部室归档滞后,使得数码照片档案管理和利用都存在难度。

1.3 专业人才缺失,业务水平不高

公益性社会教育文化机构因岗位设置有限,鲜见科班专业档案人员,档案管理岗位往往由文书兼任,因此缺乏专业档案管理人才,且因档案工作不受机构领导重视,人才难留,流动频繁。机构档案管理缺乏专业性,数码照片归档与管理方面的能力更是捉襟见肘;兼具一定摄影技术和摄影鉴赏能力的档案管理人才少之又少。机构对数码照片归档与管理的重要性认识不足,导致业务培训缺乏及指导不力。没有接受过适当培训的业务部室,在数码照片管理方面缺乏工作使命感、收集归档不规范。

2　加强数码照片档案管理的对策

2.1　强化管理意识,完善工作制度

数码照片档案管理是公益性社会教育文化机构档案工作的重要组成部分,为当今读图时代加大文化活动传播力度提供重要图片来源,有效助力文化工作高质量发展。对公益性社会教育文化机构来说,数码照片是保存开展各种活动情况的重要载体,是日常工作情况的有效记录,是重要会议和重要事件的真实历史记录。要做好数码照片档案管理需做好以下几点工作:首先,领导重视是数码照片档案管理的重要保障,只有领导重视,数码照片档案管理涉及的人、财、物才能得到有效解决,各业务部室才会重视此项工作。其次,要建立数码照片归档相关规章制度,明确数码照片归档的范围、时间、要求等,尤其是要确定各部室的职责,确保大型主题文化活动、素质教育、重要会议、重要人物参访的图像资料都能保存下来,不缺失不遗漏。最后,要开展检查监督,定期对重要工作的照片归档情况进行检查,及时查漏补缺,加强指导监督,不断加深各业务部室对数码照片归档工作的认识。

2.2　明确岗位职责,规范归档管理

要做好公益性社会教育文化机构数码照片档案管理,单靠宣传是不够的,要确保有人做,并施行科学合理的归档标准和流程。一是要明确岗位职责。人数较多的大型公益性社会教育文化机构,如果条件允许,可以配备专职档案管理人员进行管理;规模不大的机构,要明确数码照片归档岗位职责,由行政管理部室人员承担,落实人员保障。二是要规范数码照片归档标准。对照《数码照片归档与管理规范》,对归档照片的格式、附加文字说明、同一内容归档数量、归档时间等做出规定,使归档照片既要内容完整准确,又要简洁清晰,避免重复累赘。三是要科学整理、分类存储。对同一全宗内的数码照片档案按"保管期限-年度-照片组"分类,对同一照片组内的数码照片档案按形成时间排列。为保证快速便捷检索查找照片,要对数码照片采用建立层级文件夹的形式进行存储,建立"数码照片档案"总文件夹,在总文件夹下依次按不同保管期限、年度和照片组建立层级文件夹,并以保管期限代码、年度和照片组号命名层级文件夹。四是要加强保管、利用工作。数码照片存储为一式三套,一套封存保管,一套供查阅利用,一套异地保存;隔一段时间要进行抽样机读检验,如发现问题应及时采取恢复措施。要按规定做好利用、鉴定、销毁工作。

2.3　加强专业培训,提高业务素养

随着社会科技水平的突飞猛进,人才成了社会竞争和发展的重要生产力,数码照片档案管理人员不但需要档案管理专业知识,还要有较强的计算机运用能力,更要有一定的摄影技术和摄影鉴赏能力,让档案管理人员参加专业的继续教育是必要之举。要加强对各部室员工的宣传培训,开展档案管理、计算机应用、摄影技术、摄影鉴赏等培训,提高全体员工档案业务素养,增强他们的数码照片归档意识,形成数码照片归档的良好氛围。最后公益性社会教育文化机构要总结员工规划、培训与职业发展的成功案例来应对代际变化,推动机构整体档案工作的长期稳定发展和经验传承。

3　开发利用数码照片档案资源

公益性社会教育文化机构的数码照片档案既是自身重要工作发生、发展、提升的历史记录,也是人民群众社会文化活动的历史记录,既是文化载体,又是文化资源,有着巨大的开发利用价值。下面结合温州市妇女儿童活动中心开发利用数码照片档案的实例谈策略。

3.1　做好查阅利用,提高项目成果申报成效来助推机构文化事业发展

公益性社会教育文化机构在完成项目活动之后,总结梳理项目活动的亮点成效,对归档的数码照片档案进行整理、分析、利用,结合文字、数据等形成图文并茂的材料向上级汇报工作、参加项目评比或学术交流、开展纸媒或网络平台的宣传等,以此来助推机构文化的事业发展。温州市妇女儿童活动中心以辉煌的工作业绩,凭借图文并茂的送审材料在 2023 年获评浙江省家庭教育创新实践基地;教务小组连续三年参加各级巾帼文明岗的创建申报工作,分别在 2021 年获得温州市巾帼文明岗、2022 年获得浙江省巾帼文明岗、2023 年获得全国巾帼文明岗荣誉称号。

3.2　举办档案展览,提升机构文化形象,扩大社会影响力

数码照片记录了公益性社会教育文化机构在开展重要工作时的情况,如大型主题文化活动、领导视察、重要人物参访、重要会议、素质教育、社团活动等,这些照片间接反映了机构服务社会的水平,展现了优美的活动环境。将这些数码图片按一定的主题制成图片在橱窗中展览或制作成精美的照片墙,向来访领导、学员、活动群众更好地展现机构的社会功能、良好的文化形象,加深他们对机构的了解。2019—2023 年,温州市妇女儿童活动中心参与公益活动的群众人数从 31592 人/年升至 45150 人/年;参加长期素质教育的学员人数从 9673 人/年升

至 13412 人/年。有效提升了机构的经济效益和社会效益,扩大了社会影响力,丰富了温州市人民群众的业余文化生活。

3.3 加强档案编研,促进机构文化建设,助力浙江文化大省建设

大型主题文化活动、领导视察、重要人物参访、重要会议、素质教育、社团活动等重要工作留下来的数码照片档案,是机构发展历史的重要记载,是机构文化的重要沉淀,也是人民群众社会文化活动的历史记录。对机构成立周年活动、重大文化交流活动等形成的数码照片档案进行整理编研,制成温州市妇女儿童活动中心宣传册、历年大型主题文化活动回顾纸质相册、优秀美术作品视频集、优秀书法作品视频集、优秀摄影作品视频集等,制作“百个支部看共富”宣传片,来弘扬优秀文化,营造良好文化氛围,促进机构文化建设,助力浙江文化大省建设。温州市妇女儿童活动中心分别在 2015 年、2016 年、2017 年被评为温州市未成年人思想道德建设优秀基地,2017 年被授予温州市亲子阅读示范基地,2021 年获温州市“幸福温州”建设成绩突出集体荣誉。

加强和改进临床医学博士后档案管理的对策

黄利斌

浙江省肿瘤医院

摘　要:在全国博士后管委会办公室试点启动实施临床医学博士后项目背景下,该文论述了临床医学博士后进站、在站及出站形成的档案的归档范围及价值作用,分析了博士后档案管理中存在的档案管理意识不强、干部人事档案缺失或信息有误、科研档案归属不明、在站期间过程档案管理欠缺等问题,提出了加强和改进博士后档案管理对策。

关键词:临床医学;博士后档案;问题;对策

浙江省肿瘤医院(以下简称“医院”)经浙江省人力资源和社会保障厅(以下简称“省人社厅”)批准在 2010 年成为省级博士后科研工作站。2015 年,医院经浙江省推荐,通过中华人民共和国人力资源和社会保障部(以下简称“人社部”)审批,正式成为国家级博士后科研工作站。2021 年,医院博士后科研工作站被省人社厅评为浙江省 2020 年度优秀博士后科研工作站,是省内唯一一家入选的

医疗卫生单位。

临床医学博士后档案记录了博士后进站、在站及出站的科学研究全过程,不仅留存了关键实验数据、珍贵科研记录及相关干部人事材料,也为博士后出站后继续从事科学研究提供了知识储备。

1　临床医学博士后档案的归档范围及其重要性

现阶段,国家及各省(区、市)对于推进公立医院的高质量发展,明确提出要加强高层次创新型医学人才队伍建设,尤其是临床医学博士后培养工作,即坚持医学研究与临床实践相结合,博士后研究与住院医师规范化培训相融合。临床医学博士后档案正是在医学人才培养中形成的对本人、单位及社会具有保存价值的各类文件材料。目前临床医学博士后档案主要内容包括博士后人员在进出站办理、在站期间科研工作及考核管理中形成的具有保存价值的重要历史记录及其他涉及干部人事档案应收集的归档材料。

经过多年的实践及梳理,临床医学博士后档案的归档材料涉及13项:加盖设站单位公章的博士后研究人员进站备案证明、博士后研究人员进站审核表、年度考核表、专业技术职务或职称证明或评定材料、工资核定或变动有关材料、博士后研究人员工作期满审核表(其中退站人员保存博士后研究人员退站表)、进站学术考核材料、进站时签订的劳动(聘用)合同或工作协议、中期学术考核材料、出站学术考核材料、博士后研究工作报告、博士后人员出站人事关系调转材料(如行政、工资关系转移介绍信,档案转递通知单等)及其他具有科研保存价值的干部人事档案应归档材料。

医院目前主要与浙江大学、南京医科大学、浙江中医药大学、中国科学院化学研究所、中国科学院宁波材料技术与工程研究所及中国科学院杭州医学研究所等各高校科研院所联合招收博士后,到2023年底,从事临床医学博士后人数已过百,占全院临床医生数约10%,人数在浙江省内医疗卫生单位名列前茅。医院极其重视对博士后的培养工作,这对一家临床型医院转型为研究型肿瘤中心具有重要意义。

临床医学博士后档案除了传统意义上作为博士后工作查考的依据外,也是临床工作与医学研究工作的纽带和载体,是医院选拔医学创新人才的重要依据,为人才选拔、人才使用方面提供真实可靠的信息,为人才管理工作搭建了一个公平、公正、公信的选人用人平台。[1]

完善的临床医学博士后档案可以反映出医学人才培养成才的轨迹,便于医院根据其研究方向及成果,遴选创新型人才聚集到医院的重点工作团队——"十大MDT团队""四大肿瘤中心"及"七大创新团队"中去,充分发挥其在建设研究

型肿瘤中心过程中的重要作用,也能侧面反映出医院人才培养工作与医院核心临床业务工作的实际开展情况以及紧密结合程度。

2 临床医学博士后档案管理存在的问题

临床医学博士后研究工作,是一项多学科、跨领域的交叉融合工作,会根据实际的项目进展进行调整,故其产生的档案会呈现出与其他门类档案不同的特点,其贯穿了博士后进站、在站、出站的全过程,无法直接归属于现有分类中的任一类目,与人事类、科研类等档案都有交叉。博士后研究工作一般为 2 年,除了涉及医院外,还涉及联合招收的博士后流动站。不同的博士后会因其院内博士后导师的研究方向及实际要开展的课题,与联合交叉学科的博士后流动站导师进行合作。例如:医院联合浙江大学数学学院,培养一名博士后从事肿瘤超声影像数据库的构建及人工智能分析;联合浙江大学医学院,培养一名博士后从事肿瘤标志物研究;等等。因每个博士后合作的博士后流动站不同,相应负责课题的导师、博士后流动站所属学院博士后管理人员及其档案管理要求也会有所不同。根据以往的工作经验,目前博士后档案管理中主要存在以下问题。

2.1 档案管理意识不强

医院与多家博士后流动站有联合招收博士后的经验,发现不同的博士后流动站对于博士后档案的管理有所不同。少数博士后流动站的管理人员在博士后出站后,才会将博士后从进站、在站到出站所形成的一整套博士后档案通过机要的形式寄送至医院。但大部分博士后流动站管理人员,毫无档案整理意识,且不提供任何形式的博士后档案寄送,需要医院反复联系沟通后,才会提供博士后的部分档案。这应该与现阶段人社部还未统一制定博士后档案归档范围、标准等有关,相关博士后流动站管理人员的档案管理意识淡薄。

2.2 干部人事档案缺失或信息有误

一般医院博士后工作站管理人员,在接收到相关的博士后档案后,会审核档案材料,会发现部分博士后流动站寄送的博士后档案缺失了相关干部人事档案材料。例如,在 2023 年招聘入职的博士后中,医院发现两名博士后出现问题,如缺少博士后的专业技术职务评定证明,博士后的进站审核表信息与干部履历表信息对不上,等等。

2.3 科研档案归属不明

前面也提到博士后档案中会涉及科研档案,由于合作的博士后流动站不同,单位分属不同行政区域,且高校科研院所相互之间又不存在隶属关系,因此,很难让合作的博士后流动站参照医院博士后工作站的档案管理制度执行。在实际的博士后培养过程中,只明确了医院与要联合的博士后流动站对博士后人员的科研任务要求,但双方未指定专人收集、整理、鉴定及保管相应的档案等,更未明确产生的科研档案是各自归档,还是统一交给医院博士后工作站或联合的博士后流动站存档。

2.4 在站期间过程档案管理欠缺

博士后档案管理往往更重视成果档案,而忽视了过程档案。大家往往更关注这个博士后在经过科研训练之后,是否有足够多的科研产出,但在产出过程中,需要大量的科学计算、推演、重复试验、反复比对,也会产生大量的科学数据历史记录。[2]对诸如实验记录等过程档案的重视程度不够,会导致部分重要过程档案未按要求及时归档、档案收集工作与博士后科学研究进展不同步等潜在风险。

3 加强和改进临床医学博士后档案管理的对策

3.1 强化档案管理意识

医院博士后工作站及联合的博士后流动站领导层面的重视是做好博士后档案管理的重要保证,要不断完善博士后工作制度,促进博士后管理体系健全,细化博士后工作站和博士后流动站管理人员之间的分工,科学规范地统筹管理博士后档案。指派专人负责建立博士后档案管理人员队伍,通过定期与不定期的培训交流、深化中期及期满考核等方式,互促互学,探索建立统一标准,提高博士后档案管理人员的职业素养,巩固专业技能成效。同时通过各类博士后工作培训、考核等结合线上线下多元化方式,强化博士后档案管理意识和服务宗旨,为博士后档案收集、整理、鉴定和保管工作打下坚实的基础。

3.2 加强各方协同治理

应统筹兼顾医院博士后工作站与联合的博士后流动站之间单位的档案管理水平差异,由医院作为牵头单位,负责协调各方,统筹制定统一的归档标准和建档规范,建立自上而下的档案协同管理体系。博士后流动站对照该标准规范与所在课题组一同做好档案收集工作,医院按照该标准规范对博士后档案进行检查、反馈,指导课题组将各自产生的成果档案、过程档案、管理文件和相关的音视频、电子文件以及其他形式的材料移交给医院;如有移交原件困难的,可以移交盖有单位公章的复印件或电子文件复制件。同时为了日后查找便利,可参照重大科技项目档案管理,探索建立"目录集中、实体分散"的保管模式。[3]

3.3 探索三阶段归档

按实施过程,可将博士后培养划分为 3 个阶段,分别是开题准备阶段、中期考核阶段及期满考核阶段。博士后科学研究一般为 2 年,若碰到延期的,最长可达 6 年。较长的研究周期,无法人为地拆分项目执行过程、机械地按年度归档,可探索采用按阶段归档的模式,将科学研究工作和档案工作同步管理。在每个阶段完成后,档案管理人员应同步提出归档要求,实施源头控制,加强立卷指导。在期满考核验收时,档案收集情况未达要求的,须整改完成后方可验收。在博士后培养的不同阶段,课题组的专职档案人员会同单位档案管理负责人共同做好过程档案的鉴定工作并合理划分保管期限。分阶段归档模式要求在开展博士后研究的同时,同步检查博士后档案收集、归档情况并及时做出反馈与整改,确保档案的完整性、成套性和规范性。

注释

[1]张立美、于长海:《医院干部人事档案专项审核工作浅析》,《浙江档案》2022 年第 9 期,第 59—61 页。

[2]高朝阳:《国家科技重大专项档案管理存在的问题及思考》,《北京档案》2022 年第 8 期,第 32—34 页。

[3]李盛楠、王芳:《e-Science 背景下重大科技项目档案收集归档研究》,《北京档案》2018 年第 9 期,第 15—18 页。

基于人事代理制人员档案管理存在问题与对策建议

——以丽水市第二人民医院为例

曾静钰

丽水市第二人民医院

摘　要:人事代理是指政府人事部门所属人才交流服务机构依法接受单位或个人委托,为其提供人才人事管理服务的代理制度。人事档案记录每个人的学习、工作和成长经历等重要信息,在单位选人用人中起到关键作用。当前人事代理的人事档案管理存在职责不明,档案管理不到位,档案材料不齐全、不完整等问题。该文结合实际就人事代理制人事档案管理存在的问题提出对策建议。

关键词：人事代理；人事档案管理；对策建议

人事档案记录了每个人学习、工作和成长经历等重要信息，是个人经历、现实表现、工作业绩等内容的重要载体，尤其是在单位选人用人中起到关键作用。因此，必须做好人事档案科学、有效管理。人事代理人员是劳动用工的重要补充，其人事档案的管理不容忽视，是单位有效运作的重要保证，当前代理人员的档案管理存在各种问题，亟须解决。

1　医院人事代理制现状及档案管理问题

人事代理是指政府人事部门所属人才交流服务机构依法接受单位或个人委托，为其提供人才人事管理服务的代理制度。它是我国为适应市场经济发展需要逐步推行的一种新型的人事管理社会化方式。它的实施克服了人事管理中长期存在的人员能进难出、职责能上难下、待遇能高难低与干好干坏一个样等弊端，提高了人事管理效率，对于实现单位自主择人、人才自主择业，人尽其才、才尽其用，优化人才结构、促进人才合理流动，发挥了积极而重要的作用。

以丽水市第二人民医院为例，人事代理制的实际情况是，医院通过招聘、考核将编外人员吸收进来，转聘为代理制人员。该医院现有医护人员 875 人，其中，人事代理制人员 376 人，占总数的 42.97%。

医院负责代理制人员的绩效考核、工资调整、职称评审、缴纳"五险一金"等事宜，而人事档案关系接转、档案管理等由人才服务中心负责。这一方式虽能增强医院人力资源配置的合理性，但在实际工作存在一定的问题，尤其是代理制人员档案管理方面。

1.1　职责不明，档案管理不到位

人事代理制人员依据合同，将人事档案交由人才服务中心管理，而人才服务中心只起到保管原始档案的作用，对个人被单位录用、在职学历提升等产生的材料也未采取任何主动收集、整理的行为。人才服务中心对于自身职责和档案管理本身的认知不明确、不清楚，导致无法正确、规范地开展档案管理工作。另外，医院一些领导认为人事代理制人员并非编制内人员，属于编外人员，其人事档案也不在院内保管，档案收集整理与医院无关，导致其人事档案七零八落，医院存一部分，人才服务中心存一部分。

1.2　人档分离，档案重视度不足

医院人事代理制人员采取的是人档分离管理，代理制人员的工作考核、工资

调整、职称晋升、奖励处分等重要档案材料在医院产生,但医院人事、档案部门对这些材料不闻不问、随意摆放,造成档案长时间得不到补充或长期"无人问津",影响了整个档案的价值及正常使用,导致出现"死档"和"空白档"。

1.3 资料不全,档案缺乏完整性

存于人才服务中心的许多档案都是第一手材料,属于个人的学籍档案。当个人被单位录用后,个人学习、工作经历处在动态变化中,职称职务晋升、工资调整、人事档案也处在不断变化中,这就要求人才服务中心及时对档案材料进行调整更新。医院对人事代理制人员档案的忽视、人才服务中心对档案重要性认识不足造成档案材料更新、补充不到位或者不及时,导致档案材料的不齐全,影响了人事档案的完整性。

2 加强人事代理制档案管理的对策建议

通过对以上代理制档案管理中存在问题的分析,笔者认为,加强人事代理制档案管理须要着重解决思想认识、制度建设和人员素质等方面的问题。

2.1 树立和强化人事档案意识

首先,要提高思想认识,从代理制人员和档案工作人员两方面同时入手,通过制定宣传手册、发放宣传手册、开展档案科普讲座等形式,将档案的重要性、人事档案的内容以及如何补充等普及给相关人员,利用互联网、新闻媒介等多渠道、全方位、多角度加强档案宣传,使其牢固树立档案意识,逐渐形成人事档案新型管理理念。其次,要转变观念,紧跟时代发展变化,以"人事档案信息化"为目标,加大人事档案工作投入,借助现代信息管理技术,通过云计算大数据等先进的科学技术,不断对人事档案进行补充和优化。

2.2 构建科学完善的人事代理制档案管理制度

首先,在对人事档案自身管理制度进行补充和完善的同时,要制定出代理制人员人事档案管理办法,以人档统一的模式对代理制人员进行管理,明确代理制人员范围、档案建立流程、归档内容及管理使用等,使代理制人员的人事档案进、出、管、用逐步规范化。其次,要注重管理办法及相关制度的落实,确保责任到人,医院组织人事处指派专人负责管理人事档案,加强档案管理工作的日常监督和管理。在出现问题时,能第一时间找到责任人,尽快解决问题,以免造成更大的损失。最后,建立院本级档案。根据工作需要,可以建立副高以上职称、硕士研究生以上学历的人员人事档案副本,同时参照在编人员建立对应管理制度,保存相应的核心个人档案信息。通过对档案管理办法及相关制度的完善、落实,推

动人事代理制档案管理工作科学有序地开展。

2.3　提高人事档案人员的综合素质

结合实际来看,人事档案工作越来越复杂、宽泛,且具有较强的政治性,这就对人事档案工作人员的综合能力提出了更高的要求。首先,通过人才招引的方式,选聘专业对口、能力突出、工作严谨、责任心强的人员从事相关工作,组织院内的岗前培训,通过对卫生健康系统档案专业知识、相关法律法规及医院档案业务实操的学习,提高人事档案工作人员的业务水平和工作效率,为做好人事档案工作打好基础。其次,根据档案科学化、精细化的管理要求,选优配强医院的人事档案队伍,积极开展人事档案队伍教育培训活动,强化专业知识和职业素养的学习,提高人事档案工作人员的综合能力。最后,实施考核激励机制,激发人事档案工作人员的工作热情,充分调动其工作积极性,确保人事档案完整、规范,减少"死档"和"空白档"的数量。

综上所述,人事代理制是在医院现有的编制制度上,以实际情况为导向采取的一种创新用人机制。它使医院用好编外人才队伍,也让编外职工队伍发挥最大作用,成为医院发展过程中不可或缺的中坚力量。与此同时,人事代理制也给医院人事档案工作带来了许多新的挑战和专业性的建议,而作为人事代理制档案工作人员则需要不断强化档案意识、健全完善管理制度和不断提升自身的业务能力和专业水平,这样才能规范有序地开展代理制档案工作,更好地为医院人事档案工作提供有力保障。

试论人才档案在专科医院等级评审中的重要性

王霞琴

嘉兴市康慈医院

摘　要:完整规范的人才档案不仅是各类人才的历史记录,更是医院统筹协调各类人才的重要参考,是医院良性发展不可或缺的重要组成部分,为医院等级评审提供人才支撑。完善的人才档案在三级精神病专科医院等级评审中发挥着不可替代的作用,助推医院全方位可持续发展,促进人才考核的科学性与公正性,为人才培养奠定基础。

关键词:人才档案;专科医院;等级评审

等级医院评审对医院发展至关重要,特别是三级医院评审关乎当地卫生事业的快速发展。成功通过三级医院评审标志着医疗、科研、教学能力已领先当地,并有望成为区域医疗中心,推动当地医疗卫生行业发展,造福百姓。尽管评审标准严苛,但各地三级医院仍积极申报。

相比大型综合性医院,精神病专科医院的优势在于专注精神与心理专科的精细化发展,劣势包括学科交叉性不足、综合性不强、急救能力欠缺和科研力量薄弱。弥补缺陷的关键在于临床、管理、信息技术和科研等各类人才的通力合作。为此,专科医院建立完善的人才档案至关重要。人才档案的建立有助于医院进行人才摸底、统筹安排工作,实现人尽其用,提高评审准备效率;也是医院管理规范化、科学化、信息化的重要标志。人才档案的管理是等级医院评审准备中的关键环节。

1 人才信息的收集

全面、系统、科学地收集人才信息是发挥人才档案功能的前提。人才信息来源范围的片面、狭隘将影响医院等级评审准备工作的有序进行,长远来看,也可能导致医院整体发展目标、定位、规划等的局限、零碎,最终对医院核心竞争力产生消极影响。

1.1 整体信息与个体信息

个体信息是人才档案的基础,大型医疗机构会建立医护人员个人专业技术档案,如教育、执业、培训经历等。但除个人档案外,医院还应针对不同人才类别建立整体信息档案,以便准确宏观调控。例如,三级精神病专科医院等级评审中会对人力资源配置进行精细量化,要求医院掌控全院人才分布信息。因此,整体人才档案的建立与个人档案同样重要。

1.2 专项信息与综合信息

综合信息反映人才全面属性,大规模医疗机构建立的人才档案即为综合性档案。专项信息反映医院人才在特定领域或亚专科的情况,是精神病专科医院的软肋。浙江省三级精神病专科医院等级评审标准细化考核至二级科室、亚专科等层级。医院应根据各员工发展方向制定不同的人才档案专项信息,如普通精神科、老年精神科等,以明确各员工擅长的领域,促进医院全面化、精细化发展。

1.3 量化信息与非量化信息

对于精准化考核的人力资源配置指标,需实现人才档案信息的量化采集。同时,非量化信息如员工发展意愿、擅长领域、科研水平、对医院的要求与建议、急救能力等同样重要,关乎医院人力资源配置的合理性。

1.4 动态变化信息

任何事物都处在动态变化中是马克思辩证唯物主义的经典观点,医院和员工也不例外。员工成长过程伴随身心的变化与发展,带来不确定性。医院应避免对员工和人才有刻板印象和思维,而应主动关注、收集员工的新意愿、想法、建议、观点、理念、技术和方向信息,动态完善专业人才档案,以适应时代的发展。

2 以等级医院评审为契机,助推医院全方位发展

2.1 提高医院规划与决策的合理性

医院规划是医院发展的关键,关乎成长、进步与生存。浙江省三级精神病专科医院等级评审标准强调中长期发展规划,特别关注急危重症和疑难疾病诊疗服务。制定符合评审标准和社会利益的医院规划,需参考人才档案。人才档案为医院规划提供导向,如嘉兴作为国家社会心理服务体系建设的试点城市,医院可从人才档案中选拔相应人才培养。针对青少年心理问题频发,人才档案能提供精神专科人才信息,助力医院针对性培养,使规划更具目标导向。

合理的发展规划与人才档案是医院科学决策的重要依据,有助于医院在倾斜和扶持领域做出合理、正确的评价与分析。例如,等级医院评审要求精神专科医院提升急危重症诊疗能力。医院可结合人才档案,制定扶持政策,提升处置能力。再如,精神病专科医院等级评审中对精麻药品管理提出严格要求,医院可依据人才档案加大药学人才培养与管理,既符合评审标准,又保障患者和医疗安全。

2.2 提升医院科研、教学水平与能力

基层医院在科教研方面普遍存在软肋。浙江省对三级精神病专科医院的科教研提出了明确要求,包括论文、课题、成果转化、继续教育、高学历人才、教学量等,科研人才档案可帮助医院梳理科教人才,制定帮扶和培养措施。作为教学医院,教学人才档案可提供教学特长和带教经验信息,助力选拔教学人才。等级医院评审是医院科教研发展的契机,科研及教学人才档案是潜力宝库,可促进成果转化,为百姓健康做出贡献。

2.3 提升员工法律素质与司法鉴定质量

在建设社会主义法治国家背景下,依法执业、行医是医院正常运行的前提,也是避免医患矛盾、消除腐败的关键。各等级医院均将依法执业作为重要评审指标。医院可通过人才档案筛选医学与法律的复合型人才,积极引进法律人才,建立专项人才档案支持依法执业。作为市级精神卫生中心,医院还承担司法鉴定工作,需对司法鉴定人才建立专项人才档案,梳理其资质、业务能力等指标,提升司法鉴定的公正性和权威性。

2.4 提升医院运行的信息化、智慧化水平

作为"世界互联网大会永久举办地"的精神病专科医院,需致力于推行医院管理与运行的信息化、智慧化,提升管理效率和患者体验。浙江省三级精神病专科医院等级评审标准明确智慧医院建设要求,涉及多个环节的信息化与智慧化。因此,信息技术人才在当前环境下至关重要。基于此,医院可建立信息技术人才档案,提升信息化、智慧化水平。

3 以等级医院评审为抓手,促进人才管理的科学性

3.1 为人才评优评先、职称晋升提供客观依据

医院的发展取决于人才合作互补。员工业务、业绩与人才考评紧密相关,但晋升职称和业务指标考核有时难以量化且时间长。因此,动态、及时更新的人才档案能客观翔实记录成绩,方便考核部门评价,确保评优公正客观,激发人才工作热情。医院等级评审也在完善人才认定、聘用、考核、评价管理体系中提出明确要求。

3.2 奠定人才培养的坚实基础

人才是医院的核心竞争力,人才档案为医院提供客观依据和全面的人才支撑,对人才培养与储备有重要意义。等级医院评审则促进人才挖掘与建设,是人才锻炼成长的催化剂,也是衡量人才水平的重要依据。人才档案的完善与等级医院评审相互促进。全面分析评价人才档案,强化其在人才考核、职称晋升及培养中的引导性,实现人尽其才,为提升医院核心竞争力与综合实力奠定基础,助力通过专科医院等级评审。

3.3 促进人才档案管理的专业化与科学性

专科医院应有针对性地收集专业技术人员的技术、业绩、专长、科研能力等

方面的档案,并建立专业人才管理制度,安排专人管理。需强调三点:一是人才档案应随人才变化实时更新,形成可视化成长档案;二是新引进人才应及时建档,保持档案延续性、完整性和系统性;三是运用信息化技术整合各类人才档案工作,提高管理效率。

社区慢性病"一户一档"电子健康档案管理探析

史明明

象山县急救站

摘　要:社区居民慢性病电子健康档案的建立,是社区有效开展慢性病防控和管理的基础,对于推动建设"健康浙江"发展和创新具有十分重要的意义。该文分析建立慢性病电子健康档案的背景、优势和管理现状,探讨并提出积极有效的措施。

关键词:电子健康档案;慢性病防控;社区卫生

慢性病管理工作是我国卫生健康工作的重点。针对居民常见慢性病患病率持续增长的趋势,我国以社区为基础的慢性病防控及干预体系得到重视,在社区卫生服务中心搭建防控综合平台,建立社区居民慢性病健康档案。而电子化档案的应用把居民健康档案管理推上了一个新台阶,不仅有利于规范社区卫生服务工作,为社区慢性疾病的综合防控提供有力依据,也有助于社区慢性病"一户一档"管理的研究和推进。

1　建立社区健康档案电子化管理的背景

城乡居民健康档案反映了所在辖区内常住居民的健康情况,以"户"为单位,进行个人基本信息、健康体检、重点人群健康管理记录和其他医疗卫生服务记录。象山县在 2006 年 6 月就已试行建立城乡居民纸质健康档案,2010 年,根据《浙江省基本公共卫生服务规范》要求,全县 18 个镇乡(街道)推行实施社区卫生服务信息化管理系统,社区慢性病电子健康档案启用。全县采用与宁波市统一的数字化管理智慧平台(后更新为浙江省平台),统一标准建立信息采集模板,社区卫生服务医务工作者将居民相关健康信息录入,居民在各医疗机构就诊时,医

务工作者就能实时获取个人健康档案信息数据,尤其是慢性病患者的数据,实现了社区健康档案电子化动态管理与信息共享。

2 慢性病"一户一档"电子化管理的优势

2.1 确保档案的规范归档

社区居民慢性病健康档案以家庭为单位,由社区医生通过入户走访建立,后续回访、记录、归档保存,采用纸质档案收集健康信息,再录入电子档案系统。从纸质档案过渡到电子档案,改变了纸质档案归档保存占据空间大、档案数量多、查找信息烦琐、工作效率低的情况,也避免了多因素导致的纸质档案损坏、遗失和毫无价值的"死档""重档"的发生,有效提升了健康档案的可利用率。

2.2 实现档案的动态管理

促进慢性病患者自我管理能力的提高是建立健康档案的价值所在。社区医生的定期入户、电话回访,以及患者到各医疗机构就诊中的健康监测,都在实时更新健康信息,丰富档案内容,实现了档案的动态管理,便于医生了解患者的健康状况,进行慢性病防控措施和行为宣教,真正做到变"死档案"为"活档案"。

3 社区慢性病电子健康档案的管理现状

3.1 建档意识不强

提高对社区慢性病健康档案工作重要性的认识,是满足社区慢性病管理服务和需要的首要发展条件,原因在于居民健康档案可以为社区医生的慢性病管理工作实践提供服务。因健康档案未被纳入综合档案室管理,医院领导往往对其缺乏重视,只注重档案数量,对内容把握要求不高,档案管理制度落实监督不够到位。提高建档医院对建档工作的重视程度,首先要提高思想意识、明确方向;其次要健全健康档案管理制度,制度落实不能流于形式,要形成台账资料;最后要明确职责,以公卫科牵头的责任分级管理要层层落实,专人专职,同时做好档案规范化培训和指导、监督等工作。

3.2 归档不全

据了解,基本公共卫生规范化管理达标率计算以辖区核定人口基数为指标,各类慢性病的指标数也有所不同。比如:某街道常住人口5万,糖尿病规范化管理达标人口为 1.5 万,高血压规范化管理达标人口为 1.7 万,实际存在一部分慢性病人口未被纳入慢性病管理。虽然象山县已连续 6 年获得宁波市基本公共卫生服务项目考核第一,2023 年获得浙江省基本公共卫生服务项目规范化考核全省第二的优异成绩,但实际操作中这部分慢性病人口成为社区慢性病电子健康管理中的"漏网之鱼",应归档档案不全是重要的客观原因。

3.3 档案更新不及时

慢性病发展是个动态变化过程,慢性病健康档案管理有别于急诊、门诊和住院病历管理,它是一个长期且实时动态的管理。档案更新不及时,主要原因是社区医生大多兼职从事此项工作,时间精力有限,加之慢性病管理人数持续上升。不能对所有已建档的档案进行及时更新,是普遍存在的问题。

3.4 管理人才匮乏

目前,社区卫生服务中心普遍存在档案管理人员配备不足、配备不合理现象,原因有以下三点:一是社区医生兼顾医疗门诊和社区服务工作,任务重,加班多,导致人员流动频繁,年轻医生在从事建档工作中业务能力和经验不足,工作效率低;二是编外人员充实到电子档案管理岗位中,受年龄、专业和学历的限制,对医学专业术语的理解不到位、电脑操作能力欠缺等都直接影响到健康档案的质量,制约了社区慢性病档案电子化管理的可持续发展。

3.5 硬件设施不完善

随着社区居民健康管理工作的推进,居民的健康意识也有所增强,健康信息管理平台也在不断更新。但是,由于资金投入较少,目前大多数社区慢性病电子健康档案的录入工作仍设在社区卫生服务中心的社区管理办公室内完成,属于合署办公。未有独立的健康档案室,也未纳入单位的综合档案室管理,档案的安全性得不到保证,患者的隐私得不到保护。而现有的计算机设备等也无法满足实际需求,造成管理率下降,不利于社区电子健康档案的管理和开发利用。

4 加强电子健康档案管理对策与建议

4.1 完善管理模式

在长期的电子健康档案管理中摸索出适合当下的管理模式,有利于完善电子健康档案的持续发展。制定适合本社区的慢性病管理实施方案和考核办法,按照"定区、定户、定组、定人"原则,社区卫生服务中心以老带新、包干管理等形

式落实责任到个人,提升年轻医生全科能力。对纳入慢性病管理的高血压、糖尿病、肿瘤、心脑血管疾病、慢性阻塞性肺疾病、精神病等进行分类管理,利用现代信息技术,实现信息数据的更新统计,促进对慢性病的管理研究。

4.2　加强业务培训

加强对社区医生和电子健康档案管理员的培训,开展多形式的业务知识学习会、专题讲座、外出参观等,提高慢性病管理应用技术水平,提升服务理念与意识,更好地对患者进行长期、有针对性的健康管理,高效利用电子健康档案。

4.3　创造安全环境

要改善并创造电子载体的内外环境,应提高电子健康档案终端设备及网络传输的安全,定时对软硬件进行更新、升级和维护,电子信息化设备始终要处于良好状态。及时备份档案信息,严格控制管理人员使用权限。逐步与综合档案室接轨,依照规范化档案室建设标准实行管理,保证档案的真实性和完整性。

随着健康档案的建立,完整的电子档案信息有助于提升社区慢性病防控效率。构建完善的居民慢性病电子健康档案管理体系,不仅是为了适应规范化管理的需要,也是社区卫生服务中心的重点工作任务。今后,电子档案管理将越来越受重视,也面临更高的要求,需要我们在实际工作中积极探索和实践,努力走出一条新路子,更好地为社会、患者服务。

疫情防控时期疾控机构档案的收集与利用

陈　翠

杭州西湖风景名胜区行政服务中心

摘　要:该文阐述疫情防控时期疾控机构档案工作特点,并就如何做好疾控机构疫情防控档案的收集与利用进行分析。建议应从源头管理、人员管理、过程管理、结果管理等方面,通过制定完善疫情防控档案归档标准、加强特殊时期档案业务培训、提高档案利用效率等手段,不断完善疾控档案的应急服务能力,为今后各类疫情的应急处置提供参考。

关键词:疫情防控;疾控档案;收集;利用

疾控机构作为政府主管的公共卫生管理服务的公益性单位,其职责主要包括预防并控制传染病、地方病、寄生虫病、慢性非传染性疾病等疾病蔓延,各类疫情、灾害、突发公共卫生事件等应急处置,免疫规划管理,健康危害因素监测,健康教育与健康促进,实验室检测,等等。在各类疫情防控期间主要承担流行病学调查、疫情分析研判、指导培训、实验室检测、健康知识科普等内容,是创造健康环境、保障人民身体健康、维护社会安全稳定的主力军。疾控机构在疫情防控期间形成的各类档案可以为科学研究、政府决策、健康教育等提供很好的参考,本文进一步梳理疾控机构档案的收集与利用工作,为今后更加科学、有效地应对各类重大疫情提供经验借鉴和技术储备。

1　疫情防控时期疾控机构档案的工作特点

1.1　收集难度大

疫情突然发生后,政府部门、专业部门难免准备不够充分。再者由于疫情防控期间所有工作人员高度忙碌、压力巨大,很难兼顾疫情档案信息的收集。另外,由于疫情具有较强的传染性,工作过程、工作场合都需要进行严格的管控,非专业技术人员很难进入疫情防控工作现场,容易造成档案的形成、收集等具体工作慌中出错的被动局面,比如得不到及时归档保存,容易丢失遗漏,无法进行后期弥补等。另外,疫情形势瞬息万变,而疫情防控工作是随着疫情的变化而变化的,过程中经常产生不确定性、随机性的资料,进一步加大疫情档案资料收集的难度。

1.2　时效性要求高

2003 年 5 月,国务院发布的《突发公共卫生事件应急条例》指出,突发公共卫生事件主要是指突然发生,造成或者可能造成社会公众健康严重损害的重大传染病疫情、群体性不明原因疾病、重大食物和职业中毒以及其他严重影响公众健康的事件。新冠疫情符合突发公共卫生事件特点,起势急、蔓延快,不确定因素多,各项应急处置时间仓促,因此对疫情档案收集的时效性比其他常规档案要求更高。

1.3　牵扯面非常广

疫情防控牵涉面非常广,比如新冠疫情防控是在当地党委、政府的统一领导下,多部门(行业)联防联控、专防专控、群防群控。疾控机构档案来源渠道众多,既有政府部门的通知、应急预案、会议纪要、通报告示,也有专业部门的诊疗信息、流行病学调查信息、检测数据、分析研判等,还有针对公众的防控知识宣传、

答疑解惑,涉及的部门多、时间跨度长、收集内容繁杂。

2 疫情防控时期疾控机构档案收集利用建议

2.1 源头管理,及时制定归档标准

各级档案主管部门应加强对疫情防控文件材料的收集范围、归档时限等工作的业务指导,确保应归尽归、应收尽收。这些疫情防控文件为疫情防控期间如何做好档案收集、整理工作提出了明确要求和操作规范,让基层单位可以有的放矢地做好档案归档工作。

2.2 人员管理,提升档案工作人员的专业素养

一是加大档案专职人员的招聘和培训力度。疫情防控期间的档案管理需要更有素质的专业人才,疾控机构应积极争取政策支持,借势扩招,引进具有档案、信息化等专业背景的人才,主动参加上级档案部门组织的业务培训,发挥好桥梁作用,第一时间掌握新要求,第一时间反馈基层新情况。二是普及单位内部档案兼职人员的全员培训。疫情防控档案内容丰富、载体多样,涉及全部职能科室,作为档案收集的第一现场,只有把兼职档案员培训好,才能保证档案收集过程不出现丢失、遗漏现象,做到应收尽收。三是建议档案行政管理部门选派专家,定期指导疾控机构疫情防控档案的收集整理工作,发现问题,及时协调解决。

2.3 过程管理,确保疫情防控档案完整齐全

一是制定单位内部简便的流程规范,明确各部门疫情防控档案的收集内容、整理规范、归档时间等要求以及职责分工,做好前端控制,确保档案兼职人员全面收集疫情防控档案。二是把好归档关。档案人员要根据疫情发展形势,按月或按季度对各科室收集的档案进行整理和审核,对不符合要求的,及时退回补充完善,以确保疫情档案的完整性,维护档案原貌。三是建立工作例会制。在疫情的不同阶段,档案收集整理的侧重点不同,通过例会制,既可以及时调整人员力量满足不同时期档案工作的各个应急需求,又提供给大家信息互通、答疑解惑的平台,进一步确保档案收集整理按期推进、如期完成。四是加强与相关部门的联系合作。比如志愿者组织及成员名单,各医疗卫生机构接收、诊治病例及疑似病例形成的文件材料,社会救助、捐赠等资金和物资来源、分配使用等方面的情况,各类宣传及奖惩材料等。要及时与上述相关部门联系,加强对疫情防控资料的收集与管理,促进疾控档案归集完整,形成合力。

2.4 结果管理,不断提升档案利用效率和价值

档案的价值在于反映历史,其最终目的并不是简单的储存保管,而在于为利

用者提供服务。疫情防控期间,对新冠病毒的认识,从不明原因新发传染病到最终明确传染源、传播途径、易感人群,收集了大量档案资料;要充分发挥该资料的作用,加大与政府媒体、自媒体的沟通合作,加强疫情防控舆情引导,把防病知识带入村社、校园、机关企业等,提供专业的卫生健康防病咨询,切实提高广大群众的自我防病能力。要及时整理分析,形成本地区、本行业、本单位的防控手册,为后续能及时、有序、有效开展疫情防控提供科学参考。后疫情时代,建议档案主管部门将疫情期间收集的疾控档案进行分类整理,通过专题汇编、宣传展览、学习报告会等载体方式,宣扬社会主义核心价值观和正能量,进一步弘扬疾控精神、增强疾控文化自信。同时,尝试建立疾控档案专题数据库平台,开通档案上传功能,对上传录用者进行适当奖励,鼓励社会各界补充疫情防控资料,作为疫情防控档案的永久存储基地和开发利用中心。

医院人事档案保密与隐私保护的策略

陈　蓉

宁海县中医医院

摘　要:基于信息化的医院管理模式,以及人事档案具有保密性等特殊因素,医院人事档案管理、共享和保护面临着新的挑战。该文针对医院人事档案面临的安全风险和隐私问题,提出相应的策略,即规范前期收集工作,严格数据访问权限控制,提升管理人员综合素质,处理好利用和保密的关系,推进人事档案管理科学化。

关键词:医院;人事档案;保密;隐私保护;策略

随着"互联网＋"环境影响力的逐步提升、医疗行业的快速发展,医院的人事档案管理已从纸质档案转向电子档案。信息化技术的飞速迭代、现代化医院的精细化管理模式使医院人事档案的管理、共享和保护也面临着新的挑战。基于信息化背景,根据医院在档案管理方面的安全性、便捷性和高效性等要求,医院人事档案保密和隐私保护能力需要不断提升。

1 医院人事档案内容

医院人事档案管理涉及医院员工从入职到离职期间人事信息的全周期管理，主要涵盖基本信息管理、招聘与录用管理、培训与发展管理、绩效评价与考核管理、职称评定与晋升管理、奖惩管理、离职管理等七方面内容。医院人事档案全面记录着员工的学历、劳动合同/聘用合同、工资福利、岗前及业务培训情况、年度考核、绩效考核、职称申报晋升记录、荣誉、奖励、惩处以及退休、离职证明等情况。医院通过对人事档案进行分析可以较为全面地把握医务人员的职业能力以及专业技术水平。

2 医院人事档案保密与隐私保护的重要性

医院人事档案因其包含健康等敏感性、特殊性信息，其保密与隐私保护显得格外重要。

2.1 法律合规性

《中华人民共和国个人信息保护法》规定个人信息包括个人基本信息、身份信息、财产信息、健康信息等。保护员工档案的隐私符合法律法规的基本要求。包括但不限于《中华人民共和国个人信息保护法》《中华人民共和国劳动法》等相关法律法规，明确规定了个人信息保护的要求。未经授权查阅或泄露员工档案信息可能触犯法律，导致面临法律责任和诉讼风险。

2.2 员工权益保障

医院在收集员工信息时，应向员工解释信息用途，确保信息的使用符合合法、公正的原则，尊重员工知情同意。医院人事档案中包含员工的身体健康状况、病历记录、检查和诊疗结果等重要信息，尤其是健康信息是非常敏感的个人信息，泄露这些信息会给员工带来极大的困扰和风险。比如，员工可能会在获得其他工作机会时遭受不公正待遇或歧视。医院作为一个存储大量健康信息的机构，必须严格遵守法律规定，保护员工及患者的隐私权。

2.3 提高管理质效

建立完善的档案保密与隐私保护机制有助于提高医院内部管理效率。合理规范的保密流程和权限设置，可以避免信息泄露或误用，确保员工档案信息的准确性和完整性，可以提升人事管理工作的质量和效率。

3　医院人事档案保密与隐私保护的策略

加强医院人事档案的保密与隐私保护,确保档案安全,是现代化医院管理和可持续健康发展的必然要求,需要结合医院人力资源实际,注重工作策略,提升工作效能。

3.1　规范前期收集工作

保证员工人事档案的完整性和准确性,在归档前,人事部门要明确收集范围,仔细核对基本信息、入职信息、培训记录、绩效评价、奖惩记录等,确保档案资料的真实性和完整性。管理人员要明确规定员工档案的存储期限和处理方式,建立定期备份档案的制度,以防止因意外事件而丢失重要信息。在规定期限内移交医院档案室或上级主管部门档案室。

3.2　严格数据访问权限控制

规范员工处理人事档案信息的行为,明确责任和权限,以规范和强化数据保护。确保只有授权人员才能查阅和处理人事档案信息。医院可以建立多层次的权限控制体系,根据员工的职责分配不同的权限,实行最小权限原则,确保敏感信息只能被有关人员访问。原则上由医院组织人事部门负责查阅人事档案。

3.3　提升管理人员综合素质

加强档案管理人员专业能力,包括文件分类、归档、保管、销毁等方面的能力。加强法律法规培训,提升保密意识和保密能力,理解并严格执行相关的隐私和保密政策。特别要强化员工安全意识培训。对医院全体员工进行隐私保护和数据保密培训,让他们认识到人事档案信息的重要性和特殊性,指导他们正确处理和保护敏感信息。同时,要加强医德医风教育,使其具备细致耐心的工作态度和良好的沟通协调能力,能够认真负责地处理档案管理中的各项工作,与医院不同科室的员工进行有效的沟通和协作。

3.4　处理好利用和保密的关系

加强人事档案保密与隐私保护的目的是规范人事档案的利用。规范电子人事档案管理系统,强化数据存储传输安全,建立良好的追溯机制,运用信息技术,提升档案利用便捷性,提高人力资源工作效率。

综上所述,在"互联网＋"环境下,信息化技术在人事档案管理中是把双刃剑,既要充分发挥其优势,又要采取科学有效的策略,推进人事档案管理科学化,确保员工的信息不被泄露或滥用,维护医院的声誉和信誉。

基于媒资管理系统的融媒体档案管理

——以龙港市融媒体中心为例

王同景

龙港市融媒体中心

摘　要：在媒体融合发展的情况下，媒资管理应通过信息化手段，引入媒资管理系统，科学解决媒资管理存在的问题，使媒资档案管理与媒体融合发展相适应，实现管理标准化、安全化、便捷化，最大限度地发挥媒资的档案价值。

关键词：媒资；管理；融媒体；档案价值

在媒体融合向纵深推进的当下，媒资管理系统日益普及，作用不断彰显。与此同时，如何做好基于媒资管理系统的档案资源管理成为亟待解决的问题，本文以龙港市融媒体中心为例，探讨如何做好基于媒资管理系统的融媒体全生命周期的档案管理。

1　媒资档案内容

1.1　内容引入

媒资档案内容的引入是一个系统化和多步骤的过程，以确保内容的准确性、完整性和安全性。内容引入有远程文件回传和专用传输客户端两种方式，支持视频、音频、文档、图片等多种类型的素材档案入库。对纸质的人事资料可以通过扫描、拍照等方式进行数字化转换，再引入媒资档案库。

1.2　内容审核

媒资档案内容在引入系统后，需要进行审核。资料员通过审核软件可以对即将入库的档案内容进行质量指标和元数据的审核，是媒资入库质量控制的重要手段。审核分为技术审核和人工审核，对档案中的敏感信息、重要人物可以自动提示，再通过人工进行辅助审核。

2　媒资档案整理及编目

媒资档案编目采用 B/S 方式完成对编目数据的审核校准。近年来,随着 AI、云计算、大数据等技术的迅猛发展,智能标签编目技术也逐渐进入媒资档案管理中。通过 AI 处理技术,对音视频文件里的信息进行自动提取,经过融合推理处理提取完成的信息,形成专属档案资产管理标签。针对新闻节目,实现具备新闻多层级的编目标签;针对其他类型节目,实现节目层的语音、字幕、人像等标签填充。智能编目后的档案再通过人工编目审校进行调整。

3　媒资档案检索

媒资管理系统支持全文检索、图片检索、多种条件过滤检索等。支持在检索结果中选择素材,点击关键帧或标题,进行内容预览。

3.1　全文检索

输入特定的文字内容,使用全文检索功能能迅速筛选出所有包含这些文字的档案资料信息。系统以直观的树形结构展示符合条件的档案资料,使用户能够清晰地浏览并选择。用户只需轻触所需档案资料的标题,即可轻松进入详情页面。在档案资料的查看权限范围内,用户能够查阅视频、音频、图片、文本等格式的文件,从而全面了解档案内容。此外,内容检索和浏览功能模块还有档案资料映射等功能。

新闻报道提及的人物、地点和事件都可以智能识别,为档案资料增添了丰富的背景信息。通过映射,用户不仅能够深入了解当前的档案资料,还能够便捷地链接到其他相关的档案资料,极大地提高了档案资料信息的利用率和用户体验。

通常,全文检索是将存储于系统中的任意内容信息查找出来。该方式由于覆盖范围较广,很难做到查询结果的精确命中,而新型的联想递进式全文检索基于高效全文引擎,在全文检索基础上根据命中内容对象的不同属性特征,直接反馈推送节目类型、分类、存储状态、栏目、首播日期等多层面的过滤条件,用户能快速过滤,实现精确的检索结果定位。同时检索词输入时也能支持智能提示、智能纠错等高级功能。

3.2　档案资料图片检索

针对重要人像信息,可采用以图搜图功能,提高检索效率。选择领导人、明星、主持人等的人像图片后,系统将其关联的档案内容进行快速呈现,对人物进

行档案信息介绍。

3.3 高级检索

高级检索功能支持用户根据一定的范围自由组合检索条件,从而更精确地找到所需的档案素材。常用的可自由组合的检索条件包括实体名称、节目类型和分类、创建日期以及首播日期等。如果用户对这些档案素材的属性有较深入的了解,可以选择这种检索方式,以迅速而准确地定位到所需的档案素材。

3.4 类检索

为方便档案资料的检索,制作媒资系统可根据节目资料来源、类型等分类,分类信息可直观地显示在检索界面,分类方式可在后台管理配置中定义。

3.5 主题检索

管理员通过媒资管理中的主题管理模块对主题进行管理,快速组织与主题相关的资料提供给使用者。用户在主题检索中根据相关主题进行检索,快速得到感兴趣的相关素材。

3.6 档案资料检索结果显示

在检索系统中,检索结果显示方式可能有多种,如列表方式、缩略图方式等,检索界面可根据工作人员实际需求定制、修改。对检索结果可以进行在线预览,预览方式有音视频流媒体在线预览、关键帧缩略图预览、图片在线预览、原图预览、主流文本内容在线预览等。

4 媒资档案使用

媒资管理系统支持将内容库中的媒体资源出库推送到龙港市融媒体中心内现有业务生产系统。通过媒资管理系统,可以将选定的档案资料文件和 XML 信息发送至指定的共享区域,随后业务生产系统可以自动从该区域获取这些文件和信息,并将其导入各自的系统中。媒资管理系统支持多格式出库,支持对出库任务进行审核。媒资管理系统还支持在内容库中直接选择目标素材进行下载操作,文件直接下载到用户本地,用于其他系统的生产和使用。

媒资管理系统建设能使龙港市融媒体中心全部媒资档案资料得到科学有效的管理。档案资料的全生命周期管理都集于媒资管理系统,对档案资料进行再利用、再开发,在确保安全的同时提供利用便利。

关于数智赋能干部人事档案工作中的问题与思考

陈 芳

杭州市萧山区干部人事档案服务中心

摘 要:数智赋能干部人事档案工作能够统筹建、管、用各个环节,实现管理操作的数字转化、管理标准的电子审核、管理环境的智能管控等,是保护档案本身、提升利用质效、扎牢安全防线的重要举措。但在落实数智化工作过程中,仍然存在细节不到位、队伍不稳定、统筹不够等情况。如何从"实""稳""统"字入手,进一步夯实数智化建设基础,加大队伍建设和关心关爱力度,多方联动全覆盖推进数智档案工作是该文探讨的重要内容。

关键词:干部;人事档案;数智赋能;问题

干部人事档案是教育培养、选拔任用、管理监督干部的重要基础,是新时代党的重要执政资源。随着数字化改革的不断推进,干部人事档案工作进入了迭代提升、转型发展的重要阶段,单纯的纸质档案数字化已远远不能满足当前工作的需要,数智赋能干部人事档案工作已成为必然趋势。

1 干部人事档案数智化的概念及必要性

1.1 干部人事档案数智化的概念

干部人事档案数智化是指通过信息化手段,统筹建、管、用各个环节,实现管理操作的数字转化、管理标准的电子审核、管理环境的智能管控等,全面盘活档案资源、提升档案管理质量和管理效率、降低档案管理风险的现代化智慧管理模式。通过完善档案信息系统建设,实现收集、管理、利用三大档案业务赋能优化,实现干部人事档案工作一屏掌控、业务流程一贯到底、档案数据一览无余。通过建设智能库房,运用智能档案柜、档案卫士系统、自动消防喷淋系统、监控系统等物联网产品,在智能环境监测、自动档案分域、实时档案盘库、精准掌握档案现状等方面,实现档案的数智化管理。数智化管理让干部人事档案工作更加深度嵌入干部工作链条,在教育培养、选拔任用、管理监督干部和评鉴人才等方面充分发挥出档案的基础支撑作用。

1.2　干部人事档案数智化的必要性

第一,干部人事档案数智化是保护档案本身的必然要求。传统的档案管理模式是纸质档案管理模式,在利用过程中需要不断存取,在查阅时需要摘抄、复印等。长时间多频次地翻阅极易导致纸张变黄、破损、丢失和字迹、印章模糊等问题,也可能存在原件折损、抽取、撤换、涂改等风险。此外,纸质档案管理对储存环境要求也高,工作人员不断进出库房将不利于库房环境的管理。干部人事档案数智化可以大大减少纸质档案的取用次数,减少或避免使用过程中的损毁、遗失、涂改等情况,对档案存放环境也能进行实时监测,不仅保护了纸质档案的完整性、真实性、可靠性,也延长了纸质档案的寿命。

第二,干部人事档案数智化是提升利用质效的必由之路。数字化改革要求以实战、实用、实效为导向,突出改革破题、系统重塑,形成新能力。干部人事档案数智化顺应集中管档潮流,让材料接收归档、查(借)阅、转递利用等日常工作更加便捷规范,让深度分析、利用及挖掘档案价值更加科学高效。通过互联网实现远程调用,更加便捷地为决策提供详细、及时、准确的数据信息,通过系统进行干部个性特点、能力特长分析,在选用干部过程中更加便捷高效。数智化使干部人事档案充分发挥出在建设高素质专业化干部队伍中的重要作用,使真正优秀的人才到真正合适的岗位发光发热、服务发展,为优化人力资源规划配置给予充分的技术保障和有效的信息支持。

第三,干部人事档案数智化是扎牢安全防线的重要法宝。推进干部人事档案数智化工作,可以在档案安全"人防"基础上,进一步做强"物防"和"技防"。对档案及档案材料接收、查(借)阅、整理加工等关键环节进行重点监督,对网络安全进行分级保护,对保管环境及基础设施进行智能监控,强化网络安全保护和数据全周期安全管控,确保档案信息绝对安全,做到使用有痕迹、数据有备份、环境有监测。在严格落实防火防灾红线要求的同时,扎牢档案管理工作全流程安全防线,实现实时监测、智能预警。

2　干部人事档案数智化的现状及问题

自 2015 年以来,全国各地大力推进干部人事档案专项审核工作。2018 年后,又逐步推进集中管档工作。有条件的地方,还率先开展了数字化专项行动,将干部人事档案管理工作由纸质向"指尖"转型。2018 年 11 月,中组部负责人就制定印发《干部人事档案工作条例》答记者问时指出,干部人事档案涂改造假等问题严重损害了档案的权威性和公信力,迫切需要从制度建设入手研究解决,扎紧"篱笆"、筑牢"堤坝",从根本上铲除干部人事档案造假等问题存在的土壤和条件。干部人事档案数智化工作正是贯彻落实《干部人事档案工作条例》,杜绝档案涂改造假等问题的有力举措。但在具体实施过程中,仍然存在各种各样的问题。

第一,工作落实不到位、基础不牢导致成效不够明显。一是主体责任落实不够到位,干部人事档案专项审核不到位,缺失材料久未补全,"三龄"认定久拖不决,后期材料又制作不规范、不准确,移交不及时,相关主管部门监督指导也不够。二是基础建设落实不到位,信息化建设工作报批程序复杂,各单位间协调不畅,要求不明,人力物力未及时到位,导致建设进度缓慢,跟不上更新换代的节奏,甚至出现前期工程刚结束,新的国产化替代项目又启动的情况。三是系统建设落实不到位,各类信息化系统各有所长,也各有所缺,因版权问题等较难实现联通共享,同一条信息需要工作人员在多个系统中更新维护,系统的不稳定、不完善导致工作人员需要线上线下两本账,信息化系统建设的初衷没能较好实现。四是宣传教育落实不够,无论是领导还是工作人员,大数据管理意识不强,安全防范意识不够,对干部人事档案工作本身不够重视,各项工作的推进都是按部就班,按上级规定落实的居多,独立创新和率先作为的偏少,因担心出错往往还存在观望现象,建设好的系统也大多只应用在少数领导查看信息、日常查阅档案打印资料等方便的层面。

第二,工作队伍不稳定、专业不强导致基础问题多。干部人事档案工作需要政治可靠、作风正派、实干担当、业务素质好的中共党员干部来从事,但在现实工作中,这些优秀的工作人员往往因长期不被重视而萌生换岗欲求。尤其是年轻干部,面对烦琐又责任重大的档案工作,默默奉献数年却不被领导重视,条线荣誉基本没有,其他荣誉也轮不到,还要经受老档案材料造成的身体过敏等不适反应,心理上难免萌生前途无望、职业倦怠转而换岗的想法。工作队伍的不稳定直接造成工作上前后延续不够、经验传承不够、专业性相对欠缺等问题,导致后期工作不够科学规范,基础问题偏多,即使要求整改也总容易出现整改不到位的情况。

第三,工作统筹不够、建管用分离导致实用性偏弱。一是建设单位的多样化导致改善功能模块时沟通协调困难,寻找责任方时容易出现相互推诿的情况。建设单位内部工作人员的稳定性和专业能力不够等原因也会导致干部人事档案数智化建设沟通不畅、耗时较长且难以达到预期的情况。二是管理人员身兼多职,无法集中精力落实好各项数智化工作,在使用各类数智化软硬件时发现的问题也未得到较好解决,工作中想要实现的功能难以实现,一定时间后就容易对数智赋能干部人事档案工作失去信心。三是档案本身的保密属性导致可供选择的软硬件少,符合资质要求的企业少,加上联通上下级干部人事档案系统需要专线,该专线建设门槛高、受限多,大多数单位无法办理,办理后也需要承担较高风

险责任,还要多出台账记录和迎接检查等工作,这在一定程度上限制了数智赋能干部人事档案工作的应用范围。

3 优化干部人事档案数智化工作的对策与建议

第一,从"实"字入手,夯实数智化建设基础。抓主体责任落实,制定档案整改工作方案,倒排任务,挂图作战,常态化检查通报,将基础工作做细做实;抓基础建设落实,跟进数智建设相关配套设备更新,打通财政、数管、纪检、机关事务服务中心等部门渠道,保障资金、场地、器材等及时配备到位;抓系统建设落实,从业务需求出发,梳理核心业务,再造办事流程,提高操作便捷性,让应用更加实用、好用、易用;抓宣传教育落实,树立全员档案意识,让更多的人掌握基础档案知识,明确规范填写档案材料的重要性,减少或避免不必要的整改退回,宣传"万无一失,一失万无"的观念,增强忧患意识,压实各方责任。

第二,从"稳"字入手,加大队伍建设和关心关爱力度。严格落实《干部人事档案工作条例》中"每管理1000卷档案一般应当配备1名专职工作人员"的要求,实行干部人事档案管档人员持证上岗。常态化开展业务培训与交流,既要加强党性教育和业务培训,也要加快培育一批懂档案业务、懂数字技术的复合型人才。新政策、新要求要第一时间传达给一线管档人员和制发材料的人事、工资干部。设置最低服务年限,新进管档人员未取得上岗证前原任管档人员一般不得调离。及时表扬先进,定期评选先进单位和个人,选送优秀管档人员到上级单位挂职锻炼,给予管档年限较长的工作人员以一定的政治、经济待遇,关心关爱管档人员的成长进步和身心健康,让他们能够安身、安心、安业。

第三,从"统"字入手,多方联动全覆盖推进数智档案工作。加强顶层设计、统筹谋划,避免不必要的人力物力浪费。完善分级负责,集中管理体制,打造政策统一、相互衔接、有机配合的工作新格局。坚持以建促用、以用促建,跨层级、跨地域、跨系统、跨部门、跨业务协同管理和服务。聚焦组织所需、档案所能、未来所想,瞄准辅助决策这一定位,汇聚业务流、执行流,生成辅助决策流,加快推进数智赋能干部人事档案工作,让更多的人享受到数智化档案的红利,真正达到工作更便捷、信息更全面、管理更可靠的目标。

加强医院党务档案管理探究

麻丁俊

浙江省立同德医院

摘　要:近年来,我国医院管理体系越发完善,坚持党委领导下的院长负责制,是新时代医院建设发展党的建设的中心议题,是实现医院高质量发展的政治保障,党务工作能够顺利稳定地开展,对于促进医院管理水平的提高具有重要意义,因此,进一步规范医院党务档案的管理显得尤为重要。该文结合实际情况对医院党务档案管理的实际情况进行研究,分析医院党务档案管理现状及其中存在的具体问题,并提出优化措施,为更好地开展医院党务档案管理提供参考。

关键词:医院;党务建设;档案管理

医院党务工作的主要内容包括组织建设、思想建设、作风建设、制度建设、宣传工作、相关保障等方面。党组织建设主要是加强医院支部建设,提高党组织的凝聚力和战斗力。党员队伍建设主要是加强党员教育、管理和监督,提高党员素质、充分发挥党员作用,是实现医院高质量发展的政治保障。

医院党务档案管理工作有着重要意义:一方面,妥善的档案管理能够及时记录和保存医院日常管理中的事务和党组织活动以及人员调动情况,涵盖文件从前期处理到后期保存的全过程、各方面。另一方面,党务档案管理作为指导党务工作的科学依据,对于医院的党建工作也起到良好的促进作用。

1　当前医院党务档案管理面临的挑战

在当前医院高质量发展的要求下,数据化、信息化的党务档案存储模式已经基本覆盖,而目前依然存在的问题是,对于存档后的档案信息依然很难做到全面科学的管理,关于如何高效读取档案内容、发掘有效信息并进行合理使用,仍需探索研究,具体有以下几点。

1.1　党务档案管理重要性认识不足

在当前的医院党务档案管理中,一个显著的问题便是管理层和工作人员对党务档案重要性的认识不足。技术进步和管理方法的更新为档案管理提供了新的可能,但在实际操作中,很多医院仍然忽视了党务档案的核心价值。具体而言,一些医院的管理者和党务工作者对于党务档案的理解停留在表面,将其仅视为日常行政工作的一部分,而非党建工作的重要组成。这种观念上的不足导致对档案管理工作的轻视,甚至在一些情况下,档案只是作为形式主义的工作被简单处理。

此外,对于档案的利用和价值发掘也大多被忽略。党务档案作为记录医院党建活动和成效的重要资料,本应成为推动医院发展和改革的重要参考,但由于认识上的缺失,这些宝贵的信息和数据未能被充分利用。

1.2　档案管理技术水平参差不齐

另一个突出的问题是医院党务档案管理人员之间的专业技能参差不齐。部分医院对党务档案管理人员的专业培训投入不足,导致很多工作人员缺乏必要的档案管理知识和技能,直接影响到档案的整理质量。一些工作人员在处理档案时,难以准确执行分类、整理和归档等工作,这不仅增加了日后查找和使用档案的难度,也可能导致重要信息的遗漏或错误记录。

1.3　党务档案规范化标准难以统一

在推动"标准化党支部"建设的过程中,医院面临着党务档案标准化存档的显著挑战。虽然院方制定了一系列标准化要求,旨在通过统一的档案标准提高管理质量和效率,但在实际执行过程中遭遇了不少困难。必须承认,各党支部对于这些标准化要求的理解程度和自身的执行力度存在明显差异:有些支部能够较好地遵循规定进行档案的编制和整理,而部分支部则因为对标准化认识不足或资源缺乏,难以达到预期的水平。这种不均衡执行不仅使整体档案管理缺乏一致性,也给后续的档案使用和维护带来了难度。

1.4　档案利用路径效率低下

党务档案作为医院综合档案的一部分,通常以纸质版形式存在,并按照长期保存的要求进行电子化处理和日常维护。然而,这一转化过程中的效率低下以及对档案存取路径的管理不畅,严重影响了档案智慧化管理的实现。由于电子化水平和设备的限制,党务工作者需要调取相关档案时,常常面临复杂的过程和长时间的等待。此外,档案存取的安全性和保密性要求高,现有的技术和设备暂时难以在保障这些需求的同时实现高效的档案存取。这不仅妨碍了档案的即时使用,也限制了档案在党建工作中的应用范围和深度。

2　强化党务档案管理的策略建议

党务档案的性质决定了其具有体量大、积累快、保密要求高的特点,近年来,医院党建工作的深化也让医院党务档案工作的难度不断提高。在这个基础上,医院党务档案的科学化、智能化管理需要多方互动来加以实现,其中既需要医院党委和上级部门的大力支持,也离不开基层党务工作者的组织能力和协调能力。医院在提升自身党务工作水平、完善党务档案管理等方面依然大有可为。

2.1　提升党务工作者的党建工作和档案管理意识

在医院党务档案管理中,首先需要加强管理层和党务工作者对党务档案重要性的认识。医院可以通过组织专题培训、研讨会以及党务工作者间的经验分享来实现。培训内容不仅应当包括党务档案的基本知识和重要性,还应包括档案管理的先进方法和实际案例分析。此外,医院应制定明确的政策和激励机制,鼓励并奖励那些在党务档案管理方面表现出色的个人或团队,以此来提升全体员工对党务档案管理工作的重视程度。

2.2　提升党务工作者的专业能力

医院应当设立专门的档案收集团队或工作人员,负责定期收集各类党组织文件、会议记录、党员发展材料等重要档案资料,确保信息的及时获取和充分收集,并为党务工作者提供系统的培训和持续的学习机会。这些培训应包括档案管理的基础知识、现代档案保管技术、档案信息化处理以及档案利用策略等方面。医院还应引入高质量的外部培训资源,比如专业培训机构提供的课程或研讨会,以及通过实操工作坊提供的实践经验。同时,医院也应定期评估党务工作人员的档案管理技能,确保他们能够不断地提高自己的专业水平,以适应不断变化的管理需求。

2.3　实现档案标准化、规范化建设

对于医院党务档案的标准化建设,关键在于制定和实施统一的档案管理标准和规范。医院党委应牵头,联合相关部门共同制定详细的党务档案管理制度,明确档案收集、整理、归档、借阅等各项具体操作规程,确保每一步都得到规范执行。这些操作规程不仅应符合党务管理的要求,还要考虑到档案管理的实际操作便利性和效率。例如,在规范档案整理归档流程上,医院应当制定详细的档案整理、归档操作规程,统一档案的分类、编号、归档标准,确保档案的整理工作有章可循,归档的位置清晰可查。医院还应当建立健全监督评估机制,并定期对档案管理工作进行审查与评估,发现问题及时整改,提升档案管理水平和质量。

2.4 优化存取流程和技术支持

为了提高党务档案的智慧化管理水平和使用的便捷性,医院需要优化档案的存取流程,并加强技术支持。医院可以从以下几个方面推动党务档案的信息化建设:一是借助现代化信息技术手段,建立党务档案信息化管理系统,实现档案信息的数字化存储、检索和管理,提高档案管理的效率和便捷性。二是投入资源升级档案管理系统,使其更加智能和友好,例如通过引入高级的搜索算法和用户界面优化,以便党务工作者能快速、准确地检索和获取所需档案。三是建立高效的档案维护和更新机制,确保档案信息的及时性和准确性。此外,必须完善档案安全管理制度,建立档案保密制度和权限管理机制,确保档案信息的安全性和保密性,防止泄露和不当使用。通过以上措施,医院不仅能够提高档案管理的效率和安全性,还能够更好地支持党务工作和医院的发展。

加强和优化医院党务档案管理是提升医院党建工作质量的关键环节,对医院的长期发展和管理效率提升具有深远影响。通过提高党务工作者对档案重要性的认识、加强工作者的专业技能培训、实施档案标准化和规范化,以及优化档案存取流程和技术支持,医院能够确保党务档案的高效管理和有效利用。这些措施不仅能够提高档案管理的专业性和系统性,还能够为党建活动提供坚实的信息支持,促进医院整体业务的发展和提升。因此,医院应将党务档案管理视为重要工作,持续投入必要资源,创造一个高效、规范、智慧的档案管理环境。

浅析现代流动人员人事档案的管理问题

胡巧丽

泰顺县人力资源和社会保障局

摘　要:新形势下人才流动日趋频繁,流动人员的人事档案管理工作也面临着新的问题和挑战。虽然各地人才服务中心都开始对流动人员人事档案管理工作重视起来,但是依然存在很多问题。该文根据近年来的工作实践重点首先分析流动人员人事档案管理的重要性和意义,其次提出优化流动人员人事档案管理的实践举措,以此来让管理人员转变观念,进而使得流动人员人事档案管理工作的质量以及效率得到进一步提升。

关键词:流动人员;人事档案管理;实践举措

随着市场经济的快速发展,国内人员的流动越来越频繁。人才的流动促进了社会的进步和发展,与之相对应的流动人员档案管理工作面临着新的问题和挑战。近年来,中央和省制定、修改了一系列关于流动人员人事档案工作的政策法规和规范性文件,用以规范流动人员人事档案工作,让流动人员人事档案管理逐步走上了有法可依、有章可循的正轨。

1 流动人员人事档案管理意义

1.1 为进行流动人员社会化管理提供一定保障

流动人员人事档案是真实反映流动人员政治面貌、才能、社会履历、工作实绩以及家庭状况、社会关系等情况的历史记录材料。随着我国社会主义市场经济的不断发展和进步,流动人员日渐增加,同时也促进了流动人员人事档案管理相关部门的发展。流动人员人事档案管理与民生稳定问题息息相关,利用流动人员人事档案对各地流动人员进行科学合理化分析能够为流动人员社会化管理提供一定程度上的保障。

1.2 对流动人员个人具有一定凭证作用

流动人员在求职、读研、落户、政审、公证等的时候,都需要进行人事档案审核。《流动人员人事档案管理暂行规定》《浙江省流动人员人事档案工作服务规范》等规定,不管是高校毕业后进行自主择业的流动人员,还是辞职或者被辞退的企事业、机关单位工作人员,其人事档案都应该交由具有管理权限的机构进行管理,不可私自保管。同时流动人员人事档案是维护流动人员自身权益的重要凭证,更是具有相应的法律效力。

2 流动人员人事档案管理存在问题

2.1 重视程度有所不足

一方面,流动人员人事档案工作仍停留在只要把人事档案装入档案袋、放在架子上,做好防火、防盗、防光、防潮等就告完成的水平上。各人才服务机构工作人员对于流动人员人事档案的收集、调整缺乏积极性、主动性,在管理上存在不同程度的滞后性和随意性。另一方面,流动人员自身对于人事档案重视不足。大部分大学生对于人事档案缺乏基本认识,毕业后基本不会主动查询人事档案去向等问题。涉及报考公职、落户等特殊事项时,这些大学生才意识到人事档案

的重要性。

2.2 交接程序不够规范

随着人员的流动,档随人走,相应的流动人员人事档案也需要进行交接。很多人员在离职后,企业并没有按照档案交接的规范流程交接档案,有的企业甚至把档案交给员工自行保管,但是很多流动人员并没有及时地将人事档案交由人才服务机构进行统一保管,导致流动人员的人事档案丢失或者损坏。还有部分流动人员对人事档案的重要性认识存在偏差,认为人事档案可有可无。这也给人才服务机构做好流动人员人事档案管理工作造成了大量人为上的障碍。

2.3 档案信息化建设滞后

随着时代的进步、信息技术的发展,各行各业普遍进行了信息化管理,部分地方的流动人员人事档案虽然也进行了信息化建设,但是由于资金、人力等因素仍以单一的纸质档案管理方式为主。已经进行了信息化建设的人才服务机构基本还停留在档案电子化的层面,缺少共享的管理软件,难以实现信息的充分利用。在目前这种档案信息化建设滞后的情况下,想要全面及时地掌握流动人员的相关信息比较困难,也难以提高流动人员人事档案信息资料共享的使用频率。

3 完善流动人员人事档案管理的对策

3.1 进一步提高对档案的重视程度

各级人才服务机构要加快完善制度,切实提升机构以及管理人员对于该项制度的重视程度,增强档案管理意识。要加强流动人员人事档案管理服务人员队伍建设,开展党性教育、理论学习、业务培训、工作交流和纪律约束等多种形式的教育培训活动,提高流动人员人事档案工作人员的政治素质、政策水平和业务能力。要在实践中进行不断创新,以科学手段来扭转"看堆收摊"的局面,尤其是在平常的档案收集过程中化被动为主动。同时增强流动人员人事档案管理的人力、物力以及资金的投入,定期对档案管理工作进行检查,以此促进流动人员人事档案管理工作顺利开展。

3.2 加大力度宣传强化档案管理意识

一直以来,大家对于流动人员人事档案管理存在认知偏差,因此加大宣传教育不容忽视。要通过多种渠道组织形式多样的流动人员人事档案管理服务知识宣传,介绍档案材料内容、形成过程及主要功能,提高用人单位和存档人对档案重要性的认识,强化档案材料收集意识,营造良好工作氛围。同时进一步强化流动人员的档案保护意识,说明档案的重要性和"弃档"的后果,营造流动人员人事档案规范化管理氛围,认真对待档案的归档问题,自觉维护档案的完整性。

3.3　推进档案信息化建设步伐

信息化是流动人员人事档案管理服务的重要手段和发展方向。各管理流动人员人事档案的部门要大力推进流动人员人事档案信息化建设,全面掌握流动人员的数量、结构、分布、流向等情况,更好地服务于高校毕业生及中专毕业生就业、流动人才党员管理等工作。要积极主动研究制定流动人员人事档案信息化建设标准,推进档案数字化,为全国跨地区档案信息的共享和管理服务水平的提升奠定基础。实行流动人员人事档案数字化也保证了档案的真实性与可靠性,减少了人员流动时导致人事档案转移过程中的修改、涂改、伪造等情况的发生,充分发挥流动人员人事档案的凭证、依据和参考作用。

综上所述,相较于企事业单位工作人员更加系统化和规范化的档案管理,流动人员人事档案管理因其特定因素存在更多不确定性和不稳定性。这也是流动人员人事档案一直以来难以管理的重要原因。流动人员人事档案管理是我国社会主义市场经济发展中的产物,是合理配置人力资源、提高人才队伍素质建设的重要举措,我们更加要在管理实践中对其进行进一步的优化和完善。在保护人事档案信息的基础上,努力转变档案管理工作意识,创新档案管理信息系统,为人才服务机构档案管理工作奠定坚实的基础。

浅谈公立学校教师干部人事档案专项审核

吴琼雯

衢州中等专业学校

摘　要:公立学校教师干部人事档案专项审核工作是教育人事管理的重要组成部分,对教师队伍建设具有重要意义。该文结合教育系统开展教师干部人事档案专项审核工作的背景、现状分析、意义,并结合工作实际提出若干建设性意见。

关键词:公立学校;教师;干部人事档案;专项审核

干部人事档案是在人事管理活动中形成的反映个人经历、道德品行、学业情况、工作表现以及家庭社会关系等情况,并以个人为单位进行归档保存的原始记录,是历史地全面地考察个人情况的重要依据,是国家档案的组成部分。科学严谨、规范真实、公平公正地开展教师干部人事档案专项审核工作,及时发现档案管理中存在的问题,科学分析,系统总结,及时纠正,能够促进干部人事档案管理工作可持续发展。

1 公立学校教师干部人事档案专项审核工作的时代背景

随着教育事业的不断发展,对教师队伍建设的要求不断提高,对教师干部人事档案的专项审核工作也提出了更高要求。中共中央办公厅印发的《干部人事档案工作条例》,突出全面从严要求,坚持干部人事档案"凡提必审""凡进必审""凡转必审",杜绝"档案造假",营造风清气正的选人用人环境。参照《干部人事档案审核工作检查验收办法》,审核的主要内容有:(1)档案材料是否齐全、完整,档案内容是否客观、真实;(2)档案材料手续是否完备;(3)档案中有无错装、混装的材料;(4)档案整理是否符合要求。

2 公立学校教师干部人事档案专项审核工作的现状分析

教师干部人事档案主要收集了教师个人信息、学习经历、业务能力、工作业绩等方面的材料,对于教师的晋升、选拔和培养等方面具有重要的参考价值。然而,当前教师干部人事档案管理中存在一些问题,影响了教师队伍建设的效率和质量。

2.1 "三龄两历一身份"问题突出

"三龄两历一身份"主要问题在于填写不一致、不规范,随意涂改,理解偏差等现象。出生年月存在阴阳历混淆、刻意篡改、虚实岁换算错误,还有身份证号码上的出生日期与档案材料中的出生日期不一致等问题;参加工作时间存在多个,干部履历登记表与转正定级表记载时间不一致;入党时间填写不一致,"预备党员时间"与"转为正式党员时间"混淆;工作经历的相关支撑材料不充足,无法证明该段工作经历,少数干部档案材料中简历使用时间倒序记载;学习经历方面,缺少学历、学位证明材料,"全日制教育"与"在职教育"概念理解偏差导致填写错误,更有甚者把"培训经历"理解成"学历教育";干部身份方面,缺少转正定级表,或佐证材料没有及时放入档案。

2.2 档案相关材料普遍缺失

由于档案材料形成部门的归档观念淡薄、办公室搬迁、人员变动等,已经办理完毕的材料没有及时送交学校档案管理部门进行归档,最终材料遗失。干部人事档案每年形成的材料都有一定的规律性,如年度考核表、薪级晋升工资变动审批表、职称晋升工资变动审批表、新进教师的工龄认定表、进(出)编备案通知单、调出调入教师的工资介绍信等,由于档案工作人员没有留心学校人事变动信息,相关材料没有及时归档。

2.3　专职档案员配备不到位

做好干部人事档案工作,需要一支好的管档队伍,专职档案员选配需要政治可靠、作风正派、有责任心、业务水平过硬的人员,并且要定期参加档案继续教育,了解最新政策要求。《干部人事档案工作条例》规定:"每管理 1000 卷档案一般应当配备 1 名专职工作人员。"但在教育系统,重点培养和配备的是教育一线的老师,对档案专职人员配备普遍存在重视不够、配备不到位的问题。

2.4　缺乏档案信息化应用

在干部人事档案实际管理工作中,由于经费限制、应用系统、人员配备、制度建立等多种因素,未将信息技术融入档案管理工作中,仍然依靠传统模式对纸质档案进行管理,会出现传统模式管理方法单一、查找效率低下、档案信息不准确等问题。有些学校在干部人事档案管理中虽引入了信息化管理理念,但仍处于形式主义阶段,有了设备和应用系统,但实质作用并不明显,将信息化建设方案束之高阁。

因此,开展公立学校教师干部人事档案专项审核工作具有重要的现实意义:第一,有助于干部人事档案规范化,提高人事管理水平。第二,有助于提高教师干部人事档案信息的准确性,提升人事档案管理效率,为教师选拔、晋升、评优评先和培养提供更准确的依据。第三,有助于增强教师的诚信意识,促进教师队伍的健康发展。第四,有助于提高干部档案的归档、查询效率,促进干部档案管理工作水平的提升。

3　公立学校教师干部人事档案专项审核工作的若干举措

3.1　重点做好"三龄两历一身份"认定

"三龄两历一身份"是教育系统干部人事档案中的基本信息和重要参考指标,按照全国干部人事档案专项审核标准对标审核。(1)出生时间。严格执行组通字〔2006〕41 号文件规定,坚持公平公正、最先最早、全面取证原则,严格组织认定程序。(2)参加工作时间。以报到证、招工登记表、转正定级表、新参加工作人员工资定级审批表为依据确定其参加工作时间。(3)入党时间和党员身份。

以入党志愿书中上级党委批注的入党时间为准。(4)学历学位。审查其信息是否真实准确、是否涂改造假,原始依据材料是否完整规范,对档案中缺少的主要材料逐一登记,并补充收集归档。(5)工作经历。以劳动合同、工资审批表、事业单位人员年度考核表、干部任免审批表、学历材料来确定工作经历,通过原始证据材料来支撑每一段工作经历,不以单位新开的证明材料作为依据,以确保材料的真实可靠。(6)干部身份。查阅招生报考表、转正定级表、军转干部审批表、民办教师转公办审批表等资料。

3.2　有计划分步骤开展审核

干部人事档案工作要从做细做实各项基础工作入手,严把档案审核关,从全面、细致、专业上下功夫。首先,成立小组。抽调人员组成验收小组,对干部人事档案审核工作进行检查验收,按照在职在岗干部人事档案总数的 1.5% 左右比例抽取验收,对照干部人事档案审核工作检查验收评分表的 20 个主要项目进行,检查验收实行"单项否决"与全面评分相结合的方法。其次,逐一审核。对所有教师的人事档案进行逐一审核,确保每个教师的档案都得到检查。再次,重点审核。针对部分教师的人事档案进行重点审核,如新入职教师、晋升职称教师、新提拔干部等,确保关键人员的档案信息准确无误。最后,抽样审核。随机抽取部分教师的人事档案进行审核,评估档案信息的准确性和完整性。

3.3　建立审核工作长效机制

教师干部人事档案审核工作存在档案资料缺失、材料信息存疑、归档时间滞后等问题,为做好干部人事档案的收集、整理、审核、归档、保管工作,需建立长效机制,加强对干部人事档案工作的宏观管理。首先,完善管理制度。将教师人事档案专项审核工作纳入日常管理,制定完善各类档案管理制度,建立定期检查和抽查机制,明确档案管理范围,制订从业人员业务能力提升计划,加强监督问责和建立长效机制。其次,实现动态管理。及时对新进教职工的人事档案进行查档,发现问题及时反馈和处理;在日常收档完毕后尽早对档案进行分类整理、排序、添加目录等一系列操作,并对之前资料的完整性和准确性进行检查,填写审核工作日志。再次,建立网格管理。档案管理人员与各处室建立良好的沟通联络机制,确定档案工作联络员,定期、不定期积极主动联系档案材料形成部门,及时督促、指导档案日常工作。联络员必须为在职在编的中共党员,素质好,做事细,有责任,有担当,为档案收集、审核工作做好人才储备。最后,加强数字化管理。大数据背景下,加强干部人事档案的信息化建设是顺应发展趋势的举措,将纸质干部人事档案数字化,不仅可以方便档案的查阅,提高查档效率,也可以加强对档案原件的保护,更能提升学校对在职教师情况的全局性把握。同时,在开展数字化管理过程中,要加强信息安全建设,充分利用防火墙、国产硬件设备,以提高计算机的病毒防御能力,保证计算机信息的安全。

3.4　增强全员档案意识水平

档案从业人员队伍是档案工作的基石,是档案工作成败的关键。首先,提高领导干部档案意识。信息同能源、材料并称当今世界三大资源,领导干部只有真正把干部档案作为宝贵的信息资源,才会高度重视干部档案工作。其次,强化交档人意识。档案管理部门抓住干部档案专项审核全覆盖工作时机,多渠道、多形式地对《干部人事档案管理条例》进行宣传,普及档案法规,提高全体教职工干部人事档案意识,充分认识干部人事档案专项审核的重要性和严肃性。再次,重视管档人意识。干部人事档案管理是一项专业性、政策性很强的工作,对档案工作人员应重视岗前培训和日后的继续教育,提高他们的业务能力和水平,增强从业人员的档案意识,使其正确认识档案工作的意义与价值,增强其责任感与使命感。

4　结　语

教师是教育事业发展的核心力量,公立学校教师干部人事档案工作是教育人事管理的重要组成部分,涉及每一位教师的切实利益,也影响学校教育教学工作的顺利开展。借干部人事档案专项审核东风,提高教师对个人档案的重视度,构建完备的干部人事档案管理体系,提高干部人事档案规范化、数字化、现代化建设,同时加快复合型干部档案从业人员队伍建设,促进公立学校干部人事档案工作的高质量发展。

高中学生心理健康档案建设探析

强亚娟

浙江省桐乡第二中学

摘　要:该文对高中学校学生心理健康档案的主要内容进行概述,阐述了学生心理健康档案建设的参考价值、教育价值、研究价值,分析了当前在学生心理健康档案管理中存在的档案意识不强、缺乏专职管理人员、数字化进程慢、档案利用率低等问题,并针对问题,从提升档案意识、配备档案专职管理人员、加快数字化进程、加强档案利用、发挥档案价值等方面提出加强心理健康档案建设的策略。

关键词:心理健康档案;高中学校;意义;策略

2021 年 3 月,2020 年版"心理健康蓝皮书"《中国国民心理健康发展报告(2019—2020)》发布会在北京举行。青少年群体的心理健康问题引人深思,青少年的抑郁筛查结果达到了 24.6%,其中轻度抑郁的比例达到了 17.2%,而重度抑郁的比例达到了惊人的 7.4%。青少年的心理健康问题十分严峻,需要尽快解决。其中,高中学生由于青春期、高考升学压力的影响,心理问题更严重,做好高中学生的心理健康档案建设意义重大。

1 高中学生心理健康档案的内容

高中学生的心理健康档案主要有以下内容。

第一,学生基本信息材料。涉及学生的身体健康情况、家庭及社区生活环境情况,以及在校期间的学习生活情况等。

第二,非量化材料。包括可以反映学生心理的描述性资料,如通过问卷调查、面对面交谈、日常观察以及实验测试等多种途径收集来的材料。

第三,量化材料。这类材料主要是运用心理测评方式,反映学生的心理状态和各种特点。

第四,个案分析材料。这是对学生个体进行深入、全面分析后得出的相关记录,包括个性特征、心理健康状况、学习心理、能力状况等分析以及相关的培养、教育和辅导的建议等。

2 高中学生心理健康档案的价值

2.1 参考价值

高中阶段学生的心理健康档案大部分产生于心理健康教育过程中,同时可以推动学生心理健康教育工作的开展。利用心理健康档案,学生可以全面审视自己,进而实现更好的自我教育。教师需根据学生的个性化需求进行教学,着眼于提升学生的心理健康水平,考虑到他们的成长环境。心理健康档案详细记录了学生成长期间遇到的心理问题,可以为有效应对这些问题提供关键信息,并借助心理辅导的形式实施。也可作为选择心理辅导讲座的主要依据,同时为学校开展心理健康教育活动提供灵感。

2.2　教育价值

高中学生心理健康档案记录了学生的心理健康状况,可以为教师的教学提供依据。心理健康教师通常可以从这些记录中及时识别出学生的相关心理问题,并给予他们必要的指导,以促进他们人格的全面发展。高中生的心理健康档案对其他科目的教师来说同样是宝贵的资源,它可以帮助教师了解学生的心理状态,了解个体间的能力差异、性格特点和学习心理等,能进一步推动教师实施科学化管理,调整教学方法,实现个性化教学,同时也能使教师优化教学方案,提升整体的教学效果。

2.3　研究价值

高中学生的心理健康档案把学生的发展状况记录其中,可以反映学生的认知能力和心理素质,对了解学生的学习热情、动机、学习能力等具有重要的参考价值,可以为设计符合学生实际需求且科学有效的教学策略提供坚实的基础。因此,学校在进行科研活动时,应当高度重视心理健康档案的相关作用,充分挖掘其在教育研究中的潜在价值。

3　高中学生心理健康档案建设存在的问题

3.1　档案意识不强,管理人员不够专业

学校领导和教师对档案管理的重视程度不够,心理健康档案建立后往往不能及时纳入档案,导致一些关键的心理健康数据在保存期间可能遗失或损坏。随着高中阶段对心理健康教育的重视程度提升,心理健康档案的管理工作量也相应增大,再加上学校档案管理人员不够专业——表现为高中学校通常没有专门负责此项工作的档案人员,往往只是找德育处的人员或心理教师来兼任,导致心理健康档案管理工作不够规范。

3.2　心理健康档案数字化程度低

目前,部分心理健康档案仍然以纸质的形式存在,数字化程度不足,这极大地增加了查找信息的难度,因而限制了其在实际应用中的效果。纸质心理健康档案不能形成档案资料库,复印和借阅纸质档案受时间和空间的限制。

3.3　心理健康档案利用率低,没有发挥应有价值

如前所述,目前高中学生心理健康档案基本是纸质档案,数字化程度较低,

不利于后期的档案编研、档案专题建设等档案利用服务。没有电子档案数据库，检索工具开发滞后，这些条件的限制导致对心理健康档案资源的开发利用不能高效进行，难以提供更高质量的档案供档案需求主体利用。

4 高中学校加强学生心理健康档案建设的策略

4.1 提升档案意识，配备专职管理人员

学校应进一步细化心理健康档案管理细则，提升相关人员档案管理意识。应加快制定和更新心理健康档案的管理制度，为档案工作者提供宏观层面的操作指南。应安排专职人员负责心理健康档案管理工作，并确保人员稳定。应深化对档案管理者的教育培训，加强与档案机构等相关部门的合作，通过实际操作培训、研讨会交流、模拟实践、实例展示等方法，提高档案管理者处理心理健康档案的专业技能。

4.2 加快心理健康档案数字化进程

首先，建立完善的心理健康档案电子化制度。根据学校的实际发展情况，并参照《中华人民共和国档案法》的规定，明确电子化操作规范，并根据学校档案数字化建设的新要求，为保证学生心理健康档案管理的效率和质量，不断完善优化相关数字化的规章制度。

其次，增加资金投入，优化软硬件设施。学校应结合实际对档案数字化所需的技术、设备、人才等给予专项资金支持。学校的档案管理部门应用好专项基金，购买性价比高的数字化设备，确保资金的高效利用。在推进学校档案数字化过程中，应根据现有的设备和规模，配备相应的数字化办公设施，如采购智能化电子档案柜，以及计算机、扫描仪等必要的工具。高中学校也可采用项目外包的形式，让具备数字化能力的外包公司进场，提供数字化服务。

再次，建立统一的心理健康档案数据库。当前，学校在心理健康档案的数字化建设中，对数据管理的重视程度不够，表现为检索操作、目录编制、系统维护和实物管理等方面缺乏统一的管理规范。此外，学校的档案管理软件也尚未实现一体化。因此，学校亟须构建一个全面且一致的档案数据库，以确保数据平台的稳定性和安全性，从而提高心理健康档案数字化的管理水平。

最后，发挥档案价值，增强心理危机干预的有效性。在高中教育期间，应不断深化并拓展心理健康档案管理工作，以全面响应心理健康教育的相关要求。心理健康档案的终极目标就是档案利用，发挥档案价值，使档案服务提升至更高水平，以增强对高中生心理危机的有效应对能力。

综上所述,心理健康档案作为心理健康教育的重要信息载体,在高中教育中具有十分重要的作用。为了充分挖掘其潜力,必须对心理健康档案的管理、开发和应用高度重视。

两院融合背景下患者唯一号管理的探讨

葛艳艳

温岭市第一人民医院

摘　要:患者唯一号是指患者在某医院首次就诊时,就诊系统会根据患者的身份证信息,产生一个独属于该患者的由数字组成的唯一标识,若患者不能提供身份证号,自动挂号机或挂号窗口工作人员需要认真询问与核对信息,仔细登记患者姓名、出生日期、手机号等,并据此产生唯一号。多次就诊门诊和住院资料都以同一编号保存,它保证了患者在医院就诊资料的完整性和连续性,是日后患者查找就诊资料的最主要途径。

关键词:两院融合;唯一号;管理

温岭市政府全力打造“两城两湖”的统一规划,2023 年 11 月 28 日,市委、市政府出台了《温岭市第一人民医院和温岭市第四人民医院紧密融合实施方案》。推动温岭市第一人民医院、温岭市第四人民医院紧密融合,是市委、市政府高瞻远瞩的重要决策,也是整合全市医疗力量、优化资源配置、提高医疗服务能力的改革措施,更是适应时代需要、满足人民群众日益增长的医疗卫生需求的重大举措,对于优化全市医疗资源布局,实现医疗资源利用最大化,推进卫生健康现代化建设具有深远意义。

在市政府的高度重视下,温岭市第一人民医院和第四人民医院紧密融合工作有序展开。总院温岭市第一人民医院是三级甲等综合性医院,分院第四人民医院是二级乙等医院,按照要求温岭市第一人民医院对第四人民医院将实行“管理一体化、质量同质化和发展差异化”,并准备在 2025 年完成各方面的融合。俗话说得好:兵马未动,粮草先行。信息化社会,要想融合,前期需要对分院区进行信息化改造,而统一唯一号是非常重要的一环,关系到两院各方面数据的融合,严重影响着融合的进度和完成度。

1　患者唯一号的规定及操作流程

卫生部《住院病案首页部分项目填写说明》2011 年版中明确规定,同一患者在同一医疗机构住院病案应当使用同一病案号;再者,《医疗机构病历管理规定》(2013 年版)第七条指出医疗机构应当建立门(急)诊病历和住院病历编号制度,为同一患者建立唯一的标识号码。

依据操作流程,患者首次就诊,系统依据患者的身份证信息自动产生唯一号,之后患者的唯一号在诊疗全程使用:患者在挂号机上挂号后,软件自动生成患者唯一号以及相应的二维码,门诊系统根据唯一号识别叫号,医生看诊后开各种检查、检验申请单,如超声、CT、核磁共振检查和血、尿化验等,医技科室通过扫描二维码识别唯一号调取患者的信息。若患者需要住院,医生开好住院证后,住院管理中心窗口可以通过扫描住院证上面的二维码或者手动输入唯一号进行登记、缴费,办理完成后患者即可入院。

2　两院融合存在的问题

首先,总院和分院存在就诊患者重复问题。目前总院和分院的唯一号都是 8 位数,由于之前两院都有各自独立的法人,一直各自独立管理,难免存在部分唯一号相同,但是患者姓名不同,即唯一号重复的问题,存在曾经住过院或者门诊就诊过的患者与新的唯一号信息统一问题(特别是分院)。

其次,总院和分院两院合并数据存在问题。其一,合并前的数据存放问题,以及存放之后既往病历的查询问题。其二,以唯一号为对接端口的 HIS、LIS 等各种系统可能会存在取数问题,唯一号升级交替时患者信息的处理可能会出现问题。其三,既往多次住院的患者如何保障以前的数据问题,分院区如果将以前同一患者唯一号改成 10 位数后会影响到病历存储的查询以及住院次数。

3　两院患者唯一号融合的必要性

首先,采用唯一号最大可能地避免了患者同名同姓容易混淆、难以区分的问题。患者历次的影像资料、检验检查项目结果、门诊资料和住院就诊信息可以通过唯一号完成整合,特别是在两院区分别就诊的患者,其全部信息通过唯一号连接在一起,患者不用每次带着病历、影像报告单、化验单等到处跑,就诊信息资料完整,方便了患者就医。唯一号为医护人员提供患者在两院历次完整就诊信息资料的医疗大数据,便于医务人员对患者开展诊断和治疗。比如危急重症患者的抢救,医护人员通过唯一号检索即能快速搜索到患者既往病史及治疗情况,对病情的判断更有依据,制定出的治疗方案更有效;同时也便于对患者之后的追踪管理,大大提高了工作效率。

其次,通过唯一号,患者每一次就诊结束后,病历资料自动归档。患者可以通过手机等终端设备登录账户,在线调阅病历资料,特别是异地就医的患者,不用带纸质资料了,手机上即可查阅,并且 CT、核磁共振等影像资料也不需要打印,可直接在手机上查看,方便实用。

最后,采用唯一号,为网络医疗服务的开展提供了有力的支持。如当患者在其就近的医院进行就诊后,可以将就诊、检查结果等通过手机客户端上传至本院系统,系统通过唯一号自动识别后将其自动归档。医生分析归档资料后可以通过手机客户端给予患者诊疗建议。

综上所述,两院通过对唯一号的广泛应用,将患者历次 HIS、LIS 的所有信息归档在一起,方便患者就医的同时,提高了医生的诊治效率,进而形成医疗大数据。医生通过医疗大数据,可以全面分析患者的特征数据和治疗、疗效数据,然后比较各种治疗措施的有效性,从而为患者提供最佳的治疗方法。另外,通过医疗大数据,可以制定各病种的临床路径,按规范治疗,遏制过快增长的医疗费用,从而减轻患者负担。

4　融合两院患者唯一号的处理方法

两院区唯一号分别升级后于 2025 年统一。首先,提前将总院住院系统中的 8 位数唯一号统一转换成 10 位数唯一号。其次,对 2024 年两院系统统一后,分院区住院病历按总院操作模式,统一之后的病历编目完成后,手工点击传送首页至分院区现有病案系统中,使原号码升级变成统一的 10 位数唯一号;再从 2025 年 1 月 1 日开始,分院区直接使用总院的病案系统,分院区原有数据不合并到总院,合并前分院区数据还在原系统中查询。

两院区对同一患者数据实现融合。对于以前同一患者唯一号改成 10 位数后会影响到病历存储的查询以及住院次数问题,可根据身份证实现大多数患者新旧号码信息的统一。根据身份证信息和出院日期解决住院次数先后顺序问题。住院数据完成后再完成两院区所有患者其他就诊信息包括门诊信息的融合。

上传数据统一使用唯一号。HQMS、DRGs 等数据上传,按唯一号调整接口信息,保证数据完整上传。个别因系统问题无法对应唯一号的可手工查找,确保一一对应,保证唯一号的准确性。患者就诊时需使用身份证在自助机上办理就诊卡,如为初次就诊患者,将为患者建立独属于该患者的唯一号;如数据库中已有患者信息,则取用原唯一号;如患者因故无法提供身份证号,系统将核对登记患者信息,包括姓名、性别、年龄、手机号等,之后产生唯一号;对异常唯一号,如有多个唯一号的患者,即一人多号者,在就诊过程中一经发现,经信息核实后,根据医院规定,严格按照唯一号合并管理机制,在钉钉上填写合并申请后,由信息管理科人员将患者所有信息合并在最后一次就诊的唯一号中。提高医务人员的责任意识。唯一号从产生、使用到归档,任何一个环节的疏忽都会影响唯一号的管理,而患者的主治医生在询问病史及诊治过程中,更容易掌握患者既往诊治情况,因此,对医务人员开展唯一号使用培训,一旦发现不同患者使用同一唯一号或同一患者使用不同唯一号,应主动通知相关科室进行纠正。

两院整合,一方面有利于温岭市第一人民医院提升规模效益,集中精力加强学(专)科建设,形成技术优势,优化核心竞争力;另一方面更有利于提高温岭市的医疗保障水平和服务能力,改善百姓的就医获得感,让百姓在家门口也能享受三甲医院的优质诊疗服务。

第四部分

档案信息化建设

关于建设工程档案由纸质文件接收向电子文件 在线接收转型的思考

刘亚东

嘉兴市城建档案管理服务中心

摘　要:随着信息技术的发展,建设工程档案电子文件在线接收替代纸质文件接收是大势所趋,为地方城建档案部门接收建设工程档案带来挑战。该文指出建设工程档案纸质文件接收向电子文件在线接收转型的必要性,分析了现阶段转型的难点,并有针对性地提出相关建议,为城建档案管理部门及相关单位提供参考。

关键词:建设工程档案;在线接收;转型

1　现状

建设工程档案电子文件接收是指各地城建档案馆通过网络途径接收工程建设中具有保存价值的电子形态档案。20 世纪 90 年代,建设工程档案电子文件归档热潮在美国、加拿大、澳大利亚和欧盟等发达国家或地区兴起,以建立法规标准体系、变革管理模式等方式逐步加快了电子文件归档科学化、规范化进程。而国内这方面的发展则相对滞后,目前国内城建档案馆大部分还处于以纸质接收为主的模式,主要采取先审核纸质档案、接收后再扫描的数字化模式。2019年 4 月实施的《国务院关于在线政务服务的若干规定》(国务院令第 716 号)明确"除法律、行政法规另有规定外,电子文件不再以纸质形式归档和移交"。2021年,浙江省建设厅提出了"1369"全省工程建设数字化管理综合应用发展规划,并指出依托"1369"全省工程建设数字化管理综合应用系统,建立全省统一档案业务系统,逐步实现建设项目全生命周期档案无纸化归档。由此可见,建设工程档案纸质文件接收向电子文件在线接收转型势在必行。

2　转型难点分析

纸质文件接收向电子文件在线接收转型牵涉范围广,主要有相关规范未出

台、地方城建档案馆软硬件配套不足、参建单位人力物力不足等因素,制约着转型发展,具体情况如下。

2.1 规范支持不够

虽然浙江省正试行推广"浙里建"平台电子文件归集系统,但是目前省、市层面相关管理制度仍有所欠缺,缺乏全面推广的坚定态度与统一的标准规范,对工程全过程原生态电子文件的施行力度不够,在电子档案的"四性"检测以及电子签章的核验上未能推出统一标准,地方城建档案馆所能参考的规范过少。

2.2 地方城建档案馆配套不足

一是人员力量有限。目前地方城建档案馆多为竣工后进行纸质档案集中接收,现阶段电子文件接收要求城建档案馆人员先进行全过程线上接收,再进行纸质接收的"双套制"接收,无疑增加了城建档案馆工作人员的工作量。二是与其他单位协调不够。城建档案馆需与建设单位、设计单位、施工单位、监理单位等单位和其他相关政府部门共同配合和协作,但城建档案馆与其他单位之间的职能背景、管理要求及工作需求不同,极易造成彼此协作中目标脱节现象,影响参与档案归集工作的积极性。三是软硬件更新难度高。虽然地方城建档案馆都有自己的信息管理系统,而且部分城建档案馆有电子文件接收系统,但由于电子文件接收系统与其他平台的完美融合不容易,在线接收文件种类多、占用容量大、对网络实时性和稳定性要求高,系统和数据库需国产化适配、相关经费申请难,系统开发升级流程长等因素,城建档案馆升级软硬件难度大。

2.3 工程参建单位人力、物力缺乏

一是工程参建单位缺乏专业的工程资料人员。建设工程档案电子文件接收需要工程资料人员具备多学科的知识储备,既要懂工程技术、档案整理,又要具备计算机、数字化知识和能力,而工程参建单位的人员素质参差不齐,加上人才流动量大、不稳定等情况,时常造成工作无法开展。二是工程参建单位缺乏相关的数字化设备。电子文件接收需要有相应的数字化设备,目前工程参建单位因资金投入有限以及重视程度不够,往往只配置一些简单的办公设备,使档案的数字化无法实现。三是第三方外包企业数量少。目前多数地区缺乏成熟的建设工程档案立卷、扫描的第三方外包企业,或者外包企业数量过少,无法实现有效的竞争市场,导致工程参建单位无法委托合适的第三方外包企业分担电子文件接收工作。

3　转型的建议

转型需要有用针绣花的细心和滴水石穿的耐心,要紧跟政策要求,立足本地实际,做好平稳过渡。

3.1　循序渐进转换接收模式

直接从建设工程档案纸质文件接收转向电子文件在线接收难度过大,可在保持纸质接收的前提下,将竣工后统一接收纸质文件改为分阶段接收,主动对建设工程全过程进行档案指导及管理,转变政府和企业的固有思维,同时鼓励第三方外包企业介入,营造良好的市场氛围,为全面推行电子文件接收工作做好铺垫。

3.2　未雨绸缪升级系统及设备

考虑到电子文件在线接收对软件系统及硬件设备要求高,地方城建档案馆应在多方调研及慎重研究后,找准差距,确定需求,提前申报软硬件升级项目,及时跟进上级部门的要求,确保转型不掉队、不跑偏。

3.3　主动献策助力完善规范

由于电子文件在线接收工作需要遵循上级管理制度及相关规范,地方城建档案馆应加强与上级部门的沟通协调,发挥基层实践多的优势,提出建设性的意见。同时,根据上级部门的要求,完善本地电子在线接收的管理标准,适时出台地方性管理制度,为建设工程档案电子文件在线接收保驾护航。

4　结　语

建设工程档案电子文件在线接收的实现不可能一劳永逸,它是一项系统性工程,涉及法律、政策、人员保障和部门合作等方方面面。所以,建设工程档案工作者既要与时俱进,改变传统纸质档案接收的思维,还要敢闯敢拼,积极投身建设工程电子文件在线接收工作中去。

绿色发展背景下高校档案单套归档与利用研究

黄田心

浙江传媒学院

摘　要:文章通过对高校档案归档与利用状况的调查分析,探讨绿色发展背景下高校档案管理面临的机遇和挑战,提出可全面融入学校数字化改革整体布局的高校档案单套归档与利用建议,从而推进高校档案工作从传统型转为现代型、数字型、智能型,促进档案的绿色发展。

关键词:档案;单套制;绿色发展;利用

近年来,随着社会的快速发展,低碳经济已成为全球关注的焦点之一。档案作为记录社会历史文化的载体,也面临低碳化转型的挑战。2019 年 3 月,国家档案局发布首部绿色档案馆建筑评价标准《绿色档案馆建筑评价标准》(DA/T 76—2019)。2021 年 6 月,中共中央办公厅、国务院办公厅印发的《"十四五"全国档案事业发展规划》提出,"开展副省级以上综合档案馆绿色档案馆自评工作"。如何在绿色发展大趋势下,实现档案管理、开发的低碳化,已成为当前亟须解决的问题。

档案的单套制管理方面,国外档案无纸化工作启动较早,英国、美国等国已基本形成档案的无纸化管理。国内,国家层面出台了一系列政策支持档案以电子形式归档;浙江省档案馆积极推进档案工作数字化转型,电子档案的单套归档试点工作逐渐开展。

1　研究现状分析

1.1　"绿色档案"相关研究

目前,关于"绿色档案"的研究主要集中在以下几个方面:一是关于档案工作绿色转型策略的探讨。二是关于绿色档案馆建设的讨论。三是对相关标准的解读。

1.2　单套制相关研究

关于单套制的研究主要集中在以下几个方面:一是对单套制管理的宏观研

究。二是对单套制管理的分类别研究。三是对单套制实施过程中的具体问题研究。

2　可行性分析

首先,宏观政策层面的支持。《电子文件归档与电子档案管理规范》《政务服务事项电子文件归档规范》《电子公文归档管理暂行办法》《国务院关于在线政务服务的若干规定》等法规和标准规范的颁布实施,为档案单套制管理提供了可靠保障。

其次,学校实践经验的积累。省内许多高校以"最多跑一次""数字化转型"改革为契机,进行了档案一体化管理与归档的顶层设计、流程优化和平台建设,已搭建综合校务服务平台,实现档案的全流程线上签发及自动归档,已具备档案单套归档的硬件条件和软件基础。智慧校园建设和数字化改革的推进,为档案单套归档提供了政策支持、技术支撑;教务、学工、科研等核心业务系统实现了数据共享,便于通过大数据分析手段更好地了解师生查档需求,进行在线精准化服务,提升电子档案的利用率并增强利用效果。

3　存在的问题和改进建议

3.1　存在的问题

通过对档案单套归档与利用实践以及浙江省高校情况调研发现,高校目前基本未实现单套归档,档案单套制管理模式在实施的过程中依旧存在一些问题,导致这一管理模式受阻,降低了电子档案单套制管理的效率。主要问题如下:一是针对高校档案的政策法规和行业标准尚不完善,目前更多的是针对政府的电子政务文件规范;二是配套技术措施尚不完善,电子文件的一体化在线签发与自动归档、电子印章的使用、电子档案管理系统仍然存在技术不够成熟或者尚未在高校中推广的问题;三是体制机制不完善,电子文件的产生、存档、利用涉及高校的不同单位,相关责任主体职责划分不明确。

3.2　高校档案单套归档与利用的建议

数字化改革实质上是一次利用数字技术自顶向下推进治理体系与治理能力完善的变革。在数字化背景下推进档案单套归档与利用,需要我们在思维理念、体制机制、技术架构、队伍建设等方面加强研究与实践。

一是要转变管理理念。在档案管理领域,通常存在"重管轻用""重纸质档案轻电子档案"等传统观念,这使档案管理者在单套制推行中顾虑重重。因此,推行单套制,首先要从思想理念上进行转变,从重"实体档案"的管理转向重"知识档案"的管理,从重"档案管理"转向重"档案利用"。

二是要完善体制机制。一方面,目前针对高校档案单套存档的规章制度仍需完善;另一方面,高校的档案流转过程反映了其不同于其他行业档案管理,具有涉及部门多、涉及领域多、历经周期长的特点。学校需要建立强有力的档案管理协调合作机制,推行文件的全流程审批和存档、电子印章的使用。

三要积极进行技术升级。在实际操作层面,可以从四个方面架构系统。一是基础平台,涉及档案生成、档案管理、档案利用三大功能;二是数据共享,涉及档案数据互通共享的关联性系统数据建设;三是功能流程,涉及业务功能和用户体验的关键性流程设计;四是安全保障,涉及技术安全、数据安全的保障平台建设。

四要落实单套制安全保障。一方面,在档案利用方面,要设置好查阅权限,分级按权限查阅,确保文件的安全;另一方面,要加强技术支持,确保技术安全和文件档案的长期安全保存。

4　结　语

在绿色发展的背景下,低碳经济已成为社会关注的焦点之一。档案作为记录社会历史文化的载体,也面临绿色转型的挑战。双套制文档管理模式运行弊端日益显现,局部试点已经开始进行单套制探索。相较而言,高校档案的单套制管理整体落后于政府及一些信息化水平较高的企业。因此,积极推进高校档案的单套制模式,实现高校电子档案的全流程信息化管理,提高档案的利用效率,既是档案低碳化转型的要求,又是高校档案建设的发展趋势。

电子文件档案管理理论与实践研究

陈丽平

杭州萧山萧然城建档案服务有限公司

摘　要:在数字化、信息化的时代背景下,电子文件档案管理正逐渐成为档案管理的主流模式。该文旨在深入探讨电子文件档案管理的理论基础,分析其在实践中遇到的挑战,并提出相应的应对策略。同时,结合当前的技术发展趋势,预测电子文件档案管理的未来方向,以期为相关领域的从业人员提供有益的参考。

关键词:电子文件;档案管理;信息化;理论基础;挑战与策略;发展趋势

1　电子文件档案管理的理论基础

电子文件档案管理是建立在现代信息技术基础上的新型档案管理模式。它以数字化的形式对档案信息进行存储、管理和利用,不仅提高了档案管理的效率,还丰富了档案信息的利用方式。其理论基础深厚,根植于信息论、系统论和控制论等现代科学理论。

信息论为电子文件档案管理提供了信息处理的基本原理和方法,指导档案管理人员有效地组织、存储和检索档案信息;系统论则帮助档案管理人员从整体和全局的角度审视电子文件档案管理系统,优化系统的结构和功能;而控制论则强调对电子文件档案管理过程的监控和调节,确保档案信息的完整性、真实性和安全性。

2　电子文件档案管理的发展趋势

随着技术的不断发展,电子文件档案管理将呈现以下发展趋势:

云计算技术广泛应用:云计算技术将为电子文件档案管理提供更加高效、便捷的存储和计算资源。通过云计算平台,可以实现档案信息的集中存储、高效检索和共享利用,提高档案管理的效率和便捷性。

大数据分析与挖掘深入应用:利用大数据技术对电子文件进行深入分析和挖掘,发现其中的关联和规律,为决策提供更加科学、准确的数据支持。这将有助于提升档案管理的智能化水平和工作效率。

智能化发展加速推进:借助人工智能技术,实现电子文件档案管理的智能化处理。通过智能分类、智能检索、智能推荐等功能,提高档案管理的自动化水平和工作效率。同时,利用人工智能技术还可以对电子文件进行自动识别和鉴定,提高档案管理的准确性和可靠性。

3　电子文件档案管理的实践挑战

尽管电子文件档案管理具有诸多优势,但在实践中仍面临诸多挑战。

首先,技术的迅速更新促使档案管理人员不断学习新技术,以适应不断变化的档案管理需求。这要求档案管理人员具备较高的学习能力和技术素养。

其次,电子文件的安全问题也是一大挑战。由于电子文件易于被复制、篡改和窃取,因此,如何确保电子文件的安全传输和存储成为档案管理人员面临的重要任务。这需要加强安全防护措施,采用先进的加密技术和身份认证机制,确保电子文件在传输和存储过程中的安全性。

最后,缺乏统一的标准和规范,电子文件档案管理的效率和质量参差不齐,制约了档案信息的共享和利用。因此,制定和实施统一的标准和规范成为当前亟待解决的问题。

4 电子文件档案管理的应对策略

针对上述挑战,本文提出以下应对策略:

加强技术培训:定期组织档案管理人员进行技术培训,提高他们的技术水平和操作能力。通过培训,档案管理人员熟练掌握现代信息技术和档案管理专业知识,以适应技术变革的需要。

完善安全保障措施:建立健全安全管理制度,加强电子文件的安全防护。采用先进的加密技术、身份认证等措施,确保电子文件在传输和存储过程中的安全性。同时,定期对电子文件进行备份和灾难恢复测试,防止数据丢失和损坏。

推进标准化和规范化建设:制定和实施统一的标准和规范,明确电子文件档案管理的流程和要求。通过标准化和规范化建设,提高电子文件档案管理的效率和质量,促进档案信息的共享和利用。同时,加强档案管理部门之间的沟通与合作,共同推进电子文件档案管理的标准化和规范化进程。

5 结 论

在信息化时代背景下,电子文件档案管理已经成为档案管理领域的重要发展方向。本文深入探讨了电子文件档案管理的理论基础、发展趋势以及面临的实践挑战,并提出了相应的应对策略。

结论表明,电子文件档案管理以其高效、便捷和智能化的特点,对提升档案管理效率、创新档案利用方式具有显著作用。随着云计算、大数据和人工智能等技术的不断发展,电子文件档案管理将迎来更加广阔的发展前景。然而,在实践中,我们必须正视技术更新、信息安全和标准化建设等挑战。

为了应对这些挑战,我们首先需要加强档案管理人员的技术培训,提升他们的专业素养和技术能力;其次要完善安全保障措施,确保电子文件的安全传输和存储;最后要推进标准化和规范化建设,提高电子文件档案管理的效率和质量。只有这样,我们才能充分发挥电子文件档案管理的优势,为档案信息资源的有效利用和社会发展提供有力支持。展望未来,电子文件档案管理将在智慧档案建设中发挥更加重要的作用。

数字变革视域下档案资源现代化研究

——论大数据在档案管理中的应用

浙江星汉信息技术股份有限公司

摘　要:大数据时代,数据体量巨大,类型多样,数据的生成和处理速度非常快。数据不仅是一种资源,也是一种强大的工具,数据的应用领域非常广泛,其中档案管理领域便是其重要的应用场景之一,在大数据技术的驱动下,档案管理迎来了前所未有的变革。该文旨在深入分析研究大数据在档案管理中的应用。

关键词:大数据;档案管理;应用

在现代社会中,档案数据资源已经成为国家和社会发展的重要战略资源。通过对其有效管理和利用,可以推动社会的进步和发展。如何高效、系统地挖掘档案信息资源,实现深层次的开发利用,已然成为当前档案工作需要关注的重要内容之一。

1　档案数据化是当前档案信息化建设的鲜明特点

大数据环境下档案信息资源的开发利用必然会呈现出一些新的特点,档案管理工作正在经历从数字化到数据化的转变。

档案数字化是利用扫描仪等工具将实体档案转化为电子档案,档案数据化是以数据为核心,推动档案管理模式的转型。传统的档案管理注重实体档案的保存和整理,而档案数据化则更加注重档案数据的收集、存储、分析和利用。通过数据化的方式,可以将档案转化为可计算、可分析的数据资源,进而实现更精细、更高效的管理。

档案数据化不仅是将档案转化为数字形式,更重要的是对数据进行整合和

利用。通过整合不同来源、不同类型的档案数据，可以形成更完整、更全面的数据集，进而为各种应用提供支持。同时，通过对数据的深度挖掘和分析，可以揭示出隐藏在数据背后的有价值的信息和规律，为决策和科研提供有力支持。

2 大数据背景下档案融合发展的特点

2.1 信息获取更为迅速

通过大数据技术，档案保管机构开展电子档案的收集、处理、保存等管理工作比传统面向纸质档案开展工作更高效、全面。收集、查档、保管效率的提升可以减少管理者低价值的机械劳动，从而可以让管理者把更多的时间投入档案编研中去。

2.2 用户主导开发档案信息资源

在大数据环境下，客户端的"表达权"得到了进一步强化，这就导致以传统档案馆为主导的档案信息资源开发形式已逐渐转变为以用户为主导的开发形式。在不久的将来，档案保管者和利用者可以通过可视化、云计算、语义分析处理技术等大数据技术实现不同空间维度的轻松交流，这种用户参与度的提升，可以让用户有机会加入档案信息资源开发的"选题""选材""编辑"。这也可以从根本上提高档案信息资源的利用率，让档案数智管理有数据、懂数据并会用数据，帮助用户用数据驱动业务的高效增长。

2.3 档案利用深度和渠道得以拓展

数字化和智能化过程结合的数智化，将助力档案信息的使用从"实物利用"变为"知识利用"。其中最重要的特征就是大数据使档案保管机构、使用机构有能力对其所有的档案信息进行广泛采集，然后对整体数据进行深度挖掘。这一途径可以使历史性、经验性的信息更全面地展示出来，从而使档案信息资源价值提高到一个新的高度。此外，传统上，实现档案信息资源利用的主要途径是在馆查询、档案汇编以及档案网站使用。在大数据环境下，档案的利用选择变得更加丰富。以微信、微博、抖音为代表的多元化掌上渠道拉近了档案馆与用户的沟通距离。狭义的数字化主要是数据的采集和分析，而数智化更多的则是打破数据壁垒，提供决策意见，将业务和场景有机组合，最终以数据驱动档案业务的数智化应用落地。

3 大数据驱动档案发展，勾勒广阔前景

在信息化改革深入的背景下，大数据给档案信息服务带来的挑战和机遇是并存的。若我们在服务内容、服务模式及服务思维改变等着眼点上肯下功夫，真抓实干，就一定能抓住大数据为网络档案信息服务模式的发展创造的新契机。

3.1 大数据有助于丰富档案信息服务内容

依托数字技术，档案部门可以将海量的档案信息全盘收集储存起来，10 年、30 年的档案数据都可以按照长期档案的标准进行保存。电子数据的快速增长为档案服务提供了丰富的资源。就档案馆而言，大数据使用户不仅可以阅览储存在本馆内的档案资源，还可以随时获取其他档案馆的档案资源，这项利好措施在很大程度上克服了馆藏档案资源的局限性。

3.2 大数据有助于打通互联渠道，完善服务方式

传统档案服务模式中，无论是提供者和用户之间还是档案部门之间，都没有形成有效的沟通网络，个体之间就如同"信息孤岛"。这受到档案本身的保密性和传统思维方式的限制，但信息技术的缺乏也形成很大制约。互联互通的档案信息服务平台的构建，拓宽了用户获取信息的渠道，提高了信息利用效率，完善了多渠道服务方式。大数据背景下的档案信息服务平台有利于各级档案部门的交流和反馈。

3.3 大数据有助于打造共建共享服务平台，提升服务水平

大数据环境下的档案信息资源开发和利用，本身就可以视作一个由多方参与的生态体系。档案收集者、管理者、利用者等角色都可以清晰地在其中找到属于自己的定位。在数字变革的背景下，档案资源分散于不同的平台和系统之中，管理部门可以建立统一的档案资源整合标准和规范，推动不同平台之间的数据共享和互通。通过整合各类档案资源，可以形成更为完整、系统的档案信息体系，提高档案资源的整体利用价值。现阶段，浙江档案服务网成功创建起到了先行示范的作用，提供了"掌上查档""跨馆查档、百馆联动"等特色功能，给浙江人民提供了更加便捷、优质的查档服务，是深入"最多跑一次"改革的重要举措。

3.4 大数据赋能档案转型，构建未来档案发展模式

大数据视域下，档案信息的深度挖掘将会成为档案资源开发的崭新热土。深入挖掘档案资源的价值，可以为学术研究、文化传承、政策制定等领域提供有力的支持。同时，大数据时代档案管理将面对树立"大档案"的工作理念，这就要

求我们不仅要建立档案资源体系,还要建立数据资源体系。在这种背景下,将以云计算、语义分析、聚类分析、数据仓库和可视化分析为代表的大数据技术应用到"大档案"的挖掘工作中,可以探求档案数据之间的相关性,激发出每一份电子档案资源的潜能,给用户与档案的关系洞察及趋势分析带来无限的机遇。

4 结语

总之,大数据为档案资源的现代化管理带来了前所未有的机遇和挑战。通过不断推动技术进步、完善平台建设、深化开发利用、整合跨平台资源等方面的努力,我们可以实现档案资源的现代化管理,更好地服务于社会发展和人类文明进步。

关于城建档案管理数字化建设问题的思考

俞水珍

龙泉市城市建设工作中心

摘　要:随着我国网络经济的迅猛发展和信息技术的不断进步,全面加快数字政府建设、智慧城市建设成为时代发展的必由之路,传统的档案管理模式将逐渐退出历史舞台,逐步向数字化方向转型。城建档案是城市建设的真实记录,是城市可持续发展的宝贵资源,是建设行政主管部门依法实施行政管理、行政许可的重要依据。推进"存量数字化,增量电子化"的信息战略,将城建档案数字化纳入数字政府建设项目非常重要。完善档案管理机制、建设档案数据库等举措,不仅有利于提升档案管理工作质量、效率,还能够推动档案管理的规范性、动态性,推动城建工作的有效开展。

关键词:城建档案管理;数字化建设;策略

在当前"互联网＋"背景下,各地都注重城市建设的"智慧化""数字化"。档案管理工作是城市建设工作中非常重要的一部分,相关的单位、工作人员也应注重档案管理的数字化建设。在当前背景下,档案管理工作的数字化建设存在一定的不足,如管理信息容易缺失、泄露等,在一定程度上影响了城市建设工作的顺利开展。因此,相关单位、工作人员应注重数字化建设中的信息安全管理、人员管理等工作,促进城建工作的顺利开展。

1　城建档案管理数字化建设存在的问题

1.1　管理信息的缺失

在城建档案管理工作开展中,由于网络的不稳定性,档案资料很容易缺失,从而影响到档案的管理,无法确保资料的完整性。信息资料是比较稳定的,一般来说不会发生改变,但是数字化管理模式存在很多不确定因素,如计算机软件问题、网络问题、人为因素等,都会影响到城建档案的正确管理,给城建发展带来不便。

1.2　管理信息的泄露

城建档案管理是城市规划、城市建设工作中非常重要的组成部分,能够为城市规划提供重要的信息、资料,指导城市的有效建设。城建档案具有保密性。除有一部分资料可以向外公布外,大部分的资料都是要安排专业人员专门看管的,不能泄露到别处。在数字化建设工作中,由于管理机制的不足、安全设备的不足,城建档案很容易遭到外来人员的"攻击",盗取信息资料,从而导致管理信息泄露,无法确保档案管理的保密性、安全性。

1.3　初期建设的难度大

要想有效促进档案管理的数字化建设,在工作开展初期,就需要相关的工作人员,将原本的纸质材料有效输入系统中,使纸质材料转化为数字化信息资料,这就需要花费较多的人力、财力。另外,由于当前城建档案管理机制不完善,所以在开展数字化管理中,也会出现管理不统一等情况,会影响到后期城建人员的资料使用,不利于城建工作的开展。

2　城建档案管理数字化建设策略

2.1　在建设前开展统筹规划,打下坚实基础

为了确保城建档案管理的数字化建设,在档案管理建设开展前,城建相关人员就应该全面开展工作,统筹规划。当前,城建工作留下的纸质档案数量多、内容杂,要想进行整理具有较大的难度,因此前期的规划、整理工作是非常重要的。相关的工作人员应该全面认识到档案管理数字化建设的重要性,对于纸质资料具有一个系统、全面的了解。另外,相关工作人员要依据纸质档案原本的分类方

档
案管理理论与实践
DANG'AN GUANLI LILUN YU SHIJIAN

式,确立数字化档案的分类方式,以便于城建工作人员收集、查找。在数字化档案前期建设工作中,相关工作人员也要有效明确工作中的重点、难点,并先将这些问题解决,以有效促进后续档案管理工作的开展。这就要求相关建设单位安排专门的档案管理人员,将每一处的管理工作落到实处,确保每一项工作都有专人负责,以确保档案管理数字化建设的进一步开展。

2.2 制定配套、完善的管理制度,提升管理质量

在档案管理数字化建设过程中,相关工作人员应该注重管理制度的规范性、合理性,建设完善、配套的管理制度,以保证各项工作的顺利进行,使档案资料能够按照统一的标准,被有效收入档案系统中,并得到统一的存储、管理。首先,相关工作人员应该做到有效地梳理、整合城建档案管理的数字化建设,有效明晰传统管理、数字化管理之间的区别,将现代化、数字化管理思路、机制融入传统档案管理机制中,以促进管理思维的先进化、规范化,将数字化管理渗透到城建档案管理的方方面面,促进管理流程的规范化、建设的合作化和科学化,以更好地为城建工作人员指明工作方向。除档案的数字化管理外,人员的数字化管理也是非常重要的,相关单位应该有效强化人员培训、管理,制定相应的管理机制、培训制度,有效提升工作人员的数字化应用水平,全面强化数字化建设工作。其次,应该有效强化城建档案的安全管理工作,在数字化背景下,城建档案会被存储到网络平台上,而网络平台的稳定性、安全性会对城建档案的管理、运用产生一定的影响。在这一情况下,有效制定、完善档案安全管理机制是非常重要的。相关工作人员应努力提升自身的信息化水平,提前观察、发现档案数字化系统中出现的问题、漏洞,并及时加以解决,以确保网络平台的安全性、保密性。另外,还要构建城建档案安全管理数字化机制,并充分利用好安全管理技术,促进系统运行效率、质量的提升,促进档案数字化建设的发展。最后,在数字化建设中,相关单位也要注重激励机制、奖惩机制的制定,以物质、精神奖励有效带动工作人员的积极性、学习热情,惩罚、规范、约束工作人员的行为,使工作人员能够更好地应用现代化技术进行档案管理,提升档案管理工作效率,提升档案资源利用率。

2.3 构建管理数据库,促进档案管理数字化

大数据技术的应用,能够在一定程度上有效提升档案管理工作质量、效率。相关工作人员应注重大数据技术,更好地拓展资料管理途径,方便档案的收集、整合、运用。首先,应该将现代化思维融入数字化档案管理方案制定中,充分落实数字化建设,促进档案管理的科学化、规范化。其次,将大数据、云计算等融入数字化建设中,通过云端有效建立范围更广、空间更大的城建档案数据库,并促进城建各系统的有机融合,将数据库与城市建设、管理、工程建设等有效联系起

来,以更好地记录、存储各项工作信息。另外,还要利用大数据技术有效构建城市智能化平台,系统自动输入相关的数据信息、城建信息,相关工作人员再依托平台有效地接收、获取、了解信息,并利用云计算技术进行分析、整合,存储有价值的信息。这样的方式能够更好地促进信息整合、存储的便利化,增强档案管理的有效性。同时,在推动档案管理工作的数字化建设中,相关单位也应注重各工作部门的有效交流与沟通、信息传递,促进城建管理人员服务效果的最大化,保证各部门在工作中对档案资源的有效应用,进而促进城建档案管理工作的数字化建设,推动城建工作的顺利开展。

3　结　语

综上所述,在当前互联网、经济快速发展的背景下,各地应充分注重城建档案管理的数字化建设,以促进智慧城市构建,促进城市现代化发展。相关单位、工作人员应注重建设前的统筹规划工作,明确工作重点、难点,为后续工作打下坚实基础;制定完善人员管理、网络安全管理制度,以促进档案管理的数字化、规范化;构建管理数据库,有效促进档案资料的整合、管理,促进档案管理质量、效率的提升,进而推动城建工作的有效开展。

在数字化背景下国有企业推进档案
信息化建设存在的问题和对策

黄灯灯

浙江交投高速公路运营管理有限公司

摘　要:新修订的《中华人民共和国档案法》于 2021 年 1 月实施,《中华人民共和国档案法实施条例》也于 2024 年 3 月 1 日正式施行,档案信息化建设作为《中华人民共和国档案法》和《中华人民共和国档案法实施条例》的单独一个章节,对档案信息化发展和档案业务的数字化转型提出了新的要求。同时,《中华人民共和国档案法实施条例》也明确提出国有企业事业单位应当将档案信息化建设纳入本单位信息化建设规划,加强办公自动化系统、业务系统归档功能建设,并与电子档案管理信息系统相互衔接,实现对电子档案的全过程管理。

关键词:数字化;国有企业;档案信息化

2020 年 8 月 21 日,国务院国有资产监督管理委员会印发《关于加快推进国有企业数字化转型工作的通知》,就推动国有企业数字化转型做出了全面部署。国有企业积极响应上级部署和要求,全力推进数字化转型。随着数字化转型进程的不断推进,各项工作形成的电子数据、电子文件越来越多,档案来源逐渐呈现数字化、数据化形态,倒逼档案管理数字化转型。

国有企业该如何有效地推进档案信息化建设? 笔者认为:档案信息化建设和数字化转型是企业数字化转型的内在要求,也是支撑企业数字化转型目标实现的基础保障;推进档案信息化建设的关键是加强档案人才队伍建设、制定统一的"三合一"制度表、推进档案管理信息系统建设和存量档案数字化。

1　档案信息化建设的最新要求

《"十四五"全国档案事业发展规划》提出,到 2025 年,档案信息化建设再上新台阶。档案信息化发展保障机制进一步完善,档案信息化建设进一步融入数字中国建设,新一代信息技术在档案工作中的应用更广泛,信息化与档案事业各项工作深度融合,档案管理数字化、智能化水平得到提升,档案工作基本实现数字转型。

2　档案信息化建设存在的问题

2.1　基层档案人力配备不足、专业素养不高

基层单位现有档案员大都为兼职,日常工作较多,抓档案工作的时间和精力不足,且档案员队伍不稳定,人员更换较频繁,部分基层单位存在档案员未持档案管理员资格证书就接手档案工作的情况。另外,档案信息化背景下要求档案员既懂档案业务又熟悉计算机和信息化技术,但目前"一专多能"的复合型档案业务技术骨干较少。

2.2　档案信息化基础工作还不够扎实

首先,存量档案数字化工作推进不够有力。一是数字化处理标准和规范不够明确。二是存量档案数字化的工作量大,基层单位档案工作力量有限。三是各单位档案基础不一,存量档案数字化前处理工作任务重。多方面原因导致档案信息化建设工作推进不够有力。

其次,增量档案因归档范围不清晰导致档案收集不完整。虽企业制定下发

了《档案管理办法》《档案管理实施细则》，但各基层单位在实际执行中由于理解偏差等，归档范围存在差异，尤其是业务档案，因业务科室档案员多为兼职，对档案管理业务的认识不够清晰、把握不够准确，在没有明确的归档范围对照表指导的情况下很难分辨哪些电子数据应作为档案进行归档、哪些可以作为内部资料短期保存、哪些应永久保存、哪些定期保存，导致档案收集不够完整和有效。

2.3　业务系统各自为政、相互独立造成数据孤岛

近几年，业务线根据自身业务需要开发众多业务系统，给业务线工作带来了诸多便利，但也暴露了业务协同不足、数据开放共享和利用不方便、数字化实效性不强等问题，同时也反映了档案工作与主营业务融合不够紧密、档案作用发挥不够充分等情况，亟须形成高效的统一数据平台，为数据共享提供支撑。

3　档案信息化建设问题解决对策

3.1　加强档案人才队伍建设，提高档案管理水平

人员是档案工作的基础，随着档案信息化工作的推进，对档案员的综合素质要求也越来越高，管理部门必须重视并加强档案人才培养和梯队建设。一是积极宣贯档案工作的重要性，提高基层单位档案意识，争取各单位领导对档案工作的重视和支持。二是稳定档案员队伍，探索建立档案员准入制，确保人人持证上岗。三是加强档案员业务培训，结合现阶段档案工作实际增加计算机和信息化技术等培训内容，鼓励推行"师带徒"档案人才培养模式，全面提高档案员业务素质和履职能力。

3.2　加强档案管理顶层设计，积极落实"三合一"制度

2023年国家启动了新一轮国有企业文件材料归档范围和档案保管期限表编制审核工作，要以此为契机，企业办公室统一牵头推进档案分类方案、文件材料归档范围和档案保管期限"三合一"制度表的制定，可以业务线为最小单元，由文件产生者将文件材料汇总到各处室兼职档案员，再由各处室兼职档案员汇总到办公室档案人员，逐级收集上报，而后协同业务主管部门对业务条线各下属单位上报的归档材料进行复核与整合筛选，统一和明确各业务条线归档范围和保管期限，编制一张全覆盖、无死角、零盲区的"三合一"制度表，方便档案员对照开展预归档工作，从而确保档案收集齐全和有效。

3.3　推进档案管理信息系统建设，赋能企业整体智治

档案管理信息系统是档案信息化的基础，通过系统建设进一步开发档案管

理信息资源,不断提高档案工作效率和服务水平。一是根据档案"三合一"制度表对各归档门类进行档号结构重建,积极推进档案管理信息系统建设,探索元数据、格式转换、四性检测、电子文件保真、数据保全、区块链等信息技术在电子文件归档管理中的应用,并制定形成齐全、完整的管理制度与技术规范。二是加强前端控制,切实做到档案管理信息系统与业务系统同步规划、同步健全电子文件归档功能,确保各类电子档案来源可靠、程序规范、要素合规。三是探索电子公文和业务系统电子文件单套制归档。对于全程电子化办理的业务,在满足"来源可靠、程序规范、要素合规"的条件下,可以实施电子化单套制管理。四是以服务为导向,把档案管理信息系统打造成"收管存用"一体化平台,运用大数据、云计算等新技术实现业务工作与档案工作深度融合,有效整合档案数据资源,挖掘档案资源的数据价值,以数字赋能推进整体智治。

3.4 推进存量档案数字化,丰富数字档案资源

存量档案数字化是全面推进档案数字化建设的必由之路,整合档案资源的同时也能提高档案工作效率。一是制定统一的数字化处理标准和规范,确保存量档案数字化工作有方向,同时为后续顺利导入档案管理信息系统打好基础。二是因存量档案数字化工作量大、投入资金和人力有限,所以要提前做好档案价值鉴定,区分轻重缓急,利用率高的存量档案可优先进行数字化,然后逐步推进。三是可考虑委托专业的第三方档案服务公司开展此项工作,确保存量档案数字化工作整体质效。

4 结 论

档案信息化建设是国家提出的工作要求,也是企业当前做好档案工作的重要任务之一,国企要聚焦档案工作"四个好""两个服务""三个走向"目标任务,抓实抓细档案工作数字化转型,推动新时代企业档案工作向信息化、现代化转型升级,助力企业高质量发展。

基于云计算的数码照片档案保管与利用模式创新

何　研

绍兴市上虞区档案馆

摘　要: 该文探讨了基于云计算的数码照片档案保管与利用模式创新。首先分析了传统照片档案管理存在的问题,然后提出了基于云计算的创新模式,包括云存储、自动化管理两方面的应用。通过对新模式的实践应用与效果评估,验证了其在提升照片档案管理效率、降低成本以及便捷利用等方面的优势,为数字时代下照片档案管理提供了可行的创新方向。

关键词: 云计算;数码照片;档案保管;自动化管理

随着数字化时代的来临,全国各地都在规划建设数字档案馆,而数码照片档案作为数字资源也成为建设数字档案馆的重要一环。随着数字化时代的到来,数码照片呈爆发式增长,传统的管理方式面临挑战,亟须创新模式来应对。本文聚焦基于云计算的新兴管理模式,探讨其在数码照片档案保管与利用方面的创新应用。通过对比传统与创新模式的优劣,本文旨在为解决当前数码照片档案管理难题提供新的思路与方法。

1　传统数码照片档案管理存在的问题与挑战

根据《数码照片归档与管理规范》(DA/T 50—2014),机关、团体、企事业单位和其他组织在处理公务过程中形成的对国家和社会有保存价值的数码照片要归档管理。而随着科技的不断发展和数字化时代的到来,数码照片的产生和存储量呈现爆发式增长,因此,相关机构需要快速有效地对数码照片进行统一、规范、标准的整理,这就对数码照片档案的整理归档提出了新的挑战。

传统的数码照片档案管理缺乏有效的分类与检索机制,导致照片档案的管理效率低下,不利于档案利用。随着数码照片数量的增加,如何对照片进行有效分类与检索成为一个亟待解决的问题。

传统数码照片档案管理面临安全性的挑战。传统的本地存储方式存在数据丢失、硬件损坏以及黑客攻击等风险。尤其是对于一些重要的照片,如何确保其安全性成为一个重要问题。

综上所述,传统的数码照片档案归档与管理存在诸多问题与挑战,包括存储空间受限、数据易丢失、有效的分类与检索机制缺乏,以及安全性等方面问题。针对这些问题,需要寻找新的管理模式和技术手段来解决。基于云计算的创新模式为解决传统数码照片的归档与管理问题提供了新的思路和方法,对此,本文将在接下来的内容中进行详细探讨。

2 创新应用一:基于云存储的数码照片档案保管模式

随着互联网技术的不断发展和普及,基于云存储的数码照片档案保管模式逐渐受到人们的关注和青睐。云存储是一种将数据存储在远程服务器上,通过网络进行访问和管理的技术,具有容量大、可扩展性强、安全性高、便捷性好等优点。在数码照片档案管理领域,基于云存储的创新模式为解决传统管理方式存在的问题提供了新的思路和方法,极大地提升了照片档案的存储效率和管理便捷性。

基于云存储的数码照片档案保管模式突破了传统本地存储的空间限制,为数码照片档案归档提供了大容量的存储空间,并且根据实际情况可随时扩展存储容量,完全摆脱了传统存储设备容量受限的束缚,实现了数码照片档案的长期保存和管理。

基于云存储的数码照片档案保管模式具有良好的数据安全性和可靠性。云存储服务商通常会采取多重备份、数据加密等措施来保护用户的数据安全,确保数码照片档案不会因为硬件故障、数据丢失或黑客攻击等因素而丢失或泄露。与传统本地存储相比,基于云存储的数码照片档案保管模式更加可靠和安全,同时还具有良好的可访问性和可移植性。档案管理员可以通过数码照片档案管理系统随时查阅、利用照片档案,无须再调取光盘等存储设备。

综上所述,基于云存储的数码照片档案保管模式具有诸多优势,包括大容量存储、数据安全可靠、查阅利用方便等。这种创新模式为解决传统数码照片档案管理存在的问题提供了新的思路和方法,为档案管理员提供了更加便捷、安全、可靠的照片档案管理方案。下面本文将进一步探讨基于云存储的数码照片档案保管模式的具体实现以及其在数码照片档案管理中的发展前景和挑战。

3 创新应用二:自动化管理在数码照片档案利用中的应用

在传统的数码照片档案管理中,档案工作者往往需要手动对照片进行分组和著录信息,这不仅费时费力,而且容易出错。随着人工智能和机器学习技术的不断发展,自动化管理作为一种创新应用,在数码照片档案利用中展现出巨大的潜力。

针对数码照片整理做的很多工作,其实只是为了两个目的:一是及时整理归档;二是便于查阅利用。自动化管理技术可以通过对照片的内容进行分析,完成智能分组并自动匹配相关信息(如全宗号、拍摄者、版权等)。档案工作者只需著录照片标题、地点、人物、分类即可。这样一来,档案工作者无须手动进行烦琐的分组、著录工作,使数码照片档案能及时得到整理并归档,提高了工作效率和沟通效果。一个好的档案管理系统通过自动化管理技术能提供各种检索,最常见的是按关键字模糊检索,也可以按著录字段组合精准检索,大大提高了数码照片的利用效率。另外,自动化管理技术还可以实现对照片的智能修复和优化,提高照片的质量和观赏性。

综上所述,自动化管理作为一种创新应用,在数码照片档案利用中发挥着重要作用。通过自动化管理技术,可以实现对照片档案的自动化整理和管理,进一步提升了管理效率。随着人工智能和机器学习技术的不断进步,自动化管理技术将会发挥越来越重要的作用,为数码照片档案管理带来更加丰富和多样化的应用场景。

4　结语

在数码照片档案管理中,基于云存储和自动化管理技术的应用成为档案工作提升效率、降低成本的重要解决方案。然而,随着技术的不断发展,数码照片档案管理仍需进一步研究和改进,解决系统的稳定性、安全性等问题,为数码照片档案进入数字档案系统、逐步建立数字档案馆奠定基础。

浅析强化电子文件归档工作的前瞻性

王　萍

浙江天音管理咨询有限公司

摘　要:在大数据时代,传统纸质档案管理转型为档案数据管理是档案工作发展的必然趋势。在数字转型战略的推进下,原生型数字档案资源逐渐成为增量数字档案资源的主角。因此,保证原生型数字档案资源——电子文件的归档工作是今后创建数字档案资源生态的重中之重。该文主要探讨电子文件归档和电子档案管理问题,特别是探究如何使电子文件与电子档案收集的前沿工作得到可靠、有力的保障,并形成可推广的依据。

关键词:数字转型;归档工作;档案管理

随着当下信息时代的变化、数字时代的快速发展,数字档案资源已成为档案资源形成和管理的主流资源。这种第一手数字资源汇集后,一边连接电子文件生成端,另一边连接电子档案保存端,通过归档架构,实现电子文件向电子档案的转型。原生型数字档案资源来源较为复杂,采集范围也更为广泛,由此带来的风险也就越大,所以为规避在档案生命周期内引发的连锁问题,我们应当具备归档的前瞻性,强化电子文件的归档前期准备,让数字档案能顺应信息社会的变迁历程。

1 推进制度管理——强化管理控制

现行企业档案制度改革与创新不是一般的制度改良或形式变革,而是顺应整个数字时代变革而进行的制度变迁,从传统档案制度向现代档案制度转轨。因此,电子文件归档制度的建设也需要与时俱进,档案工作人员应不断总结经验,推动制度创新。

电子文件可视为档案数字信息的“源头”,在特定的内部和外部环境下,应建立与档案事业相关的体系,以及特定成员在档案相关事务中所共同遵守的归档制度,既包括电子文件形成及其在业务过程中产生的细则,也包括具体归档业务过程中需要遵守的规范。同时,在建立“接地气”的电子文件归档制度的前提下,更应强化制度的实施,达到有效地贯彻执行,把制度切实落实到电子文件归档工作中,规避制度执行不力的情况。

推进建立规范有效、切实可行的电子文件归档制度,应与收集电子文件信息第一人绩效挂钩,从而避免档案资源无法收集归档齐全、档案处置与管理工作不规范等现象。对电子文件归档范围、管理流程、归档策略、保管期限等进行梳理,制定电子文件归档实操规范,让制度深入电子档案管理系统,落实到电子文件的接收、整理、鉴定、保管、利用等每一项基础性工作中去,以此实现全过程制度管控。

2 强化技术更新——保障智能管控

随着大数据时代的到来,技术因素已逐渐成为档案安全保障的主导性驱动力。

由于电子文件数量的大量增长,电子文件归档传输、保存与数字档案信息的安全保护问题,已成为档案保护领域关注的焦点和新时期档案安全体系建设的核心内容。

数字档案资源本体的形成、采集、保管、开发利用等,都离不开技术的支持。目前电子文件技术质量问题,主要表现在生成或存储、采集格式不统一等方面,造成后期档案利用时因格式不兼容而无法识别、无法读取的困难。信息技术一头连接信息本体的形成,对信息本体形成的质量、数量发挥着关键作用;另一头也支撑着信息主体各种信息行为的完成,对信息行为完成的进度、效果起着决定性作用。在整个档案生命周期内,数字档案的安全管理,既要保障电子信息的完整性,又要警惕保管、利用过程中的篡改、隐私泄露等。

3 培养综合性人才——完善人才适配度

档案从形成、保管到开发利用,都离不开人,档案人才队伍建设是一项系统性工程。现阶段,档案管理专业人才普遍存在性别失衡、年龄老化、专业化程度偏低、高层次人才匮乏等问题,在数字信息化高速发展的背景下,档案管理对于人才的培养更是提出了新的要求。

数字档案资源主体工作是基于信息资源收集的产生者、保管者、利用者与监督者等不同角度开展数字档案的各项工作,人才的培养无疑是需要特别关注的。随着一体化信息平台的大量运用,作为电子文件收集信息第一人的经办人,若对档案主观意识淡薄,延时移交或到了移交归档期限不移交,以及移交的电子文件质量不高等,那么档案工作的后续开展就只能成为空谈。

电子文件归档主要有两种方式:一种是网络在线移交接收;另一种是介质移交接收。这两种方式都离不开有档案认知和专业能力的人,这就需要我们从源头抓起,保障电子文件的可靠性。因此,档案管理部门应加强培养电子文件收集和归档的一线工作人员,加强参与主体的制度观念、规则意识、学习能力、适应能力和创新能力,以及与时俱进的专业计算机技能、知识结构、综合素质等的培养,从而使档案管理人员适应现代化档案管理工作的新实践和新要求。

在当前高速发展的数字时代,在对原始型数字资源的获取、选择过程中,我们更需要以严谨的态度,保证信息资源来源的真实性、完整性、可靠性和可用性。要确保电子文件形成环境安全、可靠,从而实现原始型数字档案所要实现的目标。为更好地解决电子文件归档和电子档案管理问题,特别是电子文件与电子档案前沿性工作安全性保障问题,逐步形成可推广的规范性细则,我们应努力实现传统档案管理向档案数据管理的转型,以档案人员数据意识的养成为前提,以创新制度为导向,以档案资源数据化和档案人员具备数据能力为基石,以顶层设计、技术为保障,以档案数据开放为最终目标,强化新时代、新形势下的电子文件归档基础性工作。

企业数字档案室建设实践探析

曾立春

宁波海工集团公司

摘　要:《"十四五"全国档案事业发展规划》做出"完善档案信息化发展保障机制"的战略部署。"信息化"是档案资源提质增效、管理升级、均衡发展的助推器。加快企业数字档案室的建设,大力推进"增量电子化""存量数字化",促使电子文件应归尽归、电子档案应收尽收;建立健全电子归档移交制度;简化程序、优化档案利用环境。通过档案数字化、智能化水平的提升,推动新时代信息技术与档案服务深度融合,让企业档案室的功能得到充分发挥,让档案为企业发展发挥出更佳的效果。

关键词:数字档案室;信息化;电子归档

1　企业数字档案室建设的必要性

1.1　企业档案管理现状

笔者所在企业的档案室,建立了完善的档案管理制度;配备了高速扫描仪、绘图仪(兼大幅面扫描功能)各一台,定期对增量纸质档案进行数字化加工,形成数字档案资源;设置档案专用库房,实现大部分档案的集中统一管理。单位现有档案门类主要包括文书档案、会计档案、科技档案、图纸档案、特殊载体档案、修理档案等。

笔者所在企业逐渐建立了 OA、ERP(人流、物流、财流、信息流集成一体的企业管理软件)、生产管理等业务系统,加快了企业信息化发展。在企业信息化大发展的趋势下,企业档案管理数字化、数据化建设已刻不容缓。

企业档案室在档案信息化建设过程中,由于没有电子档案管理系统,各门类档案资源通过手工建立目录信息的方式进行管理,不利于档案资源的高效管理和便捷利用,更无法实现企业内各业务系统产生的数字资源的在线归档。

1.2　需求分析

笔者所在企业亟须通过建设档案系统平台,实现手工管理向系统管理转变,推动档案收集、归档、利用全业务的线上管理,并基于企业档案系统平台实现工厂 OA、ERP、生产管理等业务系统数据资源的在线归档,实现档案纸质管理向电子化管理转变,推动企业档案数据资源应收尽收、应归尽归。在系统建设基础上,加强数字档案资源建设和开发利用,为支撑"智慧工厂"建设提供丰富的知识资源。

在档案安全管护条件方面,需要实现档案库房的智能化管理升级,实现对库房环境条件及安防条件的自动管理;建立电子档案异质备份条件,保障工厂数字档案资源的长期安全保存。

结合上述需求,企业亟须开展数字档案室建设,推动档案工作数字和数据转型,实现档案工作的提质增效,促进档案管理水平提升,为新时代企业持续创新发展提供有力支撑。

2　企业数字档案室建设难点及解决方案

2.1　建设难点

笔者所在企业推进数字档案室建设的难点如下:对于企业来说,档案室是一个没有直接经济创收的部门,并且企业没有档案管理系统研发人才,数字档案室建设相应软硬件需要外购或请外单位研发,资金投入量大。

2.2　解决方案

第一,要重视档案信息化发展。档案人员要做好本职工作,积极采取有效措施,为档案升级打好基础。

第二,要有资金保障。借企业"十四五"规划东风,将档案信息化列入预算。

第三,建立规范的管理体制。从企业实际情况出发,修订档案管理制度,并且通过有效方式,将管理制度执行落到各部门。

第四,构建安全保障体系。按照档案库房"八防"管理要求,为提升管理效率及智能化水平,配备以智能化管理为主的档案库房设备设施及保管条件。

第五,培养档案专业人员,吸收计算机等专业人才,组建企业档案团队。

3　数字档案室建设实践

结合业务需求和建设目标,依据国家层面关于企业数字档案馆建设的相关要求,从基础设施、系统建设、资源建设、安全保管、档案治理五个方面开展项目建设,具体内容设计如图 1 所示。

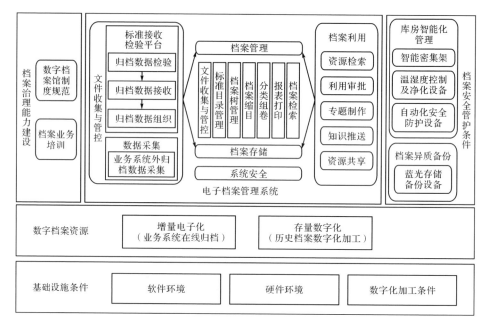

图 1　企业数字档案室建设内容

3.1　基础设施条件建设

首先是软硬件条件建设。为支撑电子档案管理系统运行,配备相应的软硬件设施。硬件条件方面具体包括应用服务器、数据库服务器、磁盘阵列等,提供档案系统部署和资源存储环境。

其次是数字化加工条件建设。在现有基础上,为加速存量档案数字化进程,满足不同类型档案扫描需要,增加配置高速扫描仪、大幅面扫描仪、照片扫描仪等设备。

3.2　电子档案管理系统建设

电子档案管理系统主要功能包含文件收集与管控、档案管理、档案利用和系统配置四大模块,具体功能模块如图 2 所示。

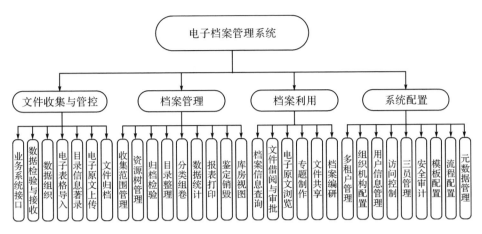

图 2　电子档案管理系统功能模块

　　文件收集与管控模块提供多种电子文件及其元数据信息的采集方式,能够实现业务系统数据的在线接收,也能提供业务系统外产生的电子文件及其目录信息的上传方式。该功能包括业务系统接口、数据检验与接收、数据组织、电子表格导入、目录信息著录、电子原文上传、文件归档等模块。

　　档案管理模块为档案人员提供档案整理、统计、报表打印等综合业务管理功能,是为用户提供资源利用的基础。功能包括收集范围管理、资源树管理、归档检验、目录整理、分类组卷、数据统计、报表打印、鉴定销毁和库房视图模块。

　　档案利用模块实现面向单位全体用户的电子档案便捷、安全利用。功能包括档案信息查询、文件借阅与审批、电子原文浏览、专题制作、文件共享、档案编研等模块。

　　系统配置模块由系统管理员、安全保密员、安全审计员及档案管理员操作,实现系统用户信息、元数据信息、报表模板、业务流程的配置管理和系统的安全管理。功能包括多租户管理、组织机构配置、用户信息管理、访问控制、三员管理、安全审计、模板配置、流程配置、元数据管理等模块。

　　电子档案管理系统的特点如下:

　　第一,支持多门类异构档案资源综合管理,高度契合企业管理特点。

　　系统支持文书、经营、会计、科研、产品、修理、特殊载体等多门类档案的综合管理,并可根据单位业务需要对所管理的资源类别、组织方式等进行灵活扩展;支持对文档、图片、多媒体资源等多种格式电子文件的在线浏览利用;具备符合企业产品研制管理特征的档案数据资源收集管控业务流程和知识资源推送利用方式。系统安全设计符合涉密信息系统分级保护、国产化环境适配等多重管理要求。

　　第二,具备标准接口平台,支持各类业务电子文件在线归档。

提高电子文件前端协同管控效率和质量,并按照国家相关要求确保归档电子文件的真实、完整、可用和安全。

第三,科学提高管理规范性,降低人员专业性要求。

建立基于文件收集范围数据库的收集指导机制,能够深入文件产生前端为收集工作提供智能指导,解决电子文件收集不及时、不完整、收集人员责任不清等问题,保障归档电子文件的齐全和完整,促进文件收集和企业科研生产管理工作的协同。

第四,建立租户式的应用平台,减少企业成本投入。

企业只需部署一套系统,即可实现企业内部多部门的同步应用,大幅度降低系统建设的基础设施成本、研发成本、部署运维成本等。

3.3 数字档案资源建设

根据年度统计,企业存量档案约 1 万卷,可以采用外包形式加快存量档案数字化加工速度,建立档案数字化加工全业务流程,实现从纸质档案出库到电子档案挂接系统的一站式服务,实现存量档案数字化。

3.4 档案安全管护条件建设

档案安全管护包括库房智能化管理和档案异质备份。

按照档案库房"八防"管理要求,为提升管理效率及智能化水平,建设以智能化管理为主的档案库房设备设施及保管条件。为电子档案长期安全保管建立异质备份条件,可配备蓝光刻录存储设备及光盘检测仪,将存储在硬盘上的电子文件定期转刻为蓝光光盘进行保存。

3.5 档案管理能力建设

首先,加强数字档案馆制度规范体系建设。根据《企业数字档案馆(室)建设指南》要求,从管理、业务、技术三个层面对企业现有制度进行完善,形成适应该企业数字档案管理的制度规范体系。

其次,开展业务管理及实操培训。对专兼职档案人员进行定期培训,尤其是注意学习档案制度与业务管理标准等规章制度、档案信息系统实操等专业知识。

4 企业数字档案室建设效果

4.1 降低人工成本,有效提升档案管理工作效率和质量

通过企业数字档案室建设,推动文件归档与管理由"线下"向"线上"转变,有效缩短传统纸质管理模式下文件整理、交接、归档等业务流程,降低人工劳动成

本,提升归档工作效率和档案查询利用效率。

4.2　加强前端控制,促进档案管理与企业生产等工作的协同

通过电子档案管理系统应用,有效提升电子文件归档与管理工作的质量,对文件收集范围管控、电子文件归档与电子档案管理"四性"检测、档号自动合成等技术手段进行协同,促进电子文件归档管理和企业生产、技术、企管等工作的协同。

4.3　降低数据风险,实现电子档案的集中安全管理

业务信息系统软件产品的迭代更替,容易造成大量电子文件滞留在原系统中,若运维工作不及时,或软件厂家更换,都会造成现有数据无法导出归档的风险。通过多个业务部门信息系统电子文件在线归档接口的建设,能够及时进行电子文件归档,有效规避软件公司产品更替带来的数据风险,为档案资源的高效管理提供统一、规范的数据,助力形成完整统一的电子档案资源体系,为企业生产管理提供全面的档案信息支持。

4.4　推动服务转型,发挥知识效益

在档案资源服务方面,以促进档案知识的共享利用为指导,把握档案价值及用户需求的时效性,建立档案知识主动推送和用户之间的知识共享机制,激发用户对档案知识的利用欲求,创造良好的档案知识开发利用环境,促进企业档案意识水平提升,为企业档案资源的积累、知识资源的挖掘和档案知识在企业发展中的应用提供丰富的数据资源支撑。

4.5　统一的企业信息化管理平台

随着企业 OA、ERP、生产管理等业务系统的增多,电子档案形式和产生量逐渐增加,数字档案室建立后,根据企业实际情况,制定统一的信息化管理标准,就可以让各系统在这个信息平台上进行信息共享。

5　结　语

数字档案室建设,是时代发展的必然趋势,是构建企业智慧发展框架的有效路径,既提升了档案管理水平,扩大了服务范围,又增强了企业的社会影响力,其带来的是隐形的经济效益,应得到重视。

企业档案数字资源建设中的安全保障

俞燕虹

杭州远大档案技术有限公司

摘　要：在"互联网＋"的时代背景下，企业需要增强档案数字资源建设，以便满足信息化的发展要求。同时实现对档案资料的有效管理，并对档案资源的应用价值进行深入挖掘，为企业的决策工作提供可靠信息。该文主要分析企业档案数字资源建设过程中的问题，并采取多样化的措施加强安全管控。

关键词：档案；数字资源；安全保障

伴随信息技术的快速发展，企业档案管理需要从传统模式转变为数字化模式，同时实现对纸质档案资料的数字化存储，为企业信息档案管理提供便利。由于数字资源建设过程中会涉及多方面的内容，因此需要对档案数字信息安全保障制度进行不断完善。

1　浅析档案数字资源建设中存在的安全问题

1.1　缺乏安全保护意识

企业的管理人员在开展档案数字资源的建设工作中，需要增强自身的安全保护意识，以便降低安全隐患的发生概率。部分企业并不重视档案管理工作，导致管理制度不完善；档案管理人员对于档案数字资源建设工作缺少正确的认知理解，并未意识到安全保障建设的重要意义。缺少安全保护意识，导致数字化档案资源保护和利用工作中存在很多漏洞。例如，档案资源的分类不合理、信息权限未设置、缺乏严格的管理制度等，导致数字化档案的安全性受到威胁。与此同时，越来越多企业为了满足档案数字资源建设要求将数字化建设工作外包，在外包过程中，部分企业存在将涉密档案交由不具有保密资质的企业做数字化加工的问题，或者将档案数字化工作外包给有保密资质的企业后当起了"甩手掌柜"，既不规定数字化工作的场所，也不派专人或采取安装摄像头等技术手段对数字化过程进行全程监管，甚至对相关的数字化设备也不进行安全检查，使企业处于潜在危险境地，随时可能失控，自认为"高枕无忧"，实则"危机四伏"。

1.2　技术保障体系有待完善

数字资源档案建设是以多样化信息技术为基础的。只有构建完善的技术保障机制，才可以有效规避安全风险。计算机存储档案信息，可以实现信息化的档案管理模式，对档案资料进行互利共享。数据的传输过程中很容易受到病毒的侵袭，以及黑客的恶意攻击等，导致档案数字资料丢失或是泄露，对企业的发展造成不利影响。因此需要构建完善的技术保障体系，防止档案数据库被入侵，对数据资料进行充分保护，提高档案数字化建设的安全水平。除此之外，企业在软硬件上的投入也与档案数字资源安全保护休戚相关。

1.3　缺少安全管理人才

人才是制约企业档案数字资源建设的主要因素。档案管理人员不但要具备档案专业知识，还要掌握信息科技，以防企业的档案数字资源建设发展水平较低。虽然企业已经开始应用数字档案管理系统，但是因为档案管理人员对于计算机方面的知识掌握较少，在档案系统出现故障和问题时无法有效解决，致使档案的数字化管理功能难以充分发挥作用，对企业档案数字资源建设工作的发展造成了阻碍。

2　增强企业档案数字资源建设安全保障的对策

2.1　提高档案数字资源建设的意识

企业的管理人员需要具备档案数字资源建设意识，以便提高企业档案数字资源的建设质量，为企业的发展提供助力。首先，企业的管理人员需要意识到档案数字资源建设的重要性，同时对数字档案资源的安全保障制度进行不断完善，并对其建设方案进行合理规划，并组建专门的档案管理部门，且针对档案数字建设工作增加专项资金投入量。其次，企业的各部门需要对档案数字建设提供技术支持，其中包括档案数据资源的利用，以及档案信息的利用。最后，档案管理部门需要对档案资源进行网络化建设，确保各项工作可以有效落实，从而构成完善的档案数字资源体系。

2.2　加强档案数字资源标准化建设

档案数字资源建设涉及多个环节，包括数据资料的采集、存储、管理、应用等，因此需要制定标准化的体系，确保各项工作可以规范实施，实现对档案数字资源的有效共享。首先，档案管理部门需要针对企业的发展状况，对档案数字资源的规范制度进行不断完善，同时档案管理部门的工作人员应按照制度要求开

展工作,为企业的发展建设提供针对性的服务。其次,档案管理部门需要加强档案资料的核对检查,灵活应用信息技术高效完成数据资源的分类处理。增加档案数字化的定向投入,保证软硬件的定期维护、更新,防止设备故障,必须使用正版软件,做到专机专用,以减少安全隐患。

2.3 制定安全保密策略

利用信息安全防护技术,可以避免档案数据库受到外部因素的恶意攻击,提高其安全防护性能,保证数字档案信息的安全性,确保数字档案信息的安全系数不断提高。其一,企业的档案管理部门需要加强内部的安全防控建设,同时对数字档案信息安全管理体系进行不断完善。其二,需要制定信息系统安全保密策略,根据企业的发展状况、系统漏洞等及时调整防护措施,并定期开展档案资料的安全检查。根据系统综合日志,生成文档化的风险分析报告,对存在的漏洞进行有效弥补。其三,利用网络防火墙、身份认证、数字签名等手段,让数字化档案信息的存储更加安全。

2.4 开展管理培训

企业需要对相关的职工开展档案数字资源安全技术培训,确保档案数字信息的安全性。其一,需要提高档案人员的安全防控意识,确保其在工作中可以严格履行职责,有效解决档案数据库中的问题。其二,需要提高档案人员对于信息技术的应用能力,确保其可以掌握和档案信息相关的数字化技术,确保其在档案安全建设中可以发挥相应的作用。其三,需要对安全策略的内容进行不断完善,根据企业的发展状况以及档案数据资源保护工作实际,对安全策略进行不断修改,增强安全策略的可靠性。其四,需要培养符合数字资源建设要求的复合型人才,使其既懂档案管理,又懂信息技术,确保其在遇到问题时能及时应对、处理。

3 结语

综上所述,企业通过加强数字资源档案建设,可以有效提高档案管理质量;同时需要增强安全保障建设,实现对档案资源的有效保护;并提高档案管理人员的安全防控意识,对安全档案管理制度进行不断完善,提高档案数字化安全管理水平。

关于 AI 技术在档案管理领域应用的思考

李慧玲

杭州越中档案信息技术有限公司

摘　要：AI 技术在全球范围内持续快速发展，特别是在计算机视觉、语音识别、自然语言处理（NLP）、机器学习和深度学习等领域取得了显著进步。各国政府积极出台政策，加大对人工智能的支持力度，提供创新环境和资金支持，同时加强相关法律法规的制定和完善，确保 AI 技术发展的健康有序。综上所述，当前 AI 技术处于快速成长期，正在逐步深入社会经济生活的各个方面，该文从多个维度思考 AI 技术给档案管理带来的新帮助和新挑战。

关键词：AI 技术；档案管理；信息安全；高效；现代化

随着智能化的管理水平提高，档案管理也紧跟时代的脚步，逐步走向智能化的管理模式。汉王科技在与绍兴市档案馆联合申报的国家档案局 2023 年度科技项目——"基于跨门类民生档案的多模态弹性关联知识网络建设及智慧化利用研究——以五类民生档案为例"中，突破性利用人工智能、大数据等新一代 AI 技术，在对档案信息资源进行深层加工与利用过程中开启档案管理模式变革的新途径和新方法，以 AI 创新定义档案智慧数据治理，展示了 AI 技术在智慧档案管理中的实际应用成效。当前 AI 技术在档案管理中的应用已从概念阶段走向实践阶段，越来越多的机构开始采用 AI 技术改善档案管理工作流程，提高工作效率和管理水平，推动档案管理行业的现代化新进程。AI 技术管理的优势与缺点、伦理挑战与边界探索，以及如何在 AI 技术助力档案管理中兼顾效率与隐私保护，都是我们所要面对的问题。只有不断探索与思考，才能真正运用好 AI 技术管理档案工作。

1　AI 技术管理档案的优势

高效检索：AI 技术能够通过自然语言处理、图像识别、语音识别等技术，实现对海量档案数据的快速、精准检索，极大地提高了档案利用率。

自动化分类与整理：AI 技术可以自动对档案进行分类、标签化和索引编制，从而节省大量时间和人力成本，确保档案信息组织有序，易于查找且提高工效率。

智能分析与挖掘：AI 技术能够对档案内容进行深度分析，发现其中隐藏的关系、趋势和模式，为企业决策、历史研究等提供有力支持。

数据安全与隐私保护：智能加密、权限管理和异常行为检测技术，有助于保障档案信息安全，防止非法访问和泄露。同时，AI 技术能够帮助档案工作人员在处理档案数据时实施有效的数据脱敏和隐私保护策略。

生命周期管理：AI 技术可以对档案进行全生命周期的智能化管理，包括创建、更新、销毁等环节，实现档案管理状态的实时追踪和有效管控。

环境适应性与优化：智能库房环境控制系统利用 AI 技术自动监测和调节温湿度、光照等因素，有利于延长纸质档案的保存期限。

成本节约与效能提升：AI 技术减少了传统档案管理中大量的人力投入，降低了运营成本，同时也提高了档案管理工作的质量和效率。

长期存储与防损：利用数字化和虚拟化技术，AI 技术有助于将档案长久保存，并能对破损或老化的档案进行智能修复和数字化转化，确保档案资料的长久可用性。

跨平台兼容与协同共享：AI 技术驱动的档案管理系统能够更好地实现跨部门、跨地域信息整合与共享，促进档案资源的充分利用。

综上所述，AI 技术不仅强化了档案管理的技术水平，也从根本上改变了档案信息资源的采集、保管、利用方式，使之更加便捷、安全和高效。

2 AI 技术管理档案的缺点

AI 技术在档案管理方面的应用虽然带来了很多优势，但也存在一些挑战和潜在的缺点，主要包括但不限于以下几个方面：

技术依赖性强：AI 技术系统的正常运行高度依赖算法的准确性、稳定性和持续更新维护，一旦系统出现故障或更新不及时，就可能导致档案管理工作的中断或服务质量下降。

数据隐私与安全风险：由于档案通常包含敏感信息，AI 技术处理和存储档案数据的过程中必须保证信息安全，避免数据泄露、篡改或非法访问。现有的加密技术、访问控制机制如果不能有效应对新的安全威胁，则可能成为重大隐患。

法规遵从性问题：不同地区和行业对档案管理有各自的法规和标准，AI 技术的应用需要严格遵循相关规定，特别是在涉及个人隐私、商业秘密等敏感信息的档案管理上，若处理不当，可能会违反法律法规。

自动化误判：尽管 AI 技术在智能分类、检索等方面表现突出，但在某些复杂情况或特殊情况下的判断可能出现偏差，如对历史文档的手写体识别、老旧破损文档的还原等,AI 技术的精准度尚不能完全替代人类专家的判断。

传统档案的兼容性:面对大量非结构化的纸质档案和早期电子档案,AI 技术的转化和识别效率有限,而且原始档案的质量也可能影响 AI 技术处理的效果。

资源投入与回报平衡:引入 AI 技术进行档案管理往往需要较高的初期投资和运维成本,对于小型机构或预算有限的组织而言,是否能在短期内获得足够的效益回报是一个重要考虑因素。

文化遗产保护的特殊性:对于珍贵的历史文化遗产档案,AI 技术可能无法充分理解和诠释其深层次的文化内涵和历史价值,过度依赖 AI 技术可能削弱人类对档案背后故事的理解和传承。

因此,推广 AI 技术在档案管理中的应用时,应关注这些问题,并有针对性地制定解决方案,以确保既能发挥 AI 技术的优势,又能妥善处理由此带来的潜在问题。

3　AI 技术在档案管理中的伦理与边界探索

3.1　伦理挑战

隐私保护:在运用 AI 技术处理大量个人信息和敏感档案数据时,如何确保信息的安全性和个人隐私不被侵犯是首要伦理考量。例如,在进行智能检索或数据分析时,必须遵循相关法律法规和隐私政策,防止未经授权的数据泄露。

决策透明度与公正性:在运用 AI 技术算法帮助决定档案开放权限、编研方向等的过程中,需要保证决策过程的可解释性和公平性,避免算法偏见导致某些档案资料被不公平地对待或忽视。

原始性与真实性维护:在运用 AI 技术进行档案数字化、修复和整理的过程中,要确保档案内容的真实性不受损害,避免因技术处理而改变档案原有的历史面貌。

版权与知识产权:在利用 AI 技术对声像档案进行转码、复制或传播时,应尊重创作者的版权和知识产权,严格遵守相关法规,不得未经许可擅自使用声像档案。

3.2　边界探索

人机协作关系:明确界定 AI 技术在档案工作中的辅助角色与人类专家的主导地位,以及各自的责任边界,不能过度依赖技术而忽视人工审查与判断的重要性。

技术局限性认知:尽管 AI 技术有诸多优势,但也存在误判、误识等情况,因此需设定合理的技术应用范围,并且在关键决策点保留人工审核环节。

长期保存与可持续性:考虑到技术更新迭代迅速,采用 AI 技术手段生成或处理的档案资源在未来是否能被持续访问和理解是一个长期的边界探索问题,需要考虑兼容性和互操作性设计。

综上所述,档案管理者和开发者在推动 AI 技术应用于档案管理实践时,不仅要关注技术创新带来的效率提升,更要重视构建全面的伦理规范体系,以确保技术进步与社会公正、信息安全、文化传承等方面的和谐共生。

4　如何在 AI 技术助力档案管理中兼顾效率与隐私保护

在 AI 技术助力档案管理中兼顾效率与隐私保护需要注意以下方面:

数据脱敏技术:对敏感的个人信息和档案内容进行去标识化处理,确保原始数据的安全性,仅保留用于分析和服务目的所需的基本属性或经过加密的数据。

权限控制机制:实施严格的访问控制体系,使用身份验证、授权管理等手段,确保只有获得合法授权的人员才能访问相关的档案信息。

合规设计与透明度:确保 AI 技术系统的开发与应用严格遵守国家和行业的相关法律法规,如个人信息保护法等,并公开算法决策过程,增加透明度,减少潜在的歧视和不公平情况发生。

差分隐私技术:采用差分隐私技术,在提供统计结果的同时,保证单个个体的信息不被泄露,即使数据库遭受攻击,也能保证隐私安全。

动态审计与日志记录:建立全面的日志记录系统,对所有数据操作行为进行实时监控和记录,以便于追溯审查和异常检测。

隐私增强计算:利用同态加密、多方安全计算等技术,在数据加密状态下进行计算,使 AI 技术能够分析加密数据而无须解密,从而在提高效率的同时保证数据隐私。

明确数据生命周期管理:明确档案数据从采集、存储、使用到销毁的全生命周期管理规则,包括定期清理无用或过期数据,以降低隐私泄露风险。

法规遵从与伦理规范:参与行业标准制定,引入第三方监管,确保 AI 技术在档案管理中的应用始终符合最新的数据保护要求和伦理准则。

通过上述技术和管理策略的综合运用,能够在提高档案管理效率的同时,有效保障涉及个人隐私和其他敏感信息的档案安全。

关于房产档案实现数字化改革的路径探索与思考

陈霄燕

义乌市城建档案馆

摘　要: 当今社会数字化信息已经成为人类在社会和经济活动中不可或缺的资源。而房产档案作为一种原生的、基本的信息资源,如何顺应时代更好地发挥作用,房产档案数字化建设后的信息、数据资源怎样才能再次华丽转变为数字化改革的新成果,是档案工作者面临的新的研究课题,更是一个充满悬念与挑战的难题。该文通过义乌市房产档案数字化改革工作实践,对房产档案信息数字化改革的含义、内容、步骤、问题处理等方面做了深入分析与思考,提出了房产档案数字化改革与管理的几点建议。

关键词: 档案管理;数字化改革;路径

2002 年 11 月 25 日,国家档案局制定下发了《全国档案信息化建设实施纲要》,明确了"十五"期间档案信息化建设的指导思想、目标与主要任务,加快推进档案资源数字化建设正是其中的一项主要工作内容。2021 年 2 月,浙江省委召开全省数字化改革大会,时任浙江省委书记袁家军在新春第一会上部署了"全面推进数字化改革"工作。由此可见,传统档案的数字化建设与改革已是档案工作发展的必然趋势。然而现实中传统档案的数字之路并非一蹴而就,而是一个循序渐进的过程,对这个过程的各个环节进行深入分析研究是十分必要的,只有在清楚认知的基础上,才能规划和解决好传统档案的数字化改革问题。近年来,义乌市房产处综合档案室在多年的房产档案数字化建设基础上再次对房产档案数字化改革工作进行了积极的探索,也取得了一定的成效。

1　房产档案数字化建设、改革的含义与必然性

1.1　房产档案数字化建设、改革的含义

房产档案的数字化建设是通过利用计算机、扫描仪等设施设备,利用各数据库、各政府网络平台、各部门数据信息等软硬件环境与高新技术,把各种载体的档案资源转化为数字化形式并实现数字、信息的高度交互与共享的档案管理模

式。袁家军书记指出,数字化改革是"最多跑一次"改革和政府数字化转型的迭代深化。由此可知,推动数字化改革,数字化只是手段,改革才是重点,数字化改革是一个复杂的系统工程,是一个持续、全方位的重塑进程,是从整体上推动全社会各方面的质量变革、效率变革、动力变革,实现全域整体智治、高效协同。数字化改革说到底是一个业务全域全体系高度闭环全智自治的多维理念,也是一个巨大的智能管理使用体系。在这里"全面推进数字化改革"与早期相对单一的"数字化"要求已完全不同。

1.2 房产档案数字化建设、改革的必然性

首先是社会发展的需要。近年来,上层领导推出的数字化建设、改革理念引领基层各部门、各单位积极开展数字化办公、信息化办公环境的建设,也产生了多层面、多品种、多智能的档案管理需求,这迫使档案行业工作者这个城市最终历史资料、资源的保管者不得不提升自身的管理要求与水平,与时俱进,走在数字化高速发展的前列,并肩负起档案数字化建设义不容辞的责任。其次是行业发展的需要。档案信息的生命价值在于其利用价值的多层次、多元化开发,面对体量巨大的实体档案与数字化信息,如果想要更深入地发挥与挖掘它们的生命价值,使它们变成有用的"活"的档案,那么落后的传统档案管理理念和原始被动的服务方式必须得到有效改变。如此通过对房产档案开展数字化建设将会进一步激发、挖掘出新的档案价值,使其焕发新生。最后是档案本身发展的需要。传统纸质、实物等档案作为历史资料的原载体,多数存在不易保管、不易流通、不易发展的短板,解决这些问题对我们档案管理部门来讲也是一个难题。我们必须积极研究、创新档案多元化的管理方法与手段,努力提高应对突发事件和重大灾害的能力。开展房产档案的多元化备份、异地备份工作是档案工作者的首选,而房产档案高质量、高标准的数字化、信息化建设是多元化备份、异地备份工作的必经之路。目前义乌市大多数档案管理单位都已基本实现传统档案数字化的第一步——传统档案影像扫描工作,也初步建立了单位电子档案数据库,并投入使用,这为进一步推进义乌市档案管理数字化改革工作打下了坚实基础。

2 房产档案数字化建设的主要内容与步骤

笔者通过实践总结认为,房产档案开展数字化建设的主要内容与步骤可包含以下几点:

首先,建立目录数据库。根据所有房产档案类别进行梳理、著录并建立所有传统档案目录,形成电子文件级目录。同时在建立文件级目录过程中,需对一级目录严格把关,对标落实录入要求,在数据的准确性、完整性、全面性等方面给予

重点把握,以确保房产档案条目式数据库的准确度、完整度和有效性。实践中,房产档案条目式数据库的建立全面提高了馆藏档案检索工作效率。

其次,建立电子影像档案数据库。根据不同传统载体档案数字化、信息化管理要求实现原始文件、原始载体信息的数字化、信息化形式转变,即采用扫描、拍照等方式将传统档案转变为电子档案,并建立电子影像档案数据库。电子影像数据库与条目数据库的一一对应,将有效提高传统档案的精准使用度与远程使用度。举例而言,若要查阅义乌市 2004 年的某户房产档案,则需要从 2004—2023 年的数十万份档案中查找,若用人工至少需要半个工作日,而利用条目数据检索及影像数据的调取仅需要几分钟,并提供打印服务,这使利用者对电子调档表示十分满意,也感受到房产档案数字化后带来的便利。

再次,建立专题数据再建库。在初步实现房产档案数字化后档案的利用方式和范围将从封闭走向开放,我们的工作也会从对房产档案的保管和利用向档案资源的开发、服务的创新方面转变。为此对房产档案在数字化后所得资源的再开发与再利用形成专题或二次编研成果的再建库,以形成真正意义上的房产档案闭环管理,这也是档案管理部门目前面临的一个重要课题。

最后,建立档案管理、利用网络与平台。传统档案在经过数字化转变后还需要一个合适的,有利于其保管、使用、共享的网络环境,环境建设的合理性、涉及面将决定数字化后电子档案的价值体现。目前,义乌市档案数字化建设工作从总体上看仍处于由文件处理向数字化管理系统过渡的初级阶段,也是由单一库向系统库发展的设想阶段。当前若能把综合数据库的完善提高和各单位档案目标库建立结合起来,同时能通过政府各网络共享平台连接形成高度开放、高度共享、高度研判的综合闭环全链智治系统,那将全面实现真正意义上的传统档案数字化、信息化建设目标。

3　房产档案数字化、信息化建设中的问题与处理

目前,由于房产档案数字化建设工作还处于初级阶段,各层级工作人员还存在认知与调研不足的问题。同时,资金的短缺、技术人员的不足也影响着房产档案数字化建设进度。而相关的档案数字化管理规范与标准也不够明确和统一,造成在实际工作中行业经验少、依据缺、系统弱、融合低、质量差等问题。再者,政府、部门各共享网络平台的建设要求不统一,也未能及时得到指导,导致全网系统建设整体水平不高。那么,我们该如何面对和处理这些存在的难题呢?

首先,切实重视组织领导与管理工作。在实际工作的落实中要切实做好房产档案数字化建设的组织领导工作,积极取得各级政府、部门的支持,明确各部门责任,抓好各档案数字化建设的前期调研工作,在各领域、各系统间形成统一

规范、统一目标,同时在档案数字化建设中给予人力、物力及资金方面的保障与支持,努力营造良好的工作大环境。

其次,严把各传统档案数字化入库验收质量。实践证明,城市现代化建设离不开各类原始档案的参考与依据作用,而各传统档案数字化后的入门质量是保证后期电子档案提供各行业部门使用及动态管理的基础。实际操作中,传统档案数字化项目建设时必须先充分开展前期调研工作,并制定统一的标准平台和操作规范,进行过程管理、成果管理,以求达到档案数字化的高质量要求。同时,在项目中重点把握数据录入规范、检索设计、图像质量及数据的完整度、准确度、匹配度等基础数据指标要求。

最后,应充分考虑网络、平台、数据之间的融合性。我们应视房产档案数字化建设为整个系统大环境、大网络的建设,档案数据、系统的纵向、横向建设各个方面都应考虑其可扩展性、可融合性。既能结合政府各级、各部门的核心数据交换平台实现可收集、使用、管理功能,又能通过移动互联网络建立专家评议模块,各业务专家可远程指导、多人实时进行问题分析与处理,并可形成经验归集、政策研判、制度落地等业务的全流程闭环管理,从而使传统档案数字化改革要求得以实现。

人工智能在新媒体档案管理和数据挖掘利用中的应用

曹 军

浙江星汉信息技术股份有限公司

摘 要:随着新媒体的迅速发展,其产生的数据量呈指数级增长,如何有效采集、整理、归档和利用这些数据成为一个挑战。该文旨在探讨人工智能在新媒体档案数据挖掘利用中的应用,围绕新媒体数据采集、整理归档、智能挖掘、检索利用等方面,探讨人工智能在新媒体档案数据挖掘利用中的可行性。

关键词:新媒体档案;人工智能;数据挖掘;档案管理;智能标签

新媒体时代,信息量呈爆炸式增长,新媒体档案数据的管理和利用变得尤为重要。人工智能技术的快速发展为新媒体档案数据挖掘利用提供了新的可能。本文重点探讨人工智能在新媒体档案数据挖掘利用中的应用,以期提高新媒体档案管理的效率和质量。

1　新媒体数据采集

新媒体数据采集是开展档案管理的第一步,人工智能技术可以通过自动化方式大规模采集新媒体数据。通过网络爬虫、自然语言处理等技术,可以实现对新媒体内容的自动抓取和分类。具体来说,单位可以指定一些报纸、期刊、网站、新闻媒体、自媒体等作为采集目标,抓取和本单位相关的信息,采用网页快照的方式将内容原样提取出来。具有文档、音视频内容的也需要同时抓取出来,并保持与主题内容之间的联系。

然而,实践过程中,由于各种资源站点的网站架构不尽相同,通常需要确定目标站点和板块,才能有针对性地进行有效抓取。有的站点还需要授权,有的则从技术上防止了内容被抓取,有的出于安全隐私考虑对内容进行了加密,有的则存在 https 跨域安全问题,导致不能顺利抓取。出现以上情况时,通常需要与网站建设方取得联系,从技术上合作解决数据采集的问题。

数据采集到后,可以通过人工智能自然语言处理技术,自动采集并归档所需元数据。对于文本类内容,可以通过文档版面分析和关键信息提取技术,自动获取标题、发布时间、来源、关键词、作者、摘要、网址等政府网站网页归档指南规定的元数据。对于音频内容,可以通过语音识别技术,先识别出文字内容,再用上述技术识别其归档需要的部分元数据。对于视频内容,则需要先将音频分离出来,再识别文字内容,提取元数据。

实践中在提取关键词和摘要时,可以利用通用大模型针对正文总结,效果优良。

本文所述通用大模型(Genera Large Models),指的是那些规模庞大、参数众多、具备强大计算能力的机器学习模型。这些模型经过预训练后,具备相当高水平的语言能力,能够处理各种类型的任务和数据,展现出类似人类思考的能力。以 ChatGPT 为代表的通用大模型,在档案数字化管理的基础上,可以进一步提高档案管理的智能水平。在国内无法直接使用 ChatGPT 的情况下,也可以使用智谱清言、通义千问、盘古、文心一言等语言能力表现不错的国产大语言模型去进行各类任务的处理。

2　新媒体数据整理归档

人工智能技术可以帮助对采集到的新媒体数据进行自动化整理和归档。通过机器学习算法,可以对档案数据进行去重、分类、标签化等处理,提高档案管理的规范性和一致性。

在归档时,可以根据网站、栏目等对所归档数据进行自动分类,针对不同来源获取到的相同内容进行自动去重,保留权重更高的档案,当然也可以选择都保留。可以使用通用大模型,为档案内容建立海量标签,从而形成知识图谱。

归档时可以利用人工智能解决的另一个问题是保管期限的自动鉴定,可以将标准或自定义的网页档案归档范围或保管期限表作为鉴定原则,将档案内容作为鉴定目标,由通用大模型自动鉴定出保管期限,再由人工核对。对于鉴定结果不准确的数据,可以收集起来,使用大模型微调技术,使后续的鉴定结果更准确。

3 新媒体档案数据资源的智能挖掘

在新媒体档案管理中,标签的提取对档案数据资源的检索和利用至关重要。人工智能技术可以通过图像识别、语音识别、自然语言处理等方法,自动提取档案中的关键词、主题、时间、地点、人物等信息,形成智能标签,从不同维度对档案数据资源进行挖掘。

以主题标签为例,我们定义了一组与数字化改革"八八战略"相关的标签,其中包含了经济体制改革、对外开放、产业转型等目标标签。我们再传入一组档案的题名,如打造××产业高地、××会见××国代表团。这两份档案就会被分别打上产业转型和对外开放的标签。

多个不同维度标签结合之后,可以产生诸如市委领导××在数字化改革方面的工作部署专题,形成知识图谱等。

4 基于智能标签的档案检索利用

基于智能标签的档案检索利用可以提高检索利用的准确性和效率。人工智能技术可以通过深度学习算法,构建档案数据资源和标签的关联,实现智能推荐、精准检索等功能,为用户提供更好的档案检索利用体验。我们通过将智能提取的标签写入搜索引擎的索引中,即可实现基于智能标签的档案检索。在全文内容检索的基础上,提供了基于标签的智能检索功能,进一步提高了新媒体档案的检索能力。

比如,××会见××国代表团,题名和内容部分可能没有明显表达出"对外开放"的意思,但是智能标签提取通过语义分析标记出了"对外开放"的标签。所以我们依然可以通过"对外开放"这个标签,直接检索到被打上标签的档案。在标签检索的基础上,还可以快速建立如数字化改革、疫情防控等档案专题,进一步提高档案整理与利用的便捷性。

5 结果与讨论

本文从新媒体档案采集、整理归档、智能挖掘、检索利用等方面,论述了人工智能在新媒体档案管理、数据挖掘利用中的应用。实践证明,人工智能技术可以显著提高档案管理的效率和质量,为新媒体档案的管理、挖掘和利用提供了新的可能。然而,人工智能技术在档案管理中的应用仍面临一些挑战,如采集权限、技术更新、模型准确度、模型幻觉等问题,需要进一步研究和解决。

关于智慧医院背景下医院档案管理智慧化建设的思考

俞　颖

绍兴市人民医院

摘　要:医院档案管理工作是医院管理不可或缺的重要组成部分。随着医疗卫生体制改革的不断深入,智慧医院建设发展迅速。医疗管理模式的不断变革与创新,给传统的医院档案管理工作带来了新的挑战,加强医院档案管理智慧化建设迫在眉睫。该文分析了智慧医院建设背景下医院档案管理工作现状及存在的问题,并就加快医院档案智慧化建设提出对策措施。

关键词:智慧医院;档案管理;智慧化;问题;对策

医院档案是记录医院日常工作、运营、发展历程以及积累相关临床实践成果、科研成果的重要载体,是医院各项活动的历史记录,能够为发展临床医学、教育和科研提供重要依据。医院档案可以实时完整地记载医疗各岗位、各机构间的数据互动流程;这种珍贵的数据资料将被长期保留,并作为医疗各项工作过程的主要证据。随着医疗卫生体制改革的不断深入和智慧医疗的发展,当今医疗管理模式正在经历不断的变革与创新,这给医院档案管理模式带来了新的挑战。传统的档案手工管理模式和保管、查阅等功能,难以适应智慧医院建设中海量数据归档、大数据分析等需求。因此,在智慧医院的建设进程中,推进医院档案管理智慧化建设显得尤为重要。

1 智慧医院概述

智慧医院是指利用现代信息技术整合和优化医疗卫生资源及流程,实现患者与医护人员之间的互动交流,提高医疗服务水平的一种新型模式。它的主要目标是以患者为中心,转变医疗服务模式,旨在通过打造健康档案区域医疗信息平台,利用最先进的技术,实现患者与医务人员、医疗机构、医疗设备之间的互动,逐步达到信息化。如通过大数据分析技术,可以对医院的医疗服务质量进行全面评估,发现存在的问题并提出改进措施;通过临床路径管理系统,可以规范医生的诊疗行为,提高诊疗的准确性和效率等。

2 传统医院档案管理现状和问题

其一,纸质化存档方式。在传统医院档案管理模式中,档案主要以纸质形式存在。这些档案包括病历、诊断报告、手术记录、患者信息、行政文件等,都需要进行物理存储和保管。

其二,以手动操作为主。在传统的档案管理中,大部分操作都需要手动完成,如档案的整理、分类、存储、检索等。这不仅增加了工作量,还容易出现错误。

其三,难以充分共享。由于纸质档案的物理限制,其共享程度相对受限。不同科室或部门之间如果需要共享档案,可能需要通过复印或借阅的方式,这既增加了管理难度,也可能带来信息泄露的风险。

其四,存储受限。纸质档案需要占用大量的物理空间进行存储,这对于医院来说是一个不小的负担。同时,随着时间的推移,档案数量不断增加,对存储空间的需求会越来越大,存储成本也会越来越高。

其五,安全性问题。纸质档案备份成本高,容易遭受火灾、水灾等自然灾害的破坏,也可能因为管理不善而丢失或损坏。此外,由于传统档案的收集、整理、保管以人工为主,缺少系统或平台的监督和保护,可能出现档案被篡改或伪造等问题。

3 档案智慧化管理的优势和可能存在的风险

档案智慧化管理是指在智慧医院背景下,通过数字化技术将传统的纸质档案转化为电子档案,并通过信息技术实现档案信息的快速传递和共享,从而大大提高档案的保管和使用效率。同时,利用大数据技术分析和挖掘档案信息,为医院管理和决策提供有力支持,增强医院的综合竞争力。

与传统档案管理模式相比,智慧医院建设背景下的档案智慧化管理更加智能、高效和安全。一是方便快捷的检索与高效利用。档案智慧化管理具备强大的信息检索能力,通过检索关键词、主题词等简便的方式,能够在海量档案信息中快速定位所需的档案资源,节省了时间和精力。此外,通过特殊的局域网和电子授权,还可以提供方便快捷的远程档案利用服务,极大地提高了档案信息的利用价值。二是高效的存储与处理。通过数字化技术,档案智慧化管理能够将大量纸质档案转化为电子文件,节省了存储空间。同时,电子文件易于备份和恢复,避免了传统档案管理中的存储和备份难题。相较于传统方式,电子档案管理实现了自动化、智能化处理,减轻了人力负担,提高了工作效率,降低了存储成本。三是信息安全性的增强和网络化共享的实现。电子档案可以通过加密、权限控制等技术手段,保障档案数据的安全性和隐私性。此外,通过网络平台可以实现档案共享和访问,提高了组织内部的协作效率。

以绍兴市人民医院文书管理为例,在传统模式中,以纸质文件传阅为主,如今通过 OA 系统流转,大大提高了效率;此外,在公文办理结束后,还实现了一键归档功能,这是传统档案管理手段无法企及的。又如,在单位的医疗管理中,电子病历系统不断升级改造,强化了在线存档、利用等功能,这为我们开展医疗档案管理提供了有力支撑。

但是也要看到,相比传统档案管理模式,档案智慧化管理可能也会产生一些新的风险和问题。一是技术风险问题。电子档案管理依赖于信息技术,如果发生系统故障或数据丢失,可能会带来严重的后果。二是信息安全风险问题。电子档案管理虽然可以增强信息安全性,但也可能面临网络攻击和数据泄露等风险。三是档案海量数据的挖掘利用问题。当前,多数医院仅将档案管理片面识别为"数据整理记录",而忽视了数据的利用价值。档案数据能否高效利用是检验智慧医疗背景下档案管理应用成效的一大标准。四是配套法规标准的修订完善问题。结合档案智慧化管理的特点,需要对原有档案制度进行修订和完善,从而确保智慧化档案管理的合规性。五是档案人员素质提升问题,档案智慧化管理需要大量具备信息技术和档案管理能力双重素养的人才来支撑。

4　推进档案智慧化建设的对策措施

4.1　健全档案管理制度

要制定切实可行的管理制度,规范管理模式,让医院档案管理真正做到有章可循、有法可依。一是制定档案智慧化管理的基本原则、目标和要求等;二是建立档案数据管理制度,规范数据的采集、存储、使用和共享等方面的管理;三是制定档案信息安全制度,做好网络安全、数据安全、应用安全等工作;四是建立档案利用服务制度,规范档案的查询、借阅等服务流程,确保档案利用服务的规范化和高效化。

4.2　加强档案人才队伍建设

档案工作人员承担着收集、整理、保管、保护和开发利用档案宝贵资源的重要职责,其工作质量和工作效率直接关系到部门、单位档案资料收集整理的齐全、完整和档案管理的安全、利用效果。在智慧医院建设背景下,传统的纸质化管理转向信息化管理模式,这就要求档案管理人员提高档案管理信息化技术使用的熟练程度。因此,应该加大对档案管理人员的培训力度,多途径提高档案管理人员的综合素质和专业能力,以培养更多创新型、管理型人才。要积极转变档案管理人员的观念,强化智慧化管理意识,在做好传统档案管理的同时,让数字化、智慧化档案管理理念渗入档案管理工作中。

4.3　加强智慧平台建设

要将档案智慧化平台与医院其他智慧平台进行有效融合,以便助力档案数据智慧管理、智慧服务,为临床提供高效率的信息检索与档案的有序管理。例如,绍兴市人民医院自 2014 年起,在档案行政管理部门指导下,建设了数字档案管理系统,对海量传统档案进行数字化扫描并导入系统。档案管理人员可利用系统筛选数据,方便了归档数据采集,提高了归档和利用效率。在此基础上,医院成功创建了浙江省示范数字档案室。

随着智慧平台的日益完善,医院智慧档案管理模式也将得到充分落实,档案管理者能够通过新模式,给予档案数据使用者满意的指导服务,从根本上实现医院档案资料的充分流转和利用,助力医院良性发展。

4.4　加强信息安全防护

以绍兴市人民医院为例,其从制度、技术、人员等多个方面入手,不断提高档案管理的安全性和保密性。一是建立健全档案管理制度,严格落实档案信息网络安全保密制度。二是配齐网络安全保密设备,确保档案信息存储、传输和服务利用的安全。三是加强网络安全管理和权限设置,引入专业的信息安全技术和服务,建立完善的数据备份系统,达到多模式、宽范围存储的目的。如医院规定档案管理系统只允许接入单位内部网络,严禁接入互联网。四是加强对档案管理人员的培训和教育,提高档案管理人员的安全意识和技能水平。

综上所述,在智慧化医院建设背景下,档案管理应该与时俱进,重新定位。医院应持续加强和完善档案管理智慧化工作,逐步提升管理有效性,为医院档案数据共享和业务延伸提供助力,从而为促进医院全面高质量发展贡献档案力量。

智慧医院档案管理及人工智能应用初探

黄慧霞

丽水市第二人民医院档案室

摘　要：该文主要分析了当前人工智能的发展背景，以及智慧医院档案管理中应用人工智能的可行性、必要性，并结合国内外人工智能发展现状和发展方向，提出了未来智慧医院档案管理中应用人工智能的可能性，分析了档案管理中应用人工智能应重点关注的建设成本和软硬件制约、海量数据处理和共建共享、人工智能应用的安全性、完善法律法规及落实相关责任等问题。

关键词：智慧医院；档案管理；人工智能；应用

医院档案室主要管理文书档案、科技档案、人事档案、声像档案和实物档案等多个档案门类，几乎包含医院各个部门的重要材料。每年不断递增的归档材料，使医院档案的手工管理难以为继，迫切需要应用新技术、新手段，提升医院档案管理效率和水平。而随着智慧医院建设的推进和人工智能技术的发展，医院办公自动化、数字化进程加快，也为医院档案管理中应用人工智能技术提供了可能。借助人工智能，机器设备可通过学习来部分模拟人类大脑的功能，使档案自动化管理所需的高性能检索、智慧推荐、跨模态检索和知识发现等功能成为可能。人工智能包括机器学习和神经网络的构建，前者是训练系统使用预先标记的数据来做出决定，后者是训练系统认识"模式"从而正确地分类信息，而通过分层人工智能的神经网络，就可以创造深度学习网络，完成文档识别、智能分类、知识库建设或者更加复杂的档案管理工作。本文主要探讨人工智能应用于医院档案管理的前景、局限性和优势。

1　人工智能发展及档案管理中应用人工智能概述

人工智能目前正从早期的专业领域应用转向通用的生成式应用。早期人工智能一般都用于人脸识别、下棋、搜索等专用功能，但随着生成式应用代表ChatGPT的出现，人工智能发生翻天覆地的变化。ChatGPT能根据人类的需要撰写论文和电脑程序，能根据语境进行沟通和解释人类提出的问题。国内的

百度公司推出的文心一言也具有类似的功能。目前 ChatGPT 正在推出升级版，它能够进行绘画、音乐创造，能够识别图片中含有的意义。美国各大科技公司，包括微软、谷歌等均将 ChatGPT 嵌入各自的软件，以丰富各自产品的功能。比如根据个人提出的要求，Powerpoint 将能够自动生成美化的幻灯片，Word 将能够写出客户所需要的论文，谷歌的搜索功能将更符合个人需求。生成式人工智能通过专业训练已经可以应用于金融、股票等方面，目前取得了巨大的成功。以美国司法考试为例，前期的 ChatGPT 参与司法考试只能达到考试合格的下限，而最新版的 ChatGPT 已经超越了绝大多数的人类考生。人工智能具有如此巨大的发展潜力和广阔的应用前景，将其用于档案管理也是必然趋势。以欧美国家档案人工智能应用举例，俄勒冈州档案馆运用机器学习工具对接收的档案进行识别和分类，以便留存。伊利诺伊州档案馆利用人工智能处理州长 530 万封电子邮件，自动审查 3 万多个文档来决定哪些邮件需要存档。法国启动 SOCFACE 项目，采用人工智能研究从 1836 年至 1936 年 20 次人口普查形成的档案资料，以研究法国经济、社会、人口等领域 100 年间的演变，它将为法国劳动力市场变化与移民的因果关系研究等提供宝贵的参考资料。西班牙运用人工智能发现了著名剧作家的未知手稿。我国的《"十四五"全国档案事业发展规划》提出了将 AI 深层次应用于档案管理的倡议。福建档案馆利用人工智能提升了开放审核的工作效率；河南省档案馆通过人工智能实现了资源汇聚、知识管理和可视化呈现；上海浦东新区档案馆利用人工智能解决了在线政务形成的电子文件归档问题，实现办结即归档。科大讯飞公司提出了智慧档案馆的解决方案，提出智慧收集、智慧存储、智慧管理和智慧应用四大目标，成立了国家级"人工智能＋档案"联合实验室，并与浙江省档案馆联合成立国家级成果应用示范基地，自主研发核心技术，提供高效率的算法引擎应用，具有数百种算法，以提供科学化、标准化、自动化、精细化管理，真正实现智慧档案。

2　人工智能应用于医院档案管理的主要场景分析

档案管理的最终目的是服务，提高查档精确率、降低人工管理成本。目前人工智能应用于医院档案管理具有明显局限性，如采用人力将需要的档案数字化，再利用档案管理软件进行辅助实体管理。而智慧医院出现后，未来的医院将会出现海量的数据，包括临床信息和历史档案数据。对海量数据进行研究分析，推动医院发展和医疗技术革新，减少人工成本，都需要以人工智能的深度应用为支撑。借助现有人工智能技术，医院正在积极尝试从海量的临床信息中自动产生新的医疗方案、新的治疗技术、患者的预后精准判断，影像学科室尝试借助人工智能对病例的影像做出精准诊断。人工智能的出现，将大大减少行政后勤人员和部分医疗人员,降低医院运行成本,减少医疗诊断中可能出现的人工错误。目前一些智慧医院正在成立医院人工智能服务云平台,依托海量临床信息和档案资源,联网全国医院数据中心,利用人工智能及大数据分析等技术更好地服务医疗科研,共享临床真实数据,增强医疗质控和加强医疗监管,逐步构建以海量医疗档案数据为基础的数字化、智能化医疗生态圈,并为卫生领域的政府决策提供科学可靠的依据。

3 人工智能应用中需要重点关注的几个问题

一是建设成本和软硬件制约问题。人工智能对云计算、云存储能力及能源保障等有很高要求,需要大量的信息化基础设施和资金投入。在国内,目前人工成本依然远远低于人工智能所需要的成本,需要综合评估档案管理应用人工智能的各项成本投入和产出效益,科学界定人工管理、计算机辅助管理和应用人工智能的工作边界和业务场景。此外,美国对中国实施芯片制裁和限制人工智能软件的出口,也给中国人工智能的发展带来一些阻碍。相关软硬件的限制使我国自主研发的核心算法得不到充分的验证和应用,并且当前人工智能研发主要集中于生成式 AI 等通用领域,医疗行业还不是重点。当然我国也有优势,在体制机制顺畅和资金充裕的情况下,整合全国的医院成立数字化中心平台的可能性和效率将远远高于国外,毕竟我国的几乎所有医院都是公立医院,行政效率更高。二是海量数据处理和共建共享问题。人工智能以海量数据的机器训练为基础,任何高级人工智能都需要以亿为单位的数据训练,不同的训练规模可能得出不同的结果,将极大地影响其最终应用效果。而目前各家医院都是单打独斗,显然不具备大规模应用的海量数据来源,需要在国家或地方区域层面整合医疗档案数据资源。此外,当前不少医院的档案数据以数字化扫描图像为主,大多未进行文字识别和专题化处理,不具备人工智能所需的结构化、半结构化或知识化数据要求,目前主要是针对一些特定的小切口档案业务场景实现初步的人工智能应用,如 OCR 识别、语音识别、智能标签、智能鉴定等;对已经完成结构化、专题化处理的档案数据,为保证训练结果,也需要对档案数据内容的真实性、可靠性和格式标准的统一性进行规范审核。三是人工智能应用中可能产生的安全性问题。档案往往涉及保密和敏感信息,人工智能的安全是需要重要考虑的方面。不管是个人信息还是单位信息,以及各种需要保密的数据,都要确保在机器训练或人工智能服务的过程中不能外泄。这首先是要建立档案数据分级分类机制,确保数字档案的安全性以及浏览的分层权限和审批权限,对于不同权限的档案阅读者,运用生成式人工智能还需要懂得根据不同保密等级的档案来生成相应的输出结果。在医疗档案数据中,有不少敏感或需要保密的数据,特别是涉及中

国人种的基因信息甚至可以提高到国家安全的层次,在处理或利用这些数据时需要严格把关。四是完善法律法规及落实相关责任的问题。目前欧洲和美国都相继出台人工智能领域相关的法律法规,我国还处于空白状态,人工智能辅助的诊断和治疗需要实体医生的审核和监控,人工智能导致的医疗差错由谁负责,人工智能生成的新医疗方案可靠性由谁负责,相关的伦理问题需要进一步讨论和完善。在档案领域,人工智能算法差错、训练内容的偏差导致产生的档案业务偏差如何预防,人工智能应用于档案管理可能导致的档案收集、处理、存储等差错如何预防和及时纠正,也需要一系列相应的制度予以明确。

4 结 语

综上所述,随着社会发展和技术进步,人工智能应用于各行各业包括档案管理是大势所趋。在数字化时代,医院档案部门要积极拥抱和投入人工智能发展的大浪潮中,找准档案管理应用人工智能的具体场景,并正视人工智能应用中可能出现的问题,推动医院档案管理工作实现规范化、数字化、智慧化发展。

电子文件单轨制背景下设计院科技档案
管理优化路径分析

冯 珏

浙江省省直同人集团有限公司

摘 要:设计院作为科技创新和工程设计的重要机构,其科技档案管理对于知识积累、技术传承和业务发展具有重要意义。随着信息技术的迅猛发展和设计院日常业务的数字化转型,传统的科技档案管理方式已难以满足设计院的发展需求,电子文件单轨制成为设计院档案管理的新趋势。该文旨在分析电子文件单轨制背景下设计院科技档案优化的路径,探讨如何有效提升科技档案的管理效率与安全性,为设计院的科技档案管理工作提供理论与实践指导。

关键词:电子文件;单轨制;设计院;科技档案

1　设计院科技档案管理痛点分析及需求提出

1.1　痛点

设计院在科技档案管理方面面临着诸多痛点,这些痛点不仅制约了档案管理效率的提升,也影响了设计院业务的顺利开展。首先,传统的档案管理以纸质档案手工管理为主,存在存储空间有限、管理成本较高、检索效率低下等问题,难以满足设计院日益增长的业务需求。其次,纸质档案的共享和传递受限于物理条件,无法实现远程访问和即时更新,影响了团队协作和信息流通。此外,随着信息化、数字化技术的发展,纸质档案材料的手工管理方式逐渐落后于时代,难以适应数字化转型的趋势。

1.2　需求

要解决这些痛点、堵点,设计院可采取以下措施:首先,需要实现档案的数字化存储和管理,将纸质档案转化为数字档案,提高存储效率和加快检索速度。其次,需要建立统一的档案管理平台,实现档案的集中存储、分类管理和权限控制,确保档案的安全性和完整性。同时,还需要利用现代信息技术手段,实现档案的智能化检索、分析和利用,提升档案管理的智能化水平。

2　设计院科技档案管理的平台建设需求及技术实现

2.1　基本需求

在构建设计院科技档案管理平台之前,需要明确电子文件单轨制背景下档案管理的基本需求。

第一,信息安全与保密性。设计院在承担众多重点项目,特别是那些涉及国家利益、经济命脉和关键领域的项目时,做好保密工作显得尤为重要。这些项目往往包含核心技术、研发成果和商业机密,一旦泄露,可能对国家安全和设计院的经济利益造成重大损失。因此,平台必须具备高度的安全性和保密性,确保档案信息不被非法获取或泄露。

第二,易用性与用户体验。考虑到设计师在项目中的关键作用以及他们可能面临的频繁变动情况,确保科技档案管理平台的易用性和用户体验变得尤为重要。一个简单易用、操作便捷的平台能够极大地减少设计师的学习成本,提高他们的工作效率,并降低因人员变动带来的操作风险。

第三,可扩展性与灵活性。随着设计院业务的不断发展,档案管理需求也会不断变化。因此,平台应具备可扩展性和灵活性,能够根据需求进行功能扩展和定制。

2.2 业务流程

科技档案管理平台的基本业务流程如下:

档案收集与整理:遵循《科学技术档案工作条例》《科学技术研究档案管理规定》等文件的相关规定,对设计院的科技档案进行收集、分类和整理,确保档案信息的完整性和规范性。

档案数字化处理:对纸质档案进行数字化扫描和处理,将其转化为电子文件,方便存储、检索和利用。同时,根据档案的特点和扫描要求,设置适当的扫描参数,如分辨率、色彩模式、文件格式等。

档案上传与存储:用户将数字化后的档案上传至平台,平台提供安全可靠的存储空间,确保档案数据的持久保存。对于档案上传与存储的服务器要求是具备高性能、大容量、高稳定性和强安全性,以确保数字化档案数据的快速上传、持久保存和可靠访问。同时,对于存放档案的服务器机房,必须确保环境稳定、安全可控,具备防火、防水、防尘、防雷击等保护措施,为服务器提供最佳的运行环境,以保障档案数据的安全性和可靠性。

档案检索与查询:用户根据需求在平台上进行档案检索和查询,平台提供多种检索方式和查询条件,帮助用户快速找到所需档案。

档案下载与利用:平台不仅提供便捷的在线预览功能,使用户能够迅速浏览档案信息,还支持按需下载电子文件,并具备灵活的文件格式转换功能,满足不同用户的需求。同时,为了确保档案数据的安全性和合规性,平台结合 OA 流程审批机制,确保用户在下载档案前必须经过严格的权限确认和审批流程。这一流程确保了只有经过授权的用户才能访问和下载档案,有效防止了未经授权的访问和数据泄露的风险。

3　实践中亟待解决的几个问题

在电子文件单轨制背景下,设计院科技档案管理工作需要解决好以下几个问题。

3.1　建立健全电子文件单轨制档案管理制度

随着电子文件单轨制的深入推进,原有的档案管理制度可能需要进行相应的调整和完善。为了适应新的管理需求和技术发展,首先,应对现有的档案管理制度进行全面梳理和评估,找出其中的不足和需要改进的地方。其次,根据新的管理需求和技术特点,修订和更新档案管理制度,确保制度的科学性和实用性。此外,还应建立档案管理制度的动态调整机制,根据实践操作中出现的问题和新的管理需求,及时对制度进行修订和完善。

3.2 全方位构建电子文件安全技术防护体系

在设计院的科技档案中,电子文件作为新的载体形式,其安全性与保密性对于维护设计院的科研成果和知识产权具有重大意义。要结合信息系统等级保护等要求,采取一系列管理、业务、技术措施来加强电子文件的安全防护。

一是建立健全安全管理机制。要建立一套严格的管理制度,明确档案从形成到传输、存储、利用等各个环节的流程和规范;明确档案管理人员的职责和权限,确保每个环节都有专人负责,责任明确。

二是加强日常安全监测与预警。应部署高效的防火墙,以抵挡外部网络的恶意攻击和非法访问。同时,利用入侵检测系统对网络流量进行实时监控,一旦发现异常行为,立即启动预警和应对措施。

三是积极应用数据安全技术。采用先进的可靠性保障技术,如电子签名、时间戳等,对每一份电子文件都进行严格的认证和防篡改处理。对于涉及敏感信息的电子文件,需要采取更为严格的安全措施,对这些文件进行加密存储和传输。通过以上技术手段,电子文件即使在传输或存储过程中遭到篡改或破坏,也能够迅速被发现和恢复,从而确保档案信息的真实性和完整性。

四是加强权限管理。严格控制对敏感文件的访问权限,确保只有授权人员能够访问和修改,防止信息泄露和滥用。

五是加强安全存储管理。采用高可靠性的存储设备,如磁盘阵列、分布式存储系统等,确保数据的物理安全。定期对存储设备进行维护和检查,预防潜在的安全风险。建立电子文件备份和恢复机制,采用多种备份方式包括云端备份、离线存储等,并定期开展恢复测试,模拟各种可能的数据丢失或损坏情况,检验备份数据的完整性和可用性,确保在数据丢失或损坏的情况下能够迅速恢复。

以上一系列措施,不仅可提高设计院科技档案管理的效率和质量,也大大降低了数据丢失或损坏的风险,有力保障了档案数据的完整性和真实性,为设计院科研工作开展提供了可靠的数据支持。

3.3 提升档案数据检索与利用效率

提升档案数据的检索与利用效率,对于提升档案工作整体服务水平至关重要。要建立科学的分类体系和索引机制,确保档案信息有序组织和高效存储,还要持续优化检索算法和界面设计,通过引入先进的搜索技术和用户友好的界面元素,为用户提供多样化的检索方式和手段,使他们能够迅速定位并获取所需的

档案信息,为设计院的科研工作提供更加便捷、高效的信息服务。同时,积极应用大数据分析等技术,加强档案数据的关联分析和深度挖掘工作,发现隐藏在海量档案数据中的有用信息,为设计院的工作决策、科研、项目规划等提供有力支持和重要参考。

3.4 加强档案专业人才队伍建设

电子文件单轨制管理对档案管理人员的专业技能提出了更高的要求。为了提升档案管理人员的技能水平,首先,应加强对档案管理人员的培训和教育,使其掌握电子文件管理的知识和技能;其次,鼓励档案管理人员参加相关的学习和交流活动,了解最新的档案管理理念和技术发展。此外,还可以建立档案管理人员激励机制,激发其学习和创新的积极性。

4 结 语

在电子文件单轨制背景下,需要重点解决好设计院科技档案管理制度的完善与更新、电子文件完整性与真实性保障、档案信息的有效检索与利用、档案管理人员的技能提升等问题。应深入分析档案工作中的管理痛点与需求,通过综合施策、多管齐下,着力解决实践操作中的关键问题,为新形势下设计院的科技档案管理工作注入新的活力,提高档案管理服务的效率和质量,为设计院的可持续发展提供坚实的档案信息支撑和保障。

残疾人证电子档案单套制管理研究

余 燕

衢州市残疾人康复指导中心

摘 要:当前,电子档案单套制管理被提上议事日程,随着信息技术的不断发展,智能化服务模式在各个领域得以广泛应用,残疾人作为特殊困难群体,特别需要利用信息化技术,实现助残服务。该文旨在探讨数字化改革大背景下残疾人证电子档案单套制管理的意义和可行路径,以推动档案信息化建设和数字政府发展。

关键词:残疾人证;电子档案;单套制

残疾人是特殊困难群体,残疾人服务事业是共同富裕建设的短板,也是"扩中提低"改革的重要组成部分。残疾人证是认定残疾人及其残疾类别和等级的合法证件,是享受国家惠残政策、扶助规定、合法权益的依据,是各级政府部门制订工作计划、发展残疾人事业的基础。传统的残疾人证办理,服务申请难、工作效率低、管理成本高。随着信息技术的快速发展,"智慧助残"系统成功开发,打破了信息孤岛、数据壁垒,实现了残疾人证无纸化办证,建立了残疾人证电子档案单套制管理,不断提高档案利用效率。

1　残疾人证电子档案单套制管理的意义

1.1　档案信息化发展的必然要求

根据国内外电子档案管理的研究现状来看,实施电子档案单套制管理是时代发展的必然,也是当前各档案部门必须正视并为之努力的目标。随着大数据时代的到来,实现电子档案单套制管理是新时代赋予我们的要求,同时也是保证电子档案能够长期保存并使用的有效手段。随着数字化技术应用范围的更加广泛,我国传统的电子档案双套制管理方式已经不能适应社会发展的要求。就目前而言,制定基于电子档案单套制管理的各项对策、研发和使用统一的电子档案管理系统、加强电子档案单套制试点的推广力度、培养既懂技术又懂理论的档案管理人才等措施迫在眉睫。

1.2　解决残疾人办证难的需要

纸质残疾人证办理过程中存在许多难点、堵点:一是服务申请难。由于残疾人身体缺陷以及医疗资源紧缺等,残疾人评定办证存在服务申请难、评定预约难、审批步骤繁等问题。二是评残成本高。传统评残模式需要残疾人本人前往评定机构,耗时费力,对于偏远山区、卧床不起的残疾人更是难上加难。三是部门协同难。评残是残疾人证办理的中间环节,残联与评定机构存在信息壁垒,使部门协同推进难上加难。简化残疾人证办理流程,实现残疾人证电子档案智能化管理,已经成为残疾人事业发展的迫切要求。

1.3　推动数字政府发展的需要

在残疾人证电子档案管理的基础上,充分利用大数据技术,实现档案信息资源的共享利用。纵向打通国家、省、市、县四级残联数据;横向通过多部门协同和数据共享,推动残联与财政、民政、教育、人社、卫健、公安等各部门数据共享,有效提升政府精准研判,提升政府各部门联动效率。

2 残疾人证电子档案单套制管理面临的问题及对策

2.1 数据融合问题及对策

涉残数据使用难,全省残联系统尚缺乏统一的数据标准及技术规范,数据融合共享不够全面且无法规整统一,省、市、县三级数据无法形成较好共享机制。对策措施:一是打破数据壁垒。通过多部门协同和数据共享,实现对残疾人信息自动采集、自动比对、自动统计、自动分析、自动决策。二是搭建协同框架。搭建服务端、协同端、治理端的三端协调框架,实现业务办理无纸化审批审核。残疾人可在"浙里办"平台申请评残,评残机构通过智慧助残系统,利用电子签名、电子签章、电子业务凭证、影像采集与管理、图片文字识别等技术,直接上传鉴定结果,发放第三代(智能化)残疾人证。治理端在"浙政钉"平台搭建残疾人证全周期管理数字驾驶舱,动态呈现全市残疾人证管理的核心指标与工作成效,有效进行后台管理和数字化分析利用。

2.2 业务人员配合问题及对策

由于新的管理模式可能改变原有的工作流程和习惯,刚开始业务人员可能会产生抵触心理,影响实施效果。对策措施:加强干部业务培训,让他们熟练掌握业务流程,增强电子档案数字化管理的意识和能力,同时不断完善系统应用,简化操作流程,使之更加方便、实用。

2.3 数据安全的隐私保护问题及对策

残疾人证档案信息泄露、信息不准确、数据不互通、补贴发放不精准等问题,导致出现残疾人家庭被诈骗,残疾人已经死亡而"两项补贴"仍然在发放,或者一些惠残政策不能及时申请办理等现象。对策措施:提升系统安保等级,构筑数据基座。一是"制度+技术"双保险,增强基座安全性。我们结合实际制定了《衢州市残联数据安全管理办法(试行)》,明确系统数据使用规范,增强数据使用人员及第三方研发人员数据安全意识,守住数据安全底线。二是"监测+预警"双轨道,提升基座可靠性。采用细致的权限管理和判断,对于比较敏感的数据采用严格的事务控制,确保数据的完整性。三是"灵活+快速"双动力,突出基座先进性。配置即开发,支持 0 代码、低代码快速构建 API。

大数据环境下的残疾人电子档案智能化服务模式具有巨大的发展潜力。通过建立统一的数字平台、标准化数据、自动化流程、个性化服务和参与机制,实现更高效、更人性化的电子档案管理,促进电子档案工作走向依法治理、走向开放、走向现代化。

环境监测档案信息化建设路径探讨

谭建月

浙江省杭州生态环境监测中心

摘　要： 档案法及其实施条例明确规定，机关单位要将档案信息建设纳入本单位信息化建设规划。该文从信息化建设规划和信息化建设实施两方面入手，对环境监测档案信息化建设路径进行探讨。

关键词： 档案法实施条例；信息化建设；环境监测档案

《中华人民共和国档案法》及《中华人民共和国档案法实施条例》），增设档案信息化建设专章，要求机关单位将档案信息化建设纳入本单位信息化建设规划，系统规定了电子档案管理和传统载体档案数字化工作要求，提出了数字档案管理的整体思路，即规范电子档案管理、强化档案数字化工作、开展数字档案馆（室）建设、加强数字资源共享利用。

1　环境监测档案信息化建设路径

环境监测档案根据内容可分为文书、业务、会计、仪器设备、科研、人事、标准等档案，其信息化建设路径可从以下两方面进行规划。

1.1　传统载体档案数字化

传统载体档案目前仍是环境监测档案管理的主体，对传统载体档案进行数字化是档案信息化建设的基础，数字化后的电子档案在提供利用、统计汇总、保护原件、数据挖掘等方面具有显著优势。

通过对传统载体的数字化加工，实现档案实体的虚拟化，可以与其他数字档案资源一并管理，利用信息技术开展文字、语音、图像识别工作，对档案资源进行深度挖掘和开发利用。

1.2　电子文件归档管理

积极推进电子档案管理信息系统建设，加强办公自动化系统、业务系统归档功能建设,并与电子档案管理信息系统相互衔接,实现对电子档案的全过程管理。采取管理措施和技术手段保证电子档案来源可靠、程序规范、要素合规。

按照规定移交接收电子档案,确保移交接收网络及系统环境符合网络安全、数据安全以及保密等规定,做好电子档案的"四性"检测。

实施重要电子档案异地备份保管,根据需要建设灾难备份系统,实现重要电子档案及其管理系统的备份与灾难恢复。

2 环境监测档案信息化实施方案

环境监测档案以环境监测业务报告为主体,包括水、气、声、土、生态等方面的监测数据,来源广泛、特征明显、使用率高,是典型的专业档案,与自然环境、城市建设、社会生活息息相关。在信息化建设过程中,需根据环境监测档案特点量身打造信息化方案和实施计划,因档施策。

2.1 制度引领,加强档案信息化设施建设

首先,完善相关管理制度。涉及传统载体数字化及电子档案管理的内容、程序、要求均应建立相关管理制度,如电子档案归档及管理、档案数据安全及保密、档案数据管理及维护、网上查询利用等。制定传统载体档案数字化方案,分步骤、分阶段实现传统载体数字化。可引入档案服务外包,让档案数字化工作更规范、更高效。

其次,提升软硬件设施水平。信息化建设对软硬件设施要求相对较高,从某种程度上说,信息化建设水平依赖于软硬件设施水平。传统载体数字化基础配置有计算机、扫描仪、相机、刻录机、光盘等数字处理、转换和存储介质。电子档案管理则对电子档案管理系统开发提出了更高需求,包括采集、检测、登记、分类、编目、著录、电子签名、检索、利用、鉴定、统计、处置、格式转换等要求。

2.2 人才为本,深入挖掘开发档案信息资源

首先,培养档案信息化人才。信息化建设对档案人员的专业技能提出了新要求,档案人员不再局限于传统载体档案的管理和整理。电子档案管理系统的功能设计,与办公自动化系统、业务管理系统的数据交换收集,新技术新设备的实践应用,等等,均要求档案人员不但要熟悉档案管理专业知识,还需不断学习新技术新方法,转变管理方式,从档案的保管者变成档案的提供者。

其次,深入挖掘和开发档案信息资源。积极引进人工智能、大数据、物联网等前沿技术对档案数据进行挖掘和开发。利于人工智能技术分析档案数据,从中提取有价值的信息;利于大数据技术分析和处理档案数据,从而实现智能决

策;利用物联网实时采集信息并通过网络实现物与物、物与人的泛在连接,实现对物品和过程的智能化感知、识别和管理。以环境监测档案中的仪器设备档案为例,通过大数据技术可归集其从购买安装、验收调试、投入使用、维修停用到报废销毁每个阶段的档案,物联网技术可以帮助查询本台仪器出具的业务报告及使用人员,人工智能技术可以依据收集的数据判断仪器是否在有效期内出具报告。

3　安全为要,重点建设数字档案室

首先,确保档案信息安全。在数字化过程中,机关单位要加强对档案服务外包企业的监管,全程指导和监督,明确责任和义务。电子档案管理系统明确各级使用和管理人员权限,以电子签章、数据加密等技术手段保障电子档案在流转过程中的真实完整。建立多套备份和异地备份制度,做好迁移过程中的数据安全保障,对备份电子档案数据进行定期检测,确保数据的有效性。

其次,规划建设数字档案室。数字档案室是信息化条件下档案室的升级版,规划建设数字档案室,需要从顶层进行设计和架构,档案部门、信息化部门、业务部门等部门共同参与实施。以建设数字档案室为契机,依据国家及省市有关数字档案室建设规范要求,从组织制度保障、数字资源建设、数字档案数据管理、数字档案资源开发利用、数字档案移交备份等方面整体提升环境监测档案管理水平。

环境监测数字档案室是环境监测档案信息化建设的重要标志。环境监测部门应将档案信息化及数字档案室建设纳入本单位信息化总体规划,建立档案信息化管理制度,落实经费保障,对标数字档案室测评标准,制定室藏档案数字化方案,对电子档案进行收集整理和提供利用。

医院人事档案数字化管理的现状与优化策略

潘妙灵

温州市中心医院

摘　要:随着信息技术的飞速发展,数字化管理已广泛应用于各个领域。该文基于市三甲医院的实际案例,深入探讨了医院人事档案数字化管理的现状,包

括已取得的成效、存在的问题及其产生的原因,在此基础上,提出了具有针对性的优化策略。

关键词:医院;人事档案;信息化

在信息化时代背景下,数字化转型已成为各行各业不可逆转的趋势。国家相继出台了一系列政策文件,鼓励和支持企事业单位进行数字化转型,提高管理效率和服务质量。其中,《关于加快推进医疗卫生机构数字化转型的指导意见》明确指出,要加快医疗卫生机构数字化基础设施建设,推动医疗数据资源的共享与应用。在此背景下,传统的纸质档案管理模式已难以满足现代医院高效、便捷的管理需求。人事档案作为医院管理的重要组成部分,其数字化管理不仅能提升管理效率,还能确保档案信息的安全与长久保存。本文基于国家相关政策文件的指导,深入分析医院人事档案数字化管理的实践现状,探讨其优化策略,以期为医院管理提供有益参考,并推动医院人事档案数字化管理的进一步发展。

1 医院人事档案数字化管理的现状

1.1 数字化管理程度不一

目前,部分医院已实现了人事档案的数字化管理,如电子档案的建立、在线查询系统的使用等。然而,仍有部分医院采用传统的纸质档案管理模式,数字化程度较低。这种差异主要缘于医院对数字化管理的重视程度、资金投入以及技术支持等方面的不同。

1.2 信息化基础设施不完善

在数字化管理过程中,部分医院由于信息化基础设施落后,如服务器性能不足、网络环境不稳定等,数字化管理效率不高。这不仅影响了档案信息的查询和共享,而且增加了管理成本。

1.3 档案信息安全风险

随着数字化程度的提高,档案信息的安全风险也日益凸显。如黑客攻击、信息泄露等风险增加,可能导致档案信息被篡改、泄露或丢失。这些风险主要缘于网络安全防护不足、档案管理人员安全意识不强等。

2 医院人事档案数字化管理的优化策略

随着信息技术的快速发展,数字化管理已经成为医院人事档案管理的重要趋势。为了更好地适应这一变革,提升管理效率和服务质量,医院需要制定并实施一系列优化策略。

2.1　加强信息化基础设施建设

首先,硬件升级与采购。投资购买高性能的服务器和存储设备,确保系统能够快速处理大量的人事档案数据。同时,考虑到未来数据量的增长,应选购具有扩展性的设备。

其次,网络优化。升级医院内部网络,确保网络连接的稳定性和速度,为档案数字化管理提供稳定的网络环境。

最后,合作与技术支持。与专业的信息技术公司建立合作关系,获取技术支持和维护服务,确保数字化管理系统的持续稳定运行。

2.2　全面推进数字化管理

首先,进行纸质档案数字化转换。制订详细的纸质档案数字化转换计划,使用专业的扫描设备将纸质档案转换为电子档案,确保转换过程中的数据质量。

其次,建立数字化管理流程。从档案的录入、存储、查询到利用,建立完整的数字化管理流程,并对其进行持续优化。

最后,进行跨部门协同。与其他部门如医疗、行政等建立协同机制,确保档案信息的及时更新和共享。

2.3　强化档案信息安全保障

首先,进行信息加密。对人事档案信息进行加密处理,确保数据即使泄露也无法被轻易解读内容。

其次,进行访问权限控制。建立严格的进出权限管理制度,只有经过授权的人员才能访问档案数据。

最后,进行定期备份与恢复。建立定期备份机制,确保档案数据的安全。同时,定期进行恢复测试,确保数据在丢失或损坏时能够迅速恢复。

综上所述,加强医院人事档案数字化管理是提高医院管理效率和服务质量的重要手段。面对实践中存在的问题,医院应积极采取措施,如加强信息化基础设施建设、推进全面数字化管理、强化档案信息安全保障等。通过不断优化数字化管理流程和技术应用,为医院的可持续发展提供有力支撑。同时,医院还应加强与同行业的交流与合作,共同推动医院人事档案数字化管理的发展和创新。

基层法院诉讼档案信息化建设存在的问题及对策

陈圆圆

杭州市上城区人民法院司法保障服务中心

摘　要:法院诉讼档案信息化建设对于提升法院工作效率具有重要意义,但是目前各地法院仍存在诉讼档案电子化利用率不高、信息化管理人才缺乏、技术支撑不足等问题,该文提出加快推进基层法院诉讼档案信息化建设的相关对策。

关键词:人民法院;诉讼档案;信息化建设

随着信息技术的快速发展和广泛应用,信息化已成为法院工作现代化的重要标志。诉讼档案信息化建设作为法院信息化建设的重要组成部分,对于提升法院工作效率、保障司法公正、实现司法公开具有重要意义。然而,在基层法院诉讼档案信息化建设的实践中,存在一些问题亟待解决。本文旨在探讨这些问题,并提出相应的对策。

1　基层法院诉讼档案信息化建设存在的问题

1.1　电子化利用效率不高

虽然基层法院已经实现了审判信息管理系统的电子化,但在实际操作中,诉讼档案的电子化利用效率并不高。这主要表现在刑事案件侦查卷的电子化方面,部分法院并未将刑事侦查卷扫描入库,仍采用纸质借阅的方式,影响了电子化数据的运用和档案信息化建设的进程。

1.2　信息化人才缺乏

档案信息化要求档案管理人员具备档案知识、计算机能力、信息资源开发能力等。然而,目前基层法院配备的档案管理人员虽然能基本满足档案数字化工作的需求,但在开发档案信息资源等更高层次的要求上还存在差距。

1.3　技术支撑不足

一些基层法院在信息化建设方面缺乏相关的技术人员和维护人员,导致信息化建设进展缓慢,甚至只是形式上的建设。此外,部分法院采取的技术方案可扩展性和承载能力有限,无法满足日益增长的业务需求,导致系统容易出现卡顿、卡死等问题。

1.4　数据安全措施不到位

基层法院档案信息化建设的数据安全问题不容忽视。一些法院系统的安全措施不到位,容易遭受黑客攻击、数据泄露等安全威胁,给审判工作的保密性和可靠性带来隐患。

1.5　维护人员操作不当

在管理员操作管理方面,一些基层法院存在选择不当的维护人员、操作指令混乱、未了解业务需求就开始操作等问题。这些问题可能导致信息化建设受挫,甚至影响法院的正常审判工作。

2　加快基层法院诉讼档案信息化建设的对策

2.1　建立健全档案信息化管理体系

要实现基层法院档案信息化的目标,首要任务是建立一个健全的档案信息化管理体系。这一体系应包括明确的档案分类标准、统一的电子文档格式、规范的操作流程和详细的管理制度。此外,还需设立专门的档案信息化管理部门,负责统筹规划和协调实施各项信息化工作,确保管理体系的有效运转和持续优化。

2.2　优化档案数字化流程

对传统的档案管理流程进行优化和再造,实现档案信息的收集、整理、分类、存储、检索和利用等环节的数字化。基层法院应制定详细的数字化方案,包括扫描纸质档案、创建电子副本、编制电子目录和实现档案的云存储等。在此过程中,应采用高效的扫描设备和先进的图像识别技术,以提高档案数字化的质量和速度。

2.3　提升管理人员专业能力

管理人员的专业能力直接影响档案信息化管理的成效。因此,基层法院应定期组织信息化建设培训活动,提高法院工作人员对信息技术的认识和应用能力。培训内容应包括最新的档案信息化知识、软件操作技能、网络安全意识等。此外,鼓励管理人员参与专业交流活动,不断更新知识结构,提升工作效率和创新能力。

2.4 加强硬件设施和软件系统建设

硬件设施和软件系统是档案信息化的物质基础。基层法院应投入必要的资金,更新和维护计算机、服务器、网络设备等硬件资源。同时,选择或开发适合自身需求的档案管理软件系统,实现档案的电子化存储、智能化管理和网络化服务。软件系统应具有良好的用户体验设计,易于操作且安全可靠。

2.5 确保档案信息安全

建立健全档案信息安全保障体系,采用加密技术、访问控制、安全审计等措施,确保电子档案的安全性和完整性。加强对电子档案的日常监管和风险评估,对于敏感数据,应实行严格的访问控制和加密传输,同时,制定应急预案,以应对可能的安全事件。此外,定期进行安全审计和风险评估,及时发现并解决安全隐患。

基层法院诉讼档案信息化建设是一项长期而艰巨的任务,需要健全档案信息化管理体系,优化档案数字化流程。加强信息安全保障等多方面的对策和措施。只有这样,才能更好地发挥诉讼档案在司法工作中的作用和价值,提高司法效率和公信力,实现司法事业的长远发展。

医用耗材档案信息化管理探索

——以诸暨市中医医院为例

马红为

诸暨市中医医院

摘　要:随着医疗技术的飞速发展和医疗需求的不断增加,医用耗材的管理日益成为医疗机构日常运营中的重要环节。其档案管理的规范性和可操作性直接关系到医疗服务的质量、成本和管理效率。传统医用耗材档案管理方式,已无法满足现代医疗管理的需求。建立一个全面的、高效的、便捷的医用耗材档案信息化管理系统势在必行。档案信息化管理模式在提高医用耗材管理效率、减少资源浪费以及提升医疗服务质量等方面起到了重要作用。

关键词:医用耗材;档案信息化;管理效率;医疗服务质量

医用耗材作为医疗机构日常运营的重要组成部分,其档案管理的规范性和可操作性直接关系到医疗服务的质量、成本和管理效率。诸暨市中医医院设备科工作量较大,人员紧张,医用耗材档案无专人管理,归档文件残缺不全,规范性较差。笔者调入设备科后,通过对医用耗材资质文件材料的归档整理发现,医用耗材品种繁多,形成的材料五花八门,档案来源和类型比较复杂,且纸质化档案管理程序烦琐。随着时代的发展和医院规模的不断扩大,医用耗材资质材料单纯用纸质化管理已经难以适应现代医疗机构快速发展的需求。因此,实现医用耗材档案信息化管理势在必行。

1 医用耗材档案信息化基本框架

医用耗材档案信息化管理系统旨在对耗材从采购到使用的全过程进行信息化和智能化管理,确保耗材信息的准确性、及时性和可追溯性。2020 年,诸暨市中医医院医用耗材档案信息化管理系统进行了迭代升级,系统主要包含以下功能。

1.1 耗材基础数据录入

耗材基础数据录入是医用耗材档案信息化管理的第一步,也是档案信息化管理的重中之重。我们要特别关注医用耗材名称的统一,因为这是建立溯源机制的关键,有利于确保耗材品种名称从招标到使用的唯一性。设备科工作人员可利用资产管理库的新增物资字典,按要求认真填写医用耗材档案基本信息,或从系统下载字典模板,将字典模板发给供货方,要求他们按字典整理说明,规范填写字典模板里的每一个项目,如物资名称、产品规格型号、注册名称、注册证号、注册证开始与结束日期、供货单位、生产厂家、物资主码、核算科目、物资分类代码、省代码等,其填写内容应与文件材料和省平台一致,确保录入的数据准确无误后才能够将字典导入信息管理系统,并与财务的产品收费项目管理链接,不管是请领还是办理入库调拨手续,都只能从目录里选取耗材品种,督促经销商严格按合同签订产品名称开发票,要求发票、供货清单上的物资名称与字典里的物资名称一致,这样可有效保证医用耗材从采购、入库验收、入库、出库到使用各个环节名称一致,为后续的管理和分析奠定可靠的数据基础。

1.2 耗材分类与编码

为了便于管理和检索,医用耗材档案应根据其性质和用途进行分类。如卫生材料可分为其他卫生材料、化验材料、影像材料等。其他卫生材料又分为口腔材料、眼科材料、外科材料、麻醉材料、血腹透材料、一次性护理用品、消毒材料、

DSA 类等。分类应遵循科学、合理、便于操作的原则,并为每一类耗材分配唯一的编码。通过分类与编码,可迅速定位到特定的耗材,同时采用电子档案管理系统,将耗材档案以数字化的形式进行存储,可以有效节省存储空间,并提高档案查询的便捷性。

1.3 库存管理与盘点

库存管理是实现医用耗材档案信息化管理的核心环节。系统需要实时记录耗材的库存数量、状态等信息,确保库存数据的准确性。同时,定期对库存进行盘点,核实库存数据与系统数据的一致性,防止耗材的丢失和浪费。

1.4 采购计划与审批

系统需要根据耗材的使用情况和库存数据,生成采购计划,并经过医院相关部门的审批。通过信息化手段,可以实现采购计划的自动生成和审批流程的简化,提高采购效率。

1.5 出入库流程管理

出入库流程管理是确保医用耗材正确、安全、及时地进出库房的关键环节。工作人员需要在系统里记录每一次的入库和出库信息,包括操作人员姓名、出入库日期和耗材的名称、数量、单价、供货单位、生产厂家等,以确保流程的透明化和可追溯性。

1.6 使用数据分析报告

信息化管理系统能够收集和分析医用耗材的使用数据,生成详细的使用数据分析报告。这些报告可以帮助管理者更好地了解耗材的使用情况、科室需求、使用趋势等,为制订合理的采购计划和库存管理策略提供有力的数据支持。

1.7 信息安全与保密

在医用耗材档案信息化管理中,信息安全和保密工作至关重要。采用先进的加密技术和安全防护措施,是确保耗材档案安全性和保密性的关键。同时,对系统的访问权限进行合理设置,确保只有授权人员才能访问敏感数据。

1.8 系统更新与维护

为了保证信息化管理系统的稳定性和高效性,需要定期对系统进行更新和维护。包括升级系统版本、修复漏洞、更新数据库等。数据库的更新是档案人员必须及时完成的工作,如供货公司、省代码、医用耗材产品的价格等有变动,或者注册证有效期已过,都要及时进行更新。同时,还需要对系统进行定期的性能测试和评估,以确保其能够满足医院日益增长的管理需求。

2　医用耗材信息化建设中存在的问题及解决方法

虽然医院开展医用耗材档案信息化管理已有数年,但实际操作中还存在一些问题,如信息系统稳定性不够,有时会出现字典模板导入系统时部分信息丢失、入库验收时出现耗材单价小数点后面数据丢失等问题,工作人员需求助工程师才能解决。

利用系统所包含的各项功能,我们可以充分了解到基础数据录入的重要性,耗材基础数据录入是医用耗材档案信息化管理的第一步,而这些基础数据都来源于医用耗材的资质文件材料,没有这些档案信息的录入,其他各环节就无法正常运行。目前我们的系统不管是请领还是办理入库调拨手续,都只能从目录里选取耗材品种,这样就实现了医用耗材名称的统一,确保了耗材品种名称从招标到使用的唯一性,也为建立溯源机制创造了条件。基本信息的完善和维护是一项艰巨而烦琐的任务,笔者和供应商及科室的同志合作,共同探讨,确保数据准确无误后才录入系统。碰到解决不了的问题请工程师帮忙,并向工程师提出自己的想法和需求。目前我们已有一万多种医用耗材产品的档案信息录入系统。医用耗材档案信息化管理是医疗领域信息化建设的重要组成部分,其应用不仅能提高管理效率、降低成本,还能提升医疗服务质量。未来,随着信息技术的不断进步和应用范围的扩大,医用耗材档案信息化管理将在医疗机构中发挥更加重要的作用。因此,我们应更深入地探索与实践医用耗材档案信息化管理的最佳模式,为医疗机构的持续发展和患者的健康福祉贡献力量。

学校电子档案单套制管理模式的探索

徐娇娇

杭州中策职高

摘　要:随着信息技术的迅速发展和广泛应用,电子档案已成为学校日常管理和教学工作中不可或缺的重要资源。该文论述了学校电子档案单套制管理模式的内涵、优势与问题,并提出了相应的优化策略,以期为推动学校电子档案管理工作的规范化、高效化提供有益参考。

关键词:电子档案;单套制管理;学校管理;信息化

在信息化时代背景下,电子文件以其高效、便捷、环保等优势,逐渐成为学校信息记录、传递、交换与共享的主要载体。然而,传统的双套制管理模式已难以满足学校档案数字化管理的需求,电子档案单套制管理模式应运而生。本文旨在探讨学校电子档案单套制管理模式的实施策略,以期提升学校信息化管理水平,促进学校高质量发展。

1　单套制管理模式的内涵

电子档案单套制管理模式是指仅以电子形式进行归档和管理,不再生成和保存纸质档案。该模式以电子档案的全生命周期管理为核心,通过整合 OA 办公系统与电子档案管理系统,实现电子档案的生成、流转、归档、存储、检索和利用等一站式服务。这种管理模式有效简化了传统纸质档案管理中的烦琐流程,提高了管理效率。

2　单套制管理模式的优势和困难

2.1　优势

一是提升管理效率。传统纸质档案工作流程烦琐,需要经过组件、分类、排列、编号、编目、排架等一系列操作,耗费大量人力、物力。单套制管理模式可以简化工作流程,不仅便于文件的检索、查阅和共享,而且有利于学校各部门之间的协作交流,助推学校高质量发展。

二是节省保管成本。一方面,单套制管理模式无须重复保存纸质档案,节省了大量的存储空间,这对于学校来说,无疑是巨大利好;另一方面,实体档案的保管会受到时间、空间、环境等多方面因素的影响,在一定程度上容易造成档案载体的损坏、遗失,因此保管和修复档案需要花费大量的人力、物力、财力,而电子档案单套制管理可以有效地降低保管成本,节省储存空间。

三是保证资源完整性。在单套制管理模式下,我们可以直接归档异质多元的电子档案,包括视频、音频、多媒体、超文本和数据库等,由于这些档案载体无法完全转化为纸质副本,因此避免了双套制可能带来的资源不完整问题。

2.2　困难

一是模式尚未能完全推广。目前,电子档案单套制管理模式仅针对保管期限为定期(30 年、10 年)的电子档案。对于永久保存的电子档案,仍需要保留纸质备份,以确保档案的安全性和完整性。

二是技术依赖性强。电子档案单套制管理模式在文件的整个生命周期,即从创建、传输、收集、整理、清点、检测、登记、编目到检索、应用,均深度依赖信息技术和电子设备。这也带来了潜在风险,电子档案在传输和存储过程中,由于网络的开放性和共享性,很容易成为黑客攻击和病毒入侵的目标。一旦出现设备遭遇故障、病毒侵袭、网络中断等情况,就可能造成电子档案无法正常访问,甚至造成数据丢失,对日常业务产生严重影响。

三是管理制度不完善。学校在推行电子档案单套制管理时,大多缺乏全面而精细的操作规程,导致管理过程混乱、责任归属模糊不清。具体而言,学校电子档案在命名和格式规范上没有统一标准,这导致文件之间的互操作性和兼容性受到极大限制。同时,元数据描述规范的不明确也使电子档案的检索和利用变得困难。此外,学校各部门之间的电子档案管理系统各异,进一步加剧了信息整合和传递的复杂性。这种混乱的管理状态不仅会影响电子档案的有效利用,还可能对整体工作进程产生负面影响。

四是电子档案业务人员存在技能短板。电子档案业务人员面临技术适应和操作挑战,对电子档案的重要性认识不足,缺乏高效管理电子系统的技能和知识,导致工作推进缓慢。随着电子档案数量的增加,工作人员负担加重,且需应对数据安全和被篡改等挑战。因此,业务人员需不断提升能力,寻求解决方案。

3　单套制管理模式的实施策略

电子档案单套制管理模式的推行,不仅是档案管理技术的革新,更是管理理念的转变。该模式的高效实施需要法律、管理与技术三者的深度融合与协同发力。

3.1　完善法规标准,提供制度保障

为确保单套制管理模式的顺利实施,职能部门需要完善相关法规与标准,明确电子档案的法律效力、保存期限等关键问题。尽管我国对档案管理已出台相关法律条文,但在电子档案证据认定、取证规则及跨领域法律建设方面仍需加强。《中华人民共和国电子签名法》《中华人民共和国网络安全法》《浙江省公共数据和电子政务管理办法》《国务院关于在线政务服务的若干规定》等均明确了电子档案与电子签名的法律效力及网络安全要求,为电子档案提供法律保障;《电子文件管理暂行办法》等专项管理制度对电子档案的形成、收集、整理、归档和利用等过程进行规范,确保电子档案的管理符合法律要求;国际电子数据交换标准(EDI)、结构性信息交换标准、电子文件著录标准等对电子档案的格式、内

容、存储方式等进行了统一规定,有助于保障电子档案的可读性和可用性,从而维护其法律效力。《中华人民共和国档案法》明确指出,电子档案应当来源可靠、程序规范、要素合规,电子档案与传统载体档案具有同等效力,可以作为凭证使用。这是在国家法律层面对电子档案的法律证据效力予以根本性确认,为单套制管理模式的实施奠定基础。

学校作为一个特殊单位,应在遵循国家法规的基础上,结合实际情况,制定具体的电子档案管理制度和操作规程,确保电子档案在形成、收集、整理、归档和利用等各个环节都有章可循;确保不同单位或部门之间的电子档案格式、命名等具有一致性和互操作性,为电子档案的共享和利用提供便利。

3.2　强化技术支撑,确保安全可控

信息技术是实施单套制管理模式的关键支撑。学校应充分利用云计算、大数据、人工智能等新一代信息技术,构建高效、稳定的电子档案管理系统。例如,发挥区块链技术中的时间戳和加密签名等功能,有效防止电子档案内容被篡改,从而确保其真实性;通过访问控制、信息加密、抗抵赖,运用边界防卫技术和安全反应技术等手段,确保电子档案获取过程中信息内容的完整、安全、真实、可用。

遵循电子档案的长期保存要求是确保档案安全的关键所在。因此,我们应当遵循《版式电子文件长期保存格式需求》(DA/T 47—2009)列出的长期保存格式的11点要求,这些要求共同构成了电子档案长期保存和利用的坚实基础。其中,格式开放、不绑定硬件、文件自包含、格式自描述等特性确保了电子档案的广泛兼容性和可访问性;显示一致性、持续可解释等要求则保证了电子档案在不同环境下的稳定展示和解释;稳健、可转换等特性则有助于应对技术和标准的更新变化,保持电子档案的长久生命力。

同时,借助防杀毒技术、身份验证技术、备份技术及封装迁移技术等,降低人为或计算机系统更新换代对电子档案造成的潜在损害风险,进一步增强电子档案的安全性和可溯源性,为后续的利用和管理提供便利。例如,学校定期备份电子档案数据,并存储在安全、可靠的地方,如离线备份、云存储等。

3.3　优化管理流程,提升管理效率

单套制管理模式的实施需要优化传统的档案管理流程。建立办公自动化系统和电子档案管理系统之间的联系,快速进行电子档案文件的收集、分类、登记和归档,提高准确性和效率。强化在线归档、检索和查阅等功能,提高服务质量。同时,学校应高度重视电子档案的安全管理,定期对电子档案进行备份和恢复测试,并建立完善的应急方案。

此外,学校还应加强与其他部门的协作配合,形成工作合力。通过建立跨部

门的信息共享机制,实现电子档案的互通有无和共享利用。

3.4 加强队伍建设,提高人员素质

电子档案单套制管理模式的实施需要一支高素质的专业队伍。学校应加强对电子档案管理人员的培训和教育,提高他们的专业素质和业务能力。通过定期举办培训班、研讨会等活动,教授电子档案管理的最新理念和技能,提升管理人员的综合素质。同时,学校还应建立激励机制,鼓励管理人员积极学习和掌握新技术、新方法。通过设立奖励制度、晋升职称等,激发管理人员的工作热情,提升其创新能力,推动学校电子档案单套制管理工作的不断发展。

电子档案单套制管理是一项适应信息化时代需求的新型档案管理模式,它以高效、便捷的特点,为提升学校电子档案管理水平提供新的思路和方法。然而,我国电子档案单套制管理模式正处于探索和推广阶段,该管理模式还未形成成熟的体系,学校在探索过程中应重点关注电子档案的真实性、完整性、安全性、可用性,以及长期保存等问题,结合实际,通过制定标准、加强技术保障、提升管理人员素质等措施,逐步推动学校电子档案单套制管理模式的顺利实施和发展。

智慧校园背景下高校智慧档案馆建设研究

刘晓瑞

浙江工商大学

摘　要:在智慧校园背景下,智慧档案馆建设面临着前所未有的发展机遇与挑战。面对政策引导不到位、资金投入不够多、管理理念较落后、人员配置不齐全、管理系统较陈旧、基础设施不完善等诸多困境,高校应该主动迎接数字时代带来的颠覆性变革,多措并举,推动智慧档案馆建设和档案馆工作的转型升级。

关键词:智慧校园;高校;智慧档案馆;建设路径

在数字时代背景下,高校都在积极推进智慧校园建设,而档案馆作为学校各类资源信息的集散地和加工地,必须主动适应数字时代带来的巨大变革,提升档案馆智慧化水平。

1 高校智慧档案馆建设的意义、内涵与特征

建设智慧档案馆是新时代档案馆建设发展的必然选择。2018 年,国家发布了《智慧校园总体框架》,标志着智慧校园进入标准化发展阶段。《中华人民共和国档案法》第五章专门指出要加强档案信息化建设:机关、团体、企业事业单位和其他组织应当积极推进电子档案管理信息系统建设,与办公自动化系统、业务系统等相互衔接。智慧校园的业务协同和资源共享优势,与新一代数字技术相结合,为智慧档案馆建设提供了可能。同时,随着高等教育普及化向纵深推进,高校办学规模逐步扩大,师生数量逐步增加,致使高校档案信息资源的数量急剧增加,种类更加丰富,形式更加多样。在此背景下,高校亟须充分利用物联网、互联网、云计算等数字技术带来的颠覆性变革,提高档案信息化处理和服务水平,满足档案发展需要和师生校友需求。

关于智慧档案馆的内涵与定义,学界尚未达成共识,学者从不同角度和维度对智慧档案馆提出了理解和看法。笔者认为,智慧档案馆是在人工智能时代背景下,依托大数据、人工智能、物联网、算力等智能技术,对传统档案的管理、决策、服务等功能进行智慧改造升级,全面提升档案馆的互联互通、全面感知、智慧治理能力的模式,是数字时代档案馆发展的新形态。

智慧档案馆作为一种新型发展形态,有着不同以往的显著特征。从发展脉络上看,智慧档案馆是历经传统档案馆、数字档案馆、智能档案馆三种形态,经过三重跨越达到的第四种形态;从标准特征上看,智慧档案馆具备智慧管理(smart governance)、智慧数据(smart data)、智慧服务(smart service)、智慧决策(smart decision)、智慧保护(smart custody)、智慧建筑(smart building)等显著特点;从功能定位上看,智慧档案馆是智慧校园背景下公共智慧档案馆的具体运作,是融会贯通、高效协同的信息归集中心、资源共享中心和文化服务中心。

2 高校智慧档案馆建设面临的问题

《"十四五"全国档案事业发展规划》指出:"档案工作存在制约高质量发展的观念障碍、制度缺陷、技术瓶颈和人才短板,地区及行业间发展不平衡问题仍然明显存在,档案利用服务不充分问题依然突出,基层基础工作还有薄弱环节。"伴随着数字化改革浪潮,档案工作所面临的外部环境、管理的客体对象和形式均产生了巨大变化,致使智慧档案馆建设面临的问题更加凸显。

2.1　缺乏顶层设计和长远规划,重视力度不够

在"双一流"建设背景下,各高校为了在新一轮国家重点建设工程中有所突破,在人才引育、人才培养、科学研究等方面逐步加大投入力度,力争取得更多标志性成果。相对而言,学校在智慧档案馆建设方面重视不足,缺乏长远发展规划,各高校"十四五"事业发展规划中鲜有将档案馆建设单独进行重点谋划、将智慧档案馆建设列入长远规划的。同时,在智慧校园背景下,有些高校对智慧档案馆的定位、功能和特点等认识仍不够充分,理解不够到位,高校档案信息资源挖掘利用程度不够。智慧档案馆建设并非数字档案馆配套加智能技术,而是要重构档案馆的定位、功能、运行模式等,更要同人类发展的趋势如智慧社会建设趋势等相对接。

2.2　管理理念较落后,人员配置不齐全

高校档案工作管理者中计算机科学与技术、档案学等专业出身的人员较少,既精通档案业务又具备信息处理技术的复合型人才队伍相对缺乏,导致管理者无法紧跟数字时代带来的巨大变革,部分档案管理人员传统化管理意识较重,"数智化""智慧"等意识淡薄,以纸质资源、手工方式等开展工作的现象较多。同时,档案管理制度体系相对不健全,跨部门、跨系统、跨业务的档案协同治理机制仍有待完善。

2.3　投入力度不够大,基础设施不完善

数智档案馆和智慧档案馆建设在档案数量陡增的情况下,对 RFID 无线射频识别等信息技术和软硬件设备的需求较多,亟须进行大量的资金和技术投入,而目前多数高校的办学条件无法满足建设需求,导致智慧档案馆建设推进困难。目前部分高校资金投入不足,导致使用的档案管理系统仍是初级的操作管理系统,仅具备信息录入和简单检索等功能,无法实现新时代档案工作所要求的精准统计、复杂检索,更无从谈起实现档案信息的智能识别、处理和应用等功能;同时,物联网、互联网等信息处理挖掘技术和智能密集架、库房恒温恒湿系统、消防系统等软硬件设备也无法配置齐全,不能完全适应当前档案管理工作的发展需要。

3　高校智慧档案馆建设路径探析

基于建设现状和面临的发展困境,高校智慧档案馆建设任重道远。在智慧校园背景下,推进智慧档案馆建设,要坚持师生为本、循序渐进、共建共享、安全为要等原则。一是坚持师生为本原则。智慧档案馆建设要聚焦立德树人根本任

务,构建特色档案资源,打造精品档案项目,为师生提供更优质的服务和档案资源。二是坚持循序渐进原则。根据学校档案馆建设工作实际,按照"档案实体资源建设有序—档案信息资源建设有序—档案智能管理工作有序—档案智慧利用服务有序"脉络推进智慧档案馆建设。三是坚持共建共享原则。智慧校园背景下的智慧档案馆建设需要人事处、教务处、科技处、研究生院、公管处等各个部门的协同努力,各方的业务系统应实现互联互通、资源共享,打破"信息孤岛"现象。四是坚持安全为要原则。数字化改革一方面为大家提供了海量数据的快捷处理技术,提升了工作效能;另一方面也对档案数据的安全性和保密性造成不确定性,需要我们在档案管理工作中注重数据安全,避免出现不可逆的数据流失情况。

3.1 加强顶层设计,制订发展规划

要充分认识到智慧档案馆建设的长期性和艰巨性,立足当前,结合师生需求,以此科学合理地制订智慧档案馆事业短期、中期和长期发展规划,分阶段、分重点、递进式地开展建设。要充分利用智慧校园建设的重要窗口期,依据建设标准,将智慧档案馆有机融入进去,实现二者的协同共生发展。同时,高校要充分借鉴地方档案馆的先进工作经验,如浙江省绍兴市上虞区智慧档案馆充分运用物联网、大数据、人工智能等技术,建成了智慧档案核心业务管理平台、综合政务服务平台和安全管控平台,实现了档案安全监控、档案开放审核、名人档案资源挖掘编研、档案全程利用服务和基层档案行政监管的智慧化,开发并拓展了待办工作一台处理、数据检索一键通达、查阅利用多维服务、开放审核 AI 辅助、名人档案智慧编研等智慧应用,推动档案服务更优质、更高效、更智慧。

3.2 争取政策支持,加大资金投入

智慧档案馆建设第一步在于拥有充足的资金进行信息处理技术和先进软硬件设备的购置,实现档案的智慧治理和泛在服务。毋庸置疑,目前绝大多数高校档案馆的资金投入相对匮乏,难以满足智慧档案馆建设的需要。一方面,档案管理部门要多渠道向学校和上级部门争取政策支持和资金投入,争取更多的建设资源。另一方面,档案管理部门也要积极向外部拓展资源,如协同学校校友办、社会合作办等部门,充分挖掘校友资源,为校友提供特色服务,争取获得校友的支持,等等。

3.3 优化管理队伍,创新管理理念

加强档案管理专业技术人才引育工作。在人员招聘时注重引进具备计算机科学与技术、人工智能、档案学等多学科交叉融合背景的复合型人才,同时根据工作实际选派年轻骨干去学习信息技术,提升档案信息化处理水平。定期邀请

校内外相关学者为管理队伍进行专题培训,引导管理人员深入理解"智慧"理念并与工作深度融合,创新档案管理理念、思路和工作方式,推动档案治理体系和能力现代化。

3.4　强化制度建设,提升基建水平

档案数据管理涉及师生的切实利益和学校的数据安全,因此,在推进智慧档案馆建设中,学校要注重加强规章制度和标准规范建设,确保守住数据安全底线。同时,加强跨部门协同,构建各档案数据生成部门多方协同、高效联动的联席沟通机制,推动各业务系统数据端、应用端的互联互通。通过开发微信小程序等积极推进基础设施建设,迭代升级档案管理系统,借助高科技手段,助力高校智慧档案馆健康发展。如充分利用 RFID(无线射频识别技术)对馆藏档案进行智能化管理。通过 RFID 标签、RFID 通道门、RFID 工作台、智能化档案密集柜、数据采集终端、扫描仪等信息存储管理设备组成的标准智能档案库房,配合档案管理系统,信息化管理档案的借阅、归还、查找、盘点等,实现归档、入盒、上架、借阅、销毁的闭环管理,实现档案全生命周期的管理。

3.5　构建特色资源,推动转型升级

在高校智慧档案馆建设中,利用物联网、互联网等高端技术和智能化管理模式,进一步满足档案收、存、管、用等功能需求,提升了师生用户体验。与此同时,高校应该结合自身特色,进一步挖掘特色档案的信息利用价值,打造特色品牌项目,并向广大师生精准推送,加强档案馆的文化传承功能,推动智慧档案馆的转型升级。

自然资源档案数字化建设路径研究

吴江霞

衢州市自然资源调查登记中心

摘　要:自然资源档案是国家重要的文化遗产,对于保护环境、服务社会发展具有重要意义。随着信息化技术的迅速发展,数字化建设成为提高档案管理效率、促进资源共享、推动科技创新的重要途径。当前,自然资源档案数字化建设面临着技术标准不统一、成本高昂、数据安全有风险等诸多挑战。因此,探讨

信息化时代下自然资源档案数字化建设的路径,具有重要的理论和实践意义。

关键词:自然资源档案;数字化建设;路径

1 自然资源档案及其档案工作的特点

自然资源档案具有多样性和复杂性,涉及地质、水资源、生态环境、气候变化等多个领域;档案信息类型丰富多样,包括地质调查报告、水资源调查数据、生态环境监测材料等。自然资源档案具有长期性和延续性,记录了自然资源的演变过程和历史变迁,具有很强的时空连续性,需要长期有效保存和管理。自然资源档案具有开放性和共享性,涉及多个利益主体和部门,需要建立起开放、共享的档案管理机制,促进档案信息的共享和利用。自然资源档案工作具有较强的专业性和综合性,相关部门不仅要注重档案信息的准确性和完整性,还要兼顾管理和服务等方面的需求,以推动自然资源档案数字化建设迈向更高水平和智能化方向。

2 自然资源档案数字化建设的意义

数字化建设能够提高自然资源档案管理的效率和水平,实现档案信息的电子化存储、检索和管理,使档案信息可以随时随地便捷获取,大大提高了档案的利用价值和管理效率。数字化建设有助于促进自然资源信息的共享和交流,打破部门间的信息壁垒,促进资源共享,为政策制定提供更加丰富和准确的信息支持。数字化建设还可以加强自然资源档案的保护和安全,通过建立完善的数据备份与恢复机制、加强信息安全管理等措施,有效防范数据丢失、泄露等安全风险。最重要的是,档案数字化建设有助于推动自然资源管理工作的现代化和智能化,为实现档案工作可持续发展目标提供强有力的信息支撑和技术保障。加强自然资源档案数字化建设不仅符合时代发展的要求,也是推动自然资源管理事业向前发展的必然选择。

3 自然资源档案数字化建设的路径

3.1 完善标准规范

建立统一的档案标准和规范,有助于规范档案的采集、整理、存储和利用过程,提高档案数据的质量和可信度。构建规范化的档案管理体系,包括制定档案管理制度、建立档案管理组织、建设档案信息管理平台等,有助于提高档案管理效率和水平,应重视档案标准和规范的动态更新,及时跟踪信息技术的发展,不断优化和完善档案管理体系,适应信息化时代自然资源档案数字化建设的需要。完善自然资源档案的标准和构建规范化体系,可以提高数字化建设的效率和质量,促进资源共享和利用,推动自然资源档案数字化建设迈上新的台阶。

3.2　推进一体化管理

数字化管理模式将各类自然资源档案整合至一个统一的管理平台,包括地质、水资源、生态环境等多个领域的档案信息,实现档案的全面整合、统一管理和便捷查询,这一管理模式将通过建立统一的标准和规范、搭建信息共享平台、整合数据资源、实现信息互通等手段,促进不同领域、不同部门之间的信息交流和共享,提高档案管理的效率和水平。这种管理模式还能够通过建立智能化的数据分析和挖掘机制,实现对档案信息的深度挖掘和利用,为决策提供更丰富和准确的信息支持。此外,还可以通过建立安全可靠的数据管理和存储系统,保障档案信息的安全性和完整性。

3.3　档案信息检索多元化

多元化的检索方式包括全文检索、目录检索、地理信息检索、时间轴检索等,能够满足用户多样化的检索需求,提高档案信息的检索效率和精准度。例如,全文检索技术能够对档案全文进行索引,实现关键词检索,帮助用户快速定位所需信息;目录检索则通过构建规范化的档案目录体系,提供结构化的检索路径,方便用户按照分类和主题检索相关档案;地理信息检索则将档案信息与地理位置关联起来,通过地图界面进行空间检索,方便用户查找与地理位置相关的档案信息;时间轴检索则按照时间顺序展示档案信息,帮助用户了解档案反映的工作历史演变和发展趋势。多元化的档案信息检索方式,可以提升用户体验感,促进档案信息更加全面和深入利用,推动自然资源档案数字化建设向更加智能化和便捷化的方向迈进。

3.4　建设数字档案室

自然资源数字档案室是指利用先进的信息技术和设备,对自然资源档案进行数字化存储、管理和服务的专门场所。加强数字档案室的建设,可以实现自然资源档案的电子化、网络化和智能化,提高档案的保存和利用效率。具体来说,数字档案室应配备先进的数字化设备,包括扫描仪、数字化摄像设备、高性能服务器等,以实现对纸质档案的数字化转换和存储;应建立完善的数字档案管理系统,包括档案数据库、数字化存储设备、数据备份与恢复系统等,实现对数字档案的统一管理和便捷检索;数字档案室还应加强信息安全保护措施,包括数据加

密、访问权限控制、网络安全防护等,确保档案信息的安全性和完整性。建立完善的电子文档归档管理系统是数字档案室建设的关键。将纸质档案逐步进行数字化处理,转化为电子文件存储在电子文档归档系统中。数字化处理可以通过扫描、图像识别等技术实现,保障档案的完整性和可读性。制定电子档案归档的标准和规范,包括文件命名规则、存储格式、元数据标注等,确保电子档案归档标准的整体性和一致性。加强电子档案的信息安全保护,包括数据加密、权限控制、建立备份与恢复机制等,防止档案信息泄露、丢失或损坏。

综上所述,加强自然资源档案数字化建设,不仅有利于保护和利用自然资源档案,还能推动信息化时代下自然资源管理的现代化和智能化发展,为自然资源工作可持续发展提供强有力的支撑和保障。

关于企业档案数字化的几点思考

徐燕飞

宁波中聘信息科技股份有限公司

摘　要:随着时代的发展,人们对档案工作的要求越来越高。如何做好档案工作,以满足时代发展的需求,已经成为当前档案管理者需要认真思考的问题。而档案数字化作为一种新兴的档案管理模式,能够有效提高档案工作的效率和质量。

关键词:企业档案;数字化

随着社会的发展和进步,传统的档案工作已经无法满足当前人们对档案信息的需求,需要借助计算机和网络技术,将其数字化。

1　企业档案数字化建设现状

1.1　企业对档案数字化建设意识不强

很多企业注重安全生产、经济效益,对档案工作重视不够,尤其对档案数字化建设的意识淡薄。国家档案局发布的《纸质档案数字化规范》(DA/T 31—2017)(以下简称《规范》)提出,在基础设施方面"应配备专用加工场地,并进行合理布局,形成档案存放、数字化前处理、档案著录、档案扫描、图像处理、质量检查等工作区域。应合理规划、配备和管理纸质档案数字化设施设备,确保设施设备安全、先进,能够满足数字化工作的需要";在管理制度方面,"纸质档案数字化管理制度应包含岗位管理、人员管理、场地管理、设备管理、数据管理、档案实体管理等方面的制度"。然而,现实是有些单位在日常工作中,将效益放第一位,档案工作对它们来说可有可无,所以对档案数字化工作所需的人力、财力、物力等的投入严重不足。这导致企业在档案工作中因缺乏必要的基础设施而停留在传统档案室工作阶段,数字档案室建设没有提上议事日程。

1.2　企业档案人员对档案数字化建设重要性认识不够

当前,企业档案人员普遍认为档案工作就是对纸质文件进行整理和归档,这就导致在档案管理工作中,工作人员将大量时间和精力都花费在对纸质文件的整理上,不利于档案工作的开展。为了提高企业的发展效率,必须提高档案工作人员水平,促进档案工作效率提升。

在当前企业档案管理过程中,工作人员虽然已经采用数字化技术对纸质文件进行收集、整理和归档,但是由于受传统的档案管理观念的影响,数字化技术在企业中的应用还不够完善。在档案管理过程中,工作人员普遍认为纸质文件的重要性要高于数字化文件,因此不愿意将数字化技术应用到档案管理中来,这就导致数字化技术的应用存在一定的不足。这就要求企业在进行档案管理时,应该转变传统的档案管理观念,提高对数字化技术应用的重视程度,促使企业档案工作朝着更好的方向发展。

2　企业档案数字化建设的路径探究

2.1　提高对档案数字化建设重要性的认识

在进行档案数字化建设的过程中,首先要明确档案数字化的重要性。浙江省档案局发布评选省级优秀档案室的通知,各市县也有示范、规范化数字档案室创建的通知,都对档案数字化创建提出测评标准,其中测评内容就包含落实经费、配备必要的档案信息化软硬件设施设备、针对室藏各类档案全部建立电子目录等要求。对室藏永久、长期保存的传统载体档案的数字化率也有具体要求,提出要配备并使用档案管理软件,实现档案收集、管理、存储、利用等基本功能。所以档案数字化建设势在必行。档案记录了企业从筹建到生产的过程,保存了企业组织沿革、科技项目发展、经营管理和重大决策等许多重要资料,是企业决策时的珍贵参考内容,所以档案对决策的正确性有很大影响。

2.2　增强企业员工对档案数字化的认同

档案从收集到整编已经从原来的纸质档案实现了档案管理自动化与网络化，只需要一次优化录入档案，便可以重复使用，大大提高了工作效率。在当前的档案工作中，很多档案都已经数字化，但是没有发挥应有的效果。这主要是因为有些员工对档案数字化系统不熟悉，因此，需要对员工加大档案专业的培训力度。这就需要打造一支专业水平高、业务能力强的档案管理团队，使工作人员具备专业的职业素养、扎实的档案知识、熟练的档案信息管理系统操作技能。日常由专业的档案管理团队对员工进行档案信息管理系统的培训和指导，使员工熟练掌握系统，可以对系统中的数字化档案资源进行检索、查阅、下载、打印等，使用户可直接在系统中借阅到所需档案，无须线下借阅实体档案，实现了数字档案的便利、快捷服务功能，同时支持多人多次使用档案，提高了档案管理人员和档案使用人员的办公效率。

2.3　创建信息化平台，实现资源共享

随着网络技术的不断发展，信息技术已经融入人们的生活和工作中。在当前档案工作中，企业也应该将信息技术应用到档案工作中。为了提高档案工作效率，企业需要创建一个信息化平台，在这个平台上建立相关的数据库，将各方面的信息进行收集、整理和存储。同时，还需要将数据库与档案工作相结合，对相关数据进行分析和处理。这种方式能提高档案工作效率。此外，还需要不断丰富数据库的内容，在丰富数据库内容的过程中，企业能够更好地了解信息内容。同时，为了提高档案管理工作效率，还需要建立一个共享平台，在这个平台上建立相应的档案数据库。

2.4　建立完善的信息安全制度

在信息管理过程中，档案管理部门需要建立完善的信息安全制度，保证档案工作的顺利进行。首先，需要确保数据传输安全和个人隐私得到保护。其次，需要根据相关法律法规的要求来进行。再次，需要明确相关部门的职责和工作流程，并且针对不同的用户授予不同的管理权限。最后，需要制定一系列的档案管理制度，包括档案数字化操作规范、档案数字化文档管理规范等。同时，还需要制定相应的责任追究制度和奖惩制度，以确保信息安全制度能够顺利实施。此外，还需要建立完善的档案保密机制和档案鉴定机制。在对信息进行保密时要确保其完整性和安全性，在对信息进行鉴定时要确保其真实性和有效性。

随着网络技术和信息技术的不断发展，企业要不断推进档案信息化，迭代深化档案数字化改革，使其发挥出更大作用，服务企业生产经营。

关于法院诉讼档案信息化建设的几点思考

沈　龙

宁波市中级人民法院

摘　要: 法院诉讼档案信息化建设是指在法院诉讼档案管理过程中,借助现代信息技术,全面提升法院诉讼档案管理水平,促进档案工作高效有序进行。基于此,该文就法院诉讼档案信息化建设谈几点思考,以供参考。

关键词: 法院;诉讼档案;信息化建设

法院诉讼档案信息化建设不仅是实现司法管理科学化、规范化、程序化的重要途径,也是提高法院诉讼档案管理水平和服务质量、提升审判效率的有效手段。在基本完成存量档案数字化的今天,法院正持续深化落实增量档案电子化,在保证信息安全前提下,优化管理流程,健全管理系统,完善技术规范和标准体系,切实提升诉讼档案数字化水平。

1　完善档案管理制度

实现数字档案室电子化归档是档案部门走向现代化的一项重要内容,也是对法院诉讼档案进行规范化、标准化管理,推进法院诉讼档案信息化建设的重要内容。在档案信息化建设中,要建立完善的档案管理制度,严格遵守《中华人民共和国档案法》《中华人民共和国档案法实施条例》等相关法律法规,强化对档案人员的管理力度,确保法院诉讼档案管理工作的顺利开展。同时,在法院诉讼档案信息化建设中要将规范化管理作为首要任务,在日常管理中做到有章可循、有据可依。只有以建立完善的信息化建设制度为基础,才能使档案工作更好地适应现代法院诉讼工作的发展。新时代对法院诉讼档案信息化建设提出了更高的要求。对于档案管理工作来说,需要从多个方面对其进行优化与完善,如加强档案信息化建设的宣传工作、加大对档案管理人员的培训力度、健全档案信息化建设体系、提高档案信息化建设的质量等。在工作实践中,需要不断完善档案管理体系,在保证安全与保密的前提下,不断提高档案管理人员素质,保证法院诉讼档案信息化建设质量。同时,还要不断探索新的发展模式与发展思路,从而促进法院诉讼工作更好地开展。

在法院诉讼档案信息化建设过程中要以科学为基础,坚持以电子档案为主、纸质档案为辅的归档原则,在基本完成存量档案数字化的今天,持续深化落实增量档案电子化。确保当事人提交的有效材料均电子化入卷,电子文件齐全、完整、挂接有效、图像清晰,实现资源共享和信息传递。此外,还要对电子文档进行定期备份和存储管理,并对其进行备份和存储系统的更新与完善,更好地为审判执行工作和人民群众提供全流程一体化在线服务。

2 加大投入力度

审判执行工作的特殊性要求法院必须确保经费保障充足,信息化建设与审判执行工作密切相关,只有有了充足的经费保障,才能实现法院诉讼档案信息化建设的有序开展。首先,应对资金进行合理规划,严格按照国家有关规定来分配资金,并将资金合理分配到档案管理部门、数据库建设部门以及基础设施建设部门等。在预算中对经费使用进行明确规定,确保严格按照预算安排使用资金。其次,要加大对档案管理信息技术的投入力度。信息技术是电子文件管理的主要依靠之一,对于提升电子文件的处理效率和质量有很大影响。因此,应不断加大对电子文件存储设备以及档案管理软件等方面的投入力度,从而使法院诉讼档案信息化建设工作得到有效保障。此外,还应加大对基础设施建设的投入力度,将有限的资金用到最需要的地方,从而使法院诉讼档案信息化建设工作更加完善。最后,应加强对档案信息化建设工作人员的培训力度。就档案信息化建设相关工作而言,人才队伍建设在其中占据着极为重要的地位,甚至已成为档案信息化建设质量与发展成效得以保证和提升的关键。着重加大对档案信息化建设工作人员培训力度,使其能够成为将理论知识与实践经验相结合的复合型人才。

3 保障档案信息安全

信息安全是信息化建设的前提和保障,在推进法院诉讼档案信息化建设过程中,要特别注意档案信息安全保障工作。首先,要确保系统中存储的数据和文件都是真实可靠的,不能存在任何虚假数据和信息,这样才能保证档案的安全性。其次,要完善硬件设施建设。在具体实践中,可以将专业人员调配到相关岗位上,负责维护用于档案管理的计算机以及网络设备。此外,要加大对档案管理系统的安全维护力度。在计算机和网络设备中安装杀毒软件和防火墙等防护软件,定期对设备进行杀毒和病毒清理,并通过设置权限来控制档案信息访问的范围。此外,要进一步完善保密机制。在实际工作中可以采用加密技术来保障档案信息安全,这也是目前最常用的一种保密措施。将档案信息录入数据库后,可以对其进行加密处理,防止其被恶意篡改。同时要建立健全诉讼档案管理制度体系和操作规程,并将其提升为法规性要求。此外,要提高工作人员的安全意识。在具体工作中可以定期开展安全教育培训活动,对档案管理人员进行安全意识教育和操作技能培训。此外,还要加大资金投入力度,完善信息化设备设施建设和日常维护工作。只有这样才能从根本上保证档案信息安全管理工作的顺利进行。

4 构建涉密管理标准化体系

在信息化背景下,人民法院诉讼档案管理要以国家的相关标准和规范为依据,构建涉密档案管理标准化体系。首先,要注重涉密档案管理人员的综合素质培养,组织开展相关的专业培训,全面提升诉讼档案管理人员的业务能力。其次,要加强对诉讼档案信息化建设的组织领导,成立专门的机构来负责具体事务,配备专业的人员来负责技术开发、应用、维护等工作。最后,要建立完善的诉讼档案安全保密制度,全面落实各项安全保密措施。具体来说,要做到以下几点:一是加强涉密文件材料管理。制定涉密文件材料接收、整理、保管、归档等制度,明确责任和义务。二是加强诉讼档案的利用管理。要根据涉密程度,对档案进行分类立卷归档,对需要保密的档案材料进行集中存储和管理。三是加强对诉讼档案保管场所的安全防护。要落实档案库房防火、防盗、防潮、防虫等"八防"措施。四是加强对涉密载体和电子档案的安全保密管理。要定期开展安全保密检查工作,确保涉密载体和电子档案的安全。

综上,人民法院诉讼档案信息化建设是以信息技术为手段,通过计算机等现代化设备,实现对诉讼档案的数字化、规范化管理。与传统的档案管理模式相比,信息化建设更注重电子数据的真实性、完整性和准确性,充分利用信息技术的优势来提高法院诉讼档案管理效率和质量,从而使其更好地为司法工作服务。

综合档案馆档案数字化成果质检校核探讨

留　巍

浙江星汉信息技术股份有限公司

摘　要:该文旨在通过对综合档案馆数据校核过程中出现的各种问题进行分析,探讨综合档案馆档案数字化成果质检校核项目实施的问题。

关键词:综合档案馆;档案数字化成果;质检校核

档案信息资源的利用和开发是档案工作的核心价值所在。档案数字化是现代档案信息资源利用和开发的重要基础。自然语言、人工智能技术的发展,以及数字档案馆建设的推进,对档案数字化的数据成果质量提出更高的要求。我国的综合档案馆档案数字化起步于 20 世纪,档案数字化的技术规范也随着时代发展而增强,在档案信息资源利用开发以及数字档案馆的建设过程中,我们发现很多综合档案馆之前的数字化成果存在各种问题,严重影响档案信息利用。而绝大部分综合档案馆的数据校核项目所涉及的档案数字化成果形成的时间跨度较长,可能是多个公司形成的数字化成果,项目经费也不充足。本文旨在通过对相关项目实际遇到的问题进行分析汇总归纳,为后续综合档案馆数据校核提供参考。

1　当前档案数字化成果存在的主要问题

通过一系列综合档案馆数据校核项目的实施,笔者发现目前档案数字化成果除去原数字化成果损坏的情况,普遍存在以下问题。

第一,档案条目与影像不一致性。这一问题非常普遍,常见的有以下几种情况:档号重复,有条目无图像,无条目有图像,条目内容与图像内容不一致,档案数字化成果存放路径不规范,条目分件错误,著录字段中页数与图像实际页数不一致,等等。具体表现如下:条目数据中存在条目数据内容,但 PDF 文件或者 JPG(或 TIFF)图像不存在;没有条目数据,却有 PDF 文件或者 JPG(或 TIFF)图像;数字化成果存放路径混乱,在某案卷级文件夹中嵌套了其他档案的文件;档案分件存在明显的上下件错乱;等等。

第二,原数据成果中图像质量较差。常见的有以下情况:原数据成果中图像的色彩模式、分辨率、格式、命名不统一;文件损坏导致不可读性;图像不完整、失真严重;图像存在漏扫、重扫、多扫、空白页;图像的排列顺序与实体档案原件不一致;未按阅读习惯进行旋转及纠偏;等等。具体来说,分辨率不统一可能是前后的标准不统一,也可能是扫描过程中参数的变动导致的;图像漏扫则可能是档案数字化前处理质量较差、档案背面页码漏编导致的,也可能只是工作疏忽导致的。

第三,档案著录不规范。由于档案数字化成果形成时间跨度较长,以及当时的标准较低,档案著录不规范,无法归纳揭示档案信息。如会议、通知等只著录了文种,奖惩信息未著录相关人员信息,等等。这种不规范的著录信息严重影响后续档案的开发利用。

第四,档案实体整理问题。档案实体问题主要存在档案卷内、盒内放置顺序错乱;卷封面信息填写不准确,件数、页数与卷内目录、档案实体编号数不一致;装订不规范,有压字、倒装、漏装等情况。

第五,密级档案未区分。密级档案与非密档案混杂一同存放;或者密级档案并未标密。这样可能在后续的档案利用过程中损害国家利益或者个人利益。

综上,原数据成果的问题可分为两种类型:一是逻辑性问题,二是非逻辑性问题,后续本文将针对两种类型的问题提出针对性的解决方案。

2　解决方案

大部分综合档案馆数据校核项目的工作量都非常大,通常会有上千万页归档图像,而且项目经费和工期又较紧张。为此,在平衡项目各种因素的情况下,我们认为解决问题的核心是探索一套可行的流程和标准,这对综合档案馆数据校核业务的开展、档案信息资源的利用开发有重大意义。

2.1　梳理解决历史数字化成果的逻辑性问题

以全宗为单位(对于特别大的全宗,可以目录号为单位),通过软件准确定位逻辑性问题点。主要问题还是上文提到的几种情况:档号重复,条目与图像不一致,扫描分辨率、扫描模式不符合标准,图像页数与条目中页数不一致,必须著录项缺失等逻辑性问题。对于有条目无图像的情况,进行查找或重新扫描;对于无条目但有图像的,可以先进行条目补录;分辨率低于 300DPI 的与委托方协商是否重新扫描;图像格式不一致的通过软件转换为统一格式。通过该阶段的校核整改,形成条目图像一致、没有逻辑错误的阶段性成果,然后导入生产系统。

2.2　检查实体档案整理问题

检查实体档案是否存在顺序错误、编页错误以及装订错误等问题,并登记具

体错误案卷及具体问题类型。对实体档案存在漏编页码的问题,可采取加"—"的方式进行补扫。对仅影响实体质量问题予以纠正,如装订中的倒装、漏装等问题。

2.3　检查并修正图像质量

检查图像顺序是否错乱、是否完整等问题,对需要补扫或重扫的页面进行扫描;按现行图像质量标准进行手动或自动处理。

2.4　检查条目质量

由于条目质量在各阶段标准不统一、难以通过系统逻辑性检测等,条目校核是数据校核中工作量最大的环节。如有可能,应先梳理各阶段的著录标准与现行标准的差异,以便了解各阶段可能存在的普遍性问题。具体流程:首先,检查必须著录项是否著录,题名、责任者、形成时间、密级等关键字段是否符合规范;其次,检查分件是否存在错误,对错误的分件予以纠正。对于条目中的人名补录则可以根据与委托方事先确定的规则确定是否进行补录,如对重要全宗的人名进行补录,对奖惩、任免等重要档案进行补录,而对一般档案如村级组织选举名单、职工花名册等可以不予补录。

2.5　开放审核

以前大部分档案数字化未经过开放审核环节,由于档案的校核正好对馆藏的历史数据成果进行了一次统一的梳理,质检校核业务可以结合馆藏档案的开放审核初审环节进行。

2.6　数据成果输出

经过上述校核流程,再次进行系统性检查后,可按规则进行双层 PDF 或 OFD 格式数据成果输出,之后进行系统挂接。特别需要注意的是,原数据成果的涉密件要保存在另外的涉密存储介质上,不得与普通非密件混合保存。

综合档案馆的历史成果数据质检校核是档案数字化行业现阶段档案综合利用开发的一项重要工作,本文从项目交付的实际案例中总结出数据质检校核的核心标准流程,以期对档案利用开发起到一定推动作用。

事业单位公文类电子文件单套制归档的探索实践

——以浙江省林业局直属事业单位为例

张　敏　叶　影　胡　剑

浙江省林业信息宣传服务中心

摘　要:档案法规定电子档案与传统载体档案具有同等效力,可以以电子形式作为凭证使用。事业单位开展公文类电子文件单套制归档,可以实现"收、管、存、用"全流程线上流转,提高办公效率,减轻档案室压力,为档案个性化利用服务提供保障。

关键词:事业单位;公文系统;电子文件;单套制

1　相关背景

1.1　相关政策及要求

《中华人民共和国档案法》规定:"机关、团体、企业事业单位和其他组织应当积极推进电子档案管理信息系统建设,与办公自动化系统、业务系统等相互衔接。""电子档案与传统载体档案具有同等效力,可以以电子形式作为凭证使用。"《"十四五"全国档案事业发展规划》要求:"强化各领域电子文件归档工作,着力推进在业务流程中嵌入电子文件归档要求,在业务系统中同步规划、同步实施电子文件归档功能,保障电子文件归档工作广泛开展,切实推动来源可靠、程序规范、要素合规的电子文件以电子形式单套制归档。大力推进党政机关电子文件单套制归档。"

1.2　单位档案管理系统建设情况

浙江省档案部门出台了相关文件,将加强档案信息化建设列入档案室业务建设评价指标,但目前浙江省尚未建设统一的电子公文归档系统平台。浙江省林业局高度重视档案工作,探索档案数字化建设起步较早,于 2010 年建成林业数字档案管理系统。作为单位唯一的数字档案管理平台,其与 OA 办公自动化系统的收发文模块实现流程衔接。局本级档案管理已实现全流程电子化管理,

局直属事业单位收发文也使用局统一建设的 OA 办公系统。

2　问题分析

目前,直属单位没有独立的数字档案系统,收文尚未实现在线归档。局下属单位档案管理模式为纸质档案和档案数字复制件双套制。

2.1　收文办理方面

一是造成资源浪费。纸质文件的制作、传输、归档保存等都需要耗费大量的人力和物力,造成纸张、人力资源的浪费,且办结后要数字化加工,成本相对较高。二是实效性不强。纸质发文印刷完成后需要通过人工分发、邮寄等方式送至各单位,其间会存在领取不及时、遗漏丢失等情况,且线下单线传阅速度慢、无法实现快速和远距离传输,影响办文效率。三是档案室空间资源不足。纸质文件会占用大量的空间,如果不能合理地存储和管理,就会导致空间的浪费,目前各单位档案室空间资源不足。

2.2　档案管理方面

一是不利于本单位档案完整保存。因未建数字档案室,单位的档案管理人员无法完整了解单位所有的经办收发文情况,不利于本单位档案保存的完整性。二是不利于查阅使用。由于没有实现在线归档,若遇经办人员岗位变动,其处理完的文件没有保存到位,不利于档案工作衔接,也会影响单位后续工作开展,影响领导对单位整体发展历史脉络的把握。三是档案室资源紧张,纸质档案安全保障等都受到一定的影响。

3　解决措施

3.1　总体思路

事业单位应高度重视数字化在档案工作中的应用,加大档案信息化建设力度,实现"收、管、存、用"全流程线上流转,将电子公文在线归档管理作为重要抓手,探索档案管理模式转变,由以纸质档案和档案数字化复制件为主的双套制向以电子档案为主的单套制转变。发挥现有的信息系统资源及网络平台作用,外接现有林业 OA 系统的收发文办理功能,扩展档案管理在直属事业单位端的应用,采用无纸化办公、电子化文件存储和管理等方式,以提高直属单位文件管理效率,避免原纸质文件分发办理机制所带来的纸张和人力、时间、空间等资源的浪费,实现电子档案单套制管理。

3.2 系统功能设计

在 OA 系统中新增局发文系统内部分发模块,局内部发文以电子形式分发至各处室及直属单位进行流转和办理,实现无纸化办公。具体流程如图 1 所示:

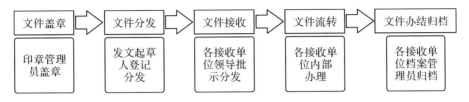

图 1 发文系统内部分发模块处理流程

模块功能设计如下:

文件盖章:各发文单位印章管理员管理本单位的电子印章。业务处室/直属单位发文签发完结后,各发文单位的印章管理员对于本单位签发的发文进行套红头及盖章,并最终生成电子文件。

文件分发:业务处室/直属单位发文流程办结且盖章后,汇总至待分发池。发文拟稿人在此模块将发文进行分发处理,选择需要传阅或办理的单位,登记分发完成。

文件接收/流转:上一步分发的文件先送至各单位的主要领导进行批示。各接收单位的领导在收到分发的文件后,填写意见进行批示,再分发给各自单位的办理人,进行内部的文件流转和办理。各单位的办理人办理文件时,可选择送本单位其他人员办理或直接办结。文件流转的进度、办理人意见和办理时间将由系统实时存档。

已办文件查询:所有人可以通过此模块查看本人办理过的文件,查看文件流转的进度、办理人意见和办理时间。

归档保存:档案管理员将本单位办结的文件(收文或发文)在线归档至各单位的档案管理模块,也可根据各自部门的需求或者文件的重要性建立档案目录进行归档,同时支持文档打印。

文件查询:各单位人员可以通过关键字、发文单位、文件类型等,查询本部门(单位)收到和办理过的局发文件,方便回顾和管理,也可导出部门内部的文件签阅单。

待办提醒:对于重要、紧急的文件,可以通过系统提醒功能,及时通知办理人处理,确保工作顺利进行。

权限管理:对于不同职位、角色的人员,可以设置不同的权限,确保文件的保密性和安全性。

3.3 运行成效分析

实行电子公文单套制归档,实现了发文全生命周期电子化管理。一是实现公文的快速分发,提高公文流转效率,单点多发。二是实现全流程无纸化办公,可以减少纸张的消耗和废弃物的产生,缓解档案室压力,降低管理成本。三是实现"增量电子化",提高档案资源开发利用效率,可为各类用户提供网络化、精准化、个性化的电子档案服务。当然,也有个别单位对电子文件存档认识不到位,认为纸质材料才能存档,电子文件归档无档案的价值;专业人才匮乏,事业单位改革后各单位人员编制缩减,档案工作一般由综合管理事务人员承担,不具备档案专业知识背景,专业能力与电子公文单套制归档的要求不适应。

微信公众号内容归档的策略探究

钱玛丽

萧山区融媒体中心

摘 要: 微信公众号内容归档工作具有重要价值,它不仅保留了珍贵的历史内容,便于用户随时查阅和引用,还扩大了内容的传播范围和影响力。为实现高效的归档管理,公众号运营者应定期进行备份和存档,保持内容格式和结构的一致性,同时在内容中添加关键信息以增强可检索性。此外,优化内容的存储和管理系统也是提高归档管理效率的关键。运用这些技巧,公众号的内容价值可以得到长期且有效的利用。

关键词: 微信公众号;内容归档;策略

随着数字时代的到来,微信公众号已经成为信息传播的重要平台,其内容的归档管理对于每个公众号都至关重要。它不仅能确保历史内容的长期保存,还能提供便捷的查阅利用,进而提升内容的可传播性和影响力。

1 微信公众号内容归档的重要性

1.1 保存历史内容

微信公众号内容归档,对历史内容的保存起着不可或缺的重要作用。日积月累,公众号所发内容会因为种种原因而很难被发现甚至丢失。有计划地归档才能保证这些有价值的东西被妥善地保存起来,为个人回顾、资料整理或历史研究等提供稳定而又可信的信息资源。

1.2　方便后续利用

微信公众号内容存档大大方便了人们以后的调阅利用。随着公众号的内容越来越多,查找具体文章或者资料也会越来越难。一个高效的归档系统能帮助作者与读者迅速定位所需内容,不管是为读者解答问题,还是更新内容或引用旧信息归档系统都能提供便捷服务,归档系统便捷性服务在提升内容可用性的同时也能提升用户体验。

1.3　提升可传播性与影响力

对微信公众号内容进行系统归档,对提升其可传播性与影响力也起着至关重要的作用。在内容得到适当保存和便于检索的情况下,读者更加容易在其社交网络中共享宝贵信息以拓展其受众范围。归档后的内容可以作为永久的资源,作者和读者可以随时提取和利用这些内容,以新的形式再次发布。比如,编写电子书或者专题文章等,以进一步丰富内容。

2　微信公众号内容归档的策略

2.1　定期备份和存档

定期备份与归档是保证微信公众号内容长期可访问至关重要的一步。在公众号内容日益丰富的情况下,经常备份既可规避数据丢失风险,又有助于保持内容完整。备份内容应包含文本、图片、视频及音频等。归档不能局限于简单复制内容,要兼顾归档环境安全稳定,如利用云存储服务提高数据安全性与存取便捷性。

2.2　确保内容格式和结构统一

微信公众号内容归档时,保证内容格式与结构的统一性对提高检索效率及读者阅读体验感具有重要作用。统一的形式有利于读者迅速辨认与理解内容,结构上的一致性使信息传递更明确。归档时应针对不同种类内容建立标准化模板,如文章起首概要信息、正文分段及标题用法等。对含有多媒体要素的内容要保证其兼容性、可访问性等,以免因格式问题造成内容不能展示。

2.3　添加关键信息

添加的关键信息包括关键词、摘要、创作日期、作者等。这些关键信息有利于增强内容可检索性与可识别度,可极大地提高查找与利用工作的效率。尤其是内容丰富且不断更新的公众号,对其关键信息进行合理标注能够使内容管理更加系统、更有效率。

2.4 优化内容存储和管理

优化内容存储与管理的策略包括选择适当的存储平台、使用高效的文件命名系统、执行有效的数据安全措施等。选择存储解决方案要兼顾数据的安全性、稳定性及成本效益等因素,云存储服务具有高可靠性及灵活性等特点,是一种较理想的方案。有序的文件命名与分类系统对提高内容检索效率具有重要意义,命名规则在强调体现内容主要特征时要注重简洁。对存储管理策略进行定期审查及更新,保证其符合最新技术标准及安全要求,这对避免数据丢失及非授权访问也是非常重要的。

2.5 注重归档内容利用

为提升微信公众号内容的长期利用价值,注重归档内容的有效利用至关重要。归档不仅是存储旧有内容,更是为未来的内容创新和再利用提供资源。系统化的分类和高效的检索系统,可以方便人们从归档内容中提取有价值的信息,进行内容更新和再创作。此外,归档内容可作为分析公众号读者偏好和反馈的重要数据,帮助编辑团队精准调整内容,增强公众号的吸引力和影响力。

总之,微信公众号内容归档的重要性不容忽视。它不仅有助于长期保存和有效利用内容资源,还能显著提升内容的传播力和影响力。公众号运营者需要采取系统的备份、存档措施,同时注重内容格式的统一性和关键信息的标注,以及采用高效的存储和管理方法。这些措施可以确保公众号内容在数字时代的持续繁荣,为用户和品牌创造更多价值。

数字化时代档案信息化建设的策略

刘姝楠

浙江省省直同人集团有限公司

摘 要:数字化时代为档案管理带来了前所未有的机遇与挑战。该文分析了数字化时代档案管理面临技术更新换代加快的挑战、信息安全风险增加的挑战、人才素质更高要求的挑战,提出要加强政策引导支持,加大资金支持力度,综合运用信息化手段,推动规范标准建设,加强数字化人才培养,不断推动数字化时代档案管理信息化建设上新台阶。

关键词:数字化时代;档案管理;信息化建设;策略

数字化时代,信息技术的快速发展深刻改变了各行各业的工作方式与管理模式。传统的档案管理逐步走向电子化、网络化和智能化。档案信息化面临新挑战、新机遇,我们需要采取相应策略,推进档案工作的数字化转型,适应数字化时代发展要求。

1　数字化时代档案信息化建设面临的挑战

1.1　技术更新换代加快的挑战

由于数字化技术日新月异,档案管理单位需要不断更新设备和软件,如建立完善的信息安全管理体系,采取措施确保数字化档案信息的安全和可靠,包括权限控制、数据加密等手段,这就增加了档案管理成本和技术难度。

1.2　信息安全风险增加的挑战

数字化档案易受到网络攻击和病毒感染,信息的安全性面临挑战,需要加强安全防护措施。信息标准化问题不容忽视,不同部门、不同地区的数字化档案标准不一,导致信息交换和共享受到限制,需要统一标准和规范。

1.3　人才素质更高要求的挑战

数字化时代对档案管理人员的素质提出了新的更高要求,需要提高其数字化档案管理的专业水平和技术能力,以应对数字化时代档案管理的新需求和挑战。

2　数字化时代档案管理信息化建设的推进策略

数字化时代档案管理信息化建设,要综合施策,强化政策、资金、技术、人才等方面支撑,提升管理效率,推动信息共享,以档案信息化促进档案事业高质量发展。

2.1　加强政策引导支持

健全相关法规政策,涵盖数字化档案管理的技术标准、信息安全要求、数据

共享机制等,为档案管理信息化提供法律保障和政策支持。出台财政和税收政策,支持档案管理信息化建设,包括为数字化档案管理设备和软件的购置、更新和维护提供财政补贴或税收优惠,降低企业和机构的成本压力,促进数字化档案管理的推广和应用。

2.2 加大资金支持力度

加大对数字化档案管理设施和技术设备的投资,包括更新和升级硬件设备,以及购置和优化软件平台。通过增加投入,提高数字化档案管理设施的功能性,提升数字化档案管理的效率和质量。加大对数字化档案管理项目的资金支持力度,政府还可以设立专项资金,支持数字化档案管理信息化建设项目的实施,可以吸引更多的社会资本和专业机构参与数字化档案管理建设,共同推动数字化档案管理的发展和应用。

2.3 综合运用数字化手段

综合运用多种技术手段来实现档案信息的数字化、网络化和智能化处理,包括文档扫描和识别技术、数据库和信息系统建设、信息安全技术、云计算和大数据分析技术等,对数字化档案信息进行存储和分析,提高档案信息的利用价值和管理效率。

2.4 推动规范标准建设

建立统一的数字化档案管理标准和规范,确保数字化档案管理工作按照统一的规范进行,提高工作效率和管理水平。以统一的数字化档案管理标准和规范,促进各部门、各单位之间的信息共享和协同合作。标准化的档案信息格式和交换方式可以实现跨部门、跨地区、跨系统的信息共享和利用,提高档案信息的利用效率和价值。以统一的数字化档案管理标准和规范,促进建立档案管理的质量评价机制。通过对数字化档案管理工作的评估和审查,及时发现和解决存在的问题和隐患,不断提高数字化档案管理的质量和效率,确保数字化档案管理信息化建设的顺利实施。着力提升数字化档案信息化建设的标准化和普及率,促进各单位依照统一的标准和规范进行操作,降低实施成本,提高建设效率。

2.5 加强数字化人才培养

档案培训课程应覆盖数字化档案管理的基础知识和技术要求,使档案管理人员了解数字化档案管理的基本理念和技术方法,提高其工作水平和管理能力。建立健全人才培养体系,为档案管理人员提供多层次、多样化的培训机会和广泛学习平台及交流机会,促使其知识更新和能力提升。鼓励档案管理人员积极参与项目实践和技术创新活动,增强其实践能力和创新意识。建立档案管理人员评价机制,对其培训和学习情况进行评估和反馈,激励其持续学习和进步。通过培训证书和职业资格认证等方式,对档案管理人员的专业水平和技术能力进行认定,为其职业发展提供支持和保障。

数字化时代档案管理信息化建设是时代发展的必然要求,具有重要的意义和广阔的前景。要加强政策支持、资金保障、标准支撑、技术建设、人才培养等策略,推动数字化时代档案管理信息化建设取得更好的成效。

数据的档案化管理与治理优化途径研究

邬雪军

中国计量大学

摘　要:数据是电子文件的基础,已成为机构与社会发展的重要资源。社会经济、教育、科技的迅速发展,必然会产生大量的数据信息,在大数据时代下,这些数据信息的档案化管理必将成为各机构档案管理部门和数据管理部门的重点改革方向。利用现代信息技术手段,将传统纸质档案经过数字化处理,转化为存储在计算机或其他数字设备中的电子文件,以及在办公自动化背景下,由机构OA平台,人事、科研等业务系统直接产生电子文件,为机构数据信息存储传递、查找利用效率的提升奠定基础。该文主要探究数据的档案化管理与治理优化路径,希望为数据管理人员和档案管理人员提供理论支持及实践参考。

关键词:数据;档案化管理;治理;优化途径;研究

中国信息通信研究院发布的《大数据白皮书(2020年)》显示,到2020年全球所产生的数据量已经达到47ZB,并随着大数据时代的深入发展而持续增长,传统的档案管理工作已不再是单纯的文件管理,而是逐步向着"数据管理"的发展模式转变。数据已在《中华人民共和国档案法》中明确为可纳入档案管理的范畴,国家及各地的档案事业"十四五"发展规划同样显现了数据化转型的布局,数据推动着档案工作与数字中国、智慧社会等战略的高度融合,数据的档案化管理工作受到广泛关注。尤其是各种新型技术的不断迭代升级,给数据的档案化管理带来了重要的支持,但"数据管理"的模式仍旧处于探索阶段,会受到管理人员执行力、管理能力不足等因素的影响;或者受到网络安全、信息保护等问题的制约,数据的档案化管理和治理工作仍旧面临诸多问题。因此,加强数据的档案化

管理与治理优化途径研究至关重要。

1 数据的档案化管理与治理的概念与重要性

数据档案化管理是指对数据进行系统化、规范化整理,并按照一定的标准进行存储和保管,以便于数据的长期保存和有效利用,为数据管理注入档案智慧。数据档案化管理的重要性在于:保障数据的真实性与可靠性、提升数据的安全性、便于数据的长期保存与利用。数据的档案化治理是指对数据的全生命周期进行管理和控制的体系,旨在确保数据的准确性、一致性、完整性和安全性。数据档案化治理的重要性在于:提高数据处理效率、提升数据质量、保障数据安全与隐私、促进数据归档与规范运行。

2 优化数据档案化管理制度,增强管理的精准性

2.1 明确数据的档案化管理流程,保证数据资源的全覆盖

随着大数据时代的发展,数据信息也逐渐增多,数据的档案化管理也不再单纯是进行文件、资料的数字化管理,各种类型数据的档案化管理逐渐发展,规范档案化管理的流程是保证数据档案化管理全覆盖、增强管理精准性的重要基础。因此各机构档案部门要明确数据的档案化管理流程,制定数据的收集和整理方案,明确数据的来源、收集方式、整理标准和保存格式等基础设置,保证后期的数据分析和利用。

对实体档案要根据数据的类型,按照相应的扫描方式进行数字化转换、存储,并进行全面质检,保证数字化档案的清晰度和质量。在这个过程中要严格保证数据的全面扫描,一旦发现漏扫问题,及时补充并进行保存处理,确保数据无缺漏、无冗余,为后期的 OCR 识别和完整准确的全文检索奠定基础。

对接 OA 等业务系统接收电子数据时,要明确数据收集的目标、范围和频率,电子文件的背景信息和元数据也需一并接收,并采用标准化的数据格式进行收集和存储,确保数据的可读性和可比性,并实施实时监控,保证数据的正常流动,同时定期进行数据审查,保障电子数据的完整性和准确性。

2.2 建立严格的管理制度,明确管理责任

虽然我国近年来积极推进数据的档案化管理,但因管理责任落实不到位等,加上数据的档案化管理人员认知、重视等的不足,具体工作中面临着各种问题。因此要强化档案部门在数据保管、质量监控等方面的示范作用,根据数据的档案

化管理要求,明确管理责任制度,尤其是管理人员的责任制度,确保所有相关人员都清楚自己的角色和任务,并且有专门的管理员来负责日常的数据管理任务。开展数据的档案化处理时,要求管理人员根据相关要求,制定并熟悉操作规范和流程,及时落实档案化管理工作要求;同时还要注重与其他业务部门的配合,尤其是与数据产生机构和数据管理机构的协同,对数据产生的部门进行分类,对数据的重要级别进行分级管理,其检索需要经过严格的流程、认证后才可获取,促进数据规范有序归档和使用,保证数据档案化管理的质量。

3　加强数据档案化管理治理人才队伍的培训,提升管理能力

数据的档案化管理人员是保证其管理效益和质量的基本要素,所以要加强数据档案化管理人员的培训,将档案学理论知识与数据科学基本原理有机结合起来,提高全员数据档案化管理意识。档案管理人员要积极学习数据档案化管理的理念要求、了解先进的技术设备和管理规范等,根据机构自身数据的类型、档案化管理规范等,开展相应的档案化管理工作;机构还要组织管理人员进行信息素养与专业技能的培育,使其了解数码相机、扫描仪等数据扫描设备,熟悉档案管理系统、技术平台等数字化技术的应用方式,以更好地开展数据档案化管理工作。除此之外,机构还应积极引进专业的数据档案化管理人员,为档案管理工作落实提供有效的人力资源支持。

4　积极引入先进的管理技术,优化管理效率

随着大数据时代的发展,各种数据扫描技术、数据收集技术、数据存储技术等也在不断更新,机构要根据自身的数据保存需求、数据存储类型及时更新档案化管理技术和设备,积极利用先进的技术落实数据的档案化管理工作,并积极建设符合机构需求的数据档案化管理平台,如 OA 平台等,加强档案管理系统有关数据档案化功能的完善,满足数据档案化管理工作的要求。在机构的发展过程中,产生的数据信息并非都需要长期保存,因此,数据的档案化管理平台还要加强数据连续体、数据价值、数据生命周期管理技术的更新,根据数据的保存要求等,对其档案化管理的创建、应用、归档、保存周期、销毁等进行系统管理,减少后期的销毁工作量,提升数据的档案化管理效率。除此之外,人工智能等技术的发展,也为数据的档案化管理工作带来支持,各机构可以根据需求,加强人工智能、虚拟现实等技术的应用,提升管理效率。

5 加强数据档案化管理的安全保障,保证数据安全

网络作为一把双刃剑,其安全问题也是数据档案化管理工作的重点,需要管理人员加强网络安全管理,尤其是针对数据信息的传输、分享过程中的网络安全,需要加强数据档案化管理平台的技术安全保障,利用网络防火墙、杀毒软件、入侵检测系统等,对网络平台进行安全维护,减少黑客、病毒等的入侵;并采用网络加密处理技术,利用密码设置、身份验证等,保证机密数据的安全防护,只有相应部门的管理人员才可以进行数据的获取和检索,并利用身份验证,避免数据的随意获取。为了防止数据的丢失,还要建立数据备份和恢复管理机制,便于及时恢复数据信息,以满足管理人员的使用需求。随着时间的推移,数据的准确性和完整性可能会受到影响,要定期对数据进行维护和更新,保持数据的时效性和可用性。除此之外,还要加强数据档案化管理人员的安全意识教育,以减少数据的人为损坏、恶意篡改等问题。

6 推进数据开发,实现数据的最大化利用

在数据档案化管理中,开发与利用数据是关键环节,数据档案化管理的最终目的是实现数据的充分利用和价值挖掘,促进数据的流通和共享,发挥数据在存史资政育人惠民中的作用。管理人员需积极探索数据的潜在价值,通过数据分析和技术利用,借助智慧推送、虚拟现实等手段,将数据资源转化为知识资源,为机构决策提供准确的历史记录、分析依据和有力的信息支撑。同时要运用新型的数据管理技术,完善档案服务体系与服务平台,实现数据的赋能增值和最大化利用,提升档案工作的社会影响力。

7 结语

数据的档案化管理改革是大数据时代下,数据信息数字化存储、使用等的重要发展方向,为**机构**提供最基础的数据应用功能,尤其是在扫描仪、OA 等业务系统技术、设备、平台的支持下,为数据的档案化管理提供了重要的技术支持。但目前在落实过程中仍然存在很多问题,迫切需要加强管理制度的更新、人才队伍的培训、技术的创新、管理系统的完善、网络安全的保障、开发利用的挖掘等,以更好地满足数据档案化管理与治理的需要,为推动档案管理升级奠定良好的基础。

数字资源共享背景下的档案多模态
生物电子识别技术研究①

李　娟

杭州电子科技大学

李　建

浙江工业职业技术学院

摘　要:随着数字化进程的推进,档案数字资源共享成为必然趋势。该文讨论将生物识别技术引入电子签名过程中,通过指纹识别、虹膜识别等手段,实现更强大的身份验证,提高签名的安全性,提升数字档案的可信度、法律效力,为档案现代化管理奠定更为安全可靠的技术基础。

关键词:档案;数字化;电子签名;数据安全

2023 年 12 月 29 日国务院第 22 次常务会议通过,李强总理签发的《中华人民共和国档案法实施条例》明确提出:"国家档案主管部门应当制定数据共享标准,提升档案信息共享服务水平,促进全国档案数字资源跨区域、跨层级、跨部门共享利用工作。县级以上地方档案主管部门应当推进本行政区域档案数字资源共享利用工作。"

在信息技术高速发展的今天,档案数字化早已成为档案日常管理的必然趋势,而数字资源共享的提出,对档案真实性、完整性和可信性则提出了更高的要求。

1　档案管理面临的挑战和机遇

长期以来,档案管理依然依赖纸质档案,但纸质档案对空间和人力资源的需求较大、管理成本高昂,也存在管理效率低下、检索困难、易于丢失和损坏等问题。同时,由于纸质档案的限制,档案数据难以实现不同部门、不同组织共享,信息的及时利用受到严重制约,整体管理水平也亟待提升。

---

①　本文系浙江省教育厅一般项目"数字水印技术在干部档案数字化保护中的应用研究"(项目编号:Y202352114)、浙江省高等学校档案学会课题"基于混合云架构的干部档案数字化安全方案研究"[项目编号:ZJGD(Y)002023-09]的研究成果。

数字资源共享的提出,不仅要求对传统档案管理方式进行改进,更要求对整个档案管理体系进行深刻变革。首先,数字资源共享必然建立在数字化资源急剧丰富的基础上,数字化文件的存储和管理可以大幅提升检索效率,通过数据分析、人工智能等技术提供更为智能、个性化的服务,增强用户体验。其次,数字资源共享强调了数据可访问性的最大化,信息不再受物理空间的束缚,甚至可以随时随地管理和利用。此外,数字资源共享也能推动档案管理的智能化发展,进一步提高档案的管理水平和服务质量。数字资源共享为构建更加智能、快捷、安全的档案管理体系提供了广阔空间。

但数字资源共享也对档案管理提出了挑战,那就是数字共享中的信息安全问题。数字化后的档案需要设置多种安全措施以保障数据的安全性,但简单的保护措施难以确保后续过程中的数据安全。因此,在数字化流程的最后一个验证环节,为提高档案安全机制的可靠性,可先引入电子签名技术以防止数据被篡改,同时将生物识别技术融入电子签名,增强档案安全性,防止数据被篡改。

2 生物识别技术融入电子签名

电子签名是指"数据电文中以电子形式所含、所附用于识别签名人身份并表明签名人认可其中内容的数据"。它主要利用密码学和公钥基础设施,使电子信息具有确认签名人身份和信息完整性的技术手段,类似手写签名或印章。它与纸质版的手写签名或盖章具有同等法律效力,是确立数字档案法律效力的技术基础。对重要的电子文件采用电子签名技术,大幅度提升了数字档案的可信度和法律效力。

为了更好地增强电子签名的安全性,本文将生物识别技术融入研究范畴,旨在通过结合指纹识别、虹膜识别等生物特性相关的认证手段,构建更加强大、可靠的生物电子签名认证技术。

生物识别技术是基于人脸、指纹、虹膜、掌纹等人体特有的生理和行为特征来进行身份识别和验证的技术。基于生理特征的生物识别技术有指纹识别、人脸识别、人脸温谱图识别、虹膜识别、视网膜识别、手形识别;基于行为特征的生物识别技术,主要有语音识别、签名识别、走路姿态等。

生物识别技术为各领域提供了安全、高效的身份识别手段。指纹识别是最常见和广泛应用的生物识别技术之一。每个人的指纹都具有独特的纹路和特征,通过扫描和分析指纹图像,系统可以准确地识别和验证个体身份。虹膜识别则是利用人眼中的彩虹膜纹理进行身份验证,它具有高度独特性和不可伪造性。相比于指纹,虹膜识别更迅速便捷且无须接触感应器,被广泛应用于高安全要求场景。这两种生物识别技术在不同应用场景中发挥着独特的作用,为数字身份验证提供了更加安全、高效的解决方案。

生物识别技术具备与其他身份验证手段融合的潜力,可实现更加复杂的多层次身份认证。相较于传统的密码技术,生物识别技术具有更高的抗攻击性。指纹、虹膜等生物特征难以伪造,有效防范了身份盗用和冒名顶替的风险。在电子签名中加入生物识别技术,用户除需要拥有数字签名密钥外,还需通过指纹或虹膜验证,这为签署者提供了更加可靠的身份验证,也提升了系统的整体安全级别。同时签署文件的过程变得更加便捷,用户无须记忆密码或携带额外的身份证明文件,仅通过生物特征即可完成身份验证,大幅简化了签署流程,提高了用户体验感。

生物识别技术以其独特的优势,为电子签名注入了新的活力,其全流程的安全设计实现了更高水平的身份验证与签署便捷性的完美结合,有效引领档案管理朝着更安全、高效的方向发展(见图1)。

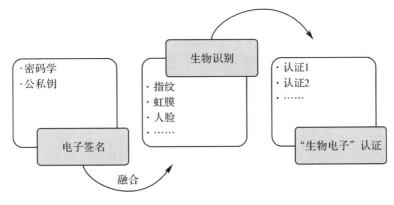

图1 生物电子签名认证技术

3 生物识别技术融入档案电子签名的应用原理及模式

3.1 身份认证的多模态技术

在数字化档案管理中,确立个体身份的独特性是至关重要的,是实现档案数字资源共享的前提。基本识别系统的功能根据其目标而异,可用于人的验证或识别。

验证:确认个体身份,这是一个逐一进行验证的过程,要求从传感器实时检测到的图像及数据与存档中的信息相匹配。

识别:将图像、数据与存档中的信息进行匹配,这是一个一对多进行生物特征识别的过程。

生物特征识别系统会通过比较档案信息与实时收集的信息特征,选择最相

似和一致的生理和行为特征,来关联身份。

传统的数据验证与识别是真实性验证和合法性确认,主要依赖基于单一的固化信息,如单纯利用生理特征的独特性,如指纹、身高、体重、虹膜颜色和大小、视网膜、手形状、耳朵形状、面部特征等相对静态、随时间变化较小的特征;或单纯利用行为特征,如声音印记、书写方式、键盘上的打字方式、身体动作、步行方式等。显而易见,行为特征可能受多种因素如外部或情绪条件的影响而变化,且易于模仿和盗用。因此,单一的生物识别技术在应用方面具有局限性。

而基于多模态的生物识别技术,是通过精心设计融合算法,实现人脸、指纹、指静脉、虹膜、声纹等多种生物识别的结合,而并非单一生物特征的简单叠加,它充分利用不同生物特征的特点和优势,使身份认证及识别过程更加精准,能够突破单一生物识别在应用方面的局限性,扩大应用场景(见图2)。

图2 多模态生物特征识别验证技术

总之,多模态生物识别系统的出现展现了其在数字化档案管理方面的全面潜力,不仅因为相比密码方法有了更高的保护级别,更重要的是它将身份验证从"单一"过渡到"多模态",由"动态可变"过渡到"静态稳定",为数字资源共享的安全提供了保障,同时为用户体验更佳的新服务打开了大门。

3.2 身份认证的"全流程"管理

数字档案电子签名全流程的安全设计是当前数字化转型中不可或缺的一环,传统的数字化电子签名应用方式如图3所示,主要加强了数字化档案的可信度和管理的便捷性。

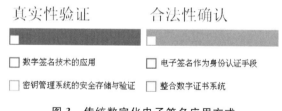

图3 传统数字化电子签名应用方式

生物识别技术融入电子签名为数字化档案提供了更加有力的支持,整个安全机制可分为生物识别验证前、中、后三个阶段,贯穿从档案生成、存储至档案检索的全过程,可追溯档案的生成和流转情况,实现全流程生命周期闭环管理。

第一,始于数字化前端,确保身份验证准确。通过融入生物识别技术的电子签名对已完成的电子文本内容进行前期身份认证签署,对档案进行安全存储,保障档案内容一开始的完整性和准确性,为后续安全奠定坚实基础。在电子签名生成阶段,将生物识别与签名生成过程融合,进一步整合数字证书系统,对签名者的身份证明文件进行数字化管理,加强对签名者身份的验证,确保初始档案的真实性。

第二,应用于共享阶段,确保数字档案不可篡改。利用数字签名的唯一性,采用融入生物识别技术的电子签名中的加密算法等机制确保档案在共享过程中的安全性,有效预防档案传输和存储过程中被非法篡改或误操作,防范数据非法访问。融入生物识别技术的电子签名包含档案内容的数字指纹,一旦内容被修改,验证签名将失败。在数据管理方面,加强对数字档案的安全访问和传输控制,确保档案不受到未经授权的访问和篡改。

第三,完善于权限控制,建立异地电子签名机制。签名技术与权限控制系统的结合为档案安全提供了全面保障,为确保权限控制的有效性,既可以允许授权人员进行合法访问,也可以通过设立签名授权层级,实施多层次身份认证,有效防止未授权人员获取档案信息。

同时,由于数字证书和时间戳技术的存在,电子签名可以证明签署行为确实已经发生,签名人不可否认已签署档案的事实。因此,可以通过长期电子签名验证,实现电子签名异地管理。还可以建立基于区块链的电子签名账本,共享签名日志、证书吊销信息等,实现多中心签名监督、跨机构间的档案签名验证,提高签名可信度与可追溯性。

4　生物识别技术融入档案电子签名面临的挑战

当今社会,生物识别技术与电子签名融合依然面临生物特征数据的敏感性以及对这些数据的保护等问题。

首先,高度敏感的个人信息激发了个人对隐私的担忧。一旦生物特征数据遭到泄露,就可能会对个体造成严重影响,包括身份盗用、冒名顶替等风险。因此有效保护这些生物特征数据,防止其被未经授权地访问和使用至关重要。

其次,用户有权了解数据的收集和使用方式。为保护和增强用户对整个系统的信任,必须确保用户能充分了解生物特征数据的处理方式,包括采集的目的、存储地点、使用范围等。

最后,可能存在社会伦理与合规性问题,包括对于权利平衡的考量,以及是否应该采用具有潜在滥用风险的技术。

综合考虑生物特征数据的敏感性、用户知情权、社会伦理等方面,建立健全隐私保护机制,是推动生物识别技术与电子签名融合发展的必要步骤。这将有助于确保这一技术的可持续性发展,并提升用户对数字身份认证与签署过程的信心。

5　结　语

档案数字资源共享是数字时代档案管理不可避免的趋势,推动着档案管理方式的深刻转变。在深入探讨生物识别技术与电子签名融合的过程中,要充分认识到这一创新融合对数字档案管理的积极影响。新技术如区块链、深度学习等领域的迅速涌现,也将进一步推动生物识别技术与电子签名的融合发展,为数字化时代的档案安全管理提供更为可靠的解决方案。

关于电子档案单套制管理的几点思考

叶玲玲

浙江省档案教育培训中心有限责任公司

摘　要:随着信息技术的快速发展,电子档案日益成为信息记录、传输、交换、利用与共享的重要载体。电子档案管理具有高效、便捷、环保等优势。政府部门以及企事业单位都在加快推进档案数字化转型。电子档案单套制管理是必然的趋势,但目前还有许多单位没有实现单套制管理,地方政府部门之间的协同也没有到位,大家对单套制管理的安全性还处于不放心状态。

关键词:电子档案;单套制管理;措施;安全

2022 年 4 月 7 日,国家档案局发布公告明确,经全国档案工作标准化技术委员会审查通过、并经国家档案局批准的《电子档案单套管理一般要求》(DA/T 92—2022,以下简称《要求》)自 2022 年 7 月 1 日起实施。按照国务院办公厅政务服务效能提升"双十百千工程"部署,加快破解政务服务电子文件单套归档"最后一公里"问题,国务院办公厅也印发了《政务服务电子文件归档和电子档案管理办法》。全国各省都在加快步伐推进电子档案单套制管理,打通政务服务"最后一公里"。浙江省也颁发了《浙江省党政机关电子公文归档与电子档案管理暂行办法》。

传统的纸张档案存在存储不方便、人力物力投入大、档案易受损等缺点,而电子档案单套制管理有着明显的优势。但目前在加快推进电子档案单套制管理过程中也存在许多问题,政府和各机构需要精准施策,从而有效解决问题。

1　电子档案单套制管理的优势

1.1　信息共享性强

电子档案以网络方式共享,在局域网内实现互联互通,可以跨地区实现信息共享。互联网让世界变成了"地球村",人们在互联网上随时随地互相沟通交流、分享成果。

1.2　容易管理

采用电子档案储存,便于档案资料的检索、查找和浏览,并且可以编辑,对于已储存的数据信息可以进行更新,发现错误可以进行修改。因此,电子档案管理效率大幅提高,同时管理工作难度也大大降低。

1.3　安全性高

纸质档案保存年数一长,就容易老化,平时受环境、气候等影响,也会有不同程度的损坏。而单套制管理采用数字化方式储存管理,电子档案信息不会受鼠害、虫害等损坏,大大减少了档案损坏的风险,更好地保护档案资料。只要做好备份等工作,相对于纸质档案,电子档案管理就具有更强的使用安全性和持久性。

1.4　节约资源成本

纸质档案储存需要大量的空间,也需要消耗大量的纸张和油墨等资源,维护与修复成本都比较高。而电子档案单套制管理以电子化、数字化方式储存管理,可以减少消耗,节约资源成本。电子档案的传输速度也更快,可以快速实现档案资源的共享和利用。

2　推行电子档案单套制管理的措施

电子档案单套制管理是指生成的电子文件,在归档时,单位只保存电子档案,而不再保存纸质档案,所有的档案文件以电子化方式进行收集、整理、保管、利用和鉴定等,实现全面数字化和一体化管理。它的核心是所有的档案信息都被存储在同一个数据库或系统中,并且可以通过网络进行远程访问和操作。但推行电子档案单套制管理并不容易,需要采取一定措施。

2.1　加强电子档案管理制度建设

随着信息技术的不断发展,传统的纸质文件归档方式已不符合数字化时代要求。国家各部门政务信息化在持续推进中,产生了大量电子文件,以电子文件归档已成为必然趋势。电子档案的标准化和规范化建设尤为重要,这是实施电子档案单套制管理的关键。制定一套完善的电子档案管理办法,可以明确档案管理的范围、分类、归档、存储、利用等具体要求,对电子档案的文件格式、元数据标准、存储格式等,实行标准化和规范化管理。各单位再根据实际情况,建立档案分类制度,制定合理的分类标准,将各类档案进行分类整理,方便查询和使用。电子档案管理制度是实施档案单套制管理的前提和基础,要推行单套制管理,必须建立健全档案管理制度,明确档案管理职责和工作流程,规范档案管理行为,使档案管理工作有章可循、有据可依。

2.2　提高档案管理人员的素质

电子档案单套制管理模式的推行,对档案管理人员的综合素质要求会比以前高,档案管理人员不但需要具备档案管理的专业知识能力,还需要具备计算机技术、信息技术等方面的能力。因此,必须加强对档案管理人员的培训和教育:加强对档案管理人员的职业道德教育,使其树立正确的档案管理观念;加强对档案管理人员的专业技能培训,提高他们的数字化技术水平和管理能力,从而提高他们的专业素质和综合能力,使他们能够更好地适应数字化时代的要求。同时要建立完善的人才激励机制,吸引更多的优秀人才从事档案管理工作。

2.3　加强档案数字化建设

数字化是电子档案单套制管理的核心和基础,因此要加快档案数字化建设。每个单位与工作人员都要提高档案数字化意识,每年要做好资金投入的预算,也要做好人力和物力的投入保障。建设好数字化档案库,采用先进的数字化技术,如 OCR 技术、数据挖掘技术等,对传统纸质档案进行数字化转换,提高数字化档案工作的质量、效率和安全性。

2.4　推广数字化档案管理技术

在信息化时代,应该加强数字化技术在各个领域的普及和应用,进一步推进数字化时代发展。数字化档案管理技术是实施档案单套制管理的核心保障。运用先进的数字化技术手段,如云计算、大数据、人工智能等,将传统档案管理流程中的各个环节进行数字化转型升级,提高电子档案的管理效率。

2.4.1 集成管理模式

电子文件的集成管理是将与电子文件生成、运行、保管等管理活动有关的要素进行合理互联与组合,形成具有要素群结构的管理体系。通过将不同的档案数据源进行集中整合,构建一个统一的数据库,然后对所有档案文件进行统一管理和全面数字化,这就大大提高了档案管理效率和准确性。在档案单套制管理中,采用集成管理模式可以更好地实现档案的整合和利用。

2.4.2 云计算技术的应用

云计算技术的应用为档案单套制管理提供了更好的平台。通过云计算技术,可以整合以前分散的一些文件信息,统一存储,实现档案数据的分布式存储和高效处理。建设一站式服务档案管理平台,操作更简单、快捷,提高了档案管理服务水平与效率。此外,云计算技术还可以实现对档案数据的实时备份和容灾备份,保障档案数据的安全性和完整性。

2.4.3 大数据分析技术

大数据分析技术的应用可以帮助档案单套制管理更好地发现数据中的隐藏信息和价值。通过对大量的档案数据进行深入分析,可以挖掘出数据中的规律和趋势,提高档案管理的针对性和有效性。同时,大数据分析技术还可以帮助档案管理实现智能化和自动化。比如,明确各个环节的具体流程和责任人,实现数字化档案的自动化管理,提高档案管理效率和质量。

2.5 做好信息安全措施

电子档案单套制管理存在一定的数据安全风险,比如电子档案易被篡改、不易追溯等风险,所以在档案单套制管理中,信息安全技术的应用是必不可少的。必须采取有效的安全措施,如数据加密、身份认证、访问控制等,确保电子档案的安全性和保密性。同时,要加强网络安全防护措施,防范网络攻击和病毒入侵等风险,信息安全技术还可以实现对档案数据的备份和恢复,避免因意外情况造成的数据损失。档案信息的安全保障是实施档案单套制管理的重点。信息安全技术和管理制度缺一不可,要建立一套安全的信息管理系统,为档案单套制管理提供强大的技术支撑,确保档案单套制安全顺利推行。

2.6 推进档案信息资源共享

档案信息资源的共享利用是档案工作的根本目的,也是实施电子档案单套制管理的目标。因此,必须建立完善的共享机制和平台,才能更好地实现电子档

案跨部门、跨地区、跨行业的共享利用,从而进一步发挥档案信息资源的社会效益和经济效益。

随着社会的发展和信息技术的普及,档案管理工作逐渐向便捷、环保、高效的方向发展。传统的档案管理模式已经无法适应新的社会需求。因此,电子档案单套制管理模式应运而生,也是档案管理的未来方向。在推行单套制管理过程中,必须加强制度建设、提高管理人员素质、加强数字化建设等方面的工作,同时也要强化数据安全措施,如数据加密、数据备份等,使档案信息的安全性和可靠性得到保障。

基层档案工作数字化转型的思考

王　欢

杭州高新人力资源服务有限公司

摘　要:信息化时代对基层档案工作提出了更高层次的要求。传统的基层档案管理方式无论是工作效率还是质量都难以满足时代发展要求,因此,必须大力推进基层档案工作数字化转型。基于此,该文首先阐述了档案数字化的基本概念,而后分析了基层档案工作数字化转型的四大要点,接着探讨了当前基层单位档案管理中存在的问题,最后提出了基层单位档案工作数字化实现策略,希望为行业从业者提供一点参考和借鉴意义。

关键词:基层;档案工作;数字化转型;思考

基层档案工作应当紧跟时代发展步伐,朝着数字化方向转型。但是基层档案工作的数字化转型并非一蹴而就,而需要历经一个漫长的发展过程。基层档案部门应当加强与其他各部门间的沟通和联系,通过积极采用电子存储技术、建设数据库系统、创建数字化的管理系统、建设高素质人才队伍等措施,有序推进基层档案工作的数字化转型。

1 档案工作数字化概述

1.1 背景

在传统的基层档案工作中,并未设置专门的档案管理部门,各个部门自给自足,即本部门生产的档案由本部门的人员自行管理,当需要调用档案时,需要向对应的部门发出调用申请,再由领导审批,审批完成后才能够使用。这个过程需要经历多个流程,耗费大量的时间,档案利用率极为低下。随着企业经营年限的增加,企业的业务范围将越来越广,产生的档案资料也越来越多,但是由于缺乏专业的档案管理部门来管理档案,这些档案使用和查找起来难度较大。

1.2 要求

基层档案工作应当与各个级别的档案工作相协调,通过应用先进的数字化技术提高工作效率,工作人员在档案管理中突破时间、空间的界限,随时随地高效推进档案工作。在基层档案工作数字化转型下,大量的纸质文档以及实物档案得以完整地保存下来,以免档案流失、档案损失导致不必要的损失,确保档案安全。

1.3 目标任务

大力推进基层档案工作数字化。通过先进的数字化技术和材料对档案进行高效管理,实现档案的扫描、整理、分类、归档和存储工作,在压缩档案存储空间的同时保障档案利用效率和水平,切实维护档案的安全性。

2 基层档案工作数字化转型要点

2.1 基层档案管理日常工作流程必须严格参照规范

将信息化技术和设备融入基层档案管理中有助于推进基层档案工作的数字化转型,提升档案管理工作水平。规范基层档案管理日常工作流程是基层档案工作数字化转型的必要前提条件。开展档案管理工作时,首先应当明确档案工作数字化转型的工作方式、工作标准以及管理机制,保障基层档案管理工作流程的规范性和标准性,使基层档案管理工作能够切实为基层社会治理提供帮助,为社会经济的高质量发展提供优质服务。

2.2 档案工作数字化基础平台需要尽可能完善

随着基层档案工作数字化转型的持续推进,基层档案管理单位应加大资金投入,逐步完善各类软件设施和硬件设备,为基层档案工作的数字化转型提供技术支持。完善档案工作数字化基础平台是基层档案工作数字化转型中的一项重要内容,在构建系统完善的档案管理数字化基础平台时,应当将信息化技术的优势充分发挥出来,在平台内明确划分多个模块,如信息的采集整理模块、档案安全存储模块、档案工作数字化管理模块等,实现基层档案信息的实时共享,在保障基层档案安全的同时提升基层档案利用率。

2.3 必须持续推进档案工作数字化转型

《中华人民共和国档案法》强调在档案管理上应当加强创新,重视新的管理理念和技术的应用,使档案工作数字化,这也是基层档案管理工作转型的核心。档案信息具有重要的作用,在档案工作数字化转型中,务必确保档案信息的安全。档案工作应当进行数字化分类、建库、扫描、处理、存储与备份等若干个流程,实现数字化转型。另外,还应当验证档案数据库中信息的完整性和真实性,加强档案信息的安全管理,以免档案信息泄露、损毁而造成无法预估的损失。

2.4 必须重视接收与管理电子档案资源

电子档案资源是基层档案工作数字化转型发展到一定阶段的产物。在新时代背景下,档案信息资源建设的核心在于存量电子化工作和增量电子化工作,唯有重视接收与管理电子档案资源才能够确保电子档案资源管理工作朝着标准化的方向迈进,并形成系统的数字档案资源体系。

3 当前基层单位档案工作管理问题分析

3.1 缺乏先进的档案管理网络信息技术

当前很多基层单位在管理档案资料时仍然沿用传统的方式,而没有灵活应用先进的信息化技术和设备,此时不仅浪费大量的资源,而且工作效率极其低下,档案的调用、检索难度较高,难以满足新时代档案工作的发展需求。还有部分基层单位虽然在档案管理中引进了网络信息技术,但是由于对网络信息技术的研究不够透彻,在应用过程中难以将该技术的优势充分发挥出来。因此,基层单位档案工作数字化程度极低。

3.2 缺乏完善的档案管理系统

基层档案管理中普遍存在缺乏完善的档案管理系统的问题,不仅限制了基层档案管理工作效率和质量,还不利于档案的有效利用,从而阻碍基层单位的可持续发展。部分基层单位虽然按照要求创建了数字化档案管理系统,但浮于表面、流于形式,无法高效完成基层档案管理的数字化转变任务,还容易引发其他问题。

3.3　缺乏高素质人才队伍

当前部分基层单位在档案管理中引进了诸多先进的信息化技术,也按照要求搭建了系统的、完善的档案管理系统,但是由于基层档案管理队伍的专业能力和综合素质参差不齐,难以有序推进基层档案工作数字化转型。还有部分档案管理人员对信息化技术不了解也不关心,在工作中更倾向使用传统的档案管理方式和方法,而不愿意尝试学习如何在基层档案管理中应用数字化技术,严重阻碍了基层档案工作的数字化转型。

4　基层档案工作数字化实现策略

4.1　积极采用电子存储技术

电子存储技术的应用对基层档案工作的数字化转型而言具有重大意义。工作人员通过合理应用先进的电子存储技术将档案资料存储至数据库系统内,而后通过开通权限以便档案管理人员高效开展基层档案管理工作。在基层档案管理过程中,工作人员应当及时保存初始的纸质档案、实物及资料,而后在电子扫描技术的帮助下将这些档案信息扫描至数据库系统中,这是实现基层档案工作数字化管理的一项重要步骤。此外,工作人员在应用电子存储技术时不能脱离基层档案管理的基本情况和需求,而应通过电子存储技术的合理应用使基层档案管理工作朝着现代化、数字化的方向迈进。

4.2　建设数据库系统

信息自动化技术由于具有诸多优势因而在各行各业中得到广泛应用,基层档案管理工作也不例外。但是通过对我国档案管理现状分析可知,目前,我国的档案管理信息系统仍处于发展阶段,还有较大的进步空间,要想使档案管理朝着数字化的方向迈进,应当加大力度建设数据库系统,并以数据库为核心,通过网络信息技术的有效使用提升基层档案管理水平。在数据库系统的建设过程中,想方设法提升数据库应用的灵活性,以使其在基层档案工作数字化转型中得到高效应用。工作人员可以通过合理设置档案目录的方式完善数据库系统,并在网络信息技术的加持下设置分布式数据库,此举可以使基层档案管理工作的自动化水平得到显著提升,从而提升档案的利用率。建设数据库时应当注意以下两个方面的问题:其一,建立单机版电子档案数据库,而后工作人员使用电脑统一处理档案数据,将纸质档案转变成电子档案并存储在数据库系统内;其二,将

数据库系统细分成多个部分,按照文档的类型进行区分,普通文档、珍贵文档采取差异化的存放管理,全面提升基层档案管理质量。

4.3 创建数字化档案管理平台

搭建系统的、完善的数字化管理平台有助于基层档案工作朝着数字化方向转变,在保障档案工作效率的同时提升管理质量。首先,建立健全数字化档案工作制度。规范电子档案的工作流程,如制作、收集、归档、分类及管理等环节,并强调基层档案管理工作的各项细节,在制度规范下使工作人员的工作态度和工作行为呈现出标准化的特征,最大限度地避免人为因素导致的失误。其次,重视数字化档案管理平台的设计工作。不仅要整理、上传档案,更应当做好档案资料的备份和存档工作,确保档案数据的安全性;将网络信息技术应用到档案数字化管理平台中,对平台进行升级管理,明确划分平台各个部分的权限,保障基层数字化档案的完整性、真实性与安全性。最后,开发数字化档案管理平台的共享功能,确保工作人员在权限范围内能够随时随地调用基层档案资料,既可以避免档案泄露问题的发生,又可以实现档案的实时共享和高效应用。

4.4 组建一支高素质人才队伍

高素质人才队伍是推动基层档案工作朝着数字化方向迈进的关键。在人才队伍的建设上应当遵循以下三点:第一,提升工资待遇,提高人才入职门槛,吸引更多专业知识扎实、职业素质过硬的人员加入基层档案工作数字化管理中来,核查入职人员是否专业对口,是否有档案工作数字化管理的相关工作经验,通过专业人才的引进提升基层档案管理工作质量。第二,加强内部档案管理工作人员的培训教育,在培训中重点讲解数字化技术的基本特点和应用优势,引导工作人员在日常档案管理中主动应用数字化管理技术和电子档案管理技术,有序推进基层档案管理工作朝着数字化方向转变。第三,建立健全责任制,明确划分档案管理人员的工作内容和工作职责,责任到人,一旦出现问题,及时追究责任,督促档案管理人员端正工作态度。

5 结 语

总而言之,传统的基层档案管理理念和方法难以满足新时代档案工作的发展要求,基层档案工作的数字化改革迫在眉睫。因此,必须重视数字化管理技术和电子档案管理技术在基层档案管理中的应用,全面提升档案管理工作效率和质量,保障档案的安全性。

医疗人才档案数智化管理探究

李煜静

浙江省肿瘤医院

摘　要：数智化时代对医疗人才档案管理提出了更高的要求。该文主要对当前我国医院人才档案管理中存在的问题以及进行人才档案数智化改革的意义进行分析，以此提出医疗人才档案数智化改革的策略措施，为我国医疗人才档案数智化管理工作提供参考。

关键词：医疗人才档案；数智化；人力资源

"健康中国"的提出与建设，对保障人民健康、全面建成小康社会、加快推进社会主义现代化具有重大意义。"得人才者得天下，赢人才者赢未来"，这种观念体现了对于人才在未来竞争中发挥关键作用的深刻认识。随着社会发展及医疗水平的不断提高，群众的医疗需求也日益增加；医院规模快速扩张，医院对人才的需求也在不断增加，医疗人才的培养十分重要。在促进医院快速发展的同时使医院的人力资源得到较好的开发和利用，人才档案数智化在其中的作用显得尤为重要。利用人工智能技术、网络技术、密码技术等信息技术，使档案工作越来越智能高效，由传统人工输入到机器智能识别转化并进行智能分析检索，从物联网到智联网，从数据库到智库，档案价值实现增长，档案利用服务实现智能化升级。

1　医院人才档案管理中的问题剖析

随着科技的进步，医学知识更新迭代的周期越来越短，医务人员的流动也更加频繁。我国传统的人事档案管理技术相对科技的进步已显得较为落后。随着医院人数规模不断增加，特别是省级医院，人数少则上千，多院区的已超过万人，每年新增的纸质档案，如年度考核表、工资变动表等堆积如山，而医院从事人事档案的工作人员数量较少，大规模的工作量给档案管理工作带来了困扰，也影响了人力资源的优质开发和利用。传统的医院人才档案管理存在以下问题。

1.1 人才档案信息不完整

目前医院人事档案信息仅包含基本内容,并没有对人才全方位的技能水平进行客观、准确记录,也没有能反映人才综合能力的信息,因此档案在人才管理工作方面起到的作用并没有被重视,人才档案管理也出现了较大的随意性。也有部分人才在流动到新单位后,出于一些原因,原单位并未将其人事档案寄送至新单位。很多医院普遍存在人在档案不在,或者档案在人不在的现象,特别是高层次人才档案人档分离的现象导致医院在人力资源管理方面存在很大的问题,档案的客观性、公正性也无法保障,在很大程度上影响了人才流动的积极性。

1.2 纸质档案数字化进程需加速

在上级部门的指导下,医院职工人事档案数字化已迈出了新的步伐。近年来,中层干部以及高级职称人员的人事档案已按要求进行了数字化的加工和处理。但由于工程浩大,需要数字化加工的档案应在前期进行较为标准的档案收集和整理,一般医院都会采取对外招标档案公司的方式开展此项工作,目前有资质的档案公司数量有限,并且不同的档案公司工作人员素质良莠不齐,整理标准也不甚统一,在实际工作中造成不良影响,延误纸质档案数字化的进度。

1.3 档案信息安全系数较低

传统的人才档案均使用人工书写的方式进行记录,信息内容整理好后按照一定的排序方法统一存放。随着医疗人才流动越来越频繁,纸质档案也进行了转移,一般由档案寄送专门通道进行邮寄,但仍有可能出现档案袋破损和档案丢失,造成档案信息不完整,给后续的管理工作带来很大的困扰。

2 医疗人才档案数智化对人力资源有效利用的意义

我国医疗体系不断发展壮大,医学技术不断更新,人才流动不断加速,档案信息更新的需求也不断加快,因此,医疗人才的档案管理也要与时俱进,加快数智化的步伐。利用高效准确的档案管理体系实现对医院人力资源的开发和利用。完善的人才档案管理体系能较大限度地满足医院对人才管理的要求。

人才是第一资源,医疗人才资源是医疗体系发展的基础,通过改革不断提高人才档案管理效率,为医院长远规划和健康发展做好人力资源方面的保障,促进医疗体系稳步发展。医院人才档案管理的数智化改革使医院人力资源管理在大数据技术的辅助下更加高效,实现对人才全方位的描述和服务,让人才在医疗工作中充分发挥优势,为我国的医学事业做出更突出的贡献,促进我国医疗体系的发展,为健康中国的早日实现保驾护航。

3 对医院人才档案进行数智化改革的策略措施

3.1 加强对人才档案数智化管理的软硬件建设

数字化工作模式已成为档案管理方式的主流。2022年,我国新增12家全国示范数字档案馆、26家国家级数字档案馆。医疗人才档案管理要紧跟时代发展的趋势,重点解决数据资源分散、数据质量不高等问题,将档案管理工作从线下覆盖到线上。利用相关的系统软件将人事相关信息进行整合,通过信息化手段进行档案资料处理,实现医疗人才信息档案管理的数智化和信息化,以此对医院人才档案进行高效管理。

在数字化过程中,首先,需要对管理中使用的硬件设备进行更新升级,使人才档案管理部门配备的计算机数量和效率能够满足实际的需求,此外还需配备打印机和高清扫描仪等。其次,建立医院人才档案数据库,对人才档案信息进行分类检索和对比,实现对人力资源的合理配置。

3.2 加强对医院人才档案数智化管理机制的建设

抓好医疗人才档案数智化管理机制建设,对于做好人才总量估算、人才政策供给以及人才评价、服务百姓健康具有重要意义。首先要理顺档案数智化管理体制。医疗人才档案目前受卫健委和医院双重管理,存在人才统计使用不便利的难题。今后要推进医疗领域人才档案数智化管理能力现代化,建立以行政管理部门为主导、所在单位共同参与的管理体制。管理部门建立专门的医疗专业人才档案数智化管理系统,对辖区内的医疗人才进行统一格式的信息汇总;医疗机构要及时进行人才结构系统分析、合理利用人力资源。其次要强化档案数智化管理人才队伍建设。建立一支专职的档案数智化管理人才队伍,全方位地加强人才培养体系建设,聚焦档案数字化建设、人才档案开发分析利用等重点领域,提升人才档案数智化管理水平。

3.3 提升对人才档案数据深度挖掘的能力

医疗人才档案工作趋向服务化、平台化、数智化,对档案管理流程进行优化,运用现代化的技术手段促进档案事业的发展。积极探索各部门间的数据、技术、业务等方面的协调机制,通过大数据分析技术对人才队伍的各个维度进行系统分析,建立医疗人才数据池,对人才的基本信息、医疗能力、科研教学水平等信息进行录入分类,精准掌握人才的成长情况,为上级部门及医院制定相应的人才政策提供可视化的数据支撑。构建行政管理部门、人事部门、组织部门及所在医疗机构的数据共享平台,对接重点人才项目的政策,将人才库的数据打通,为人才

发展提供更加精确的信息服务,既要用好人才,又要服务好人才、留住人才。

3.4 加强对人才档案安全防线和保密机制的建设

做好人才档案数智化管理要建立并不断完善人防、物防、技防的综合化、立体式防范体系。纸质档案要经常进行妥善的保管和传递培训,避免损毁和缺失。对于软硬件的设施设备要选择安全可靠、稳定性高的,做到数据及衍生价值的有效保护,降低泄露风险。

4 结语

数智化时代对医疗人才档案管理提出了更高的要求。要可视化人才"画像",全面掌握人才相关工作经历和技能水平,高效配置医疗人才资源,为相关部门的人才工作提供强有力的支撑。因此,医疗机构和行政管理部门要积极解放思想,与时俱进,创新管理理念和方法,利用数智化技术对医疗人才档案管理进行全新变革,实现人才档案工作的现代化和智能化,做好人才服务工作。

关于不动产档案信息安全管理的思考与实践

——以绍兴市不动产登记服务中心为例

竺贤斐

绍兴市不动产登记服务中心

摘　要:大数据时代下的不动产档案管理有不同于以往的工作内容,数字化储存和网络化利用带来诸多档案信息安全问题。该文结合绍兴市不动产档案信息管理实际,从不动产数据安全、网络安全和档案人员管理三个方面探讨构建信息化时代档案安全体系,提出不动产档案信息安全风险防控的一些建议。

关键词:不动产档案;信息安全;风险防控

档案安全是档案工作永恒的主题,是国家总体安全体系的重要组成部分,国家档案局在 2017 年提出"以总体国家安全观为指导,更加积极稳妥地做好档案安全工作"的理念,并强调要"从维护国家安全的高度来认识和推进档案安全工作"。随着信息技术的迅猛发展,档案逐渐由传统实物管理向数字化管理过渡,这在带来管理和利用便捷性的同时,也对档案信息安全形成新的挑战。不动产登记档案信息涉及权利人诸多隐私,如产权人信息、不动产权利状况、不动产权籍数据库中的空间信息等,如泄露将造成权利人的困扰和损失,社会影响大。

档案信息安全和信息化建设是一体两翼,必须统一谋划、统一部署、统一推进、统一实施。绍兴市不动产登记服务中心经多年努力,实现了"存量档案数字化、增量档案电子化"。在加强数字化建设的同时,绍兴市不动产登记服务中心按照数据和网络安全的要求,高标准、高质量地开展信息安全保障体系建设,筑牢不动产档案信息安全屏障。

1 当前不动产档案信息安全问题分析

随着不动产档案全面数字化、"互联网＋不动产登记"的深入发展,信息安全问题越来越重要。信息安全问题主要体现在技术和管理上的漏洞和疏忽造成信息的外泄,从而造成损失和负面影响。

1.1 数据安全问题

数据安全主要是操作系统的安全和数据的安全。操作系统出问题,会让数据丢失,甚至无法恢复。数据安全问题主要体现在人为操作的数据篡改和丢失以及硬件损坏、存储介质老化、自然等因素造成数据丢失和损坏。

1.2 网络安全问题

随着数字化建设的发展,信息共享利用越来越方便。共享常用方式有网络专线和政务数据共享平台两种。2023 年绍兴市通过"浙里办"和政务 2.0 查询利用不动产登记信息达 18 万人次。信息共享的范围越广,接触到信息数据的用户越多,其信息安全风险也越大,尽管在数据共享时可以开启"身份认证"、签订保密协议等方式建立防范机制,但也不能绝对杜绝数据泄露风险。且随着网络环境的日益复杂,网络攻击日益猖獗,黑客利用各种手段窃取或破坏数据,防不胜防。

1.3 人员管理问题

人员管理方面主要有以下问题:一是信息系统操作出现问题。档案管理人员业务不熟,造成无意识的信息外泄。二是权限设置不当。访问人员权限设置不精准。三是个别从业人员的职业道德有问题,抱侥幸心理泄露信息。

2 多管齐下，建立不动产档案信息安全体系

有关单位应建立健全网络信息安全管理制度，完善安全防控技术体系，设置必要的安全防护设备，做好各项防范和应急处置工作，确保信息传输、存储和使用安全。档案信息安全工作是一项系统工程，需要多管齐下。要从制度和技术上进行双重构建，包括建设安全责任体系，做好数据安全、网络防护和加强人员管理。

2.1 建立档案安全责任制和内部管理制度

管理层面以责任制清单的形式建立档案安全责任体系，确定各级安全责任，按照单位主要领导总负责、分管领导主要负责、档案管理部门全面负责、档案涉及业务人员具体负责的原则，细化和落实档案安全工作职责。绍兴市不动产登记服务中心要制定不动产档案利用相关制度，按照规定做好流程管理；制定档案安全管理应急预案，对及时处置可能出现的档案突发性重大灾害紧急情况做出规定；开展档案整理和数字化外包项目时，要与档案外包单位签订好保密条款，加强外包人员保密培训，确保档案信息不外泄。

2.2 做好数据安全技术工作

绍兴市不动产登记服务中心要完善数据的分类分级和敏感度识别，建立数据备份和恢复制度。运用备份保全、文件监测技术，对核心数据采取备份、监管措施。在资源管理上，系统实行管理库、核心库、利用库三库分离，利用三库分离技术进一步优化数据库模型，提高数据库的利用效率，保证电子档案数据的安全性。

2.3 构建网络防护体系

绍兴市不动产登记服务中心在技术层面采用先进的加密技术，建立健全网络安全防护体系。目前已在系统上已陆续开展网络安全重保技术服务项目，实行 7×24 小时安全监测，做到威胁早发现早处理，同时对系统开展定期常态化的漏洞扫描及渗透测试。

2.4 加强人员管理

组织档案管理员和兼职管理员进行《中华人民共和国档案法》《中华人民共和国网络安全法》《中华人民共和国数据安全法》等法律法规培训学习，提高档案人员档案安全防范和责任意识。制定信息保密制度，建立严格的权限管理和责任追究机制，细化档案信息系统权限，严格执行系统账户管理规定，完善系统日志留痕。

　　不动产档案信息安全管理是一项系统工程,需要管理、技术各层面形成合力。强化信息安全保障体系,在复杂多变的信息安全形势下确保不动产档案信息的安全。

建设工程纸质档案数字化关键环节的质量控制

张辽亚

宁波市建设数据和档案管理中心

　　摘　要:建设工程纸质档案数字化工作根据《纸质档案数字化规范》开展,但由于建设工程纸质档案的特殊性,现实中需在规范要求基础上结合实际执行。该文针对档案数字化过程中涉及的数字化前处理编制页号、档案扫描设备及图像拼接、数字化成果移交三个关键环节,提出加强质量控制的建议。

　　关键词:建设工程;纸质档案;档案数字化;质量控制

　　建设工程纸质档案数字化工作遵循《纸质档案数字化规范》(以下简称《规范》)开展,数字化流程可细化为数字化前处理、目录数据库建立、档案扫描、图像处理、图像文件的存储与命名、数据挂接、数据包封装刻盘、数字化成果验收与移交、档案还原入库等环节。每一环节的质量控制决定了最终数字化成果的质量和准确率。在建设工程纸质档案数字化长期实践中,笔者认为在涉及的数字化前处理编制页号、档案扫描设备及图像拼接、数字化成果移交这三个关键环节,需要在现行《规范》标准的基础上进行细化和加强。

1　现行标准的规定

1.1　对数字化前处理编制页号的规定

　　《规范》第 7.2.1 条指出,应对没有页号或页号不正确的档案重新编制页号,但没有规定如何编制页号。

1.2　对档案扫描设备及图像拼接的规定

　　《规范》第 9.2.2 条规定,超出所使用扫描仪扫描尺寸的档案可采用更大幅面扫描仪进行扫描,也可以采用小幅面扫描仪分幅扫描后进行图像拼接的方式处理。第 10.1 条规定,对分幅扫描形成的多幅数字图像,应进行拼接处理,合并为一个完整的图像,以保证纸质档案数字图像的整体性。可见,《规范》对数字化设备限定为扫描仪,分幅扫描的图像必须拼接。

1.3 对数字化成果移交的规定

《规范》第 12.5 条规定,验收合格的数据应按照纸质档案数字化工作方案及时移交,并履行交接手续。

2 标准执行的关键环节

第一,前处理中发现的页号问题情况复杂,不能简单地重新编制页号。

建设工程纸质档案组卷是按照《建设工程文件归档规范》要求,在遵循保持卷内文件有机联系的原则下,采用 2 厘米、3 厘米、4 厘米、5 厘米的厚卷组卷法。在实际操作中,文字卷以 2—3 厘米为主,平均每卷页数约计 200 页。图纸卷以 4—5 厘米居多,不同的图纸幅面页数差别较大,但平均每卷也有约 20 页。页号的编制规则是每卷从"1"开始。在数字化过程中发现档案原文缺页、倒页、漏号、重号、错号、贴页等不规范现象比较普遍,而且出现的位置在案卷前部、中部、后部随机不一。如果统一从错误页开始重新按顺序编制页号,由于厚卷组卷法,可能涉及一卷里多数页号的涂改。涂改前页号加上新编制页号,占据页底部较大位置,这导致整卷档案原文不整洁,数字化成果不美观。

第二,扫描仪不能完全满足数字化设备需要,分幅扫描图像后的拼接文件过大。

由于建设工程档案的特殊性,图纸偏多。早期大量的图纸,如建设工程规划许可证附图、建设用地规划许可证附图、总平面图等图纸,不是标准的 A0、A1、A2 规格图纸,而是由若干张图纸根据地形走势(如河道)拼接粘贴而成的,导致大量图纸为不规则纸张且超长超宽。如月亮形、T 字形等各种形状。此类图纸超出了最大 0 号工程扫描仪的进纸范围,无法用工程扫描仪扫描。工程扫描仪工作时需要把整张图纸吸入滚动。如果折叠纸张扫描,那么由于纸张本身大,又经粘贴厚度增加,扫描仪容易卡纸或进纸不均匀,导致拖曳扯破档案。如果采取平板扫描仪分幅扫描,那么由于平板扫描仪最大尺寸为 A3,需要对大图反复多次折叠,对纸张伤害大,而且分幅拼接后的图像文件过大,在档案系统里利用电子文件不方便。

第三,数字化成果移交套数和格式没有规定。

虽然《规范》第 12.5 条规定验收合格的数据应按照纸质档案数字化工作方

案及时移交,第 5.3.2 条明确纸质档案数字化工作方案应包括数字化对象、工作目标、工作内容、成本核算、数字化技术方法和主要技术指标、验收依据、人员安排、责任分工、进度安排、安全管理措施等内容,但是工作方案内容没有涉及成果移交的套数及格式。档案部门在通过数字化服务外包时,事先没有明确移交套数和格式,导致验收移交时成果缺失来不及补正,会出现双方推诿扯皮现象。

3　关键环节相关问题的处理

对没有页号或页号不正确的档案重新编制页号的做法有以下建议:

首先,对于页号从第一页就错误问题的处理。按相应规范每卷应该从"1"开始编制页号,但也存在几个案卷上卷和下卷连续编制的情况,如某一卷最后一页页号为"200",下一卷第一页页号为"201"。前处理时只能把错误案卷从第一页开始画掉页号,重新从"1"开始编号。

其次,对于漏号、重号问题的处理。笔者建议采用加杠编制页号。漏号即档案页没有编制页号。重号即同一卷里有页号相同。漏号在案卷前部、中部、后部都存在。如果采用连续编制法,对漏号的页根据前一页的页号连续编制页号,势必导致后面页的涂改。如果漏号出现在案卷前部,那么整本案卷基本都要涂改。加杠编制页号,即采用前一页的页号加杠再加数字,确定为漏号的页号。如漏号页前一页的页号为"100",那么漏号页的页号为"100-1",如漏两页则第二页为"100-2"。由于案卷最大页号和实际扫描图像个数不等同,可在备考表和系统备注里说明原因。重号问题可采用也加杠处理,把重号的那页页号后面加杠,再加数字"1"或"2"等。在一张纸上粘贴多张小规格合格证、发票之类的问题也可以采用加杠方法。此种做法可避免大量的涂改,保持档案原貌。

最后,对于跳号问题的处理。跳号即同一卷里前后页号不连续,如页号"15"之后页为"17",跳过了"16"。出现这种情况,如果前后页不是同一份文件,可把案卷最后面页数相同的文件调换过来,再在修改调换过来的文件页号上补充跳号的页号,并对案卷目录做相应的调整。如果前后页是同一份文件,则跳号地方无法插入别的文件,只能从跳号页开始划掉老页号,编制新页号。

总之,重新编制页号的原则是尽量减少页号的涂改,保持档案的整洁和数字化成果的美观。

对扫描仪不能满足需要、图像拼接文件过大有以下建议:

首先,拓宽数字化设备,不局限于扫描仪。扫描设备的选择应特别注意对档案实体的保护,尽量采用对档案实体破坏性小的设备进行数字化。工程图纸优先采用宽幅面工程图纸扫描仪。但对不规则且超长、超宽无法进入扫描仪的非标图纸,建议使用单反相机拍照。把图纸展开悬挂在干净墙上,相机与图纸中心持平拍照。有些单位遇到此类图纸,用一张白纸写上"此图无法扫描",并扫描这张替代纸做挂接。但笔者认为用单反相机拍照效果甚好,拍出的图纸内容清晰,可以提供利用,同时利于保护纸质原件。

总之,数字化时必须绝对保证纸质档案载体的安全,防止机器卡纸、人工拉扯、反复折叠等导致档案破损。

其次,图像可以不拼接。对于过长的图纸,数字化时采取分幅分段拍照数字化,拍好的图像可以不做拼接处理。原因是过多图像拼接后导致单个图像文件过大,不方便利用。可以把多个图像按序组合成一个单份多页的 PDF 文件,方便浏览利用。在档案系统里备注好页数与图像个数的情况说明。笔者在工作中就遇到过单张有 10 多米长的机场跑道图纸,数字化时分 10 段拍照,再整合成一个 10 页的 PDF 文件挂接。

4　数字化成果移交

4.1　封装数据包移交的重要性

建设工程电子档案数据包封装,是指在档案系统里将电子档案所对应的项目级著录信息、单位工程级著录信息、案卷级著录信息、文件级著录信息等内容及电子档案本身封装成一个或多个电子档案数据包。在电子档案离开原档案系统后还可以阅览项目级、工程级、案卷级、文件级以及电子文件的全部著录信息。一旦发生档案系统数据丢失,可通过封装数据包一键恢复。通过实践,笔者认识到用数据包进行封装移交很有必要性。

4.2　工作方案要明确数字化成果移交内容

数字化服务工作外包的,在工作方案制订时要明确,外包单位除要将之前处理登记、扫描登记、质检记录、数据挂接、验收记录等记录台账资料完整移交外,还要明确数字化成果的移交套数和格式。笔者建议移交 4 套,即将 JPEG 原始图像、处理后 JPEG 图像(用于长期保存库建设)、转换后双层 PDF 文件(用于利用)、封装数据包(用于数据恢复)4 套成果格式,通过移动硬盘、符合国家标准的档案级光盘进行移交。没有通过服务外包的,档案部门员工在数字化处理资料时,建议同样保存 4 套。

公共资源交易档案信息化建设的影响因素与对策

詹　浩

台州市公共资源交易中心

摘　要：近年来，公共资源交易领域大力推进信息化建设，"最多跑一次""全流程电子化"等工作对公共资源交易档案管理提出了更高的要求。因此，推进档案信息化工作符合当前发展趋势，能提高公共资源交易档案管理水平和深入挖掘公共资源档案价值。该文阐述了公共资源档案信息化建设的意义、影响因素，并提出相关对策，希望能为公共资源档案信息化建设提供参考和借鉴。

关键词：公共资源；档案管理；信息化建设

公共资源交易档案记录了公共资源交易项目的全生命周期信息，是各交易主体实施交易以及部门行使职能的真实记录和有效凭证，对提升经济建设效益、优化营商环境成效、违法违规责任追究等具有重要的参考价值，也为交易项目后续运维管理、资金监管和项目改造提供可靠的数据依据。其涉及政府采购、土地交易、建设工程、拓展资源等业务，由多个部门、多个系统、多个节点形成，具有种类多、周期长、数量大、来源复杂等特点。随着公共资源交易数字化转型，公共资源交易档案信息化建设滞后成为构建新型公共资源交易平台服务体系的薄弱环节，严重影响了公共资源档案资源的开发利用和公共服务水平的提高。如何加强公共资源交易档案信息化工作，使其适应信息化发展态势，是当下做好档案工作的重点。

1　公共资源交易档案信息化建设的意义

1.1　档案管理更加规范高效

公共资源交易档案包含项目的立项、交易、实施、验收等阶段的图文、视频档案，包括立项报告、设计图纸、招投标文件、合同、验收报告、实施过程记录、招投标过程视频等，由主管部门、监督部门、交易中心、项目实施单位等不同部门、不同系统产生，档案种类多、来源复杂、纸质档案和电子档案并存等现状使档案管理工作过于依赖人力资源，不但费时费力，还容易出现纰漏。档案管理信息化利

于加快档案双套制向单套制转变,促进档案管理规范化、实时化,自动化,有效提升档案收集归档的实效性和完整性、档案开发利用的便捷性和准确性,提高管理效率和质量,降低管理成本。

1.2 档案保存更加安全可靠

公共资源交易档案保存期限各不相同,如政府采购、建设工程档案的保存期限为 15 年,视频档案的保存期限为 5 年,拓展资源档案的保存期限为 15 年,国土资源业务档案的保管期限分为永久、30 年和 10 年。但鉴于公共资源交易违法违规追溯、项目维护和延续等要求的特殊性,通常需要永久保存,需要较大的储存空间,且由于廉政巡查、项目验收、数据查询等因素使用频繁,影响档案实体安全。通过档案资源信息化,采取不同存储介质、安全策略等方式,能有效减少纸质档案的储存空间及材料的消耗,降低档案在保管过程中丢失和损坏的风险,提高档案的安全性。

1.3 档案开发利用更有成效

公共资源交易项目从立项到验收,时间跨度以年计,档案归集周期较长,各阶段档案都由产生单位分别自行保管,且各部门信息化进程不一,导致查阅档案资料需要跑多个部门,程序烦琐,且提供档案服务的范围小、渠道单一,与当前档案服务需求严重不符。通过档案数字化,实现在网站和移动终端自行查询权限内的档案资料,实现在较短时间内进行档案资源共享与传递,提高使用效率。同时,通过构建大数据模型、共享平台等信息化途径,在信息公开工程、大数据融合行动、打击串标围标、优化营商环境等工作中充分发挥过程凭证和数据参考的作用,实现公共资源交易档案资源价值的不断增值。

2 阻碍公共资源交易档案信息化进程的因素

2.1 缺少信息化制度标准

鉴于管理体制,首先,至今未有公共资源交易档案信息化建设的整体规划,缺少信息化建设目标、方向、原则、要求等内容的顶层设计。其次,尚无适用公共资源交易领域的具体标准规范,现有的档案业务规范仅涉及分类整理、归档范围、保管期限划定等常规内容,而档案资源数字化、各系统规范化集成、相关软件和数据结构等标准均未进行统一规定,导致各行业主管部门档案管理自成体系,在标准规范上各行其是,阻碍了公共资源交易档案信息化的发展。

2.2 信息化应用系统建设滞后

开发的年限、资金、技术等不利因素,导致业务系统在线归档功能不够完善,如无法内嵌电子文件分类方案、归档范围与保管期限表,无法自动采集电子文件伴生数据,工程图纸、模型数据等特殊电子文件难以在线收集等,影响了档案收集的完整性。现有电子档案管理系统受系统开发方和联通接口限制,缺少将业务系统中抽取的数据直接归档的渠道和功能,在线检索、在线归档和档案统计利用能力较弱,对于不同格式、不同功用的电子文件缺乏处理和接收能力。

2.3　数字档案资源建设进展缓慢

目前部分交易业务还未真正实现全流程电子化,一些格式复杂、形式各异的材料,如设计方案、现场评审确认书等还是以纸质材料为主。在元数据管理上仅按照要求进行元数据捕获,未制订具体归档方案,电子文件归档不全面。数字化档案整体利用率较低,数字档案室建设不受重视,档案信息化建设成果无法充分彰显,档案人员缺乏主动利用数字化成果的意识,数据库缺乏共享性和流通性,影响档案信息化建设推进。

3　加强公共资源交易档案信息化建设的对策

3.1　健全制度体系,统一标准规范

公共资源交易档案信息化是一项长远发展的系统工程,要按照《"十四五"全国档案事业发展规划》要求进行。一是由公共资源综合管理部门牵头,对档案信息化建设进行总体规划和部署,将其纳入公共资源交易系统发展规划,明确各相关单位职责和任务,并加强对信息化建设工作的检查考核与监督指导,积极推动数字档案室建设,实现信息化建设的合理规划和实施把控。二是制定档案数字化、电子文件流转、信息网络化管理、数字档案室建设管理等制度;统一电子文件归档格式、数据接口、元数据归档方案、数据库、信息系统操作等标准规范,形成一个完整严密、可操作、可持续发展的公共资源信息化档案标准规范体系。

3.2　完善系统功能,加强前端管理

针对系统现有问题,加大资金投入,采用先进信息技术。一是要加快完成业务系统全流程电子化建设,建立系统之间统一的数据标准,开放共享数据接口,使档案管理系统能直接调用各业务系统的数据,实现系统之间信息资源的互联共享和有效管控。档案管理系统完成数据捕获、格式转换、数据服务、元数据自动检测等功能建设,实现电子文件自动捕获转换,满足多功能、多格式传输的集成性接口需求。二是制定电子文件收集清单,完善电子文件在线归档流程,业务系统按照流程规范开发完善档案管理功能,加强前端控制,实现各管理环节的信息化,使档案信息化与交易系统自动化同步推进。

3.3 整合档案资源,实现高效利用

建立公共资源交易档案数字资源库或共享平台,完善电子文件收集归档方案,将各单位在交易各环节所形成的电子文件集中起来统一管理,积极推动档案数字化、数字档案室建设工作。在做好档案资源收集的同时,运用各种先进的信息化技术提高公共资源档案利用效益。如采用数据挖掘、情境分析等技术,分析各类交易档案资源之间的关系,及时发现交易行为潜在的问题,降低廉政风险;利用大数据技术分析公共资源交易业务开展情况,帮助政府部门研究经济发展态势;利用区块链数据溯源技术协同共享公共资源交易环节档案数据,推动其在政府监管部门与司法部门中的应用等,不断提高档案数据价值。

综上所述,公共资源交易档案信息化建设是提高档案管理服务水平的重要举措,是档案管理适应信息化时代发展的必然选择。因此,我们要正确认识其在档案管理中的重要作用和必要性,积极运用信息化技术来优化档案管理工作,为公共资源交易档案管理事业的健康、长远发展夯实基础。

企业档案管理信息系统的初步构建及应用探索

毛骏杰

浙江中控信息产业股份有限公司

摘　要:企业档案是企业经营活动的记录和证明,对企业的运营和发展具有重要意义。为了更好地管理和利用企业档案,企业需要建立一个有效的档案管理信息系统。该文针对企业档案管理系统的初步构建及应用进行探索和研究。通过对企业档案的分类、整理、存储和检索等功能的需求分析,设计了系统的架构和模块,并实现了关键功能的开发和应用。在实际运用中,该系统有效提升了企业档案管理的效率和准确性,并满足了企业决策和知识管理的需求。

关键词:企业档案;管理信息系统;分类整理;存储检索;知识管理

1　企业档案管理信息系统建设目的与作用

1.1　企业档案管理信息系统的建设目的

随着企业的发展,档案数量快速增加,传统的纸质档案管理已经难以胜任,为了实现企业档案的电子化管理,提高档案管理的效率、准确性和安全性,我们需要建立一个全面的档案管理信息系统来处理和管理企业的档案信息。企业档案管理信息系统可以帮助企业实现档案的集中管理、信息化处理和快速检索,提高档案管理的效率和质量。与此同时,在企业档案管理信息系统建设过程中,也会面临一些问题。首先是技术问题,包括系统的稳定性、安全性和易用性等方面的挑战。其次是数据问题,如数据的完整性、准确性和一致性等方面的挑战。此外,还会涉及组织变革和员工培训等方面的挑战,因为档案管理信息系统的建设需要企业内部的组织架构和业务流程的调整,同时也需要对员工进行培训,以适应新系统的使用。

1.2　提高档案管理效率

推进企业档案管理信息系统的建设是提高档案管理效率的重要措施。传统的纸质档案管理方式存在诸多问题,如存储空间有限、检索困难、易损坏等。而通过电子化管理,可以充分利用现代化的信息技术手段,实现档案管理的全面优化。电子化管理可以显著减少纸质档案的存储和维护成本。传统的档案管理需要占用大量的空间来存放纸质档案,还需要定期进行整理、分类和维护。而电子化管理,可以将档案数字化保存在电脑或服务器中,大大减少了纸质档案的数量和存储空间需求。这不仅节省了大量的物理空间,还降低了相关设备和存储介质的成本。

电子化管理还可以节省劳动力和时间。传统的档案管理需要人工进行档案的整理、分类和归档,工作量大且耗时长。而电子化管理,可以通过数据录入和自动化流程实现对档案的快速整理和归档,大大减轻了工作人员的负担。此外,由于档案信息可以通过电子检索和查询功能快速获取,用户可以在短时间内找到所需的档案信息,提高了办事效率。电子化管理还具备快速检索数据和查询的优势。在电子化管理系统中,档案信息可以通过关键词检索、分类检索、日期检索等多种方式进行查询,用户可以根据自己的需求和条件快速找到所需的档案信息。这种快速查询的功能极大地提高了档案管理的效率,减少了在大量纸质档案中查找所需信息的时间和工作量。

综上所述,企业档案管理信息系统的建设对于提高档案管理效率具有重要

意义。企业应积极推进档案管理信息系统的建设,有效提升档案管理水平。

1.3 优化工作流程

企业档案管理信息系统的建设可以极大地优化企业的工作流程。随着信息技术的快速发展,传统的纸质档案管理方式已经无法满足企业快速高效的需求。引入档案管理信息系统,将企业的档案信息进行电子化管理,可以实现信息的快速传递和共享,从而大大降低了信息的重复录入和传递错误的可能性,提高了工作效率和协同能力。

档案管理信息系统能够实现档案信息的快速传递和共享。传统的纸质档案往往需要人工从一个部门传递到另一个部门,耗费时间和精力。而引入电子化档案管理系统后,档案信息可以通过系统进行快速传递,不受时间和空间的限制。无论是同一办公室内的员工,还是不同单位的员工,都可以轻松地获取到所需的档案信息,提高了工作效率和协同能力。档案管理信息系统可以减少信息的重复录入和传递错误。在传统的档案管理方式中,同一份档案信息往往需要多次录入和传递,容易出现信息录入错误或传递失误等问题。而通过电子化档案管理系统,一次录入即可实现多处共享,大大减少了信息重复录入的工作量,并降低了信息传递错误的可能性。这不仅节省了时间和人力成本,还提高了信息的准确性和可靠性。

档案管理信息系统还可以通过自动化和提醒功能优化档案管理流程,减少人工干预和烦琐的操作。传统的档案管理往往需要人工进行登记、归档、检索等烦琐的操作,耗费时间和精力。而引入档案管理信息系统后,可以通过设定流程和提醒功能实现自动化的档案管理。系统能够根据设定的规则自动进行档案的登记、归档和检索,减少人工干预,大大提高了工作效率。企业档案管理信息系统的建设可以优化企业的工作流程。档案管理信息系统的引入将为企业带来更加高效和便捷的管理方式,助力企业实现更好的发展。

1.4 加强信息安全性

企业档案管理信息系统的建设可以加强档案信息的安全性。通过建立合适的权限管理机制和数据加密机制,保护档案数据的安全,防止未授权的访问和数据泄露。同时,通过定期备份数据,确保数据的可靠性和完整性,防止数据丢失和意外情况的发生。

2 企业档案管理信息系统构建策略

2.1 数据采集与录入策略

在数据采集与录入方面,企业档案管理信息系统需要提供一套完整的数据录入界面和标准化的数据采集流程,确保输入的数据准确、完整且易于管理。可以通过设定数据录入规范,限制数据录入的格式和范围,避免错误和重复录入。同时,还可以利用现代化的数据采集工具和技术,如扫描仪、OCR 技术等,实现对纸质档案的快速电子化录入。

2.2 数据存储与管理策略

在数据存储与管理方面,企业档案管理信息系统需要建立一个可靠的数据存储和管理机制。可以采用数据库技术来存储和管理档案数据,确保数据的安全性和一致性。同时,还需定期备份数据,以防止数据丢失和意外情况发生。另外,还需要建立合适的数据权限管理机制,对不同角色的用户进行权限控制,保护档案数据的安全性。

2.3 数据检索与查询策略

为了方便用户对企业档案进行检索和查询,企业档案管理信息系统需要提供高效的数据检索和查询功能。可以通过建立索引和分类,对档案数据进行组织和标签化,以便用户能够快速找到所需的档案信息。同时,还可以提供灵活的查询条件和多种查询方式,满足不同用户的查询需求。此外,可以引入智能搜索和自动填充等功能,提高查询的准确性和效率。

3 企业档案管理信息系统构建的实践路径

构建企业档案管理信息系统是企业信息化进程中的关键一环,它不仅关系到企业历史资料的保存和利用,而且直接影响企业决策的科学性和运营的效率。浙江中控信息产业股份有限公司(以下简称"中控信息企业")在构建这一系统时,首先进行详尽的需求分析,明确系统需要服务的用户群体、档案的种类、存储和管理的需求,以及未来的扩展性。其次基于需求分析结果进行系统的规划与设计,包括确定系统的架构、功能模块、用户权限管理以及数据的安全性和完整性保护措施。在技术选型上,选择成熟稳定的技术平台和数据库系统,以确保系统的可靠性和数据的高效管理。同时,考虑到系统的可扩展性,设计时需预留接口,以便未来可以方便地进行功能扩展或与其他系统集

成。在系统开发过程中,采用模块化的开发方法,将系统分解为多个相对独立的模块,如档案录入、查询、借阅、统计分析等,这样可以提高开发效率,同时也便于后期的维护和升级。此外,系统的用户界面设计也非常重要,它需要简洁直观,易于操作,以提高用户的体验感。在系统测试阶段,进行全面测试,包括单元测试、集成测试和性能测试,确保系统在各种情况下都能稳定运行。

系统的实施和部署也是构建过程中的重要环节。这包括系统的安装配置、用户培训、数据迁移以及后期的技术支持和维护。为了确保系统的长期稳定运行,还要建立一套完善的系统维护和升级机制,定期对系统进行性能监控和安全检查,及时发现并解决可能出现的问题。构建企业档案管理信息系统是一个系统工程,从需求分析到系统规划,再到技术选型、开发实施,每一步都需要精心设计和严格把控。只有这样,我们才能构建出一个既满足当前需求,又具备良好扩展性的企业档案管理信息系统。中控信息企业档案管理信息系统模块设计如图1所示。

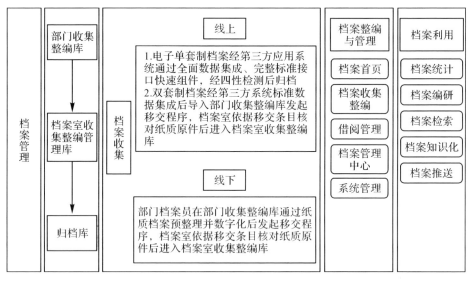

图1　中控信息企业档案管理信息系统模块设计

4　结语

企业档案管理信息系统的建设是企业信息化建设的重要组成部分,对提高档案管理效率、优化工作流程和加强信息安全性都具有重要作用。通过合理的数据采集与录入策略、数据存储与管理策略和数据检索与查询策略,可以实现企业档案的电子化管理,并带来一系列优点和好处。随着技术的不断发展和档案管理需求的不断变化,企业档案管理信息系统的建设还将面临新的挑战和机遇,需要不断优化和升级,以满足企业的需求。

烟草企业档案数字资源建设存在问题及对策研究

蔡利华

浙江星汉信息技术股份有限公司

摘　要: 烟草档案数字资源建设当前面临档案资源数字化质量参差不齐、电子文件归档工作难以开展以及相关规范制度不完善等问题。为提高烟草企业档案信息化水平,加速烟草企业"卷烟上水平"进程,需大力推进档案"存量数字化、增量电子化",夯实档案信息化软硬件基础设施,完善档案管理规范制度,高质量建设烟草企业档案数字资源。

关键词: 烟草档案;档案信息化;档案数字资源

随着大数据、人工智能时代的来临,烟草企业按照统一平台、统一数据库、统一网络的要求逐步开展信息化建设,以期实现"数字烟草"的转型。《"十四五"全国档案事业发展规划》(以下简称《规划》)将档案数字资源体系建设列入了主要任务——深入推进档案资源体系建设,全面记录经济社会发展进程。《规划》提出:"开展国有档案资源普查,基本摸清国有档案资源家底","大力推进档案'增量电子化',继续做好'存量数字化'"。《国家烟草专卖局办公室关于进一步规范烟草专卖许可证行政许可文书使用和管理的通知》(国烟办综〔2017〕423 号)提出:"各级烟草专卖局要建立完整的烟草专卖许可证行政许可文书电子档案。"由此可见,烟草档案信息化是必然趋势,而档案信息化的前提则是档案数字资源建设。

1　烟草企业档案数字资源建设现状

我国的烟草体制实行工商分离,工业公司(卷烟厂)主要负责烟草生产,烟草公司与烟草专卖局合并组成新的烟草专卖局(公司),主要负责烟草专卖、烟叶的种植收购和卷烟的销售。烟草企业在生产经营和行政执法等各项管理活动中,形成了大量的诸如公文、专卖许可、案件执法、交易合同、财务票据等各类档案文件,档案类型多样,管理工作繁杂。

烟草企业档案按类型可划分为科技档案(包括基建档案、设备档案、科研档案等)、文书档案、专卖档案(烟草专卖案件档案、烟草专卖行政许可档案)、合同档案、会计档案、特殊载体(声像档案、实物档案)等,不同企业按照本单位现实情况设置档案分类。

长期以来,烟草企业档案数字资源建设多采取传统模式,档案管理过程中存在诸多不便和隐患。比如,随着烟草企业的数字化转型,烟草企业经营管理基本已实现无纸化办公,各业务平台产生的大量电子文件与数据均为烟草档案数字资源的重要来源,然而,档案双套制归档在烟草企业中盛行已久,数字资源作为冷数据搁置一旁的情况普遍存在。另外,部分烟草企业对档案信息化进行了有益探索,已取得一定成效,包括对传统载体档案进行数字化加工,建立档案资源数据库,利用烟草档案管理软件实行电子档案、数字化副本统一管理等。然而,仍有不少烟草企业未意识到档案数字资源建设的重要性,档案资源建设工作仅停留在每年的资料收集上,无法保证档案资源建设的及时性、完整性,档案资源建设与烟草档案信息化目标要求相差甚远。

2 烟草企业档案数字资源建设存在问题分析

2.1 档案数字资源数字化质量参差不齐

由于缺少明确的制度要求,仅有部分烟草企业开展了档案数字化工作,不同地区、不同规模档案室的数字化程度差距明显。虽然档案数字化加工技术日趋成熟,但整体工作量大、周期长,容易出现工作衔接不到位、数字化标准不统一、质量把控环节缺失、同一单位不同时期的数字化成果质量参差不齐的情况。比如:低质量的设备可能会在数字化过程中产生模糊、失真等问题,导致数字化质量不佳;不同原件需要不同的扫描参数(分辨率、亮度、对比度等),设置不当可能会导致数字化质量下降;另外,如果原件本身就存在损坏、污损、褪色等问题,加上人为因素,都会对数字化质量产生影响。

以某烟草企业为例,室藏数字化成果存在如下问题:一些红头文件、彩色图片采用了黑白或灰度扫描;部分文件字体过小难以辨认,表格和图片不清晰,进而影响到 OCR 识别率;有些文件仅能满足浏览需要,打印效果不理想;文件保管过程中未及时备份,存储载体的损坏、丢失以及软硬件设备升级换代后出现不兼容等问题导致无法有效利用。

2.2 电子文件归档工作难以开展

电子文件归档流程与传统归档流程不同,很多档案管理人员难以接受归档方式的转换,沿袭过去的档案管理模式。且囿于传统观念,管理人员对纸质档案的重视程度往往高于电子档案,习惯性地将业务系统中的电子文件打印成纸质文件进行归档,对应的电子档案却常被忽视,这也导致一些重要电子文件的归档被遗漏。电子文件归档离不开系统的支撑,但大部分烟草企业对档案信息化建设投入不足,基础设施落后,未建设档案管理系统或已有系统功能简单难以满足急剧增加的数字档案资源管理需要,电子文件归档工作开展困难。

以某烟草企业为例,企业档案管理人员对电子档案重要性认识不足,在日常办公中未进行电子文件归档,很多电子文件依然处于自生自灭状态。此外,档案管理基础设施老旧,存储容量小,档案系统功能单一,无法与烟草企业业务系统对接。

2.3　档案数字资源建设规范制度不完善

大多数烟草企业“重业务,轻档案”,企业上下对档案数字资源建设积极性不高、重视程度低、投入少,也鲜有针对档案数字资源建设的系统性规范体系。规范制度的缺失,使烟草企业档案工作无标准可依,工作被动,人员权责分工模糊,缺乏协调配合,各自为政。而技术标准的缺少,导致电子文件归档过程中易出现文件格式与质量不符合规范要求、元数据不全以及应归未归等情况。一系列因素造成了烟草企业内部档案管理混乱,档案数字资源建设质量堪忧,档案利用率不高,无法实现烟草档案实质价值。

以某烟草企业为例,企业对档案工作的组织领导弱化,专兼职档案管理人员频繁调动,工作交接不紧密。此外,企业早期形成的档案未进行合理分类,大部分作为资料统一管理,缺少指导性、针对性的档案管理规范制度,使档案工作人员在档案资源建设过程中无从下手、毫无头绪。

3　烟草企业档案数字资源建设策略

3.1　档案数字资源建设框架

档案数字资源库是烟草企业档案信息化的核心。烟草企业室藏档案、业务系统/OA 系统产生的数据以及个人散存档案都属于档案信息资源库的数据来源,通过接收、导入、采集、著录的方式生成结构化数据和非结构化数据。结构化数据存储在关系型数据库中,包括目录数据库、专题数据库、管理过程数据库等,非结构化数据以文本、图像、图形、音频、视频等形式存在。

烟草企业档案数字资源库建设框架如图 1 所示:

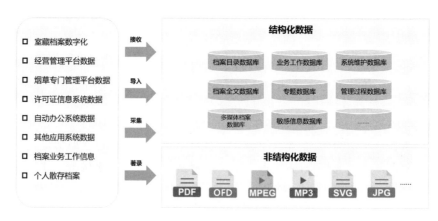

图1　烟草企业档案数字资源库建设框架

3.2　加大存量档案数字化力度

存量档案数字化即对传统载体档案(纸质档案、声像档案)进行数字化加工，并建立数据库。存量档案数字化是针对管理对象的数字化，是一个长期而复杂的过程，需从多方面考量。

3.2.1　合理规划存量档案资源数字化工作

开展数字化工作之前，需要对企业室藏档案资源进行评估，包括评估档案数字资源的类型、数量、状态、重要性和价值等方面，对涉密档案进行标识，可优先加工珍贵、重要(具有较高保存价值且利用频率高)、紧急利用以及破损严重的档案资源。同时制定数字化策略，包括确定数字化目标和流程、配备工作人员和适当的数字化技术与设备，这有助于保证数字化过程的一致性和准确性。

在烟草企业内部选取场地，搭建专用数字化加工中心，配备数字化加工软件、计算机终端等设施，同时采取措施保证数字化加工场地的安全及保密。建议采用外包加工方式，由于烟草企业档案具有机密性，应由专业团队在企业加工场地内对存量档案进行数字化加工处理。为保障数字化加工工作有序、高质量地开展，还应建立一整套行之有效的数字化加工管理制度。

3.2.2　严格把控档案资源数字化成果质量

档案扫描加工必须依照一定的流程和规范进行操作，严格按照《纸质档案数字化规范》(DA/T 31—2017)、《录音录像档案数字化规范》(DA/T 62—2017)以及《档案服务外包工作规范　第2部分:档案数字化服务》(DA/T 68.2—2020)等标准规范实施，以保证数字化加工成果的质量。

要对数字化成果进行严格的检查审核，确保数字化成果的真实性、完整性和可用性，确定文件格式和元数据标准，确保数字化副本可以被长期保存和有效利用。质量初检需逐条过目，不得遗漏。复检可采取抽检和逐页检查的方式，将质量不合格的档案重新扫描加工。最终审核无误后，由企业档案工作负责人或领导确认再完成验收。

3.3　推动增量档案电子化

增量档案电子化即原生电子文件通过归档、接收形成电子档案。增量电子化是针对档案管理过程的电子化，也是档案资源建设的未来趋势。

3.3.1　建设电子档案管理系统

档案电子化依赖电子档案管理系统。自 2006 年起，国家烟草专卖局开始实施一号工程。目前，各类信息化平台，如经营管理平台、烟草专卖管理平台、许可证信息系统、办公自动化系统已基本投入使用，前端较为完善的信息化建设也为实现烟草档案电子化奠定了良好基础。烟草档案数字资源具有覆盖范围广、种类多样、数量大等特点，各信息平台本身业务和数据特点不同，也增加了电子文件归档的难度和复杂度。为达到"增量电子化"的目标，需保证业务系统产生的电子文件符合归档要求，按照《电子文件归档与电子档案管理规范》(GB/T 18894—2016)、《电子档案管理系统通用功能要求》(GB/T 39784—2021)等标准规范构建功能完善、兼容性强的电子档案管理系统，通过搭建系统接口实现档案管理系统与前端业务系统的有效衔接，将档案管理业务流程固化在整个信息化平台中，加强企业内部文件、档案工作的一体化(如图 2 所示)，从而使文件到档案全过程都得到有效控制。

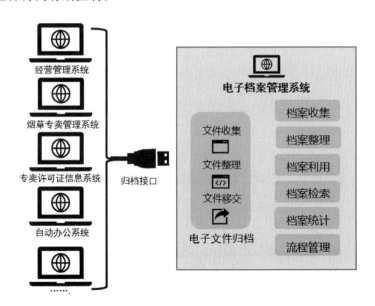

图 2　烟草企业文档一体化

3.3.2　推广电子文件单套制归档模式

随着电子文件数量激增,双套制归档的弊端日益凸显,制作、比对及保管成本高,流程复杂烦琐。近年来,国家出台的一系列政策法规为单套制归档提供了法律保障,电子档案与纸质档案具有同样的法律效力,可以以电子形式作为凭证使用。且单套制模式优化了归档流程,可实现电子文件在线实时归档,同时也提升了对电子文件全生命周期的监管力度,降低了重要电子档案遗漏、丢失的风险。

以单套制归档模式在烟草行政审批中的应用为例(归档流程如图 3 所示),烟草专卖零售许可证的申领已逐步从传统的窗口受理模式向网上申请、全程办理电子化推进,且业务量逐年增长。专卖许可证档案是非永久保存的普通行政审批档案,采用电子文件单套制归档模式能很好地弥补其在资源建设与管理上的不足,降低企业运营成本,提高档案管理效率。

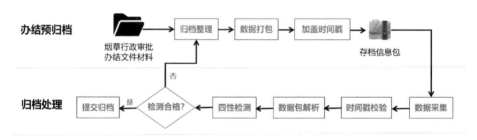

图 3　烟草行政审批电子文件归档流程

3.4　健全档案数字资源建设制度体系

建立一个健全的规范体系是开展档案数字资源建设的重要前提。在贯彻国家、地方性档案法律法规以及标准规范的基础上,还应针对归档、数字化、目录建库、绩效考核、安全保障等方面,制定一套契合烟草企业档案特点的档案管理制度、业务规范与技术标准,明确档案管理人员的工作内容和职责,将档案资源建设成效纳入员工绩效考核,也可设立奖惩机制。通过对档案数字资源建设全流程进行约束和规范,确保烟草企业档案数字资源建设工作有制可依、有规可循,推进烟草企业档案数字资源建设工作的稳步开展。

烟草企业档案数字资源建设规范体系如图 4 所示:

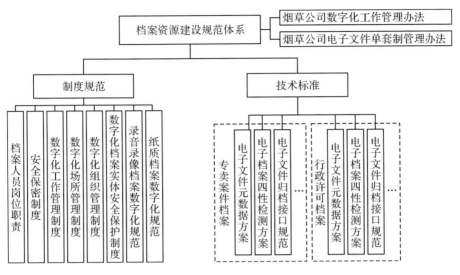

图 4　烟草企业档案数字资源建设规范体系

4　结语

　　为顺应时代要求,烟草企业档案信息化势在必行,也是实现烟草企业"卷烟上水平"的必然举措。企业应以"数字资源建设"为本,注重提质增效,探索更加适合自身的档案管理新模式。大力推进档案"存量数字化、增量电子化",保障档案数字资源建设向高质量方向发展,为科学利用烟草档案数字资源奠定基础。

第五部分

档案文化与档案开发利用

数智环境下企业档案文化建设初探

刘　香

杭州万高科技股份有限公司

摘　要:在纷繁复杂与竞争激烈的市场环境下,越来越多的企业意识到档案管理工作的重要性,然而企业档案管理水平参差不齐,面临信息技术不断更新迭代的数智大环境,仍然存在思想认识有待提高、人员能力亟待提升等问题。推进企业档案文化建设要从加强顶层设计、提高思想认识、强化宣教功能、拓展档案服务满足业务需求、打造档案文化品牌坚定文化自信等方面入手,把企业档案文化建设工作融入企业文化建设布局,为建设社会主义文化强国贡献档案力量。

关键词:数智环境;企业档案;文化建设;初探

2023年2月,中共中央、国务院印发《数字中国建设整体布局规划》,指出要实现"数字基础设施高效联通,数据资源规模和质量加快提升,数据要素价值有效释放"。同年6月,习近平总书记在中国历史研究院召开的文化传承发展座谈会上发表重要讲话指出:"在新的起点上继续推动文化繁荣、建设文化强国、建设中华民族现代文明,是我们在新时代新的文化使命。"习近平总书记在浙江工作时就强调:经验得以总结,规律得以认识,历史得以延续,各项事业得以发展,都离不开档案。

档案是人类创造的文化、文明的记录与物质承载体,它蕴含了丰富的文化信息,具有文化记忆、储存、传播、教育、休闲等功能。档案是文化的产物与承载物,同时又参与文化再生产,然而我国档案文化整体呈现保守性、滞后性特点。2023年,国家档案局原局长陆国强在全国档案局馆长会议上指出:"积极探索智慧档案发展路径,有效对接数字中国、智慧城市、智慧政务、数字乡村和各行业智慧发展。"企业档案是企业在各项经营活动中直接形成的具有凭证、参考等保存价值的原始记录,是企业创新发展的宝贵信息资源,能够为构建并不断完善企业文化、塑造企业品牌形象提供丰富的历史文化信息,助力企业品牌形象的塑造。加快数智环境下企业档案文化建设是以史为鉴、谋划企业未来发展的关键,更是顺应时代发展的必然要求。

1　现状与原因分析

数智时代企业档案文化建设工作面临多重困境。

首先,企业档案数字化工作较为落后,难以满足新时期增量档案数据管理的需求。档案数字化成本高、体量大、耗时长、转化效率低,中小型企业往往难以保障对档案数字化的投入;大型企业工作规划庞杂,缺乏对档案数字化的重视和支持,导致整体企业档案数字化发展受阻。此外,有效收管的档案体量、整理速度远不及档案数据的产量、增速。

其次,档案管理人员数智意识及信息技能滞后。由于知识素养欠缺、技术能力薄弱以及有安全第一的固化思想,部分档案管理人员对数智技术不敏感,无法积极拥抱数字技术带来的管理变革,缺少技术应用的力度、深度和广度,现代信息技术应用有限,导致档案管理工作在数智时代出现"跟不上""慢节拍""边缘化"等现象,同时又存在"技术至上"的错误崇拜,从而忽视了档案工作政治性、敏感性和机密性的本质属性。现实工作中,多数企业档案管理人员身兼数职,并未受过系统的档案知识教育与工作培训,人才队伍良莠不齐。

最后,企业档案文化建设角色缺失或形式单一。档案文化角色缺失、档案文化价值彰显不足、档案文化地位认同不够、档案文化形象有待提升。企业档案管理人员往往没有足够的专业知识储备与精力、时间挖掘企业档案文化价值,企业档案文化建设角色缺失。同时,有些企业虽然在档案文化建设上做出一定尝试,但与新媒体、互联网、人工智能等应用融合不够,表现形式"单薄"。有的企业虽然开设了微信公众号,但仅仅以新闻报道为主,传播档案文化甚少,与企业档案文化建设的要求仍有一定差距。

2　数智环境下开展企业档案文化建设路径建议

2.1　加强顶层设计,以标准制度助力企业档案文化建设

企业档案管理部门应树立档案职业自信,积极融入企业文化战略发展与建设规划工作,同时通过标准化管理工作,更新并搭建适应数智时代的档案管理制度体系,强化档案数据的归集,不断丰富馆藏档案。另外,应加强与企业文化宣传部门的合作,充分挖掘档案文化价值,发挥档案资源优势,展现出企业独特的文化底蕴。

2.2　加快企业档案数字化转型,增强档案文化认同感

企业档案部门应深挖档案资源内涵,深入推进档案文化资源数字化建设。

既应普及传统大事记、组织沿革、专题汇编等档案编研产品,更应努力探索为企业各项管理决策提供数字化、网络化、智能化的优质服务。创新企业档案文化传播方式,深耕企业微信公众号、企业 App 或官方网站,加强企业档案文化建设成果的宣传和推广,全面揭示企业文化基因,凸显企业档案文化内核。

2.3　整合人才资源,提升数智环境下档案文化建设的适应力

信息技术在变革组织生产方式的同时,也不断塑造着组织成员的数字意识、信息素养和数据思维,驱动着文档管理等信息工作者不断提升技能以适应新的业务环境。组织机构档案文化的变革可能是缓慢的过程,但并不是静态停滞的。可以通过教育、培训、物质与精神激励相结合等方式促进档案人才队伍建设,提升档案人才队伍专业能力,使其在档案文化建设工作实践中坚定思想、增长才干,助力企业档案文化建设发展。

论泰顺县百家宴历史传承与现代档案价值的交织

潘青青

泰顺县政务服务中心

摘　要:泰顺县百家宴作为一项具有深厚历史底蕴和浓郁地方特色的传统习俗,不仅承载着丰富的文化内涵,更在现代社会中展现出独特的档案价值。该文旨在通过对泰顺县百家宴的深入研究,揭示其历史渊源、文化内涵、现代发展及面临的问题,并提出百家宴民俗档案保护与发展的相应价值与策略。通过对百家宴的档案记录与实地调查,该文力图展现这一传统习俗的完整面貌,为泰顺民俗档案的传承与发展提供有益的参考。

关键词:泰顺县;百家宴;民俗档案;现代发展;非物质文化遗产

泰顺县,位于浙江省南部,是一个历史悠久、文化底蕴深厚的地方。在这片古老的土地上,流传着一种独特的元宵节习俗——百家宴。百家宴是泰顺人民在元宵节期间举办的一项盛大活动,旨在祭祖祈福、团结乡邻、共享欢乐。这一习俗源远流长,历经千年而不衰,成为泰顺文化的重要组成部分。本文将对泰顺县百家宴进行深入探讨,以期揭示其民俗档案传承与现代发展的内在价值。

1　泰顺县百家宴的历史溯源

史书记载,泰顺县百家宴起源于宋代。当地明代《张氏宗谱》和地方史料清代《分疆录》记载,百家宴至今已有近千年的历史。最初,百家宴是三魁镇张氏族人祭祖时举办的"祠堂饭",泰顺环境恶劣,经济落后,生活十分艰苦,求神拜佛十分普遍,兄弟叔伯同心祈祷,然后用祭祀过的供品作为餐食,共同食用,渐渐发展成同宗同村的祈祷和聚餐活动。久而久之,每年正月十五,村里都自发组织举办百家宴,百里八乡的群众共聚一起欢度元宵节,迎春接福,祈求新的一年风调雨顺、国泰民安、五谷丰盈、六畜兴旺。在明清时期,百家宴达到了鼎盛,成为当地民间百姓喜爱的活动。随着时间的推移,百家宴的内容不断丰富,形式也逐渐多样化,成为一项具有深厚文化内涵的传统习俗。

百家宴通常在元宵节当天举办,张氏族人祭祖后,邀请邻村或外姓人参加,共同举办盛大的宴席。从一村一族、一户一人,单纯祈求神明护佑的本位主义演变成具有广泛群众性和娱乐性的民间习俗活动。内容也由单一的祭祀活动发展到舞龙灯、表演木偶戏、燃放药发木偶、踩街游行等民间传统文化活动,可看性强,吸引力大。每年一到正月十五,就有全国四面八方甚至海外一批又一批游客和新闻媒体纷至沓来,目睹这百家聚会、万人空巷、其乐融融的壮观场面,1200桌宴席从张氏宗祠沿街摆满所有街道,上万人同时品尝农家佳肴,充分体现了邻里文明、团结友爱、互帮互助的淳朴民风。

2　泰顺县百家宴的文化内涵

泰顺县百家宴作为一项传统习俗,蕴含着丰富的文化内涵。首先,它体现了泰顺人民对祖先的敬仰和怀念之情。在百家宴上,人们通过祭祖活动,表达对祖先的感激和敬意,传承着家族的优良传统。其次,百家宴也展现了泰顺人民的团结和互助精神。在宴席上,人们不分彼此,共同分享美食和快乐,体现了乡邻之间的和谐与亲密。此外,百家宴还承载着泰顺人民对美好生活的向往和追求,通过举办盛大的节日活动,展示着地方的繁荣与昌盛。

同时,泰顺县百家宴也体现了地方文化的独特魅力。在百家宴上,人们可以看到浙北文化和闽文化的交融与碰撞,这种文化的交融使百家宴具有更加丰富的文化内涵和独特的艺术魅力。通过百家宴的举办,泰顺人民不仅传承了地方文化,也向外界展示了泰顺文化的独特魅力。

3　泰顺县百家宴的举办流程

2010年元宵节，泰顺百家宴因规模超过6000桌、入席客人超过6万人，被载入吉尼斯纪录，成为名副其实的"天下第一福宴"。百家宴大致流程分为：选福头—福宴筹备—襄神仪式—其他娱乐活动。

选福头：举办百家宴无疑给村族头人出一道难题，会餐的物资若准备不够，到时手忙脚乱，会给百家宴带来负面影响，功亏一篑；物资若准备过多，造成太大的浪费，经济压力又无法承受。为了办好百家宴，历年村族头人早早就做好筹备工作，未雨绸缪，处理好各项事务，尽量避免疏漏，以免有损百家宴声誉的事情发生。所以选福头是关键，也是筹备工作的第一件事。

福宴筹备：包含养福猪、种福菜、种福稻、酿福酒、做福糕、备福柴、购置南北货、约租桌凳盘碗、请厨师等烦琐事项。百家宴第一件事是祭祀，祭祀供品猪头必不可少，福猪往往指定一至两户专职饲养；百家宴上的红酒、年糕被称作福酒、福糕，是两种最具农家特色、最受人喜爱的饮料和食品。百家宴筹备过程中，请厨师非常关键，因为餐桌上每一道菜烧得好或坏，关系到整个宴会的成败。三乡五里、四面八方的朋友，不仅想目睹百家宴的壮观场面，还想亲口尝一尝这万人同食一锅的农家特色菜肴，厨师也把为百家宴烧菜作为一种善举，均愿意无偿提供服务。

襄神仪式：这是检验百家宴举办得成功与否的重要标志，是整个福事的核心，村民把它视作一项最神圣的活动，虔诚至极。其操作过程和内容较复杂烦琐，要求也极其严格，对人事、时间、地点、环境都有规定，加上每个地方供奉的神祗不同，有的请马仙，有的请陈十四，有的请杨府爷，等等，襄神的程序就有所区别。

其他娱乐活动包括唱大戏、演提线木偶、燃放药发木偶、舞龙、舞狮、舞马灯、放焰火鞭炮等。这些节目的加入使百家宴这项福事内容更加丰富，更加吸引人，同时也营造了一种喜庆祥和的气氛，让每个参加者身心愉悦，得到一种精神上的享受。

4　泰顺县百家宴的档案保护

随着社会的发展和时代的变迁，泰顺县百家宴也在不断发展和创新。如今，百家宴已不仅仅是一项传统的节日活动，更成为一个展示泰顺文化、推动旅游发展的重要平台。政府和社会各界积极投入百家宴的保护与传承工作中，通过举办各种文化活动、加强宣传推广等方式，使百家宴的影响力不断扩大。

同时，百家宴也面临一些挑战和问题。随着现代化进程的加速推进，人们的生活方式和价值观念发生了巨大的变化,传统的习俗和文化逐渐淡化。一些年轻人对百家宴这一传统习俗缺乏了解和认同,导致参与热情不高。此外,由于资金不足、组织困难等,一些地方的百家宴活动难以持续举办,面临着失传的风险。

针对这些问题,我们需要采取一系列措施来保护和传承百家宴这一非物质文化遗产。首先,加强宣传教育,提高人们对百家宴的认识和了解,增强文化自信和认同感。其次,加大资金投入,改善活动设施和环境,提高活动的质量和水平。同时,鼓励社会各界参与百家宴的保护与传承工作,形成合力推动百家宴的发展。

2007 年,泰顺因"百家宴"被确定为浙江省元宵节传统节日保护示范地;2008 年,泰顺被浙江省文化部门列入非物质文化遗产"传统节日保护基地";2009 年,泰顺百家宴被列入第三批省级非物质文化遗产保护名录。2011 年颁布的《中华人民共和国非物质文化遗产法》第十三条规定"文化主管部门应当全面了解非物质文化遗产有关情况,建立非物质文化遗产档案及相关数据库",正式明确了建档作为保护非物质文化遗产措施的重要地位,自此,泰顺百家宴的档案保护得到法律保障。

5　百家宴档案保护与现代价值

泰顺县百家宴作为一项非物质文化遗产,具有极高的历史、文化和社会价值。百家宴既是泰顺独有的吉祥文化,也是古老的民俗演绎,在悠久历史和民众传承中积淀了大量的资料。泰顺县百家宴被纳入非物质文化遗产保护名录后,经过政府和社会整理,形成了百家宴民俗档案,对民俗活动的研究推广具有重要的参考价值。

首先,它是泰顺历史档案的重要组成部分,通过百家宴的举办,我们可以深入了解泰顺的历史渊源和文化传统。民俗档案中详细记载了民俗文化的历史起源、发展历程,真实可靠的历史记录为民俗文化品牌的开发提供了丰富的文化素材,有利于激发文化品牌的产品研发灵感,为其产品推广宣传提供了广阔的空间,而且依托传统民俗的丰富文化背景,利用民俗文化深厚的社会根基,民俗文化品牌快速取得市场认同,打造品牌优势,增强品牌影响力。同时,利用民俗档案开发民俗文化品牌的过程,也是深入研究开发民俗档案的过程,有利于档案部门更好地开发利用馆藏资源,提高社会档案意识,提升档案部门的社会地位和社会影响力。

其次,百家宴档案保护还有利于促进地方经济发展和和谐社会建设。挖掘百家宴民俗档案中的民俗文化信息,与旅游市场对接,以市场激发民俗档案的开发利用活力,同时利用民俗的文化魅力,打造民俗文化村、开展民俗节庆活动、打造历史文化街。如三魁镇致力于引领百家宴的传承与发展,紧抓全省实施年味江南精品旅游体验项目机遇,通过启动龟岩路外立面整治、古民居和古村落等修缮,抓好百家宴展示馆、"百家宴第一街"牌坊及众多特色景观节点等建设,全力打造百家宴年味江南示范基地,积极探索集百家宴非遗研学体验、商贸旅游、特色餐饮民宿于一体的天天百家宴多产业融合发展模式,全面提升百家宴品牌形象,助推旅游主业发展,为当地经济注入新的活力。

6　结　语

百家宴——百家聚会的盛宴,泰顺一个别具特色的民间习俗,山城天地一道古老而又亮丽的风景,它不仅传承演绎了山村古老的民俗风情,而且也极其吻合当今社会倡导的文明、和谐、进步的核心理念,是建设社会主义新农村一种毋庸置疑的时代风尚。通过对百家宴民俗档案的研究和探讨,我们可以更深入地了解泰顺文化的内涵和价值,为保护和传承这一非物质文化遗产提供有益的参考。同时,我们也应该积极推动百家宴在现代社会中的创新发展和档案保护,让其在新的时代背景下焕发出更加璀璨的光彩。

口述档案在高校校史研究中的实践应用与价值研究

车　蕙

嘉兴大学档案馆

摘　要:高校校史研究是传承大学精神、守护集体记忆的重要途径。嘉兴大学有着110周年办学历史,历经三地办学,从旧职业学校起步,发展到中等专业学校、高等专业学校、本科院校,再升格为如今的大学,它的办学历史是极不平凡的,值得研究、传承和弘扬。该文以嘉兴大学档案馆开展口述档案工作为例,探讨口述档案在高校校史研究中的价值。

关键词:口述档案;校史研究;实践;价值

档案资源在校史研究中起到重要作用,档案以其原始性、凭证性、真实性、丰富性等特点,以文字、影像、实物等多种形式,为校史研究提供了史料素材和有力支撑。当现存的、传统方式的馆藏档案资源不足以考证或理顺学校办学历史脉

络和重大办学事件时,口述档案是一种重要的补充档案资源。

1   口述档案的概念和特点

"口述档案"这一概念是 20 世纪 80 年代初才出现的,根据《档案术语词典》所述,"口述档案是指为研究利用而对个人进行有计划采访的结果,通常为录音或录音的逐字记录形式"。放在校史研究的特殊语境下,也可以通俗地将其理解为学校、组织和师生在办学历程、发展建设、教书育人、科研服务、改革创新、校园文化等活动中直接形成的,具有保存价值的,由事件当事人或事件亲闻者口述,以标准方法采集的各种文字、声像形式的历史记录。

口述档案需要校史事件亲历者进行讲述,除了具备史料性、佐证性等特点外,更具有鲜活性、真实性和细节性。像重要的校史事件,现存档案一般是学校层面的文件、工作方案和照片等,师生个人参与其中的真实记录往往较少,口述档案可以唤醒记忆、还原细节,让事件更加立体全面。对于跨越百年、历经三地办学的嘉兴大学来说,口述档案也是在抢救校史、传承精神,具有保护性和传承性的特点。

2   口述档案在校史研究中的应用

嘉兴大学校史研究已有一定成果,尤其是学校档案馆组织编撰的《嘉兴学院史(1914—2014)》是目前学校研究校史最权威、专业和全面的专著。学校档案馆在修史的过程中也发现部分重要办学历史事件资料不足,部分重要办学事件值得深入挖掘背后的意义,部分重要人物值得继续研究。为此,学校档案馆精心挑选了办学史上几个事件开展口述档案采集,作为校史研究的新思路和新实践,大大补充和丰富了校史档案资源。

2.1   再现办学变迁

嘉兴大学历经三地办学,1914—1960 年为宁波办学时期,1960—1987 年为建德梅城办学时期,1987 年 8 月迁校至嘉兴。在校史研究的过程中发现,从宁波搬迁到梅城的办学历程史料不足且搬迁亲历者均年事已高,尤其是搬迁的原因没有找到有力的文件证明材料。学校档案馆组织召开"1960 年宁波迁校建德梅城"口述校史座谈会,五位亲历老同志讲述了学校从宁波搬迁到建德梅城办学的历史背景、原因、决策过程、场景等,以及在梅城办学之初师生艰苦奋斗的故事。通过录音录像对座谈会交流全过程进行记录,同时将记录整理成文字,经亲历者审核后形成整套档案材料。

2.2 还原旧址校貌

学校在宁波办学期间,先后在北大路和广仁街两个校址办学。两个校址历经岁月变迁,原貌均不存在。为追忆这段不平凡的办学历史,缅怀曾经的峥嵘岁月,学校专门邀请曾经在此生活、工作、学习过的老教师和老校友,通过实地走访回忆,口述校园当时的基本建筑物和位置,并对照馆藏的资料图纸,经过反复讨论佐证,确定当时校园的基本面貌,制作出校园模型,真实再现昔日校园风采。

2.3 守护集体记忆

1988—1990年,学校医学院两名教师成为浙江省第十一批援非医疗队队员,赴马里开展医疗救助工作。通过口述档案活动,他们分享了为当地百姓看病治疗、救死扶伤的亲身经历,以及为当地送去医疗物资和技术、帮助当地提高医疗水平的故事,同时捐赠了88张当时的工作照作为永久馆藏档案,形成了展现高校教师医者仁心品质的独特档案资料。学校1954级邱少云班向学校捐赠该班班旗作为校史实物资料,通过现场师生共同回忆分享班旗的由来和意义,形成了展现师生情谊和班级凝聚力的口述档案资料。

2.4 回忆教学细节

学校档案馆发现一批实物资料,大致推测是梅城办学期间的教学用具,但有些名称、用途不详。当年在校工作的老教师仔细辨认后,认定是一批识图课用的教具,是矿山开产井下坑道用的测风仪、指南针、测高仪和矿山开产工艺教学用的教学示意图等教学实物资料。通过对实物档案的口述,挖掘出当时的教学模式、课程设置等教学历史。

3 口述档案在校史研究中的价值

高校校史是一所学校发展轨迹的真实记录,记载着学校创建、发展、壮大的历程,是大学办学特色和大学精神的重要体现,是校园文化建设的重要内容,具有存史资政育人的作用。

口述档案的丰富性、真实性和细节性弥补了文书档案和文献资料的不足,成为另外一种具有重要价值的校史研究资源。

3.1 高校口述档案的存史价值

研究高校校史,对现存档案资源开发利用是普遍的做法。但对于历史悠久的高校来说,文书档案和实物档案等在历史变迁的过程中存在遗失、保管不善等现象,许多重大活动没有被完整记录,造成校史研究上的许多空白。只有通过采

访见证人,把他们的亲身经历或者上代人流传下来的史实记录下来,建立口述档案,才能弥补这些历史的空白。口述档案有利于丰富校史资源馆藏,在口述档案采集的过程中,有时也能征集到亲历者对相关事件保存的文献资料、实物材料等,有利于优化校史资源馆藏结构。口述档案往往是针对校史中的重大活动或重要事件展开的,采集的过程也是一次校史开发利用的过程,为进一步开展校史学术研究提供了方向和思路。

3.2 高校口述档案的文化价值

学校档案馆在采集口述档案时,首先会精心挑选主题,与亲历者联系沟通,做好采访提纲,一般有多个亲历者,会采取集体座谈方式,帮助互相唤醒记忆,也有助于讲述事件真实性的互相印证。同时,学校档案馆会做好现有文献资料或实物材料的准备,帮助亲历者回忆,需要场景式回忆的也可以到实地口述。口述档案的实践活动一般会组织师生现场聆听,并进行录音录像。口述的过程既是讲述校史的过程,更是展现学校办学传统、办学理念、办学成就的过程;既是在讲好学校故事,更是在传播校史文化和校园文化。口述档案采集完成后的材料会整理成书面文字材料,经亲历者审定后馆藏,其中的内容也会开发利用形成相关新闻报道,发表于媒体上。如文中所述医学教师参加援非医疗队口述档案活动,以《行有涯 爱无边 一片仁心在马里》为名在校报公开发表;1954级班旗捐赠口述档案活动,文章《有一种力量叫班旗凝聚力》公开发表在地方媒体和校报上。媒体的传播可以让更多的师生甚至广大群众了解校史,感受大学风采和大学文化。

3.3 高校口述档案的育人价值

高校校史是大学的文脉传承,是办学传统的积淀,是大学精神的承载,既凝聚着丰富的时代内涵,又具有鲜明的特质,是高校重要的育人资源源泉。高校最根本的任务是立德树人、培养人才。对培养人才产生重要影响的就是大学精神与文化传统。通过口述档案实践充分挖掘校史文化资源,记录大学变迁和发展过程中的标志性事件或者人物故事,并通过媒体宣传、展览、编研等多种形式生动诠释大学的文化与精神,使口述档案成为莘莘学子成长成才的生动教材,帮助他们成为具有创造精神和远大理想的优秀人才。口述档案实践也可以融入大学课程开发和文化建设,在始业教育、校史文化通识教育、爱国爱校教育中发挥作用,有助于激发师生校友的深厚家国情怀和奋斗精神,形成大学文化育人的合力。

口述档案作为高校校史的重要档案资源和校史文化建设的重要组成部分,在助力校史学术研究和校史文化传播、加强校园文化建设、发挥文化育人功能等方面起到重要作用。因此,高校要进一步加强口述档案工作,重视校史在育人中的作用,不断探索和创新工作方式,增强口述档案的文化影响力。

浅议学校宣传教育中青年校友档案资源的开发利用

于禄佳

浙江省杭州第二中学

摘　要:随着教育部新一轮改革消息的公布,国家对高中学生的培育要求有所变化。杭州第二中学一直秉持着让学生自主发展的教育理念,让学生充分发挥自主能动性和创新能力。该文紧扣当前教育形势与学校育人环境,结合学校实际情况,就如何充分开发利用青年校友档案资源、发挥学校宣传教育功能进行比较深入的研究和分析。

关键词:教育形势;青年校友;宣传教育

2024 年 2 月,有"诺贝尔风向标"美誉的斯隆研究奖公布了 2024 年最新获奖名单。126 位杰出青年科学家获奖,华人学者占 29 席。其中,杭州第二中学 2008 届校友金驰、2007 届校友杨杨同时荣获该奖项。2023 年,2016 届毕业生郭文景又以 AI 视频公司 Pika Labs 创始人的身份大火,哈佛学霸初创公司 6 个月就吸引了大半个硅谷的追捧,融资 5500 万美元,估值达到 2 亿美元⋯⋯

越来越多的杭州第二中学青年校友在世界崭露头角,2000 年后毕业的校友开始陆续发力。笔者认为,在当前教育形势下,有效挖掘青年校友档案资源,充分发挥其在学校宣传教育中的功能作用,更能表达学校的教育理念与办学愿景,更能激励当下学生探索与创新,也更契合当前国家教育发展形势。

1　当前教育形势与学校育人环境

新年伊始,教育部公布的新一轮教育改革的重磅消息表明,高中阶段教学难度升级,学生学习方式更加灵活,学校要注重培养学生的探索创新能力,未来的高考将更加注重考查学生的综合素质和思维能力。这一轮教育改革是中国教育发展史上的重要里程碑,不仅影响学生的未来走向,而且对高中学校提出了更高的教育要求。

杭州二中的办学理念及育人目标一直是：为学生的卓越发展奠定基础,培育有家国情怀与人文精神、追求卓越、引领未来的时代青年。多年来,学校一直秉承着让学生自主发展的教育理念,充分发挥学生自主能动性,提供温和多样的教育环境,润心启智。在这样的高中学习氛围下,学校有必要通过典型引导、教育宣传,使学生能够充分发挥创造能力,全方位展现自身发展可能性。

2 挖掘青年校友档案资源,充分发挥教育宣传功能

2.1 学校青年校友档案资源保存现状及存在的问题

学校自 2003 年实行电子化管理学籍档案后,一直按照学生档案存档目录及保管期限进行收集、整理、上架、检索利用。一般学校学籍类档案永久保管的有各类毕业生登记表、学籍表、毕业生名册、毕业生去向表,各类高中招生录取名单,学生转学、休学、退休、复学登记册及有关证书存根、借读生审批材料等。学生档案收集范围较为常规,且多为打印存档,毕业生个体差异不大,也没有很好体现档案的文物价值。为此,学校增设"毕业感言"校友档案栏目,以班为卷,基本信息与毕业感言整体呈现,与学籍档案配套永久保管。表格设计体现姓名、性别、籍贯、学籍主号、政治面貌、家庭信息等学生基础信息,大篇幅留白毕业生感言模块,让毕业生充分回忆三年来在学校的点滴与成长,与教师和同学的情谊。纸质校友档案自收集保管以来已有 10 余年,虽然丰富了室藏种类,但在开发利用上仍存在诸多问题,如宣传平台较为单一、教育效果反应平淡、没有和当前的学生建立联系、数字化建设还有待提高等。

2.2 挖掘青年校友档案资源的意义

杭州第二中学自 1899 年建校,历史悠久,优秀校友不胜枚举。老一辈优秀校友有抗日名将冯仲云、幼教之父陈鹤琴、敦煌之父常书鸿等,近年来,学校青年优秀毕业生日益在国际舞台绽放,2006 年毕业生姚冀众获评杭州市十大青年科技英才荣誉,带领纤纳光电团队连续三次创造钙钛矿电池组件的世界纪录;2006年毕业生江一舟,聚焦临床难题"三阴性乳腺癌治疗",获得阿里巴巴达摩院青橙奖;2006 年毕业生张程皓,从事我国 CZ-3X 系列火箭的总体结构与分离仿真计算工作,圆满完成嫦娥四号的发射任务;2017 年毕业生吴易昺,是首位世界大满贯青少年组男单冠军……学校优质青年校友数量庞大,青年校友的奖励荣誉、发展成就多为近年来取得,能够充分挖掘、利用青年校友档案资源,多样化、全方位地展示青年校友的成就荣誉及在校期间的宝贵档案内容,更能带动在校学生学习与共情,带动他们不断创新探索。学校能够利用自身独特优势进行宣传,不仅

是对档案资源的开发利用,同时也会对学校发展及历史呈现产生极大影响。

2.3　利用青年校友档案资源,发挥宣传教育功能的实现途径

第一,用活青年校友档案资源,多样化平台展示宣传。

校友档案尤其是毕业感言的资源内容十分珍贵,这些优秀毕业生当年在学校的所感所言,实属"全素颜、真感情"。将这部分档案资源挖掘利用,以展板、校友墙等多种形式悬挂于学校大厅、竺可桢长廊等显眼位置,既能随时对在校生进行宣传教育,又能在外来宾客参观时提高学校知名度与美誉度。

第二,将青年校友请进校园,定期开办校友讲堂。

青年校友不同于早期知名校友,他们或是在当下研发困难的前沿领域克难攻坚,或是获得目前国内或全球难度系数极大的荣誉成就。邀请优秀青年校友进校开展讲座,讲述个人领域专业发展,或是讲述学生时期的亲身经历,更能引起在校学生的兴趣,激发他们的学习热情。优秀青年校友毕业时间不长,也更能引起在校学生共情,起到更好的宣传教育作用。

第三,设立不同学科优秀青年校友奖项,灵活开发利用。

每学期评选该项领域表现突出奖,对获奖学生进行奖励,通过学校邮箱与优秀青年校友代表建立沟通机制。优秀的青年校友是学生心中的榜样,通过激励机制激发学生在不同领域充分发挥创造力,激励他们不断探索与钻研。建立青年校友人才智库,定期通过学校平台推送获奖学生邮件,与优秀青年校友建立沟通渠道。校友与学生的往来邮件可以作为校友档案整理保存,这也是对前期"毕业感言"校友档案的呼应,更能体现学校灵活开发利用校友档案资源的做法。

第四,开展青年校友档案数字化特色建设,更好服务社会。

党的二十大报告指出,要加快网络强国、数字中国建设。青年校友档案要实现数字化特色建设,将学校传统学籍档案与青年校友档案挂钩,实现数字化连接与融合。学校目前正在对历届毕业生学生信息进行数字化整理,不仅计划在二中大脑、校园网、公众号、家校通等载体上呈现,还将单独设计校友通小程序,对青年校友档案模块进行展示,平时收集的校友进校照片、活动文字、沟通邮件也会及时入档,这样既可以方便毕业生查询、利用学生档案,又可以对在校生进行激励,对学校教工、家长进行宣传教育。

当前,教育部进行新的教育改革。新的教育形势下,学校青年校友档案资源的利用开发不仅要保留自身传统特色,丰富室藏种类,加大编研力度,保障档案安全,更要结合新的形势,创造多种展示渠道,大力推进数字化,打造更多青年校友档案文化精品,最终更好地服务社会。

以高质量党建档案工作助推国企党建工作高质量发展

毛佳玲

杭州运河集团严州古城(梅城)综保开发有限公司

摘　要：党建发展新形势对国企党建工作质量提出了新要求,党务工作人员要深刻认识党建档案工作对党建工作的重要性,正确处理党建工作与党建档案工作关系。针对当前党建档案工作存在的认识不足、机制不全、体系不清、队伍不强等问题,该文对基础党建工作、党员发展及党员档案建设、党建品牌建设、主题教育专项档案、党建档案管理队伍等工作提出建议,探讨以高质量党建档案工作助推国企党建工作高质量发展。

关键词：国有企业;党建工作;党建档案工作;高质量发展

习近平总书记指出,坚持党的领导、加强党的建设,是国企的"根"和"魂"。国企姓"党",新时代国企党建工作必须牢记党的初心使命,肩负起政治责任和社会责任;要贴合企业改革发展实际,发挥党建统揽全局作用,引领国企始终坚定正确发展方向。当前,国企正在进行新一轮改革,党的建设也要应时而动,为建设党建高地努力探索实践路径。高质量党建档案工作能够为国企党建提供更精准、更全面的信息,推动国企坚定政治自信、文化自信,进一步夯实国企党建高质量发展基础。因此,做好党建档案工作责任重大。

1　充分认识党建档案工作在国企党建工作中的重要性

1.1　党建档案是党建工作的历史记录

党建档案体现了党组织在一定时期内的组织建设和发展历程,是展现党建工作成效的重要窗口,以文字、图片、影像等原始、真实、鲜活的形式,记录国企学习领会党中央精神做出的具体举措、贯彻落实上级精神所做的具体工作、党建与业务融合的实践探索和基础党建工作等,既有很强的政治性,又有鲜明的时代特征。

1.2　党建档案是思想政治教育的重要工具

党建档案能够全面系统完整展现国企在党建统领下形成的企业文化、精神内核,是传承赓续企业文化、开展思想政治教育的重要工具。

1.3 严谨的党建档案工作体系是国企党建规范化的必要条件

建立严谨的党建档案工作体系,有助于避免在党建管理过程中出现的风险和问题,用好既有优势,动态优化党建工作机制建设,不断提高新时代党建工作的适应性,保证党建工作的时代性、规范性。

1.4 严格的党建档案工作是全面从严治党的必然要求

严格的党建档案工作,既能补强党建工作,更能强化党员教育培养工作。从面上看,能展示党组织在履行主体责任方面是否到位、是否存在问题、是否整改落实等情况,快速识别党组织的政治风气是否清正、作风建设是否过硬。从点上看,能有效提高党组织对党员干部的识别度,使干部考察工作更具有科学性和全面性,防止带病提拔,纵深推进全面从严治党工作。

2 当前党建档案工作存在的问题

2.1 认识不足

部分国企党组织对党建档案工作的重要性认识不足,认为党建工作要体现在具体活动中,体现在党建成果打造和品牌建设等显性工作上,注重过程管理,对党建档案的完整性、必要性重视度还不够,存在"重业务,轻档案"的问题。

2.2 机制不全

高质量党建档案工作依托完善的管理机制,机制的建立健全可以推动提升党建档案工作成效,提高工作人员对党建工作全生命周期的认识,进而增强党建档案工作的主动性和自觉性,降低人为因素带来的风险和问题。但是,当前仍有不少国企在党建档案工作机制的建设上还比较滞后,没有实现对党建档案的集中统一管理,进而影响了党建档案工作的应有效用。

2.3 体系不清

国企行业板块多样,不同的行业党建档案工作的整体框架虽相似,但具体要求各有不同,需要结合行业特征、企业发展、党建品牌等进行系统谋划,守正创新保持活力。目前,部分国企的党建档案资料归档较为依赖通用的归档范围要求,未进行进一步细分,企业发展特征、行业特点体现得不够充分。

2.4 队伍不强

党建档案具有较强专业性,如果工作人员没有党建基础知识,档案工作是机

械的;如果工作人员缺乏档案专业知识,党建档案工作是不系统的。目前,国企党建干部队伍熟练掌握档案知识与技能的人较少,专职档案管理人员对党建的认识又不够深入,党建档案人才队伍的培养仍在路上。

3 高质量党建档案工作的几点建议

3.1 注重基础党建工作标准化、规范化

加强基层党组织标准化、规范化建设,是落实全面从严治党要求的重要内容,是提升基层党建工作科学化水平的重要举措。基层党组织的日常工作,如活动组织的流程化、会议记录的标准化,都需不断细化优化,尤其是党支部作为党组织的最小单元,要做好"三本六盒一证"的日常管理工作。其中,"三本"指党支部会议记录本、党小组会议记录本、党员学习笔记本;"六盒"指组织管理档案盒、党员管理档案盒、组织生活档案盒、主题教育档案盒、创先争优档案盒、群团文化档案盒;"一证"指党费证。"三本六盒一证"在各行业国企的管理重点略有不同,但规范化管理理念应贯穿始终,以此提高党建基础工作的标准化水平。

3.2 注重党员发展及党员档案建设的延续性、安全性

为切实加强党员管理,提高考察的真实性、全面性、准确性,严把党员入口关和教育关,以规范化为指导,以延续性为重点,建立党员个人档案。党员发展档案要做好线上线下双轨管理,严格按照 25 步法落实,党员档案要定期更新,明确归档内容,做到应归尽归、应收尽收,确保材料精确化、流程规范化;做好档案移交、保管工作,牢固树立安全意识,正确处理档案保密需求和档案开放使用需求的关系。

3.3 注重党建品牌建设的独特性

党建品牌是指根据新时代党建工作的基本规律和特点,借鉴企业品牌概念而提出的先进方法和管理方式。目前,国企各党支部积极推进"一支部一品牌"工作,形成了具有鲜明特色的红色阵地矩阵。其中党建品牌建设特别注重党业融合发展历程、成功经验的整理与展示。要充分发挥党建档案在党建品牌建设中的作用,主动担当,为品牌创建出谋划策、提供依据、做好支撑。同时,以解决党建品牌建设过程中发现的短板和弱项为契机,有针对性地开展机制、体系优化,形成良性互动。

3.4 注重主题教育专项档案的全面性、系统性

主题教育具有鲜明的政治性,党中央就某一方面或全局性工作做出专题部

署。抓好主题教育是国企在一定时期内的重要政治任务,各项党建工作紧紧围绕主题教育开展。2023 年开展的习近平新时代中国特色社会主义思想主题教育活动,明确要求把理论学习、调查研究、推动发展、检视整改等贯通起来,有机融合、一体推进。主题教育开展以来,国企结合发展实际积极探索可持续发展路径,增强了党建与业务融合力度,发挥了党建统揽全局的作用,形成了卓有成效的主题教育成果。党建档案工作要紧扣主题教育各项活动,树立档案前置理念,把重大场景、重要会议、重点成果收集好、整理好、利用好,切实发挥档案历史凭证作用。

3.5　注重增强党建档案管理队伍的专业性、协同性

党建档案工作队伍是档案工作的主力军,要发挥好专业专职作用,以研讨班、培训班、学习班等形式,着力培养又红又专的高素质党建档案工作队伍。同时,加强内外部协同,引进第三方单位力量,强化档案业内交流,主动借助上级档案主管部门指导机会,不断提升党建档案工作人员的思想认识和能力水平,进而推动国企党建档案工作高质量发展。

科研档案视角下科研单位成果转化研究

屈　颖

浙江大学台州研究院

摘　要:该文从科研档案的视角出发,探讨了科研单位成果转化的相关问题。通过分析科研档案在科研活动中的角色和功能,以及其在科研成果转化过程中的应用和挑战,提出了改进科研成果转化的策略。文章提出提升档案质量、强化档案利用、完善档案管理体制,以及融合现代信息技术、搭建成果转化平台等对策,以促进科研成果的有效转化。

关键词:科研档案;科研单位;成果转化;科技创新

科研单位的成果转化是科技创新链中的关键一环,对推动社会经济发展具有重大意义。科研档案不仅记录了科研活动的详细过程,也包含了科研成果的关键信息,是连接科研活动与成果应用的桥梁。本文旨在深入探讨科研档案在科研单位成果转化中的作用和面临的挑战,并提出具体对策,以期提高科研成果

的转化效率和效益。

1 科研档案在科研成果转化中的作用

科研档案包括所有记录科研活动和成果的文档和资料,如项目申请书、研究报告、实验数据、会议记录等。这些档案是科研过程的直接证据,对科研活动的管理、监督和评价起到了不可替代的作用。

1.1 提供历史数据和经验参考

科研档案详细且准确地记录了科研项目从立项到实施的每一个具体步骤,包括实验设计、数据收集、实验过程中的变化等。这使研究人员能够清晰地追溯整个研究过程,深入分析研究中产生的数据,发现其中的规律和问题,总结出宝贵的经验教训,为后续研究提供有益的参考。

1.2 提供法律和知识产权保护

档案中包含了科研成果的产生过程、参与人员、创新点等关键信息,这些信息是证明科研成果归属的重要法律证据,它能有效地保护研究人员的知识产权,防止他人侵权,维护科研人员的合法权益。

1.3 提供决策依据

科研档案提供科研项目的详细背景资料、前期研究成果以及相关数据等,为科研成果的进一步开发和商业化提供有力支持。通过对科研档案的分析,科研单位可以了解科研项目的进展情况、成果特点和应用前景,为制定成果转化策略提供依据。

1.4 促进知识传播和交流

科研档案的共享和利用可以促进科研人员之间的知识交流和合作,提高科研成果的传播效率,扩大科研成果应用范围。

2 科研单位成果转化的现状和存在的问题

2.1 成果转化的现状

尽管科研单位的成果转化推动了国家科技创新战略实施,但转化率和转化效率仍然不高,大量送到档案室的科研成果束之高阁,无人问津,这无疑是对资源的极大浪费。2024 年 3 月 31 日,科技部、财政部联合印发了《国家重点研发计划管理暂行办法》,修订后的暂行办法重点突出了"以成果转化为导向",完全颠覆了旧版"重研发轻转化"的总体基调。

2.2　存在的问题

第一,档案管理不规范。科研档案的管理缺乏统一标准,导致信息不完整或失真,影响成果的评价和转化。

第二,评价体系不完善。当前的成果评价体系过于侧重论文发表等传统指标,忽视了实际应用价值和市场潜力。

第三,转化机制僵化。科研成果转化机制不够灵活,难以适应快速变化。

第四,公众参与度不高以及专业人才缺乏。公众对科研成果的认知存在局限性,缺乏既懂科研又懂转化的复合型人才。

3　科研档案视角下影响成果转化的因素

3.1　档案质量

科研档案的完整性、准确性和规范性直接影响成果转化的效率和效果。

3.2　档案利用程度

科研人员对科研档案的利用程度和方式也会影响成果转化的进程。

3.3　档案管理体制

完善的档案管理体制可以为成果转化提供良好的保障。

4　解决对策

4.1　着力提升档案质量

一是加大科研档案的收集力度,优化收集流程,确保档案完整性和准确性;二是精心开展整理工作,使其归档井然有序、便于查找;三是采用科学合理的保管方式,保障档案的安全与完整。通过这些举措,切实保障档案的质量与完整性,为成果转化奠定坚实根基。

4.2　切实提升档案利用率

一是积极组织各类档案工作培训活动,使科研人员深入了解档案的价值及利用方法;二是广泛搭建交流平台,推动科研人员之间经验分享与互动;三是提升科研人员对档案的认知及利用能力;四是加强合作共享,实现档案资源的互通共享。这些举措可以使档案更好地服务于科研及成果转化。

4.3　持续完善档案管理体制

一是建立健全科研档案管理体制,制定统一的档案管理规范与标准,明确各环节职责分工,确保每项工作落实到位;二是强化监督与考核,定期对档案管理工作进行评估与检查,及时发现并解决问题,确保科研活动的每个阶段都有翔实记录并妥善保存。

4.4　融合现代信息技术,搭建成果转化平台

一是借助现代信息技术,如云计算存储、区块链等,确保科研档案保管安全可靠、检索便捷;二是搭建成果转化平台,使科研成果与市场需求紧密衔接,促进成果的转化与应用,为科研工作带来更大的价值与意义。

科研档案在科研单位的成果转化过程中扮演着无可替代的重要角色。科研档案详细记录了科研项目的全过程,包括研究思路、实验数据、成果总结等重要信息,这些信息是科研成果得以转化的基础和依据。

因此,要充分认识到科研档案在成果转化中的重要性,通过提升档案质量、强化档案利用、完善档案管理体制,以及融合现代信息技术、搭建成果转化平台等,有效促进科研单位成果转化,提升科研成果的应用价值和社会效益。在未来的研究中,我们应更多地关注科研档案系统的创新,不断探索更加高效、科学的档案管理模式,同时也要注重科研政策的适应性改进,使其更好地适应科技创新和经济发展的需求,以支持持续的科技创新和经济增长,为社会的进步和发展做出更大的贡献。

数字政府背景下县政府专题会档案管理利用优化策略

——以泰顺县为例

罗志攀

泰顺县人民政府办公室

摘　要:县政府专题会是县政府议事和决策的重要方式,会议形式包括县政府专题会、协调会,内容涉及贯彻落实上级重大事项、统筹协调事项、决策处理突发事项等,因此,做好县政府专题会档案管理工作意义重大。目前,该类档案仍

存在收集不到位、信息化技术不足、人员力量匮乏等问题,对政府科学决策后续利用产生了极大影响,迫切需要采取强力措施,全面提高档案工作质量和服务水平。基于此,该文对数字政府背景下县政府专题会档案管理利用优化路径进行探讨。

关键词:数字政府;县政府专题会档案;优化利用;路径

县政府专题会档案作为数字政府建设的重要资源之一,是县政府对有关数据或者信息记录的一个重要载体,不仅是维护本身合法权益的基本工具,也是进行相关管理工作的重要保障。在数字政府背景下,我们要本着"对历史负责、为现实服务、替未来着想"的宗旨,切实做好政府专题会档案的管理。本文对数字政府背景下县政府专题会档案利用存在的问题进行分析,并提出针对性的优化策略。

1　数字政府背景下专题会档案管理利用

习近平总书记指出,要把满足人民对美好生活的向往作为数字政府建设的出发点和落脚点,打造泛在可及、智慧便捷、公平普惠的数字化服务体系,让百姓少跑腿、数据多跑路。数字政府建设是数字时代创新政府治理理念和方式的重要举措,对加快转变政府职能,建设人民满意的法治政府、创新政府、廉洁政府和服务型政府具有重大的理论意义和实践价值。县政府专题会档案服务利用作为数字政府建设的重要内容,主要是将县政府重大议事和决策形成的会议记录、材料、文件进行收集、整理,通过分类编号形成纸质档案和电子档案,并利用互联网、大数据等技术,提供查询和利用。

2　数字政府背景下专题会档案管理利用存在的问题

2.1　专题会档案管理不到位

一方面,县政府专题会档案收集范围不够全面。从归档范围分析,未将专题会的会议签到表、会议记录、会议材料等原始记录材料包含在内,仅以会议纪要形式零散保存在政府协同办公系统内。以泰顺县为例,2023 年,泰顺县共召开各类专题会 30 次,形成会议纪要 30 份。目前,30 份县政府专题会档案仅保存拟稿单、会议纪要电子文件,会议记录本、会议签到表、汇报材料等都未纳入整理归档范围。另一方面,县政府专题会档案归档不及时,由于县政府专题会档案涉及教育、卫健、交通等多个政府口子,分解到县府办各个责任科室和人员,如果专

题会档案材料一年一整理归档,时间跨度大,在管理过程中由于人员变动、整理不及时等,相关材料极易丢失,严重影响后续利用。

2.2 存在信息孤岛现象

近年来,随着数字政府的深入推进,数字化改革在政府治理体系完善、治理能力水平提升等方面发挥了重大作用。但我们也发现,专题会档案资源数字化改革仍需加快,特别是在数字化技术、集成和共享利用方面还存在较大空间,档案资源信息孤岛问题亟待解决。如泰顺县政府专题会档案材料只零散保存在政府协同办公系统内,未能利用大数据技术对专题会档案进行信息提取、关联、整合和深入挖掘,难以提升相应的服务能力,无法为县政府领导决策提供更好的参考。

2.3 档案人员力量不足

一方面,基层档案工作人员都存在不同程度的紧缺,专业的档案工作人员就更少,很多人员既从事本单位的档案工作,又兼顾人事、会务等其他工作。另一方面,档案管理岗位缺乏吸引力,以泰顺县人民政府办公室为例,现有工作人员47 人,其中行政岗位 12 人、管理岗位 26 人、专技术岗位 9 人,具有档案职称的仅 2 人,占比仅为 4.3%。

3 数字政府背景下专题会档案管理利用优化路径

3.1 重视专题会档案管理

专题会档案作为政府决策的原始记录,具有重要的保存价值和利用价值。各级府办领导要充分认识专题会档案的保存价值和利用,进一步重视专题会档案的管理,实行一把手亲自抓、分管领导具体抓、一级抓一级、层层抓落实的工作推进机制,为机关档案工作顺利开展提供有力的组织保障。各级领导要推进档案管理制度化,按照专题会档案管理标准和要求,完善档案收集、整理、保管、利用等一系列档案管理制度,实行案件流程管理、及时归档。

3.2 推进档案数字化建设

数字化是实现高效管理的有力手段,是当下政府档案管理的大势所趋,要按照"科学规划,持续投入,分步实施"的工作思路,持续推进专题会档案信息化建设,将以往专题会资料形成具有保存价值的纸质档案,全部进行数字化处理,统一录入对应的信息数据库中,从而将核心档案文件保护起来。

3.3　拓宽档案利用渠道

档案数字化、信息化的最终目的是为各类群体提供更加高效、快捷的服务。要加强档案管理利用一体化平台的打造，推动档案服务利用方式多元化，如在县政府网站设置"数字档案"专栏，开放档案目录检索、预约查档等功能，实现民生档案"一站式"查档。要实现档案查阅"全域化"服务，如在档案馆查档大厅、行政服务大厅、乡镇便民服务中心等重点服务场所，提供档案跨部门、纵向到底的查阅服务，打通查档"最后一公里"。

3.4　加强档案人才队伍建设

档案工作的性质、特点要求档案人才队伍必须具有相对稳定性和工作连续性。在当前数字政府背景下，应加强对政府档案管理人员队伍的建设。一方面要增加基层档案工作力量，解决好编制和岗位设置问题，全方位培育、引进、用好人才；另一方面要强化档案工作人员的培训，着重培养档案工作人员的业务能力、职业素养以及责任观念，提升档案工作人员的档案管理水平。此外，还要建立档案工作人员激励机制，在选拔任用、岗位聘用、职级晋升等方面给予倾斜，激励档案工作人员在平凡的工作岗位上做出不平凡的业绩。

当前，正在全方位深化政府数字化转型，而在政府工作当中，专题会档案管理属于重要的环节，在高效发挥政府职能方面起到至关重要的作用，只有本着对历史负责、为现实服务、替未来着想的态度，才能做好专题会档案管理各项工作，才能发挥出档案信息资源的作用，才能真正地打造"整体智治、唯实唯先"的现代政府。

病案在医院管理中的价值体现及加强与改进对策

吴　丹

杭州市临安区中医院

摘　要：病案是医疗机构在诊疗过程中直接形成的有保存价值的历史记录，为医院的管理、医疗进步、教学与科研提供帮助，同时也为社会提供有关病案信息的服务。医院应加强对病案的管理，实现规范化、信息化、精细化管理，不断发挥病案的价值与作用。

关键词：病案；病案价值；医院管理；病案改进对策

病案是记录患者疾病发生、发展和诊疗过程的档案。病案管理是医院管理的重要组成部分,主要涵盖病案收集、录入、编码、整理、归档、保管、查询、复印等多方面内容,并对病案资料进行分析统计和质量监控,提炼出有价值的信息供领导决策,并利用信息化技术,使病案管理逐步走向规范化、信息化、精细化管理的轨道。

1　病案在医院管理中的价值体现

首先,病案是医疗质量管理的基础和有效的法律依据。医生、护士以及检查检验等辅助科室在患者住院期间,通过病历真实的记录,将医疗行为转换成文字、图像,能客观反映出医务人员的专业技术水平。三级查房制度、输血规范制度、知情告知制度等18项核心制度,能真实反映出医院的医疗质量,是医疗质量管理的基础。病案真实记录了患者从入院登记、住院治疗到出院结账的整个诊疗过程,因此是公、检、法办案的重要法律依据。

其次,病案是医院绩效考核和统计数据的直接依据。随着国考和浙江省医院绩效考核的深入推进,为满足等级医院评审的需要,更为了提升医疗质量,医院越来越重视各类考核指标,而住院相关的指标大多来源于病案首页。病案中的量化指标(如住院天数、转科时间、入出院时间等)直接影响医院的出院人次、床位使用率、平均住院日、病床周转次数等。而疾病、手术名称直接影响 DRG 分组,关系到医院的 CMI 值、RW≥2 的占比、三四级手术占比等重要指标。中医药使用占比、双向转诊、平均住院费用等国家重点关注指标,也全部来源于病案首页。医务、财务、统计等职能部门充分利用病案数据进行针对性的统计分析,为医院领导做出相关决策当好参谋。

再次,病案是临床科学研究的可靠素材。新技术、新项目的开展成效、新药的临床试验成果,最终都将通过病案的经验总结、统计分析来体现,病案可以为课题研究撰写论文提供可靠的帮助,促进临床和基础医学的不断发展。通过对病种的分析研究,医院可明确重点建设优势专科的研究方向,优化特色专科。通过对肿瘤、慢性病的分析,预防保健部门及时开展相应的预防措施,研究降低肿瘤和慢性病的发病率。

最后,病案事关医保、医院和患者的经济利益。适应国家政策调控,医院将同一病组的疾病费用控制在合理区间,保证医保资金的合理使用,防止过度医疗,为患者节约了看病的时间和费用,解决了患者看病难、看病贵的难题。医院为患者保险报销、伤残鉴定、转院治疗等提供真实、完整的病案资料,能让患者从多渠道降低看病的成本。病案管理关乎医保、医院和患者权益,关系到医院的整体服务质量和水平,是医院良性发展的基础保障。

2　病案管理存在的问题

2.1　专业素质不高

跟大多数区县级医院一样,病案管理人员大多由临床一线退下来的同志构成,专业水平不高,计算机技术不熟,法律意识不强,都是继承过去工作经验总结,创新精神不足,普遍缺少危机意识,工作积极性不高,认为工作是"铁饭碗",甚至对工作抱有等退休的态度,使病案室变成了养老院。

2.2　再培训机会少

病案管理不被重视,个别领导认为病案室的工作只是"整整病历,钉钉补补"的工作,觉得什么人都可以干,所以给予学习培圳的机会很少,每年接受再教育的人员占比不足 30%,导致病案管理人员的法律知识、临床知识、专业知识都得不到普遍提升。病案管理人员长期处于幕后,工作积极性不高。

2.3　执行制度流程不严谨

一份完整的病案从办入院、书写、质控、保存、借阅、复印邮寄、鉴定、开发利用直到销毁,涉及医院的各科室、各部门,病案管理人员没有参与全流程管理,认为病历交到病案室才算是病案管理人员的工作开始。病案管理人员每天下科室收缴,交接制度流于形式,病案找不到的时候相互推诿。反复催缴仍不按时归档的,没按制度进行相应的扣罚,人情大于制度。

3　加强和改进病案管理的对策措施

当前,公立医院绩效考核、临床路径和单病种管理等工作在全国开展,智慧医疗在普及,互联网医院在发展,DRG 付费不断推进,医院精细化管理在推进。病案作为重要的考核依据,直接关系到医院质的考核、量的排名、医保基金的控制,领导非常重视,医院病案管理发生了量到质的转变,医院也对病案管理工作提出了更高、更新要求。

3.1　推进依法依规管理

根据《中华人民共和国档案法》等在内的多个标准规范,要完善医院病案管理的一系列相关制度。例如,通过建立病案首页质控制度,对病案首页进行定期检查,并将检查结果通过钉钉、质控系统等及时反馈给临床医生;建立完善的病案借阅复印制度,不管是院内职工的借阅还是对外复印,都采用严格的审批流

程,审批通过后在病案示踪系统的借阅(复印)登记表上进行详细登记,确保病案的有序借阅、复印,严守职业道德底线,对患者隐私不对外传播,保持高度的责任感。

3.2　提高病案管理人员的整体素质

提高病案管理水平的关键是培养病案管理人才,这已成为国际病案管理的共识。近年来根据床位比,医院陆续招录病案管理专业人员,目前专业人员占比已经达到 3/4 左右,他们不仅有专业知识,还有一定的临床专业知识,便于和临床医生沟通,共同提升病案管理质量。明确对病案所有环节进行流程管理,做好和临床的合理分工与配合,完善交接制度,并通过 PDCA 做好持续质量改进,极大地提高工作效率。管理人员熟练掌握和运用医院的 HIS 系统、病案管理系统、病案的示踪系统、医保系统等,以及各系统之间相关内容的匹配与有效衔接。医院制订培训和继续教育计划,争取每年都派各层次专业人员外出进修和学习,并将学到的内容在科内、院内分享,不断提升病案管理人员的整体素质。

3.3　利用信息技术实行病案全流程管理

在新时期特别是随着电子病案的普及,病案管理部门和信息部门要制定合法且完善的病案管理流程,有效防范法律风险。电子病历系统要及时升级,工号密码登录,并根据实际情况设置每个工号的权限范围,对输入和修改内容保留痕迹,一个季度修改一次密码,分工合理、权职明确,提高系统使用安全性和数据内容的真实性。在病案交接环节,病案管理人员根据 HIS 系统每日导出出院患者清单,与科主任或护士长进行一对一双方签字确认后再回收;在病案利用环节,当公检法部门及保险公司调阅时,需出具单位介绍信、工作证,保险公司还需出具患者授权委托书。在病案保管和鉴定环节,管理人员要定期对储存的病案进行鉴定检查,因库房存储量有限,10 年以上的病案打包装箱,做好索引存放于第二库房。利用病案示踪系统,实时查询病案所处位置,提高工作效率,方便利用。

综上所述,病案管理学不光在医疗、教学、科研占有一席之地,在国考、等级医院评审、医院管理和绩效统计中的价值也越来越受到人们的重视,是一门综合性的学科。要利用信息化技术,不断突破理论和实践,使病案管理技术从粗犷型向精细型转变,从被动型服务向主动型服务转变。通过统计分析研究,有序挖掘病案潜在内涵,发挥病案在医院和社会中的广泛价值。

农业科研档案开发利用途径探索

张　珺

桐乡市农业农村局

摘　要:农业科研院所科研档案既是农业科技发展和创新的重要记录,也是科研活动的宝贵财富。随着农业科研的深入发展,其开发利用价值日益凸显。该文通过对桐乡市农业科研档案开发利用途径的现状和存在的问题进行分析,进而提出有针对性的对策和建议,以期促进档案的高效开发利用,为农业科研提供有力支撑。

关键词:农业科研院所;科研档案;开发利用;途径探索

农业科研院所科研档案作为农业科技人员对科研活动、科研成果进行记录和保存的重要载体,其开发利用不仅能提高农业科研水平,还可以作为农业生产的科学依据。然而,当前农业科研院所科研档案的开发利用程度仍显不足,档案资源的价值未能得到充分发挥,如档案基础业务不规范、开发利用意识不强、资源共享机制不完善等。因此,进一步探索其开发利用途径,对于推进农业科技创新、推动农业现代化都具有重要价值。

1　农业科研档案管理现状

桐乡市农业农村局注重优化档案管理软硬件设施环境,提高相关人员的素质,组织专兼职档案员进行农业档案管理培训,历经30多年的规范化发展与建设,在2011年1月和2012年12月先后顺利晋升为浙江省档案管理二级单位、浙江省档案管理一级单位,并在2015年2月成功晋级为浙江省示范数字档案室。现桐乡市农业农村局收集整理的农业科研档案共481卷,包括科研获奖项目档案227卷、科研材料档案254卷。另有包括照片档案14卷1083张、实物档案911件、光盘档案2卷18张在内的各类特种载体档案共16卷2012件。

2　农业科研档案开发利用存在的问题

2.1　基础业务不规范

新农村建设对农业科研档案有很大的需求,科研档案管理的基础业务显得尤为重要。尽管农业科研档案管理在逐步迈向标准化与规范化的轨道,但当前仍面临归档门类不齐全、资料收集不完整的突出问题,亟待解决。如粮油、园艺、水产、畜牧、土肥植保等领域的新品种、农业机械化新技术等推介专题档案,目前依然是由各科室自行保管,没有系统编目装订,久而久之,这部分档案很容易遗失。

2.2　开发利用意识不强

当前,农业科研单位和科研人员往往更关注科研项目本身,对科研档案开发利用的价值缺乏足够的认识,只将档案视为简单的记录工具。可以将目前存在的这种问题视为农业科研档案管理"重生产,轻规划""重科研,轻档案"等双重失衡现象。档案资源被闲置,其蕴含的科研信息和智慧资源无法充分发挥其应有的价值。

2.3　资源共享机制不完善

档案员缺乏与其他部门共享档案信息的意识,造成农业科研院所内部部门之间、不同单位之间的档案资源共享机制不够完善,存在信息孤岛、数据共享困难等问题。农业档案与其他部门之间缺乏档案信息共享和互补性,导致难以满足科研活动的多样化需求,制约了档案资源的高效利用。

3　农业科研档案开发利用途径探索

3.1　加强归纳整理,建立"大服务"档案观

档案员应当做好档案资源的全面收集工作,通过加大收集的力度和拓展收集的广度,探索并开辟多样化的收集途径,以确保档案内容的丰富性和完整性。这意味着档案员不仅要关注传统来源的档案材料,还要积极适应信息化时代的需求,利用现代技术手段拓展收集范围,使档案库藏能够全面反映历史、现状和未来趋势,为各类利用者提供更加丰富、有价值的档案信息服务。一方面,在政府数字化转型的浪潮中,政府应构建一个兼具智慧化与服务性的农业科研档案利用管理平台。深度整合本地资源,不仅实现农业科研档案收集、整理、保管、利

用的全链条管理,还要强化监管、服务等功能,确保档案信息的准确性和安全性。通过打造这一创新平台,农业科研档案的管理将更加高效、便捷,为科研工作者和决策者提供即时、精准的档案信息服务,推动农业科研事业的快速发展。另一方面,政府应建立产业"大档案"的全新视角,在新视角下规划农业科研档案工作,包括试验记录、生产数据、推广方案、设计应用等在内的常规科研档案,确保科研过程与成果的详尽记录与可追溯性;扶贫共富、美丽乡村建设、农民丰收庆典、农业新品研发等专题科研档案,旨在保留和传承农业发展与乡村振兴的宝贵经验和成果;农业研究活动中产生的照片、视频、音频、电子文件等特殊载体档案在收集和整理时都应得到充分重视。

3.2 加强人才队伍建设,提升工作效率

在新时代背景下,农业档案管理员的角色正经历着深刻的变革与升级,其要求已远远超越了传统范畴。这一领域不仅呼唤着具备扎实农业档案管理专业知识与先进技术应用能力的人才,更强调管理员需拥有卓越的亲和力、沟通能力和独立思考能力,以适应农业档案管理日益复杂化与信息化的趋势。农业科研档案管理,作为推动农业科技进步与创新的重要基石,其管理与开发利用效率直接关系到科研成果的转化与应用。因此,构建一支智慧化、技术化水平高的人才队伍,成为提升农业科研档案管理效能的关键所在。这要求管理员不仅要精通档案学的基本理论与方法,还要熟练掌握现代信息技术,如大数据分析、云计算、人工智能等,以实现档案信息的数字化、网络化和智能化管理。同时,面对农业科研档案的多样性和专业性,管理员还需具备敏锐的洞察力和判断力,能够从中挖掘出有价值的科研信息,为农业科研决策提供有力支持。此外,良好的亲和力和沟通能力也是不可或缺的,这些素质和能力有助于管理员与科研人员建立紧密的联系,了解他们的需求与期望,从而为之提供更加精准、高效的服务。为实现这一目标,我们应采取以下措施:首先,要提高引进人才的准入标准,确保他们在专业技术、价值观念以及职业精神等方面与岗位需求高度契合。其次,要注重人才的后续培养与发展,为此我们需要制订一套既合理又可行的培养计划。最后,我们要关注农业档案管理员的长期职业发展,激发他们的自主学习能力,要求他们紧跟时代步伐,不断学习新知识,掌握新技术,并加强与行业内其他部门的沟通与交流,以提升专业能力,从而更好地服务"三农"工作。

3.3 创新开发利用途径,促进农业可持续发展

推动空间服务的创新是农业档案管理建设的核心要素和关键环节,它将极大地促进知识共享,提升服务效率,并为服务对象带来更便捷的使用体验。桐乡市农业农村局,作为地方农业发展的核心管理部门,应主动担当起建设县域农业

档案数据共享中心的重任。这一举措旨在以市局为坚实后盾,构建一个辐射广泛、层级分明的农业信息服务网络。首先,市局将作为中心枢纽,集中力量整合并优化农业档案数据资源,确保信息的准确性和时效性。其次,这一服务网络将稳步向桐乡市下辖的 11 个镇(街道)的农经中心基层站点延伸,实现信息的快速传递与共享。通过这些基层站点,农业档案数据将更贴近农民群众的实际需求,为他们提供更加精准、有效的农业指导和服务。最后,服务网络将进一步深入村一级,形成一张覆盖全面、无缝衔接的农业信息服务网。无论是市级的农业政策、技术信息,还是基层的农业实践经验和反馈,都能在这个网络中得到及时、有效的传递与互动。这为桐乡市的农业现代化发展提供强有力的信息支撑和服务保障。这种新的服务网络模式,将极大地提升农业信息资源的利用效率,促进农业生产的科学化和智能化发展。构建"市+镇+村"三级网络,有效地提升了桐乡市农业档案的价值与效用,不仅在广度上拓展开发领域,还在深度上挖掘档案资源的潜力。具体而言,就是将各类关键性的农业档案资源,不管其级别还是类别,都有效整合并纳入一个共享的数字化平台,切实构建一个内容丰富、结构完善的农业档案资源库,为农业领域的各方参与者提供便捷的信息获取途径。同时,这个创新网络将会是一个全方位、多层次的服务体系,该体系在横向上能够紧密连接所有涉农单位,如农业科研机构、农业技术推广部门、农产品加工企业等,实现信息的无缝对接与共享;在纵向上,则力求覆盖至每一名农户,确保他们能及时获取到所需的农业知识与技术支持,从而提升整个农业产业链的运作效率与竞争力。简而言之,我们要构建一个集信息汇聚、资源共享、服务于一体的农业档案开发利用体系,为桐乡市的农业现代化发展注入新的活力与动力。

为进一步提高农业科研档案的开发利用效率,档案管理员要主动挖掘档案资源,继续加强关于农业科研档案开发利用工作的研究与实践,积极关注和探索新的档案开发利用途径和方法。同时,在信息技术发展的基础上进一步引入人工智能,密切关注人工智能与农业档案管理工作之间的关系,从而有效地将人工智能技术应用到农业科研档案的开发利用中来,用人工智能技术实现对农业科研档案的智能搜索、合理分类,同时更好地保障档案信息的安全。随着信息技术的飞速发展,凭借自身良好的便捷性、交互性特征,人工智能已经在农业科研档案的开发利用中大展拳脚,使农业档案管理工作进一步得到优化,为农业科技创新和产业发展提供有力保障。

档案工作服务基层社会治理的实践与成效

胡瑞团

苍南县电子文件和数字档案登记备份中心

摘　要:档案资源建设是档案工作的基础,决定着档案信息资源收集的广度和利用的深度。档案基层工作是档案工作的重点和难点。面对全面聚集农村基层社会治理的主要任务和实际需要,档案工作"三级联动"服务基层、服务乡镇档案馆业务建设,采取"一镇一村一特色"馆室模式,形成打基础、管长远的档案资源建设体系,并将资源体系建设贯穿于收集、保管、利用全过程。

关键词:服务基层;体系建设;特色;馆室模式

基层档案工作作为整个档案事业中最薄弱、发展最不充分的一部分,是档案工作要突破的难点所在,也是档案事业改革中最有潜力和活力的部分。苍南县积极贯彻落实温州市档案工作服务农村基层社会治理工作试点要求,全面聚集农村基层社会治理的主要任务和实际需要,采取"一镇一村一特色"馆室模式开展乡镇档案馆业务建设,如通过建立健全档案规则制度、加强档案组织建设、强化档案资源建设、规范档案馆库建设、深化档案开发利用等工作,使档案工作服务基层社会治理持续走深走实,为提升农村基层社会治理能力提供有效服务。

1　档案工作服务基层社会治理的实践

1.1　聚焦点,拿出可操作的办法

坚持整体推进。将档案工作纳入单位信息化建设的整体规划,以实现档案工作与各项事业的协同发展,明确工作的优先级和阶段性目标。加强部门间的协作与沟通,形成工作合力,推动档案资源在政府部门、社会组织之间的共享和流通。建立村社档案共建共享机制,成立村社档案中心,鼓励居民参与档案的收集和整理,记录村社治理的点滴,为村社发展提供参考;发起档案众包模式,吸引社会力量、档案服务机构参与档案的数字化工作,提高档案数字化的效率;通过在社交媒体平台上开设档案专题账号,以生动有趣的方式分享档案故事和社会治理的经验,引导公众讨论和参与。

1.2　抓重点，预设可提升的空间

突出"十项必收"。把"168 黄金海岸线文旅开发""绿能小镇"等反映苍南特色的项目档案纳入收集目录清单，按照"十项重点"指导基层开展档案收集工作。开展村情档案管理工作，县档案局通过培训、指导和帮助各村组织建立档案室，将条件相对成熟的村居作为试点，以点带面地开展村级建档工作。同时建立行政村档案目录数据库，为本村各类组织及其成员、村民提供档案查阅服务，做到以用促管、管用并重。

1.3　攻难点，破解可持续的"瓶颈"

解决资金难点。建立各村的县机关帮扶挂点制度，提供不少于 5000 元的资金帮扶或相关物资支援。破解场所难点，建立农村档案工作体制机制，县、乡、村三级分别采取新建、改建、腾挪等各种办法，缓解村级组织档案场地压力。

1.4　创特点，增强可推广的价值

创建乡镇档案馆、实物档案馆、乡贤馆及村级档案室，苍南县档案部门近年来共创建灵溪镇、宜山镇、金乡镇、钱库镇、矾山镇 5 个乡镇档案馆，数量占全市第一。继续打造特色档案馆，矾山镇结合申遗"世界矾都"工作申报国家档案课题，集中资源、优化资源，持续推动苍南县档案工作取得新发展，实现新突破。

2　档案工作服务基层社会治理的成效

2.1　推行"一镇一村一特色"馆室模式

积极推广"灵溪镇档案馆＋桃胡村档案室""宜山镇档案馆＋宜一社区党建室""矾山镇档案馆＋埔坪村档案室＋矾山矾矿实物档案馆""金乡镇档案馆＋徽章档案""钱库镇档案馆＋项东村档案室＋蛮话方言档案"馆室模式；这可以更好地保护和利用地方特色档案资源，服务农村基层社会治理，促进乡村振兴。

2.2　建设乡村特色馆

建设文明礼堂、传统村落等，汇集地方特色文化，深入挖掘乡村文化；建立村史（档案）馆、民俗馆，以留存乡愁记忆、传承乡土文明。比如，桥墩镇仙堂村、矾山镇内山村等地村史（档案）馆吸引大量游客前往参观，既带火了乡村旅游，又可成为党员教育与党史教育相结合的重要阵地。

2.3　打造"千村档案"基础性工程

全面记录村庄历史文化、为乡村发展提供决策依据，通过组建专业团队，包

括档案专家、乡村研究人员、当地村民等,共同参与档案收集,通过走访村民、查阅历史文献、收集实物档案等方式,广泛获取与村庄相关的各类信息。按照村庄的历史沿革、经济发展、文化传承、社会生活等方面进行分类,将重要的纸质档案进行数字化,建立电子档案库,方便存储、查询和利用,为乡村规划、旅游开发、文化传承等提供数据支持和决策参考。比如,碗窑村、矴步头村、福德湾村等村落反映,木偶戏(单档布袋戏)、蒲城拔五更、夹纻漆器、点色剪纸、莒溪刀轿等地方特色文化吸引了大量编志人士、学者了解和研究当地文化。

档案服务基层社会治理不仅有助于提升基层治理的现代化水平,还能够在保障民生、服务经济发展、支持乡村振兴、促进文化和旅游的融合发展、化解社会矛盾、维护社会和谐稳定等方面发挥重要作用,是实现社会全面进步和可持续发展的重要基础工作。

发挥城建档案利用效益的问题与对策

陈艳霞

桐庐县建筑业管理处

摘　要:城建档案只有做好利用工作,提升档案利用效益,才能更好地发挥作用。当前,城建档案利用效益的提高还受到资源不够丰富、利用范围不广、利用层次不高、开发意识不强、主动服务不够等方面因素的制约,需要加大宣传力度,加强资源建设,注重数字赋能,提升服务能力,以更好地发挥城建档案在经济社会发展中的利用效益。

关键词:城建档案;利用效益;问题;对策

城建档案是在城市规划、建设及其管理活动中直接形成的具有保存价值的文字、图表、声像等技术资料。对于现行的城市建设和管理具有凭证、依据、参考和借鉴作用,这种作用可能是直接的、现实的,也可能是长远的、潜在的。提供利用,是档案工作的最终目的与归宿。当前能用,其作用是现实的、直接的;今后乃至遥远的未来可能利用,其作用是长远的、潜在的。由此,做好城建档案利用工作极其重要。

1 城建档案在城市建设中起着重要的作用

第一，城市发展进程需要不断的更新、改造、扩建。城建档案的地下管线、工程项目的技术资料等都是城市建设过程中不可或缺的有力依据。如果没有原始的相关资料可供借鉴参考，后续工作将费时又费钱，如扩建项目就要重新勘探、地下污水管网堵塞往往导致盲目开挖等。这不但要花费大量时间、财力，同时影响项目建设质量和进度。

第二，城建档案是现代化城市管理的核心支撑，它扮演着举足轻重的角色。城建档案不仅是城市历史与现实的真实记录，更是城市未来发展的重要依据。城建档案的形成贯穿于城市建设的全过程，无论是新建项目、扩建工程，还是维修作业，都离不开城建档案的指引和参考。这些档案以其详尽、精确的内容，全面映射出城市的面貌，为城市的规划、建设和管理奠定了坚实的基础。在各类法律诉讼和纠纷中，城建档案更是扮演着关键角色。它们如实地记录着工程项目从立项、筹建、审批、施工到竣工验收整个过程，每一个环节都留下了清晰的印记。这种原始记录性和权威性，使城建档案在解决纠纷时具有无可替代的法律效力，成为法律判决的重要依据。

第三，城建档案不仅是城市历史的见证，更是宝贵的城市信息资源。它们蕴含着丰富的城市建设和管理信息，是我们了解城市发展状况的重要窗口。通过深入研究和分析城建档案，我们能够更加全面地了解城市的历史变迁、发展现状和未来趋势，为城市的可持续发展提供科学的决策依据。同时，城建档案也是城市规划、建设和管理的重要参考，为城市的未来发展提供了宝贵的经验和启示。

第四，城建档案的利用价值有独特性。城建档案利用效益有以下特点：首先，具有社会性，社会各行各业都可以参考城建档案信息；其次，具有长期性，利用效益有时不能立竿见影，而是利在长远；最后，具有隐含性，有些利用效益不能独立显现出来，而常常包含在有关工作的整体发展或某一成果的综合效益之中。

2 城建档案利用效益存在的问题

2.1 资源不够丰富

做好城建档案利用工作的重要基础是要有丰富的馆藏，城建档案收集不全面，部分价值高、社会效益好的档案收不进来，造成馆藏种类不够齐全，这些直接影响城建档案利用效益的充分发挥。

2.2 利用范围不广

城建档案在工程设计、规划、房屋产权、司法纠纷及各部门审批中应用较多，其他领域应用较少，其利用工作还很薄弱。总体来看，城建档案借阅人数不多，人们对城建档案的利用意识不强。

2.3 利用层次不高

许多利用实例都只是查阅某一份原来存档的材料，但对城建档案进行综合性应用较少。

2.4 开发意识不强

城建档案基本上只作为资料进行查阅，对档案资料进行深度开发、二次开发不多，为城市建设提供决策依据作用发挥不够。

2.5 主动服务不够

档案部门与用户的联系不密切、不广泛，提供城建档案信息的主动性、及时性、针对性不强，往往是坐等借阅较多，信息网络不健全。

3 充分发挥城建档案利用效益的对策

3.1 加大宣传力度

国家先后出台了《中华人民共和国档案法》《建设工程质量管理条例》《城市建设档案管理规定》等法律法规，依法建立和完善城建档案职能部门的地位和作用。我们要加大档案法律法规宣传教育，在全社会普及城建档案知识教育，增强城建档案意识，加深对利用城建档案重要作用的认识；加大力度宣传档案馆馆藏情况，使利用者了解档案的内容和价值。

3.2 加强资源建设

我们要进一步加强城建档案的接收、收集和征集工作，丰富和优化馆藏，使档案门类更加齐全。强化依法管档，对拒交档案的单位和个人，加大执法力度，查处违法行为，使城建档案工作做到违法必究。

3.3 注重数字赋能

加快城建档案馆现代化进程，以档案信息化促进档案工作现代化，加快档案工作数字化转型，实现城建档案信息资源共享，开发档案潜在的信息资源，将过去单一的只为保管单位提供服务，提升为广泛的为社会各界服务。依靠科技力量对城建档案馆进行科学管理。推行城建档案工作智能化,推广档案办公自动化,在档案工作人员熟悉档案内容的基础上,规范、及时、高效地为社会提供利用档案的服务。

3.4 提升服务能力

城建档案工作要紧紧围绕城市建设这一中心,努力提供高质量服务。城建档案的编研和利用工作显得尤为重要,我们要加强工作人员队伍建设,提高其业务素质,促使其掌握专业知识,鼓励工作人员根据馆藏档案开展编研工作,形成编研成果,为领导和部门决策提供依据。更加注重城建档案信息资源的开发利用,开拓新的服务方式,主动参与到城市建设中去,将城建档案的潜在价值充分转化为现实的社会价值。

总之,城建档案工作的服务理念要化被动为主动,我们要拓展档案利用的途径,提高档案服务质量,提升档案利用效益,更好地发挥城建档案在经济社会发展中的基础性作用。

新时代国有企业档案文化建设的问题与对策

施黎黎

湖州市交通投资集团有限公司

摘 要:国有企业档案文化建设不仅是国有企业文化建设的重要基础,也是新时代国有企业贯彻落实习近平文化思想、建设社会主义文化强国、铸就中华文化新辉煌的有效载体。当前,国有企业档案文化建设存在意识比较淡薄、品牌创建不够、智力支持不足等问题。为此,要提出国有企业做好档案文化建设的对策。

关键词:国有企业;档案文化;问题;对策

在国有企业文化建设过程中,档案文化建设对树立企业形象、凝聚企业力量、传承企业文化、弘扬企业精神、树立企业核心价值观,以及培养员工的荣誉感、认同感和归属感,都具有深远而持续的影响。我们要深刻认识到国有企业档案文化在国有企业文化建设中的重要作用,积极推进档案文化建设,以强有力的文化软实力助推国有企业在激烈的市场竞争中脱颖而出。

1 国有企业档案文化建设存在的问题

国有企业文化建设是一项系统工程,其中,档案文化是国有企业文化建设的基础和依据。新时代以来,国有企业档案文化建设取得了良好成效,为国有企业文化建设做出了大量贡献。同时,面对新时代、新要求,也存在一些不足和问题。

1.1 档案文化意识比较淡薄

在大多数人眼中,国有企业档案文化建设是档案部门的工作。不少人档案文化意识比较薄弱,对档案功能的认识仍局限于查阅参考,还没有认识到它是一种重要的文化资源,具有存史、资政、育人及传承文化等功能。在推进国有企业文化建设过程中,很多人没有把档案文化看成企业文化建设的重要组成部分,没有足够重视。档案文化意识的强弱,会从心理层面影响人们对档案工作、档案部门和档案事业的重视程度、理解程度和支持程度。

1.2 档案文化品牌创建不够

在实际工作中,部分国有企业档案部门对档案文化功能定位认识不足,导致对档案的研究和开发力度不大。档案文化研究利用存在短板,档案编研工作未有效开展,从而造成档案文化产品质量不高甚至缺失,档案文化品牌创建缺少相应的文化产品支撑,品牌影响力不大。

1.3 档案文化智力支持不足

很多国有企业缺乏专业的档案文化建设人才,档案工作人员仅能完成基础的档案工作,在品牌建设上缺乏专业知识和丰富经验,导致档案文化品牌建设缺乏有效的智力支持。

2 新时代国有企业做好档案文化建设的对策

2.1 全面认识档案文化功能,强化国有企业档案文化意识

档案文化意识,是整个企业对档案文化的认识和态度。国有企业档案文化建设的工作重点是提高企业全体人员对档案和档案工作的认知度、参与度,增强档案和档案工作的吸引力和影响力,进而提升全员的档案文化意识。以湖州市交通投资集团有限公司为例,集团通过完善档案管理制度、在集团本级及各子公司配备档案管理专门人员、定期组织档案业务培训、参加国际档案日宣传活动等,提高了全员对档案和档案工作的认识和参与度,为档案文化建设营造了浓厚

的工作氛围。此外,集团还注重发挥档案文化的宣教作用,通过利用新媒体展播50余年的公交发展历程,编印《湖州市交通集团清廉国企建设实践样本》等一系列举措,不断增进集团干部职工和社会大众对国有企业档案工作的文化认同,助力档案文化建设。

2.2 积极开发档案文化产品,创建档案文化建设特色品牌

做好国有企业档案文化建设,除要加强对档案文化建设的理论研究外,还要充分利用档案文化资源,积极开发档案文化产品,打造具有企业特色、行业标准、示范引领的档案文化建设品牌。以湖州市交通投资集团有限公司为例,集团在重点项目湖杭高速公路吴兴至德清段项目建设时,探索创建了智廉工程示范点,先行打造了全省领先的"智廉湖杭云控平台",通过对档案数据的采集、评定、填报全过程自动化管理,实现了档案与工程建设"同步收集、同步整理、同步归档"。该项目成功入选"浙路品质"数字验收应用试点,形成了可借鉴、可复制、可推广的品牌化管理内容,"智廉湖杭"品牌也成为集团档案文化建设的一张亮丽名片。

2.3 培育培养档案文化人才,提升档案文化建设队伍素质

档案文化是一种记忆文化,决定档案文化建设成功与否的关键在于人。我们应不断提高档案工作人员的档案文化意识与自身文化素养,鼓励其不断提高业务水平与研究能力,建立良好的人文环境与学术氛围。同时,我们要加大人才引进力度,吸收一批精业务、懂文化、会经营、善宣传的档案文化建设品牌人才。此外,我们还要加强对专业人才的教育培养力度,强化档案人员的职业道德建设,不断提高档案人员的整体素质,以人才的智力支持推动国有企业档案文化建设高质量发展。

打造档案文化品牌的创新实践

——以乐清市图书馆"四千"精神陈列馆建设为例

厉圆圆

乐清市图书馆

摘　要:该文以"四千"精神陈列馆建设为例,从凸显地方特色、引导多方参与、注重数字赋能三个方面入手,提出了档案文化品牌建设的实践路径和发展方

向,为打造档案文化品牌提供借鉴。

关键词:档案文化;品牌;实践

随着文化对经济社会发展的推动作用日益显现,档案的文化功能也逐步扩大,在中国式现代化建设中发挥着越来越重要的作用。如何利用档案文化的历史资源优势,打造档案文化品牌,发挥档案文化功能,更好地服务社会经济发展,是档案工作的研究方向之一。乐清市图书馆以"四千"精神陈列馆建设为抓手,创新、打造具有乐清特色的档案文化品牌,为档案文化品牌建设提供实践路径。

1　档案文化品牌建设凸显地方特色

乐清是"温州模式"的主要发祥地、民营经济的先发地,乐清人发扬"四千"精神(走遍千山万水,说尽千言万语,想尽千方百计,吃尽千辛万苦),率先改革开拓,尝试个体私营经济,兴办家庭工厂,制造低压电器,建立供销大军,将产品打入全国市场,留下了丰富的档案资料与实物,为打造极具乐清特色的档案文化品牌打下了厚实的资源基础。乐清市图书馆充分利用"四千"精神这一重要的品牌特色,打造"四千"精神陈列馆,共展出媒体报道 2052 份,还原历史照片 3847 张,展示实物、复制品 200 多件,视频 215 部,史料故事 620 个。陈列馆以人物为主体,展示人物 913 位,目前发现最早关于"四千"精神的公开表述就是形容供销员这个群体,陈列馆专门为乐清的供销员群体著书立传。乐清是"中国电器之都",电器是乐清的标志,陈列馆用乐清最知名的电路板为意象,数据化展示乐清电器行业向外发展的足迹,聚焦乐清人敢闯敢拼的创业故事。

2　档案文化品牌建设鼓励多方参与

档案文化品牌建设需要多方协作。乐清市图书馆充分认识到自身在经验、知识、资源上的不足,引入社会力量参与"四千"精神陈列馆建设。陈列馆筹建前期,为确保展陈内容的客观性、专业性,乐清市组建了由乐清市档案馆、乐清市社科联、乐清市图书馆、乐清市博物馆以及企业、社会学者等组成的专家鉴定组,对征集史料进行认定、整理,为展陈内容把脉定向。企业作为"四千"精神主体的践行者,是改革开放 40 多年来党的富民政策的直接受益者,在此次陈列馆建设过程中,多个展品由企业捐赠。20 世纪 70 年代的脚踏冲床、手摇台钻和台虎钳等机器是柳市电器生产的初期样板。意华集团陈献孟和他的团队捐赠 80 年代自主研发的接插件半自动装配机,该设备打破国外垄断局面,意华从一个小工厂做到上市企业。多家非公企业党委走访企业历史亲历者,以微纪录片的形式进行

口述史采集,采集到的资料以数字化形式提供给陈列馆,既丰富了陈列馆档案类型,又拓宽了档案文化品牌建设的开发思路,充分发挥了社会力量在档案品牌建设中的作用。

3 档案文化品牌建设注重数字赋能

数字化技术的有效运用,正改变着人们的生活。借助数字化手段有利于档案文化品牌的推广和传播。如陈列馆序厅的主屏内容设计,就是从主流媒体报道中收集、整理"四千"精神以及民营经济相关的媒体数据,以可视化档案图谱形式,在触摸屏上进行交互查看,呈现"四千"精神和乐清人创业故事的全景。陈列馆第六展厅以乐清数字长卷结尾,这幅长卷以乐清地标、"乐清十古"宣传片为画面,把名人 IP 做成数字人,用户扫脸就可以生成数字分身,进入画中,与 IP 互动,通过和数字人的对话了解乐清文化与"四千"精神,更有效地增强观众的参与度和互动体验。陈列馆在数字化处理的基础上,设置一个打卡剧场,读者与屏幕交互,即可自动生成短视频,让读者置身于乐清民营经济蓬勃发展的年代,沉浸式融入当时的环境中。生成的短视频还可以扫码分享,互动气氛更加浓郁。

乐清市图书馆认真落实习近平总书记关于档案工作的重要指示批示精神,借助建设"四千"精神主题陈列馆这一载体,积极打造"四千"精神档案文化品牌建设,有效传承"四千"精神,较好地发挥了档案文化传播社会正能量的功能,为地方经济社会发展提供了有力精神支撑。

传承红色石油基因 助力石化企业转型发展

蔡静宇

中国石化销售股份有限公司浙江绍兴石油分公司

摘　要:石化企业的红色档案记载了几代石化人始终听党话、跟党走,为国家献石油的红色奋斗史。挖掘企业红色档案资源,传承企业红色基因,激发广大石化员工工作激情,实现石化企业转型发展,具有现实和深远的意义。该文就石化企业红色档案的利用现状进行分析,提出变革的途径和措施,以助力企业转型发展。

关键词:红色档案;国有企业;转型发展

党的二十大报告指出,要"弘扬以伟大建党精神为源头的中国共产党人精神谱系,用好红色资源,深入开展社会主义核心价值观宣传教育,深化爱国主义、集体主义、社会主义教育,着力培养担当民族复兴大任的时代新人"。2021年,习近平总书记在党史学习教育动员大会上的讲话中提出,"要教育引导全党大力发扬红色传统、传承红色基因","让红色基因、革命薪火代代传承"。《"十四五"全国档案事业发展规划》提出,通过深入推进档案资源体系和档案利用体系建设,充分实现档案对国家和社会的价值,鼓励深入挖掘红色档案资源,传承红色基因,充分发挥档案在理想信念教育中的作用。

中国石化是大型央企,企业红色档案记载着新中国石油人在党的领导下,矢志不渝找油田、舍生忘死为国献石油的光辉历史,是几代石油人艰苦奋斗的文化结晶和宝贵财富,具有极高的研究价值。管好用好企业红色档案,赓续红色血脉,传承红色基因,是贯彻落实党的二十大精神和习近平总书记重要指示批示精神的迫切要求;也是企业进一步提升档案工作的价值和影响力,增强员工对企业的归属感和认同感,以高质量党建引领高质量发展,实现石化企业转型发展的内在需要。

1　国有石化企业红色档案利用的现状和问题

石油石化工业发展史,既是一部艰苦创业奋斗史,也是一部优良传统传承史。面对前进道路上的重重困难,石油石化人将大无畏的革命精神与科学求实的严谨作风紧密结合,以拼搏进取、攻坚克难的顽强作风,打赢一场场恶仗硬仗,为国家摘掉了"贫油国"的帽子,挺起了中国石油石化工业的脊梁。1949年初期,石油工程第一师近8000名指战员投身于中国的石油工业建设事业,将部队的传统和作风深深融入石油工人的血脉,成为石油精神、石化传统的重要源头。大庆会战期间,面对极端艰苦的生产生活条件,以铁人王进喜为代表的老一辈石油工人,用艰苦奋斗、无私奉献的苦干实干精神,孕育了大庆精神、铁人精神。严谨认真对待每项工作的岗位责任制等管理经验和"三老四严"工作作风,成为石油石化行业的传家宝。

2016年6月,习近平总书记做出重要批示,要求大力弘扬以"苦干实干""三老四严"为核心的石油精神,深挖其蕴含的时代内涵,凝聚新时期干事创业的精神力量。"十四五"时期以来,石化企业档案部门积极探索红色档案资源开发利用的新途径。结合建党100周年、中华人民共和国成立74周年、中国石化成立40周年等大型活动,聚焦企业红色印记、挖掘历史人物背后故事,讲好石化经典故事、传播石化正能量,有效提高了石化档案的利用价值。

但在实践过程中,石化企业红色档案工作还存在一些问题。

1.1 红色档案资源协同共享不足

红色档案的形成具有地域分布的特点,如历史上的多次石油会战、大庆油田开发、克拉玛依和玉门油矿的发现等大事件,都是在特定的年代和地理区域内产生的。但是现实中,某个红色档案资料往往被存放在不同企业的档案室中,或者是每个企业只保存了和自己企业相关的历史资料。为满足档案整体编研开发的需要,整合系统内不同企业档案室的历史资料势在必行,若未形成资源融合共享,将制约红色档案价值的发挥。

1.2 红色档案资源挖掘深度不够

以具体事件为切入点,挖掘档案背后的故事一直是档案编研工作的重点,由此形成一系列的档案展示成果,为企业和社会的发展提供了强大的精神支持。但目前大部分的档案编研还停留在对档案室现有资料的复制汇合加工展示上,挖掘深层次内容故事不多。信息化时代,如何运用新理念、新技术、新方法深度挖掘红色档案资源,形成全方位的数字编研成果,为受众提供全新的数字体验,亟待探索创新,破解难题。

1.3 红色档案资源编研形式单一

近年来,石化企业聚焦国家政策指引,广泛挖掘红色档案资源,利用传统和现代相结合的编研方式,多元化、多视角展现红色石油故事,弘扬伟大的石油精神。但展示途径大都还是以纸质编研书籍、图片展览,或者参与编写整个公司的石油志为主,缺少全方位、大规模的立体展示形式。

2 问题形成的原因分析

一是档案工作重视不够。石化企业作为国家命脉产业,从中华人民共和国成立至今发挥着重要支柱作用。追求规模和效益是企业的首要任务,而企业内部的档案工作一般由办公室人员兼任,缺乏专职人员。这种情况导致档案原始资料积累不充分,而红色档案资源从开始形成就混在基础档案资料里,更没有得到单独、系统的归类和传承。

二是档案信息化相对滞后。档案部门因处于企业核心工作边缘,信息化配置水平普遍较低,并没有将整个档案的管理和利用工作纳入企业的信息化网络平台,这致使档案工作的更新迟缓,与企业和社会的发展脱节,不能很好地为石化企业的转型升级工作提供有效支持。

三是档案人才素质跟不上。档案工作人员本身参加系统内外学习交流的机会比较少,工作上横纵向的联系也不多,导致很多档案员的视野局限在档案室的一亩三分地,不能准确把握新形势下档案工作的发展走向。

3　红色档案助力国有石化企业转型发展的路径

企业红色档案是一部老一辈共产党员和石油工人艰苦奋斗的光辉革命史,是我们新一代石化人的宝贵精神财富。管好用好红色档案,弘扬好伟大的石油精神,助力企业转型发展,是义不容辞的责任。

3.1　提高政治站位,切实加强对石化企业档案工作的领导

坚持档案工作姓党,切实加强党对档案工作的领导,完善企业档案工作体制机制。充分认识红色档案的重要性,秉承对历史负责、对企业负责的基本原则,把保管好、利用好、开发好红色档案放在首要位置。企业内部要设立专门的档案部门。档案部门要立足现实、着眼未来,制定红色档案资源收集保护利用规划,根据实际情况采取红色档案资源的抢救性保护措施,为红色档案的开发利用、规范管理提供制度性保障。坚持"应收尽收、全员参与"的原则,发动全系统员工参与到红色档案收集、整理、保护和宣传中,群策群力激发红色档案活力。将企业的档案工作,尤其是红色档案的挖掘整理工作纳入整个公司的绩效考核中,转变档案工作模式,激发新时代档案工作者的激情和活力。

3.2　重视数字赋能,着力提升档案编研现代化水平

现代社会数字化生存与网络的共存成为常态,这为红色档案的数字化变革、重新焕发新的生命活力带来巨大机遇。所谓数字化变革,是指利用信息化技术对红色档案进行数字化保存、利用和传播。同时通过数字采集、情景复原再现、多媒体展示传播等途径,将红色档案中所蕴含的物质文化和精神财富全方位地展现出来,实现红色文化的传承和创新发展。

首先,建立石化企业红色档案数据库。数字化红色档案库是指利用先进的数字化技术对与红色档案相关的文件、图片、视频、音频等进行处理加工,建立起可以检索利用的数字化档案库。系统内人员通过申请,可以直接在档案库里检索需要的红色文化信息,同时利用网络平台,实现整个系统内部红色档案资源的共享和传播学习。

其次,创建石化企业红色网络博物馆。网络博物馆是指利用数字化技术和网络平台将馆藏的文物、展品以数字化形式向公众开放的一种新型博物馆。我们可以将石化系统内保存的红色文化实物、原始文献资料以现代科技手段展现出来,增加文物展览的互动性与体验性,让红色档案活起来。同时可以和系统外

的博物馆、图书馆等机构加强信息交流,通过网络平台共同办展。这种形式的博物馆为大众提供了便捷的学习途径,不仅可以扩大红色档案的影响力,也有利于红色文化的传承。

最后,推动红色档案项目成果转化。信息化时代,需要档案工作者转变角色,从以往单纯的档案信息提供者转变为信息的提供者和信息内容的开发者。石化企业要在资金允许的范围内,加大对红色档案信息化的资金投入。档案部门要加强与信息部门的合作,准确熟练运用档案信息化的各类工具。档案部门利用大数据、云计算等技术做到"精准推送",快速准确梳理出所需要的档案资料,再利用 AI 等人工智能合成技术,将资料进一步整合制作到位。例如,四川油气局档案中心整理制作的"军功章·石油魂"大型线上线下展览,讲述了中国人民解放军第 19 军 57 师改编为石油工程第一师,转战新中国石油天然气建设战线的故事。展览以轻松有趣、寓教于学的方式,受到系统内外的一致好评。《四川石油史上第一支女子钻井队》《50 年前的国庆,站在毛主席身边的石油人》等档案编研成果,先后在公司官微和《中国石油报》官微发表。这些工作将传统的档案编研与网络新媒体相结合,多元化、多视角展现企业的红色石油文化,让石化员工进一步传承红色文化,发扬石油精神,奋进新时代,续写新篇章。

3.3　创新工作机制,形成红色档案开发利用合力

开发红色档案的挖掘整理工作离不开专业人才的培养和储备。石化企业要重视档案人才,尤其要加强高水平复合型专业档案人才队伍的建设。我们邀请省市档案领域的专家定期举办红色档案的保护、利用讲座,提高档案人员的专业素质和业务能力;加强石化企业内部红色资源的共享和学习贯通,组织分公司档案工作者寻访红色石油档案的足迹,通过实践与课题相结合的模式,充分挖掘系统内整体的红色档案,推动红色文化的传播、红色基因的传承。

红色档案的利用价值、问题与策略

张关平

绍兴市机关资产事务中心

摘　要: 红色档案具有很高的历史、文化、教育和研究价值。当前,还存在红色档案利用意识不强、利用形式单一、数字化建设滞后、人才队伍匮乏等问题。

档案人员要强化红色档案利用意识,推进红色档案多元化利用,注重红色档案数字赋能,促进红色档案开发合作,提升红色档案业务能力,更好地彰显红色档案功能和价值。

关键词:红色档案;利用;问题;策略

红色档案是指自中国共产党成立以来,在各个历史时期形成的关于党的建设和革命斗争的文献、资料、照片、录音、录像等。它们是中国共产党和革命先烈为实现民族独立和人民解放的伟大事业的真实记录,具有很高的历史、文化、教育和研究价值。利用好红色资源,对于弘扬红色传统、传承红色基因、赓续红色血脉具有重要价值。

1　红色档案的价值分析

1.1　历史价值

红色档案是历史的见证,能够还原和补充历史记录,帮助人们更全面地了解和认识中国革命历史。

1.2　文化价值

红色档案蕴含着丰富的革命精神和优良传统,是社会主义核心价值观的重要载体,对弘扬民族精神、培育社会主义核心价值观具有积极作用。

1.3　教育价值

红色档案具有独特的教育价值,能够为各级各类教育机构提供生动、真实的教材,有助于增强人们的爱国主义情感和民族自豪感。

1.4　研究价值

红色档案包含大量关于中国革命、改革和建设的实践经验和智慧结晶,对党史、新中国史、改革开放史、社会主义发展史等研究都具有重要的参考价值。

2　红色档案利用的问题

2.1　利用意识不强

部分地方政府和档案管理部门对红色档案的重视程度不够,缺乏主动开发利用意识。

2.2 利用形式单一

目前红色档案的利用主要以参观展览、阅读原始资料为主,缺乏深度开发和多元化利用。

2.3 数字化建设滞后

部分地方红色档案的数字化建设进程缓慢,影响了档案的检索、利用和传播。

2.4 人才队伍匮乏

地方红色档案工作缺乏专业的档案管理人才和科研力量,制约了红色档案的深度开发与利用。

3 红色档案利用的策略

3.1 强化红色档案利用意识

地方政府和档案管理部门应提高对红色档案的重视程度,充分认识其价值和意义,增强主动利用和开发意识;大力开展宣传教育活动,向公众宣传红色档案的重要性和价值,提高公众的认知和保护意识。

3.2 推进红色档案多元化利用

积极探索红色档案的多元化利用方式,通过数字化技术,如 AR、VR 等,让公众更直观、生动地了解红色历史档案的内容和价值;同时,可以开发相关文化产品,推动红色旅游发展,如书籍、影视创作等,扩大档案的影响力和传播力。

3.3 注重红色档案数字赋能

加大投入,加强数字化建设,推进红色档案的数字化进程,建立完善的红色档案数据库系统,方便检索、利用和传播;利用数字化技术和互联网平台,提供便捷的档案检索、查阅和下载服务。

3.4 促进红色档案开发合作

建立合作机制,档案部门与政府机关单位、企事业单位、社会组织等建立合作关系,加强与其他地区、机构的合作与交流,共同推进红色档案的开发与利用。通过合作实现资源共享,增强档案的利用效果。

3.5 提升红色档案业务工作能力

培养和引进一批既懂档案管理又具备党史、军史、国史研究能力的人才,提高他们的专业素质和工作能力。通过专业人才的管理和运作,更好地保护和利用红色历史档案。

4　案例分析与实践

在党史学习教育期间,绍兴市档案馆利用线上线下档案文化阵地,通过多种形式用活用好馆藏红色档案资源,为党史学习教育提供生动的素材。

4.1　红色故事启心智

场馆开设红色档案故事课堂,以馆藏红色影视资料为基础,面向全市中小学生、社区居民等群体,通过直接宣讲、视频展播、现场问答、场景重现等方式,让红色故事入脑入心。红色故事启迪思想,帮助广大干部群众进一步深刻了解和认识中国共产党的光辉历程。

4.2　编研精品忆初心

市档案馆汇集本馆及各区、县(市)档案馆的部分馆藏革命历史档案,同时征集收录散存的革命历史档案,精选编录《初心如磐——绍兴市红色档案选粹》,将300余件原始档案史料分5个篇章,以图文并茂的形式展示中国共产党人在绍兴的英勇事迹和革命风采。原始档案资料,让读者走进红色历史,缅怀先烈,不忘初心、牢记使命。

红色档案的开发利用是一项重要的系统工程,对于传承红色基因、弘扬革命精神具有重要意义。针对当前存在的问题和不足,各级地方政府和档案管理部门应积极采取措施,提升红色档案的利用效果,让这一宝贵的历史财富发挥更大的价值。同时,社会各界也应共同关注和支持红色档案的利用工作,更好地彰显其功能和价值,为以中国式现代化全面推进强国建设、民族复兴伟业提供强大动力和精神支撑。

智慧校园背景下校史资源数字化开发利用的探究

谢忆静

浙江省萧山中学

摘　要:随着数智时代的到来,学校档案工作迎来智慧化升级的全新挑战,

与智慧校园建设紧密结合,既是学校档案工作的内生需求,又是因外部形势变化而必须采取的措施。该文探讨了在智慧校园背景下,数字化开发利用校史资源的实践和启示,期望通过与智慧校园建设相结合的方式开发利用校史资源,实现系统互通、数据共享、精准服务。

关键词:智慧校园;校史资源;数字化;开发利用

教育信息化是现代信息技术运用于教育发展的产物。校史资源作为学校信息资源的重要组成部分,承载着记录历史、传承文化和服务学校的重任要责。目前,智慧校园建设正在各级各类学校火热开展。在智慧校园背景下,学校应多途径、数字化、一体化地开发利用校史资源,加快校园信息化进程,推进智慧校园建设,实现档案系统与校内各应用服务系统融合、数据共享开放,提供更为精准个性的档案服务。

1   校史资源开发的背景

浙江省萧山中学是浙江省首批一级重点中学,学校的教育信息化起步较早,1998年即被授予全国现代教育技术实验学校称号,近年来先后被列为浙江省智慧教育综合试点学校、浙江省数字教育资源建设与应用示范学校等,目前正积极开展智慧校园建设,且取得了阶段性成效。学校充分利用信息技术,对育人环境、教学方式、管理模式等进行了重构与升级。对于学校来说,需要减负增效的不只是教学,更要考虑如何运用信息技术形成信息、资源、服务和经验共享,提高管理和决策的效率。为此,学校打造了全新的智慧管理平台,将管理、教学和校园生活进行充分融合,构建了校园大脑,采用数据统计方法与计算,结合多种算法,通过饼图、条形图、柱状图、折线图等将分析结果可视化,从综合校情、综合学情、学生画像、教师画像四个角度分析校园管理与教学场景,辅助学校管理层做出更科学的决策。这就需要加强对校史等档案信息资源的开发利用,促进档案服务手段的创新,为师生提供个性服务,使学校档案工作更加精准直接地服务于教育教学。

2   校史资源开发的实践

要实现多途径、数字化开发校史,使之融入并助力智慧校园建设,笔者提出校史资源开发的一体化管理路径,即研究校史档案资源利用的前、后端路径选择。后端即校史档案数字资源库的构建,包括内容、载体、门类、专题及收集、整理、管理等方式方法;前端即利用端的多种展示,呈现方式包括数字校史馆、校本教材和校史课程、校史纪录片、校友微信公众号等。利用智慧校园平台,我们可以将校史档案资源"收"前期、"用"后期和校史相关外围的内容串联起来。结合智慧校园的建设,笔者从以下几个方面对校史资源开发进行了探究,研究框架如图 1 所示。

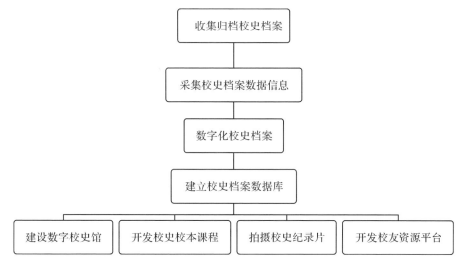

图 1　研究框架

2.1　强化校史档案的收集归档,做好积累

首先要明确收集范围。学校应制定详细的校史档案收集方案,明确收集范围,注重对学校重大历史事件、重大活动以及学校各个时期发展变迁过程中产生的相关文献和实物档案的收集;对学校师生在学习工作中创造的成果资料,如师生有关教学、科研、文体活动等文字、照片、视频,自制教具、教材等实物的收集;与知名校友、历任领导相关的文献资料和实物,如知名校友的论著、信函、手稿、领导回忆录等,以及学校领导、校友的口述校史等的收集。其次要拓宽收集渠道。校史档案的收集渠道主要有学校自主保存,校友、师生、社会人士捐赠。另外,也可以采取购买、代管、复制等方法收集。在日常工作中,学校应坚持主动收集与定期征集相结合:主动向学校各部门、师生和校友收集校史资料,特别是那些散落在个人手中的珍贵资料;定期发布征集公告,向社会人士等征集校史资料和实物,扩大征集范围,提高征集效率。

2.2　数字化校史档案,打好基础

建设规范完善的校史档案数据库是校史资源开发的核心工作,其前提是需要将校史档案数字化,实现校史信息的数字化管理,包括扫描、索引、分类、备份、检索等。因此,要注重采集校史档案数据信息。如萧山中学制定了校史馆归档

方案,凡校史馆馆藏的物品都列入归档范围。具体包括学校的历史文献资料、照片、音(视)频以及教学用具、生活用品、奖状(杯)、标本、模型等实物。学校组织专人对校史馆馆藏物品进行清点、分类、编号、归档,根据不同载体和门类,分专题采集录入校史档案数据信息,并对收集到的数据进行整理,去除重复、错误数据,补充不完整的数据,以确保数据的全面准确。同时,开展不同类型校史档案的数字化工作。根据国家档案局《实物档案数字化规范》(DA/T 89—2022)标准对各类校史实物档案进行数字化加工,采用文稿平面扫描、模型三维扫描、奖杯牌数码拍照、环物摄影、孤件仿本等方法,将校史实物转化为存储在光盘等载体上的数字文件,并建立起目录数据与数字文件的关联。

2.3 构建统一元数据的校史资源数据库,打造源头

统一元数据模板是建设规范完善数据库的关键。例如,萧山中学通过采集校史档案信息,研究设计了校史档案资源数据库元数据字段如档号、题名、物品名称、责任者、归档时间、归档说明、归档人、存放地点、专题等,如表1所示,并在各库中特别设计了"校史"这个专题字段,有助于我们在进行检索资料时关联不同类的数据库,从中找到所需的校史相关信息。目前萧山中学已构建多类校史资源数据库,如校史实物数据库、校史照片数据库、校史视频数据库、校友信息数据库、校友书画档案数据库等。建立校史资源数据库,将数据组织成统一的元数据结构是后续开发利用各类校史资源的基础,如创建数字校史馆,没有规范集成的校史档案数据库,数字校史馆建设将是"无源之水"。

表1 萧山中学校史档案数据库元数据模板案例

文献实物	校史视频	校友书画
档号	档号	档号
参见号	参见号	参见号
年度	年度	年度
件号	盘号	件号
物品名称	内容提要	书画名称
责任者	拍摄者	作者
载体数量	载体数量	书画数量
载体类型	载体格式	书画规格
存放地点	存储介质	存放地点
归档人(提供者)	制作日期	归档人(提供者)
归档说明	归档人(提供者)	归档说明

文献实物	校史视频	校友书画
归档时间	归档说明	归档时间
保管期限	保管期限	保管期限
专题	专题	专题
备注	备注	备注

2.4　分析挖掘校史数据,优化服务

传统模式下的校史信息服务是用户提出需求,然后由学校档案馆(室)根据用户的需求来提供校史信息,其服务过程是从档案馆(室)到用户的单一传递模式,更多关注的是校史馆藏。随着用户个性化需求逐渐增多,需要通过数据挖掘、信息集成以及数据分析等方式,整合丰富的数字校史资源、元数据资源以及网络资源,从而提供多样化的校史信息服务。如根据用户的校史信息搜索习惯、常用的校史检索关键词等,有针对性地进行校史数据分析和挖掘。使用数据分析工具和技术,可以从时间、空间、主题等多个角度对校史资源数据进行深入分析,探索数据之间的关联和规律。利用数据挖掘算法和技术,从校史资源数据中发现隐藏的模式和规律,可以挖掘出学校的历史变迁、发展规律、重要事件等有价值的信息,用于学校的历史研究、文化传承、决策支持等方面,促进学校的可持续发展。如此,能够让用户获取全方位的数字校史资源需求,进而优化学校档案管理和服务。

2.5　建设数字校史馆,动态展示

数字校史馆是基于网络的虚拟校史馆。建设数字校史馆可以扩大传统的档案服务范围,实现共享信息资源,使档案信息检索更加方便迅速,提高校史档案的利用效率,也是智慧校园环境下档案资源整合共享的动态展示方式。如萧山中学前期已经将实体校史馆的文稿、实物等史料数字化,并构建各类校史资源数据库,为以网页形式展出馆藏资源做好了基础工作。数字校史馆建设,目前主要有网页浏览和虚拟校史馆两种形式。前者是将数字化的馆藏信息以网页方式呈现给访问者。参观者通过访问数字校史馆的网站,浏览馆藏资源。后者即三维实景漫游系统。通过 VR 技术,参观者可以足不出户就在电脑上或通过手机端便捷参观,在虚拟校史馆中漫游,从任意角度对网上校史馆中的虚拟对象进行观察和操作,从而产生亲临其境的真实感觉。两者均可集成在智慧校园平台,在智慧校园平台上进行动态展示,提高数字校史馆的互动性和沉浸感。

2.6 开发开设校史校本课程,彰显功能

校史中蕴含着丰富的教育资源。笔者以校史馆为基地,以校史故事为背景,以校史档案资源数据库为后台,深入挖掘校史里的思政教育元素,开发开设了校史课程"忆校史 学四史——校史馆里的思政课",让学生在与校史的对话中,触摸学校的文化发展脉络,让学校红色文化基因代代相传,更好地发挥校史档案的思政教育功能。该课程为选修课,每周1课时(周五下午),共20课时,档案员与学校历史教师共同执教,教学对象为在校学生,对校史发展、校友人物等感兴趣的同学均可报名参加。课程结合校史馆参观学习、寒暑假学生校史研究性学习、校友寻访社团活动展开,穿插萧山中学旧址参观、校友寻访、追根溯源等社会实践活动,充分发挥学生的能动性和创造性,以期发掘出更多有关学校历史和人物的资源。该课程获评萧山区中小学精品选修课程,目前正在进行微课录制,将进入智慧校园的校本视频课程库,供学生在线选课学习。

2.7 摄制纪录片,传播校史

校史纪录片是学校传承优秀传统、赓续学校精神的重要载体,是学校重要的史料和精神财富。萧山中学摄制的专题纪录片《萧然竞潮 中流击水》讲述了学校自1938年建校至今的发展史,展现了学校筚路蓝缕、四易校址、不断壮大腾飞的发展历程,以及弦歌不辍、薪火相传而今桃李芬芳的人文积淀。该片在学校承办的第30届全国中学生生物学奥林匹克竞赛开幕式上播放,向来自全国的参赛选手和与会专家评委领导展示学校办学历史、教学水平、软硬件设施、教育管理等各方面情况,取得了一致好评。该片已成为萧山中学智慧校园平台的主要宣传视频,播放量居高不下。借助智慧校园平台,依托互联网与新媒体等渠道,学校主动向社会公众提供有关校史文化资源的服务,以档案文化惠及公众,是深度挖掘馆藏校史档案、提高社会档案意识的积极之举。

2.8 搭建校友平台,整合资源

校友资源是校史资源的重要组成部分,开发利用校友档案资源,将校友的成功经验传递给学生,可有效提升教育效果。萧山中学不仅建立了校友信息数据库,还积极创建了校友视频数据库、校友捐赠数据库、校友书画作品数据库等各类校友特色专题数据库,整合利用校友的各类资源,在此基础上,创建了校友会微信公众号,利用微信公众号的形式,搭建校友与母校间交流沟通的平台,很好地提升了在校学生和广大校友的参与度,既促进资源共享,又降低工作成本。现萧山中学校友会微信公众号内嵌两个小程序系统:一是校友数据库系统,从注册认证到申领电子校友卡,为校友提供电子化身份认证;二是校友活动系统,可以发起各种类型的校友活动,校友可以在网上进行搜索和报名。目前,学校已将校

友资源数据库、校友会公众号、校友书画云展等资源一起整合进智慧校园平台，并在积极开发校友文创产品，加强学校与校友的互动。

3　校史资源开发的启示

3.1　明确主体责任，创新开发形式

学校档案部门要明确自身在校史档案开发工作中的主体责任，积极转变被动服务于师生查档需求的工作模式，利用数字化手段创新校史档案开发形式，通过多种形式建成具有本校特色的校史档案开发成果，弘扬学校的独特优良传统，使开发校史资源走上一条集校史研究、教育和宣传于一身之路。

3.2　联合多方力量，合作开发校史

学校档案部门要拓宽工作视野，树立外向思维，广泛地联合社会力量与其他单位或部门谋求合作，创新载体和形式，对校史档案信息资源进行全方位和立体式开发，如主动联合校友力量，融合思政、历史、语文等学科多主体共同探索合作开发，使校史档案开发利用的路子走得更广阔些，更有效地为学校各项事业和校史文化交流服务。

3.3　多途径推广，提升社会关注度

学校档案部门通过拍摄学校校史纪录片、建设数字校史馆、建立校友微信公众号等，利用多种媒体途径宣传校史资源，对不同的受众进行全方位推广，使校史资源走进校友和社会大众的视野，唤起更多人关心了解校史档案、利用校史资源，实现校史的多重价值。

总之，数智时代已来临，学校档案工作要与智慧校园建设紧密相连，使技术赋能档案，助力学校创新发展。档案工作者要强化"主动服务"理念，依托互联网与新媒体等渠道，积极向社会公众提供有关档案资源的服务。

院史档案在医院文化建设中的作用浅析

姚春梅

浙江省诸暨市中医医院

摘　要:诸暨市中医医院成立至今已有 40 余年的历史,是一家三级甲等全国百家示范中医院。该文从院史档案的类别、收集途径和医院文化相互关系的角度展开论述,详细分析了院史档案在医院文化建设中的作用,旨在充分发挥院史档案的利用价值,为医院的创新发展提供参考和借鉴。

关键词:院史档案;医院文化;建设

以史为鉴,有资于治道。院史档案是医院创业历史、发展历程,以及医护人员救死扶伤、爱岗敬业、无私奉献真实写照的史料,在医院高质量可持续发展、医学技术科研创新及医德人文教育中发挥着基石作用。

1　医院院史档案概述

诸暨市中医医院创建于 1983 年,是一所集医疗、科研、教学、预防、保健、康复于一体,具有鲜明中医特色和中西医诊疗优势的三级甲等中医医院。医院的历史档案,是记载医院创建、变迁、建设和发展的文史资料,能还原医院不同时期的精神风貌,是医院的文化载体,见证了医院从浙江省首批中医"名院"建设单位、浙江中医药大学教学医院、国家级中医住院医师、全科医生规范化培训基地到诸暨市惠民医院等一系列发展过程,提炼了医院"厚德敬业、融汇创新"的院训精神,充分体现了天下大事必作于细、天下难事必成于易的敬业要求。

诸暨市中医医院 40 多年的发展历程,见证了现代中医药事业的发展,成为诸暨市中医中药的一张名片。院史档案涉及的类别众多,主要有四大类:一是文字文献资料,包括各种会议材料、任免文件、院报、创建活动材料、荣誉奖项、名医典范和劳模事迹等;二是病案处方,包括实际医疗服务运行过程中产生的编码入库的病历档案和处方;三是图片声像,包括医院发展治理过程中产生的有保存价值的照片和音像视频等;四是实物景观,包括医院建设过程中产生的医疗技术设备、荣誉奖杯奖牌、抗疫物品、景观雕塑和亭阁等。每一件院史档案都富含历史意义。我们通过查考、接受捐赠、走访记录口述等收集途径,广泛征集。

2　院史档案是医院文化建设的基础

2.1　院史档案是医院文化建设的历史缩影

院史档案能够还原出医院不同时期的发展模型,呈现医护人员无私奉献和积极向上的精神。院史档案蕴含的文化元素运用在文化建设中,能够形成生动鲜活的先进文化,这些先进文化又被纳入院史档案中,从而丰富了院史档案的内涵,极具历史底蕴的院史档案在时代的碰撞和融合中焕发出新的生命活力。

2.2　院史档案是医院文化建设的精神源泉

传播医院文化最重要的是传承精神,传播医院发展历史中的先进文化。院史档案记载了医院学术科研发展成果,见证了医务工作者和医学专家学者的成长和工作历程,积累了丰富宝贵的治疗经验,院史档案中的临床诊治案例可以帮助医院培养优秀的医疗技术人才,同时让职工在学习的过程中体会到前辈爱岗敬业的精神,将职业精神潜移默化地根植于医务工作者的内心,实现医院先进文化的传播与发扬。

2.3　院史档案是医院文化发展的基石

医院文化建设并不是如空中楼阁般在短时间内完成,而是需要一步一个脚印,在真实可靠的历史发展中逐渐形成,院史档案是医院文化建设的关键依据。对院史档案的深入分析与整理,为医院文化建设提供了原始丰富的数据支持和事实依据,医院文化建设的成果更加具有真实性和有效性,利于塑造优质的品牌形象,为医院可持续发展夯实文化基础。

3　院史档案在医院文化建设中的应用场景

院史档案承载着医院历史发展的进程,也包含了一代代医务工作者的成长历程,蕴含着较丰富的时代精神,对广大医院职工产生积极影响,促使其以人民健康需求为己任,树立积极向上和严谨的精神风貌,在不断提升服务意识的同时积极参与到志愿者和义诊的活动当中。这些档案丰富了医院的文化内涵,提高了医院的核心竞争力,在医院文化建设中贡献了力量,也为健康中国战略的实现提供了助力。

3.1　弘扬优秀传统,引导职工树立正确的世界观、人生观、价值观

医院的宗旨是为人民健康服务。医院在发展过程中涌现出无数医德高尚、

无私奉献、业务精湛的先进典型人物,包括国家基层名中医周礼萍等老前辈,全国优秀中医临床人才侯春光、援疆人才黄钢、武汉抗疫英雄杨丹和陈燕君等现代医务工作者。他们以人为本,牢记全心全意为人民服务的宗旨,站稳党和人民的立场,服务至上,弘扬中医国粹,造福百姓健康。医院完善了院史档案开放审核制度;在医院的官网、官微和公众微信号上稳步推进院史档案在线查阅;设置主题专栏,对医院的历史、名医典范、先进人物和先进事迹进行专题推送。同时,面对经济社会的快速发展,极少数医务人员世界观、人生观、价值观发生转变,拜金主义思想抬头,出现医疗行业商业化倾向。2023 年 7 月 28 日,中央纪委国家监委召开动员会,部署纪检监察机关配合开展全国医药领域腐败问题集中整治。医院把身边的名医典范、先进人物和先进事迹采用巡回演讲、会议宣教、观看音像资料等形式进行宣传引导,全面增强医务人员对拒腐防变的认识,提高他们自身的免疫力,传播正能量,弘扬医者仁心精神,让广大职工树立正确的世界观、人生观、价值观,使他们做到自重、自律、自警,牢记"厚德敬业融汇创新"院训,深刻理解院歌《把手给我》的意义,悬壶济世,用生命关怀生命,用医务工作者的奉献、敬业、倾注来赢得患者的信任和认可,从而打造一支技术硬、医德硬的医疗队伍。

医院注重新职工入职岗前培训,以院史资料为基础,以医院文化为场景展开培训,分享职业操守、业务技能、公共卫生、健康宣教等医疗工作。医院组织新职工宣誓时要求每一个新职工以大医精诚为执业信条,以杏林前贤为执业楷模,以悬壶济世为执业宗旨,秉承"厚德敬业 融汇创新"八字院训,救死扶伤、普众一等,恪尽职守、爱岗敬业、廉洁行医、不谋私利、以人为本、医患信和、规范行为、保障安全、勤学精研、团队协作,时刻牢记全心全意为人民服务的宗旨,严于自律、公道正派、洁身自好、清廉自守,为诸暨中医医院的科学发展、中医药事业的振兴而努力奋斗。

3.2 建设特色景观和院史馆,营造舒适的文化传播阵地和就医环境

在医院文化建设中特色景观起着非常重要的作用。特色景观不仅是医院文化的直观体现,也是与外界沟通和交流的载体。我们在院史档案中充分挖掘能够运用在景观建设中的人物事迹,在一号楼附近布局张仲景雕塑、碾药雕塑、名医群雕文化墙和望问亭,在二号楼附近布局李时珍雕塑,在二号楼和三号楼之间布局华佗雕塑,促进院史档案资料的传承发展,并将现代理念融入历史档案中,促使医院形成文化氛围较浓厚的就诊环境,在提升医院环境品质的同时能够为患者及其家属营造良好的休息空间。

为展示医院的发展历程和医务人员救死扶伤的精神风貌,医院深入挖掘档案资源,简化档案利用程序,在二号楼二层着手打造 500 多平方米的院史馆。院史馆以历史沿革和医院发展时间轴为主线,以"传史"为中心、"展物"为基础,用

点线结合的方法,布局医院每一个发展阶段的真实资料和实物档案。医院的历史沿革、组织架构以时间轴为主干,以树状图形态展示;医疗设备的演进采用知识图谱,可以在线查阅了解;可以让名医名家用动漫方式介绍每个人的擅长领域;以医院风云、荣誉阵地、名医风采、技术前沿为主题,展示医院历史沿革、重大事件、医院文化、荣誉功绩、基层名中医、劳动模范、重点学科、创新技术等,充分体现医院的发展历程和建设成就,弘扬医院精神文化。在医院周年庆等重要时间节点、重大纪念活动时,通过拍摄纪录片,完整展示医院从无到有、稳步发展的进程;抗疫救灾、援疆援藏援非等涌现出来的先进典型,用短剧来还原真实场景,适应受众碎片化阅读习惯;开通虚拟场馆,借助互联网、大数据、VR 技术等,提供在线专题展览等。

3.3 促进医疗技术的进步和创新,为群众提供高效优质的医疗服务

前车之鉴,后事之师。院史档案中的每一份病历档案和处方,都是每一个患者的原始真实医疗文献,包含着诊疗过程中患者的个人情况、诊疗技术的运用、取得的疗效、现代医学的缺陷和原因等。我们通过对专科病历档案的分析,能发现现代医疗技术的短板,医疗管理中存在的问题和需改进完善的措施,促进医疗技术进步,提升医疗质量,也为新生代职工提供丰富的医疗学习资源。医院每年还把周礼萍、金普放、张伟斌、侯春光等名中医开出的经典处方进行收录,汇编成册,作为珍贵的科研文献资料保存,临床中医工作者特别是新职工可以进行调阅学习,取其精华,应用到实际医疗工作中,提升中医治疗水平。

医院科研档案作为医院发展的重要环节之一,承载着极为重要的档案实践记录,为临床医学发展提供重要的参考和有力的保障,是医院科学技术储备的重要载体。医院学科带头人和年轻医学骨干通过对科研档案的信息提炼、学术交流以及日常临床应用等方式,把医学科研档案价值发掘出来,推广于临床医疗实践工作中,推动医疗技术创新。

4 结语

院史档案是医院历史发展的脉络,见证医院成长,丰富文化底蕴,在医院文化认同和文化自信中扮演着重要的角色。在医院文化建设中,院史档案要激发活力,发挥作用,在历史中继承与发展,谱写医院文化新篇章,展现医院文化新风貌。

中国式现代化视域下杭州城建
档案文化建设实践与探究

黄　宏

杭州市城市建设档案馆

　　摘　要：该文从中国式现代化的视野，紧扣新时代档案部门角色转变、服务提升的紧迫需求，立足杭州城建档案文化建设实践，探究如何创新城建档案文化建设，充分发挥城建档案文化价值，更好服务中国式现代化城市建设。

　　关键词：中国式现代化；城建档案文化；实践

　　新时代新征程，中国式现代化为全面建成社会主义现代化强国、实现中华民族伟大复兴指明了道路。民族自信源于文化自信，文化自信自强是推进中国式现代化的精神保证。档案是文化的基本载体之一，是重要的人类文化遗产，档案文化在文化自信自强中具有不可替代的地位和作用。

　　城市建设是一项复杂的系统工程，建设工程涉及面广、影响力大，在经济、科技发展和精神文明等方面具有示范效应。每个工程项目都凝聚着设计者、建设者和管理者大量的心血。在中国式现代化的大背景下，如何充分发挥城建档案在记录城建历史、传承城建文化、服务城市建设中的作用，围绕"大力提升城市文化品位、积极宣传城市文化软实力"这一重要工作目标，对照城市建设历史记忆、难点、热点等方向找准突破口、切入点，是亟待深入思考和探索的问题。

1　见证城市历史文化变迁，挖掘城建档案文化价值

1.1　亲身见证历史文化变迁

　　一个时代的政治、经济、科技、文化的发展，反映了其特定历史时期的文明特色，值得后人借鉴。民族的文化自信往往源自子孙后代对历史的考究与探寻。然而随着城市的巨大变迁，很多珍贵的历史建筑古迹和背后的故事消失于历史烟尘，令人唏嘘。杭州作为一个拥有悠久历史的文化古都，历史文化保护工作走在全国前列。信手拈来便是宝，于细微处见真章，20 世纪 90 年代之始，历任市领导对杭州城建历史文化的保护工作不遗余力，多次抢救性保护大批重点文保

建筑和遗迹,翻新修建大量具有珍藏价值的历史建筑,为杭州历史文化传承保存了珍贵痕迹。

杭州成为人口超千万的特大型城市,既要大力发展周边区块的基建和产业,也要致力于改造老旧小区相对落后的基础设施。相较而言,老城区规划相对滞后,面积狭窄,基础设施残损老旧、原住民数量多,制约了城市快速发展;同时,广大市民作为城市发展的亲历者,对自己的家乡、对自己熟悉的道路和环境眷恋不舍,对"老底子"的人、事、物记忆犹新。如杭州建设史上著名的十纵十横、三口五路、背街小巷、城中村等改造,老旧小区加装电梯等与老百姓生活息息相关的民生工程,以及不为人知的工程背景故事。历史往往凝固在书简之上,城建档案作为记录城市建设历史的重要载体,成为城市历史文化的守护者,真实、完整、经得起推敲、脉络清晰的档案,成为见证城市历史文化变迁最有效的依据。

1.2 深入挖掘档案文化价值

作为传承城市历史文化遗产的重要节点和见证守护者,城建档案工作要主动担当,挖掘利用档案文化价值,靠前服务、忠实记录、集思广益、充分引导,做好专项工作。为体现城建档案文化的价值,社会各界需要共同努力,深入挖掘,真正担负起见证历史文化的责任。档案不应只是冰冷的案卷,档案编研要全面提升至档案文化建设工程的层级,以全媒体为手段,与新技术、新理念全面接轨,将历史案卷精彩纷呈地展现在观众面前,使其最大限度获得共鸣。首先,要寻根探源,多方查考详尽可靠的史实,用证据说话;其次,寻访亲历者,从他们口中得到历史真相;最后,应当用合适手段向公众展现历史沧桑变迁,吸引更多力量参与。在杭州城市发展中,城建档案就做出了积极贡献。如杭州目前正全力推进城市更新行动,4 个城区、5 个片区、10 个项目已入选省级城市更新首批试点;2023 年度提前完成老旧小区改造,省民生实事工程开工改造 174 个、1532 栋、完成率 104.8%,开工量居全省第一,目前已成功推动浙工新村试点项目建设,实现居民自主改造,并已实施拆改结合的杭州样板工程。

2 开启城建档案文化新篇,提升现代城市文化品位

2.1 取得城建档案文化新成果

杭州市城建档案馆 2015 年完成了馆藏档案数字化,2017 年获评"全国示范数字档案馆",是全国首家获此殊荣的专业档案馆,率先实现网上在线查档、在线接收、网上审验、线下接收相结合的档案收管用创新模式。

随着机构改革力度加大,通过自我更新,杭州市城建档案馆在精神文明方面

取得了骄人业绩,2020年获得全国文明单位称号,成功创建全国巾帼文明岗;围绕城建档案事业"十四五"规划和上级主管部门中心工作,对杭州城市更新过程中具有宣传示范意义的人、事、物进行了脉络梳理。为充分体现城建文化价值,突破传统编研工作局限性,杭州市城建档案馆2023年分别与亚组委、在杭高校、武林街道、市摄影家协会等各管理部门、研究机构与民间团体共同摸索城市更新和档案文化创新工作,取得了丰硕的成果:在亚运会组委会指导下,通过征集和自行拍摄等方式编纂亚运场馆专题画册,并由杭州出版社正式出版《杭州亚运会场馆建设回眸》;通过"国际档案日"主题活动和亚运场馆专题布展,联合新闻媒介和院校,面向社会广泛宣传亚运基础设施建设成就;举办"我们这十年"杭州城市建设主题展览,通过档案文化串联,面向社会回顾宣传杭州城市建设十年发展变迁,让群众切身感受到身边的点滴变化。与摄影家协会、热心市民联合,开展杭州快速路主干道和重点工程航拍、背街小巷街拍、声像专题征集等多种志愿者活动,为城市记忆存留了大量的原始素材;参与杭州市委史志办组织的《杭州年鉴》编纂工作,为杭州城建工作提供基础数据,配合市建委编纂《杭州建设年鉴》《看建》宣传画册等出版物;对建筑大师程泰宁和工艺美术大师朱炳仁进行独家专访,取得大师级访谈珍贵影像资料,征集实体档案永久保存。

2.2 推出城建档案文化新举措

我们在工作中深刻体会到城建档案在社会文化活动中所体现的巨大价值和潜力,尤其是专题布展、征集工作得到了外界一致好评。开启城建档案文化新篇章,必须在思想和格局上有所突破。例如:杭州市城市建设档案馆借亚运盛会的契机,提前一年谋划,主动对接亚组委并得到大力支持和授权,借助城建档案声像资源优势,将亚运场馆作为基础设施建设工作亮点广为宣传,通过出版物、现场布展、文创印刷、联合媒体、户外广告等多平台互动推送,让广大群众了解相关信息;位于庆春路闹市区的杭州城市建设陈列馆(红楼)作为市建委城建工作宣传窗口常年免费开放,定期开展城建大讲堂和展览活动,亚运期间作为"亚运 v站"指定服务点,通过志愿者服务为亚运工作保驾护航,获得良好口碑。

3 创新城建档案文化传播,助力现代城市形象打造

3.1 充分发挥城建档案资源优势

杭州是中国历史文化名城,曾是丝绸之路的重要起点。借着G20和亚运盛会的东风,杭州向世界展现跨越千年的文化气息,通过城市更新的持续开展不断进行高标准、高质量、有规划、可持续的保护性建设,具备了迈向国际一流现代化

城市的扎实基础。今天,杭州作为一个新兴的人口超千万的国际化大都市,完成了从"西湖时代"迈向"钱江时代"的华丽转身,处处充满了勃勃生机,面貌焕然一新。杭州在城市版图扩容、城市形象提升的同时也对城市文化建设工作提出了更高要求。

城建档案资源的深入挖掘会大大推动城市文化整体宣传工作,凭借长期积累的大数据基础优势,其发展潜力不可小觑。作为从业者,我们理当突破传统思维,走出舒适区,迈向新蓝海,讲述城市故事,弘扬中华文化,充分体现传统文明的博大精深。城建档案具有政策性、权威性、公益性,是为广大服务对象服务的,也是百姓所信赖和支持的。杭州市城市建设档案馆依托主管部门,通过城建宣传平台和窗口服务,可以突出展现近年来的杭州城市更新与变迁的巨大变化。紧紧围绕中心工作如城市更新过程中未来社区建设、老旧小区改造、历史文化街区宣传等,全方位、多角度、大视野地进行全过程历史回顾提炼。

3.2　数字赋能城建档案文化实践

实践中我们发现,城建文化传播只有集思广益并及时反馈,才能吸引群众为城市建设建言献策,让群众更深入了解城市的发展历程。各类公益展出、线上征集、专题讲座都会吸引不同领域的专家学者或普通市民前来交流,效果良好。以"红楼问计"为标志的口碑效应已经树立,起到了桥梁纽带的作用,为各行各业的管理者、从业者、专家学者以及广大普通百姓沟通互动建立了良好通道。在各类征集活动中,我们可以筛选和提炼百姓关注的城市建设热点信息,针对当前百姓关注的热点,集聚社会各界力量,通过合适手段向上级反映并得到支持,突出宣传辐射效应,为城市历史文化传承留下浓墨重彩的一笔。

在新媒体时代,互联网是必须跨越的门槛。传统档案开放程度十分有限,随着时代发展,网络平台成为成本最低、效率最高的信息采集传播渠道。我们应当尝试将 AI 辅助和大数据筛选、专家人工鉴别相结合进行互联网专题素材征集与整理;通过举办在线主题活动、竞赛等扩大参与面;进行融媒体档案编纂试点,实现资源、受众、平台和渠道融合,形成全方位、立体化、多元化的传播格局。这种模式现阶段在声像档案管理工作中最易实现,可以扩大城市更新过程中声像素材积累范围并提高成效。

此外,我们应当将网络与实体相结合,通过线上线下互动专题展览形式将杭州这座世界知名城市的区块优势集中体现出来,以杭州独有的文化特色吸引外地游客和新杭州人。这是我们化被动为主动,突破自身局限向外界展现城建档案价值的良好契机。

4   结语

在中国式现代化视域下,城市治理工作正在不断深入,城市管理从刚性治理快步走向韧性治理,城建档案文化工作也面临着新的机遇与挑战。今后,我们将加强对城建档案文化的研究和挖掘,提高自身认知和理解能力;拓展城建档案信息资源,构建城建宣传平台,提高传播力度、公众的关注度和认知度;寻求多方合作,促进城建档案文化研究传承;根据规划引领、服务主体原则,制定相应管理规范和征集评价标准,提升城建档案文化工作的质量和水平,更好地服务于城市治理和文化建设,为城建档案事业可持续发展、中国式现代化建设做出积极贡献。

群众文化艺术档案开发利用的路径研究

胡佳慧

宁波市文化馆

摘   要:群众文化艺术档案是珍贵的文化遗产,承载着丰富的民间艺术、传统文化和历史记忆,是群众文化艺术历史的记录者、大众艺术独特魅力的见证者、社会文化脉络精神的承载者,历史、艺术和文化价值高。该文主张通过丰富文化历史记忆、传承弘扬民间艺术、促进文化产业发展等路径,开发利用好群众文化艺术档案,充分发挥其在文化传承、社会发展和创新中的作用。

关键词:群众文化艺术;档案;利用路径

群众文化艺术档案是指由广大群众创作、积累并传承的各类文化艺术作品和资料,涵盖了音乐、舞蹈、戏曲、美术、书法、摄影、民间工艺等多个领域,是宝贵的文化遗产,具有独特的价值。

1   群众文化艺术档案的价值

群众文化艺术档案既反映了人民群众的审美情趣和艺术才华,也记录了历史文化的发展和演变,具有极高的历史、艺术和文化价值。

1.1　群众文化艺术历史的记录者

群众文化艺术档案记录了群众文化艺术在不同时期的发展和演变。它们反映了人民群众生活的方方面面,承载着时代的记忆和社会的变迁,为后人了解过去的文化风貌提供了珍贵资料。

1.2　大众艺术独特魅力的见证者

群众文化艺术档案展现了大众艺术的独特魅力和创造力。这些档案记录了丰富多彩的艺术形式和表现方式,反映了人们对美的追求和创作的天赋,为研究群众文化艺术的发展趋势和特点提供了丰富的素材。

1.3　社会文化脉络精神的承载者

群众文化艺术档案反映了群众文化在社会中的地位和作用。通过分析这些档案,人们可以深入理解群众文化对社会结构、价值观念和社会关系的影响,从而推动社会学理论的发展和实践的创新。

2　群众文化艺术档案的开发利用

随着信息技术的发展和数字化时代的到来,开发和利用群众文化艺术档案已成为文化遗产保护传承的重要任务。

2.1　丰富文化历史记忆

群众文化艺术档案部门丰富文化遗产和历史记忆,可以通过数字化展示和在线平台,将群众文化艺术档案呈现给更广泛的受众,使人们更加方便地了解和欣赏这些珍贵资源。例如,可以将群众文化艺术作品、历史资料以及相关文献资料进行整理和展示,让人们通过互联网平台轻松浏览和学习,从而加深人们对群众文化艺术的认知和理解。还可以利用社交媒体平台进行宣传和推广,通过分享群众文化艺术档案的精彩内容,引发公众的兴趣和关注,促进文化遗产的传承和弘扬。

结合教育和社区活动,利用群众文化艺术档案丰富教育资源,传承历史记忆。例如,在学校或社区组织展览、讲座、工作坊等活动,通过展示群众文化艺术档案的实物或数字化资料,向学生和社区居民介绍相关的历史背景、文化内涵以及艺术价值,使他们更加深入地了解和体验群众文化艺术的魅力。同时,可以开展相关的研学活动或文化体验活动,让学生和社区居民亲身参与其中,感受群众文化艺术的魅力,并将其融入自己的生活和工作中,从而促进群众文化艺术的传承和创新。

2.2 传承弘扬民间艺术

群众文化艺术档案部门传承和弘扬民间艺术,可以通过多种方式来实现。可以利用群众文化艺术档案中的传统技艺和民间艺术作品,开展相关的展览和演出活动,向公众展示其独特魅力和传统价值。例如,组织民间艺术展览,展示传统手工艺品、民间美术作品、民间音乐、民间舞蹈等,让人们深入了解和欣赏民间艺术的精湛和丰富内涵。

通过教育和培训活动,传承和弘扬民间艺术。例如,在学校或社区开设民间艺术课程或工作坊,邀请具有丰富经验的民间艺术传承人或艺术家进行教学,传授传统的手工技艺、表演艺术技巧等。通过这样的教育活动,可以培养和激发更多年轻人对民间艺术的兴趣,为民间艺术的传承和弘扬注入新的活力。

2.3 促进文化产业发展

群众文化艺术档案部门可以利用档案中的丰富资源,搭建文化创意平台,支持文化创意产业的发展。通过整理和利用档案中的艺术作品、设计图案、传统技艺等,为文化创意企业提供丰富的灵感和素材,推动创意产品的开发和推广。例如,利用群众文化艺术档案中的传统手工艺品设计图案,开发相关文化创意产品,如文化衍生品、特色礼品等,以满足市场需求,促进文化产品的创新和多样化。

利用群众文化艺术档案开展文化旅游和艺术体验活动,推动文化旅游产业的发展。通过挖掘档案中的地方特色和文化资源,组织开展文化艺术节、民俗展示、手工艺品展销等活动,吸引游客参观体验,促进地方文化产业的繁荣和发展。例如,利用档案中的民间艺术作品和传统节庆活动资料,举办民俗文化节,展示当地独特的文化魅力,吸引游客前来参与,推动当地文化旅游业的发展。

社交媒体时代档案开放解密对
公众记忆的影响与路径思考

邱镜儒

浙江纺织服装职业技术学院

摘　要:档案开放解密信息在对公众记忆形成和演变产生显著影响的同时,

也带来了真实性、可信度及隐私保护等问题,虚假或夸大信息可能对公众记忆造成负面影响。该文阐述了档案开放解密传播机制及其对公众记忆的影响,揭示了其中的挑战与机遇,为如何有效协同社交媒体、推进公众记忆构建提出了建议。

关键词:社交媒体;档案开放;档案解密;公众记忆

在社交媒体时代,档案开放解密与公众记忆的构建呈现出新的特点和挑战,本文分析社交媒体时代档案开放解密对公众记忆的影响,提出社交媒体与档案开放解密协同构建公众记忆的路径。

1　档案开放解密对公众记忆的意义

1.1　有助于揭示历史真相

档案开放解密能帮助公众更准确地理解过去,揭开和深入了解历史事件的背景和细节,甚至纠正错误的历史叙述、揭露被掩盖的事实。在必要时,还可以修正集体记忆中的偏差,促进形成更全面、客观的历史观点。

1.2　有助于促进社会参与和民主意识培养

档案开放解密的信息公开性,有助于增加政府的透明度,强化公众参与政治和社会事务的意识。公众通过浏览相关信息,可以加深文化和身份认同,有助于塑造国家或群体认同感;通过让公众关注解密进展,参与政府决策和社会讨论,满足公众记忆构建中用户心理需求及情感价值需求。从法律和伦理角度看,解密还会引发公众对过去法律和伦理实践的审视并推动解密档案的更新和改进。

2　社交媒体在档案开放解密中的作用

2.1　促进了信息共享和交流

社交媒体让历史事件的解密文件、政府机构的内部文件以及个人档案的公开披露等信息能够被更多人看到。用户可以发布文件、照片、视频等资料,并与其他用户开展互动交流,这不仅让更多人了解到解密内容,还能形成更加全面和多样化的观点。

2.2　加速了开放解密的进程

在社交媒体时代,档案开放解密受到更多的关注。政府及相关机构更加重

视公众声音和呼吁,社交媒体上的舆论也会在一定程度上对政府机构产生影响,促进档案更加开放,也使开放解密进程更快。

3　社交媒体时代档案开放解密的挑战与机遇

3.1　档案开放解密的真实性和可信度问题

档案开放解密信息的传播面临着真实性和可信度的挑战。由于社交媒体的开放性,用户可以匿名或使用假身份发布内容,解密信息存在虚假、夸大和不准确等可能,未经验证的内容也可能被广泛传播。另外,随着 AI 技术的发展,换脸、合成语音技术等可能被用来制造虚假的档案解密内容,增加了辨别真伪的难度。

3.2　档案开放解密与维护隐私权冲突问题

档案开放解密的目的是让公众能够了解历史和相关信息,有些不能公开的档案信息如公开,则可能会侵犯个人的隐私权,有些甚至涉及国家秘密、政治事件等内容。另外,在数字化进程下,技术发展与隐私保护的矛盾、开放解密审核的复杂性、隐私权的动态变化等现实问题也亟待研究解决。

3.3　社交媒体为档案开放解密带来新机遇

社交媒体提供了更广泛的平台,使档案机构的服务模式从单向、被动转变为多向、主动,更好地满足公众的个性化需求。公众拥有更多机会参与讨论和分享,既是服务的接受者,也是参与者。这不仅有助于推动政府信息资源开放和管理,还可以对公众进行教育和启发。人工智能技术能进一步提高记忆构建的效率和质量,实现公众记忆的智能化。

4　社交媒体与档案开放解密协同构建公众记忆的路径思考

4.1　建立社交媒体平台与档案机构协同机制

社交媒体与档案开放解密相辅相成,实现两者的互利共赢,需要建立档案开放解密信息的协同发布机制。一方面,要制定严格的审核流程,确保所有解密内容在发布前都经过严格的事实核查和隐私保护处理;另一方面,要制定档案解密信息发布指南,探索如何利用社交媒体的传播优势,增强档案解密信息向公众传播的有效性。

4.2 提升档案开放解密的公众参与度

公众是档案解密和记忆传承的关键参与者,推动公众参与至关重要。一方面,档案机构通过社交媒体,收集公众对档案解密内容的兴趣点和偏好,使档案解密工作更加符合公众期待;另一方面,利用社交媒体平台,针对隐私保护和信息真实性举办研讨会、公开课等教育活动,帮助公众培养正确的信息辨识能力,避免虚假信息的传播。

4.3 严格进行隐私保护与伦理考量

构建由档案学家、伦理学家、法律专家和公众代表共同参与的伦理审查机制,确保审查工作的多元性和公正性。首先,对拟开放解密的档案预先审查,评估其中可能涉及的隐私和伦理问题;其次,要明确社交媒体平台责任,建立相应的内容审核机制;最后,应尊重相关方的权利和意愿,对可能引起争议的档案信息采取谨慎态度,必要时可征求法律和伦理专家的意见。

档案工作服务农村基层社会治理"以奖代补"政策探析

倪小文

绍兴市上虞区百官街道办事处

摘 要:结合档案工作服务基层社会治理试点工作实践,该文阐述了档案工作服务基层社会治理"以奖代补"政策的内涵和特征、资金分配方法、操作流程,分析了政策实施的成效,为提高档案工作服务基层社会治理水平提供借鉴。

关键词:档案;基层治理;以奖代补;政策

国家档案局在档案工作服务农村基层社会治理试点总结暨经验交流会上指出,针对乡村人员力量不足、办公条件简陋、工作经费紧张等问题,各级档案部门要把更多的精力投向乡村,把更多的资源投向乡村,把更多的关怀投向乡村,建立县乡村三级密切配合的长效工作机制,全面提升县域档案工作水平。落实"以奖代补"政策,是切实解决档案服务基层社会治理工作经费不足问题、全面提升县域档案工作水平的有效手段。

1 档案工作服务基层社会治理"以奖代补"政策的内涵和特征

档案工作服务基层社会治理"以奖代补"政策,是指县级档案主管部门在档案服务基层社会治理工作中,根据一定标准和程序,通过财政统一立项、统一支付,向符合条件的行政村(社区)进行资金补助的方式,目的是解决行政村(社区)在档案基础设施建设、档案整理、档案数字化等工作中存在的经费不足等困难。"以奖代补"政策的主要特征如下:一是确定性。实施主体确定为县(市、区)级档案主管部门和乡镇人民政府,资金来源确定为区级财政一般公用经费,奖补对象确定为符合条件的行政村(社区)。二是合理性。"以奖代补"资金必须经过科学测算,符合档案服务基层社会治理工作的实际需求和地方财政状况。三是奖励性。能够获得奖补资金的行政村(社区)必须通过档案服务基层社会治理工作验收。四是补偿性。"以奖代补"政策以奖励补助为出发点,档案工作服务基层社会治理的资金来源主体仍然是行政村(社区)或乡镇街道。

2 档案工作服务基层社会治理"以奖代补"资金分配方法

遵循"客观公正、程序规范、激励先进、兼顾平衡"的原则,在综合考虑行政村(社区)规模、工作实绩、管理绩效等因素的前提下,采取因素分配法进行分配。

2.1 规模因素

档案主管部门根据人口规模、档案数量或档案服务基层社会治理投入经费等标准对行政村(社区)实施奖补。以笔者所在的上虞区为例,按照人口规模奖补,人口数量在1500人及以上的行政村(社区)奖补2万元,人口数量在1500人以下的行政村(社区)奖补1万元。

2.2 工作实绩因素

档案主管部门根据档案工作服务基层社会治理工作目标和要求,科学制定考核指标,核定优秀、良好、合格、不合格等不同等次,确定奖补幅度。

2.3 管理绩效因素

档案主管部门对各行政村(社区)在推进档案工作服务基层社会治理管理方面取得的成效进行考核,如组织领导体系是否健全、长效保障机制是否落实、上报材料是否按时准确等。

3 档案工作服务基层社会治理"以奖代补"政策的操作流程

3.1 制定方案

明确"以奖代补"实施主体、奖励对象、验收标准、资金标准、补助流程和组织领导体系等。方案可由县(市、区)财政部门和档案主管部门联合发文,也可由档案主管部门单独发文。

3.2 主动对接

档案主管部门及时向县(市、区)分管领导阐明"以奖代补"政策的可行性、必要性。在征得同意后,与财政部门做好衔接,排定预算计划,争取财政立项。

3.3 资金立项

一是做好立项所需政策依据文件的收集整理,做到依据完整、理由充分、合法合规。二是做好数据统计。摸清行政村(社区)数量、基层档案工作现状,做好经费测算,形成奖补资金分析数据。三是制定可行性实施方案。根据档案服务基层社会治理工作方案、"以奖代补"方案和相关标准,组织行业专家论证,形成"以奖代补"可行性实施方案。

3.4 组织验收

档案服务基层社会治理工作领导小组(以下简称"领导小组")根据档案服务基层社会治理工作验收办法组织验收,确定优秀、良好、合格、不合格四个等次。乡镇(街道)验收结果由领导小组审定;行政村(社区)验收结果经属地乡镇(街道)审核上报,经领导小组审定后公布。

3.5 资料报送

乡镇(街道)负责做好行政村(社区)资金申请、材料审核等工作,包括乡镇(街道)档案服务基层社会治理工作验收申请表及验收意见、乡镇(街道)档案工作服务基层社会治理工作验收资料。

3.6 拨付资金

领导小组审核各乡镇(街道)提交的奖补资金申请材料,拟定档案服务基层社会治理工作奖补资金分配方案,并进行公示。公示无异议后,乡镇(街道)填报档案工作服务基层社会治理工作奖补资金申请表,县级财政部门会同档案主管部门拨付奖补资金。乡镇(街道)按照奖补标准,结合行政村(社区)验收情况,将奖补资金发放到行政村(社区)。

4 档案工作服务基层社会治理"以奖代补"政策的实施成效

以笔者所在的乡镇为例,"以奖代补"政策对档案工作服务基层社会治理工作产生作用明显。一是解决了行政村(社区)档案工作服务基层社会治理经费困难的问题。因行政村(社区)档案工作基础设施、档案整理、档案数字化工作相对滞后,需要投入较大的资金予以解决,村级经济又相对薄弱,档案经费有限。资金奖补政策可以适当补充村级档案工作经费。二是发挥助推器作用。档案工作在基层工作中处于弱势地位,往往得不到行政村(社区)干部的充分重视。通过"以奖代补"政策,以经济手段刺激档案服务基层社会治理工作,起到四两拨千斤的作用,使基层干部认识到党委、政府对农村基层档案工作十分重视,从而提振基层干部做好档案工作的积极性。

县级城建档案馆编研工作的问题与对策
——以嵊州市城市建设档案馆为例

谢 金

嵊州市城市建设档案馆

摘　要:档案编研工作是档案信息资源开发利用的一种重要方式和途径。文章以城建档案工作经验为基础,对县级城建档案编研工作存在的问题进行了探讨,提出了强化城建档案编研工作的建议,以便更好地开展城建档案开发利用工作。

关键词:县级城建档案;编研工作;资源开发

1 城建档案编研的意义

首先,城建档案真实记录了城市建设的发展变化,是进行城乡规划、建设和管理工作的重要基础资料。近年来,县级城建档案馆在档案收集、利用、保管等方面逐步完善,特别是在档案数字化方面,基本实现了数字化全覆盖。对于海量的城建档案,除常规的复制、摘录、拷贝外,如何进一步开发利用成为城建档案工作的难点和热点。推进城建档案编研工作,可以使城建档案信息更好地为城市建设管理服务,充分彰显其功能价值。

其次,城建档案的编研成果是对城市发展变迁的提炼和浓缩,也是城市文化记录的一种方式。档案编研属于城建档案的基本职能,做好这项工作既能促进城建档案工作持续发展,履行好本单位的职责,又能主动向社会提供加工过的档案信息,满足社会档案开发利用要求,提升档案服务质量和水平,也可扩大档案工作的影响力和知名度。

2　城建档案编研工作的问题

2.1　馆藏资料不够全面

以嵊州市城建档案馆为例,目前,馆藏案卷为 11 万余卷,其中工业建筑 4.07 万卷,占比 37%;民用建筑 5.83 万卷,占 53%;其余为零星的市政工程、公用设施等案卷。而且,随着机构改革,由于各系统各专业主管部门的不同,如涉及规划、地下管线、交通运输工程等资料基本由各自的主管部门保存。工程档案保存数据较为分散,大都以一组单体或者一个项目为一组资料,能提取的数据价值有限。同时,县级城建档案馆一般成立年限较短,更缺乏红色档案、历史档案等。

2.2　档案工作力量相对薄弱

县级城建档案馆人员数量少、结构层次不合理是比较普遍的现象。如嵊州市城建档案馆在编人员 5 名,实际在岗 4 人,其中 50 周岁以上 3 人。人员整体综合素质不高,专业水平较低,专业也基本不对口。但是,扩充馆内的业务骨干,限于编制等原因,一时难以实现。

2.3　财力保障不够到位

目前地方财政支出压力加大,财政资金下行,而且城建档案馆在上级看来并不属于重点工程项目单位,所以档案工作财政拨款有限。目前财政保障资金只能维持馆内的基本运行支出,无额外资金支持,导致无法借用第三方的力量来开展档案编研。

3　城建档案编研工作的对策

3.1　夯实基础,加大档案资源建设

城建档案管理部门要加强城建档案形成全过程的管理,建立应归尽归、应收

尽收工作制度,采取广泛宣传、多渠道收集、公开征集、信用评价等办法,查漏补缺,保证建设工程档案的齐全和完整。完善城建档案验收工作制度,按照"谁形成、谁负责,谁移交、谁负责"原则,落实建设工程档案归档、移交工作职责。

3.2 拓宽思路,丰富编研取材范围

城市本身是一个复杂的综合体,承载了人们各式各样的社会活动,城建档案编研可以帮助分析建筑物变迁,同时,帮助研究人们生活方式的改变。如目前很多菜市场都进行了更新改造,可以研究菜场的前世今生,菜场外部、内部环境的变化,反映出人们生活方式的改变。再如,嵊州本身是一个江南水乡,有各种各样的桥,伴随着城市的发展,桥梁的建材、作用也在变化⋯⋯扩大编研选题,再与馆藏资源相结合开发课题,是拓展城建档案编研工作值得探索实践的一个方向。

3.3 加强合作,扩大城建档案影响

在馆内人员、技术缺乏的情况下,档案编研可以借用外部力量。可以与本地综合档案馆、融媒体中心主动联络,加强协作,依靠综合档案馆的馆藏资源、人文环境,利用融媒体宣传影响力,整合资源,发挥各自优势,开展城建档案编研成果展览活动。特别是围绕老照片、老图纸、新旧城市风貌对比等,推出画册、专题片等工作成果,激发社会公众的兴趣,唤醒城市记忆,在宣传城市文化的同时提升档案文化的影响力。

3.4 强化学习,提高档案人员素质

编研工作与一般档案工作又有区别,它是编加研,不仅考验工作人员的资料收集能力,还考验其思考分析、研究归纳能力,甚至考验其创新能力,是一项综合性较强的工作。要积极组织馆内人员参加各种专业培训,提高档案工作人员的整体素质,使他们转变观念,勇于创新和挑战。也要注重工作交流,特别是加强与上级及其他优秀城建档案馆交流,学习借鉴他们的先进经验和做法。

4 结语

档案编研是城建档案工作的一项重要内容,编研人员需要转变观念,克服难点、痛点,学习掌握新知识,编研优秀城建档案成果,更好地为城建管理服务,更好地发挥城建档案价值。

服务导向视野下档案编研质量的提升路径

——以浙江省临安中学为例

任世敏

浙江省临安中学

摘　要：档案服务为档案编研提供了思路和方向，档案编研又提升了档案服务的质量，两者互为促进，相辅相成。该文章梳理了临安中学近 20 年档案管理工作中的一些档案服务和编研的具体做法，旨在促进学校不断提高档案管理水平和档案服务价值，也为当下中学档案服务和编研创新提供一些借鉴。

关键词：档案服务；档案编研；质量管理

浙江省临安中学是一个有着 70 多年建校历史的省重点高中，校档案馆藏达 3500 多卷、6800 多件。这些档案记录了学校一代又一代学人筚路蓝缕、踔厉奋发的七十春秋，记录了学校桃李三万的教育佳绩，记录了一个省级特色高中稳行致远和为党育人、为国育才的一甲子历程。笔者在校档案管理部门工作近 20 年，积极探索新方法、新途径，用大量的档案资料编制出丰富的编研成果，为学校和社会利用提供了 5000 余次高质量的档案服务，也为学校的高质量发展贡献了档案力量。

1　档案编研是提升档案服务的重要途径

随着信息技术的日新月异和浙江政务的"最多跑一次"改革措施的全面实施，档案利用者对档案服务的要求越来越高，不仅服务方式要方便快捷，而且服务的内容也要精准、全面。及时高效地对档案资料进行编研，成为档案人员提供高质量档案服务的重要工作。

1.1　常规编研是档案服务的基础

常规编研指的是日常定期需要做的一种编研工作。比如，编撰临安中学的历史沿革、全宗指南、学校和师生荣誉汇编、大事记、年鉴、师生名录等，一学年结束后就要及时编制。在做这些工作的时候一定要细致、全面、不出错，这样做不仅可以及时检验我们日常档案管理工作是否到位，还为今后高层次档案编研打

好了坚实的基础。

1.2　特色编研是档案服务的亮点

特色编研指的是学校开展重大活动时所形成的一些专题编研成果,还有一些是特定主题的专题汇编。比如:学校新校史馆建设过程中形成的许多专题编研成果;2022 年学校 70 周年校庆时收集的大量校友、教职工对母校祝福的视频、书画等,整理出来都是宝贵的编研成果;还有就是上级领导、专家等来校指导、交流、讲座的汇编,学校建校以来考入清北等名校的校友信息汇编,建校以来学校获省级以上荣誉汇编,学校在抗疫期间的工作和涌现的先进个人事迹,贫困学生资助档案,历届毕业生影集,等等。时代楷模陈立群校长不仅是学校的知名校友,还在学校设立了陈立群工作室,积极推动学校与学军中学合作办学,这一段足以影响整个临安教育事业的历史进程,是学校独具特色的档案资料,形成了很多宝贵的档案编研成果。一所优秀的学校,除有强大的软硬件外,最重要的就是有高素质的学生和优秀敬业的老师。为了激励师生,学校还设立了各种奖教金,如万马基金、安校基金、鲲鹏奖等,这些是用张德生、何琦冰、寿星林等知名校友回馈母校捐助的善款而设,这样的善心与大义必须被编写成临安中学教育基金荣誉榜。学校自 2017 年开始还举办了集贤大讲堂,定期邀请了钱七虎、施一公、麦家等学术精英、商界领袖、艺术名流、网络翘楚、技术专家、优秀毕业生及家长讲师团成员等各行各业的专家作为开讲嘉宾,目前已累计举办二十余次,每一期均座无虚席,受众者得到了富足的精神给养和自我提升。这样有深远意义的活动也是学校精品编研的极好课题。

1.3　档案编研提升档案服务层次

档案编研的日益丰富不仅造福利用者,也让档案工作者不断提升自身的专业素质。笔者获得中级职称之后,在档案核心期刊上陆续发表了 8 篇论文,获得省、区级个人荣誉多项,顺利通过档案专业副高职称的评审,成为临安区档案业务验收专家库成员。同时,笔者推动学校档案管理工作不断迈上新台阶,学校档案工作先后获得了浙江省二级单位、省规范化数字档案室等荣誉,成为临安区教育系统学校档案工作的典范。

1.4　档案编研扩大档案服务影响

档案的服务不仅局限在你来利用我给你服务的传统模式上,还在于走出档案室,利用橱窗、电子屏、展示架办展览等更多样的对外宣传上。那些束之高阁的精品档案不能只是静悄悄地待在库房的密集架上,而是需要我们编制成丰富多样、喜闻乐见的成果展示它们的瑰丽,让大家意识到档案的重要性,从而更好地配合档案员收集整理和编研档案。继而提升档案服务水平,让档案编研工作进入一个良性循环的光圈里。例如,学校的电子屏、橱窗就是展览的绝佳平台,结合学校重大活动不定期地举办档案专题展览也是一个不错的途径。

2 档案服务视野下档案编研的优化提升

学校师生和社会大众利用档案时,大多数时候是可以直接从档案原件查到他们所需要的内容的,但有时也需要档案工作者经过汇总统计等提供给利用者。尤其是当利用者受时间、地点等条件限制,如当各级领导需要这些资料作为决策依据的时候,档案编研的重要性更加彰显。档案从业者一定要有提前预判的专业能力,如果能先利用者一步做好档案编研工作,编制出全方位、多层次的档案编研成果,那么不仅利用者不用受往返奔波之苦、大海捞针之难,档案工作者也能将自己默默无闻的工作转化为现实的社会价值,大大提高了服务效果,让那些"养在深闺人不识"的档案价值焕发出新的光彩,也为学校的教育教学做出积极贡献。

2.1 科学编制档案编研计划

每学期档案室都要制订编研工作计划,并着手分阶段实施,使档案编研工作与学校的整体规划、办学发展同频共振。档案工作者认真研读学校每学期的工作计划,了解学校教育教学事迹和特色教育,为档案编研制订相应的工作计划。比如,学校 2015 年申请浙江省二级特色示范校、2022 年举行 70 周年校庆专刊、2023 年申请浙江省现代化学校创建时,档案室及时高效地提供了大量专题档案编研产品,为学校这些重大项目顺利申请、重大活动顺利举办提供了极大的助力。

2.2 精心确定档案编研选题

档案编研是为档案服务提供便利的,所以编研的时候首先选择那些学校、社会利用最多的主题。例如,新冠疫情以来各行各业,无论什么单位都对人事档案的清查格外重视。毕业生经常会回校查找其在校就读时的学籍资料,用于开毕业证明、举办同学会;有些会复印出生日期办理退休手续;有些会追溯工作履历以便转正、评职、调薪、提干;还有些来核查入团信息用于政审、提干。这就需要学校档案室编制建校以来所有毕业生的名单、学籍档案的目录等,为此笔者编制了《临安中学莘莘学子》《历届初高中毕业生学籍信息检索一览表》等。教职工发生调动、辞职、退休等人事变动时,需要办理相应的人事档案流转,为此笔者编制了《临安中学教职工名册》《临安中学教职工人事档案检索表》。

2.3 提炼档案利用典型实例

每学年结束后,档案室会从档案利用登记表中挑选出典型实例进行编写。这既是档案工作交流总结时的重要资料,也是档案宣传工作的必要途径,更是档案利用成果的直接反馈。从利用者的人次、利用时间、利用途径、利用内容分布、利用档案所获得效益的分析中,笔者可以直观地看到上一年档案工作的优劣、存在问题和今后努力的方向。学校档案利用每年在 260 人次左右。利用者有自己来校查找的,也有通过电话、网络等远程办理的。大多数是对学籍信息的利用,除历史原因部分档案不全无法提供外,基本 99% 的利用者都能得到满意的档案服务。

2.4 编制丰富档案检索工具

在提供档案服务的过程中,笔者发现只有编制更多的检索工具,才能更快捷智能地满足利用者的需求。档案管理者不仅要对自家档案资源有清楚的了解,还要对未来学校发展对档案利用需求有科学预判。如果还是停留在老的检索工具上,不仅服务效率低下,还经常查不准查不全,甚至找不到。档案员对收集整理好的档案资源必须烂熟于心,既要有俯瞰全局的高度,又要有庖丁解牛的细致,更要不断学习紧跟时代掌握高端的信息技术,这样才能编制出丰富多样的检索工具来,为利用者提供更加方便快捷的服务。

综上所述,档案编研是档案服务的重要途径。要着力开发丰富实用的档案编研成果,提升档案服务质量,更好地为学校的教育教学提供档案力量。

关于交通行政执法档案编研的实践与思考

——以杭州交通档案编研成果《亮见十年》为例

顾肖艳

杭州市交通运输行政执法队

摘　要:档案编研工作是档案工作的重要组成部分,新形势下如何开展行政执法档案编研工作,让更多档案编研成果从档案界内走向社会,成为服务大众的产品,是新的研究课题。该文以杭州市交通运输行政执法队制作的荣获 2022 年度全省优秀档案编研成果一等奖的《亮见十年》为例,探讨行政执法档案编研的探索和实践。

关键词:档案编研;行政执法档案;亮见十年

1　交通行政执法档案编研的意义和作用

抓好行政执法档案编研工作,是行政执法机关档案管理的一项基础性工作,也是发挥行政执法档案价值的具体举措。交通行政执法档案编研工作,对档案室藏执法案卷、音视频、图片等档案资源的二次加工及利用,具有非常重要的现实意义。编撰行政执法档案法律汇编、制度汇编、"教科书式"执法范例及典型执法案例汇编,能指导一线执法队员更好地开展执法工作;编写大事记、年鉴、记录迎亚运等重点工作的纪实档案类书籍,让历史得以记录,经验得以总结;制作行政执法成果画册和纪录片,让交通执法"一路同行"的文化品牌得到认同,"忠诚担当　勤廉为民"的队伍形象得以立体生动,"守一方平安 护一行有序 保一域清静"的核心价值理念得以充分展现。

2　行政执法档案编研工作的现状

执法工作是行政执法单位的主责主业。因此,不少行政执法单位存在"重业务轻管理"的现象,导致其档案编研工作长期进步缓慢甚至停滞不前,主要体现在以下几个方面。

第一,重整理轻编研,档案编研氛围不强。行政执法案卷是所有行政执法单位各门类档案中数量最多的,有些甚至占比高达95％以上。这也导致不少行政执法单位把档案工作的重心更多地放在档案的整理、归档、数字化等档案的保管方面,忽略了档案的编研工作。

第二,档案资源门类过窄,缺乏档案编研素材。在行政执法单位的档案中,专业档案即行政执法案卷档案占比最重,而文书、照片、音频等其他档案也大都与行政执法、行政处罚相关,导致行政执法单位编研的题材严重受限,很难有所突破和创新。

第三,编研成果单一,与社会需求有差距。很多行政执法单位的档案编研,更多集中在法律汇编、执法案例汇编等执法工具书籍制作上,旨在指导一线行政执法的实际工作,更多的是内部使用,与社会关注、百姓需求的关联度不高。

第四,编研经费和人力不足,缺乏编研主动性。不少行政执法单位制作法律汇编等是从行政经费中列支的,没有安排专门的档案编研经费。同时,也缺乏专业的档案编研人才,档案员大都是由部门文职或法制员兼职,前者还肩负着本部

门宣传党建后勤等工作,后者则承担着行政处罚案件处理、上路执法检查等业务工作,他们又兼职承担着档案的收集、整理、利用服务,工作琐碎又繁重,往往没有更多的精力考虑和承担档案编研工作。

3　档案编研工作的实践与体会

行政执法档案编研工作是行政执法机关档案管理工作的重要组成部分,也是发挥执法档案价值功能的重要手段。杭州市交通运输行政执法队高度重视档案编研工作,积极探索各种新途径、新手段,制作高质量的档案编研成果,力求让档案编研生动起来,活起来,上接天线,下接地气。

2023 年 9 月 13 日,浙江省档案学会公布了"2022 年度全省优秀档案编研成果和档案学优秀成果"获奖名单。由杭州市交通运输行政执法队制作的《亮见十年》专题视频短片荣获"2022 年度全省优秀档案编研成果一等奖"。《亮见十年》专题档案编研视频短片,以一件实物档案——2012 年配置的第一台执法记录仪作为切入口,以档案编研的形式,全方位展现杭州交通十年来在执法记录仪使用领域的探索与优秀成果。

第一,载体丰富,全方位展现档案的原貌。视频短片通过实物档案、口述档案、文书档案、科技档案、照片档案、录像档案、行政执法案卷档案等多种档案门类,记录还原杭州交通领域执法记录仪十年发展史,生动再现杭州交通执法记录仪十年来技术与制度的迭代发展。

第二,数字赋能,展现十年科技迭代的成就。以大客车非法营运执法案例为抓手,全景展现杭州交通在执法记录仪使用领域的前瞻性、先进性,通过录像档案再现指挥中心与执法现场联动,引出与海康威视联合成立的全国首个交通数字执法实验室,展现杭州交通在数智治理方面的探索与成就。

第三,形式创新,呈现独特的编研成果。采用执法队员作为主持人的角色,以历史档案纪录片栏目形式为串联主线,融合 VLOG 风格等宣传片的新型视频表现手法,赋予不同片段的内容最优的呈现形式,将执法记录仪的录音录像档案、主持人串场、培训现场 VCR 录音录像档案等不同类型的视频档案进行有机结合,呈现出一部观赏性强、信息高效传递、风格独树一帜的编研成果。

4　档案编研工作探索

档案编研是一种文化创造,也是一种文化传播活动,通过档案的发声,可以让更多的人了解和认识档案文化所赋予的现实意义。为此,可以从以下几个方面探索和实践。

第一，契合社会需求，厘清编研思路，打造市民爱看的"爆款"编研成果。档案编研，选题是关键，直接决定和影响档案编研工作成效。杭州市交通运输行政执法队档案编研依托九大交通专业门类执法职能，围绕除险保安、秩序优化、绿色环保、数字治理等中心任务，突出执法为民的理念，坚持档案编研选题与市民关注相结合，坚持选题民生化和社会化，聚焦社会热点，把握大众关注的热点话题，让档案编研成果从行业内走向社会大众，更融入社会，服务城市发展大局，形成墙内开花墙外亦香的效果。

第二，立足时代需求，拓展编研方法，打造更具文化属性的编研成果。立足档案室藏实际，收集整合并挖掘室藏的档案资源，打造一批带有时代属性的文化编研成果。目前，国内各著名博物馆、展览馆都已研发推出大量文创产品。档案编研的编和研不应该再仅仅停留在研究档案的过去，更要与时代发展相结合，研究社会大众对文化历史和档案开发的需求，制作更多的文创产品，让档案编研成果从业内孤芳自赏，真正走进千家万户。杭州市交通运输行政执法队计划打造"一路同行"文化品牌，计划结合档案编研设计交通执法专属文化IP，开发周边衍生产品，让编研成果生动和立体起来。

第三，强化档案编研信息化、网络化，探索"数字编研"。以往的档案编研工作大都依靠翻阅库存卷海，查阅耗费大量时间和精力。随着物联网的应用、数字档案室的建立，依托互联网的多门类电子档案得以保存和被利用，为"数字编研"提供了素材库。可通过开展网络档案主题展、在网站开设档案展览栏目等档案编研形式，给档案编研工作注入新的生机和活力。

第四，加强档案编研宣传推广，讲好档案编研成果的故事。要加强编研成果的宣传，充分运用媒体、微博等传播媒介，向社会大众推广和宣传。《亮见十年》编研视频短片成片后，我们就积极运用网站、微博、微信公众号、视频号进行多渠道、全方位宣传推广，得到了社会大众的点赞和认可。同时积极参加省市各类短视频评选，这一视频助力杭州夺得当年全省执法比武第一名，并获得全省交通执法短视频比赛最高分且是唯一一个满分，在全省交通运输执法工作会议上播放，向全省交通运输系统推介，形成了编研成果走出档案室、得到全面推广的良好局面。

5　结语

思维的深度决定档案编研的高度，而思维的广度决定档案编研的宽度。综上所述，在不断深化交通执法体制改革的大背景下，在新时代如何创新交通执法领域的档案编研工作是一个永恒的话题。档案编研人员要时刻围绕"执法为民"的理念，转变编研思路，拓展选题角度，创新编研手段和方法，真正发挥档案的

"存史、资政、育人"功能价值,为书写中国式现代化杭州交通执法高质量发展新篇章提供强有力的档案文化支撑。

关于新形势下档案服务国企党建工作的思考

陶美聪

丽水市莲都区城乡建设投资集团有限公司

摘　要:新时代背景下,国家和社会对国企档案管理工作的要求也越来越高。国企档案管理既要落实党的路线方针政策,又要遵守国家的相关法律法规,服务党建工作的需要,促进企业的高质量发展,助力党对企业的领导,为国企储备选拔干部提供科学依据,为管理监督党员干部提供可靠保证。新形势下国企要大力推动档案部门与其他部门协同,档案管理部门与人员要增强档案科学管理的能力,坚持收集齐全、完整的档案资料,并始终强化档案开发利用意识,服务于企业党建的需要,助力国企党组织科学领导企业化解发展难题、解决职工最关心的切身利益问题,用好现有的技术人才资源和技术创新积累,实现档案工作的高质量发展。

关键词:国企档案;党建;路径选择

习近平总书记指出:"档案工作存史资政育人,是一项惠及千秋万代、利国利民的崇高事业。"国企档案记录了国企在发展壮大过程中关于自身和关于企业对社会与国家有一定贡献的具有保存价值的历史信息。我国在推进档案管理事业发展的过程中,始终将国企档案作为非常关键的组成部分。高质量的国企档案管理工作,可以有效维护职工与企业的合法权益,可以服务国企的高质量发展,进而推动我国社会和谐稳定以及经济的发展进步。

1　新形势下档案服务党建工作的功能考察

1.1　服务"党要管档"的需要

2018 年国家大力推进档案机构改革,强化党委督促、检查、领导档案管理活动的职责,赋予党委管理对应级别各类档案的权限。这就要求国企档案在党的领导下,聚焦高质量发展这个中心工作,服务于"党要管档"的需要,以高质量的档案服务国企党建,强化党的组织建设、作风建设、纪律建设等,完善党建长效制度体系,为促进国企的内涵式发展和高质量发展提供有力的组织保证。国企要科学归纳党的十八大以来自身档案工作的成绩和缺失,更要总结以高水平档案服务促进党建、党的领导的经验,使档案研究成果为国企管理提供科学领导,推动国企贯彻实施党的二十大精神。

1.2　助力党对企业的领导

国企提升档案规范化建设水平,能助力党组织对国企的领导,以科学化、规范化、充足化的档案信息让国企党组织了解生产经营管理方面的问题、缺陷、成绩和优势,持续发挥国企的显著优势,掌握哪些人才和机构应得到重用。因而,国企档案管理既是复杂的技术性活动,也是非常严肃的思想政治活动。其中,党员档案管理是国企党建和人才培养的一项关键内容。因而,档案部门相关人员应开展规范化的档案管理,做到程序科学、管理规范、材料齐全、内容准确,增强企业党建档案管理能力,助力企业的规范化、科学化管理。与此同时,国企档案管理应准确记录职工的思政素养变化状况等,强化党员队伍的思政素养,增强国企的向心力与凝聚力,提升运作效率。

1.3　为国企储备选拔干部提供科学依据

改进与强化党对国企的领导,做大做优做强国企,持续提升其创新能力、抗风险能力、影响力与控制力,确保国有资产实现保值增值。因而,国企强化干部职工的档案管理,是提升党员发展质量、储备和选拔干部的重要举措,能够为企业的高质量发展提供充足的人才储备。其中,国企广大职工尤其是党员、干部的档案,是党组织选拔和储备后备人才、掌握他们基本情况的原始证明材料。因而,国企档案部门应在广大职工、党员、干部的档案中准确记录他们的学习经历、政治理论水平、工作作风与学习态度等。这样可以为党组织储备选拔干部、开展组织工作和做出人事决策等提供准确的依据,这些"死"的数据能够有力地支持相关部门做出"活"的决策。

1.4　为管理监督党员干部提供可靠保证

在国企基层党建活动中,国企党组织可以利用党员档案有效管理与监督党员干部;通过强化国企内部的档案管理工作,强化广大职工的党史教育、党性教育、廉洁从业思想,提升国企党风廉政建设水平。国企党组织从员工档案中的工作履历、社会关系、财产状况等看出员工的工作能力、廉洁程度等,并结合其发展潜力和具体经历等,对他们进行针对性的考察、监督和管理。国企档案管理可以进行针对性的反腐倡廉预警,以高效的警示教育活动强化广大干部职工的廉洁

自律意识。

2 新形势下国企档案服务党建工作的路径选择

2.1 增强档案科学管理能力

国企档案管理部门人员应强化业务技能,主动学习和把握哪些方面的档案与党建有关,强化档案科学管理的意识。他们在不断钻研档案管理业务的过程中,可以提升自身的档案科学管理能力。与此同时,国企应大力培养那些档案管理能力较强、具备丰富的党务知识、信息技术水平较高的专业化人才。档案管理部门与人员应充分利用先进的信息化技术、丰富的存储方式,推进档案管理数字化建设,改进信息收集获取、管理的手段。他们可以利用图片表格、影像资料、文字描述等多元化的方式,收集、整理、保存、开发档案资料,制作出形式多样、内容丰富、形象逼真的档案,便于国企党建系统高效率地利用这些档案开展工作。

国企应不断改进和优化档案管理方法和手段,以信息技术为基础建设高水平的专题档案数据库,包括"不忘初心、牢记使命"主题教育、"三严三实"专题教育、"党史学习教育"、"党的群众路线教育实践活动"、"两学一做"学习教育等产生的档案,都要纳入数据库。国企档案部门应从国企档案信息中整理出更多有价值的党建信息,助力国企党建工作渐进式发展。国企档案部门应大力采集、整理、利用、保管企业有关科技创新成果、关键核心技术突破、践行社会责任、践行"双碳"目标和新发展理念等方面的档案。应结合国企的实际情况打造"两类档案"专题数据库,不断拓展档案工作的覆盖面和归集领域,以高质量的档案为党建高质量发展注入更大活力。

2.2 大力推进部门协同

国企档案管理要高效率、针对性地服务党建部门的工作,这不是国企档案部门单独能做好的事情。国企应大力推进档案部门与党建部门的协同,并推动各领域、各层级的档案部门、档案系统内部和党务部门强化档案业务协同。这一点在高水平档案展览活动中得到了充分的体现。那些获得广大观众普遍好评的档案展览,基本上都不是一家档案馆能单独做到的。党务部门同样要认识到国企系统化、规范化的档案对党建活动的极端重要性,多维度、全方位协助并参与到档案管理系统的相关业务环节中,为档案部门收集党务档案提供最大便利,向档案系统提供专业化的技术支撑,以增强自身应用国企档案的能力。党务部门在利用国企档案的过程中,应与档案部门沟通档案应用的具体需求,针对具体利用档案的方式提出自己的看法。与此同时,档案部门在开展工作时,应邀请党务部门中精通党史、党的路线方针政策等方面的专业化人才参与进来,为档案收集、整理、存储和转换等提供支撑。它可以使档案部门在策划、编研和举行相关展览中提升政治高度,把握正确的政治方向,为党建部门提供更到位、更专业的档案资料。一言以蔽之,党务部门与档案部门、档案部门内部应强化档案工作方面的配合与协同,使档案工作最大限度助力党建活动的开展。

2.3　坚持收集完整的档案资料

国企的发展进步与国企党组织的正确领导、科学决策关系密切,因而国企档案管理部门应准确记录国企的相关人物与重大事件。这样一来,国企党组织可以利用一件件档案的丰富信息,把握国企的发展变化和人员间的历史联系。这就需要收集完整的国企档案,总结国企发展的全部历程与所有得失。它有利于加强和改进党对国企的领导,提高科学决策的能力。档案管理部门和人员应高度重视各种资料的收集,积极作为。既准确记录国企在一系列领域取得的重大发展成就,保存好企业领导层与职工队伍的智慧结晶,又要与党建部门、生产经营部门、管理部门等相互协同,总结好这些珍贵的历史财富。只有这样,档案部门才能以完整齐全的国企档案,为国企党建提供高水平服务,起到存史资政育人的良好效果。

与此同时,国企高层领导应推动全部业务部门和管理部门树立档案意识,安排专人或组织档案管理部门利用各种渠道和多种形式,及时保存重大活动、重要工作等的完整材料,科学整理这方面的记录,避免日后产生无法完整收集相关档案的遗憾。这样一来,国企档案材料收集工作就能够做到档案部门专业收集和其他部门重点收集、随时收集和定期收集等多种模式相结合,完整齐全地收集好相关档案。在新时代背景下,国企档案部门应重点收集科学技术创新、履行社会责任、生产模式改进、新发展理念落实、经济高质量发展、党风廉政建设等方面的资料。档案管理部门与人员应配合党的组织部门、宣传部门、纪检部门、审计部门等,建设体系化的国企档案管理章程。将有一定保存价值、应该归档的各种文件收集完整齐全,有效服务于国企党建的需要。

2.4　始终强化档案开发利用意识

国企档案涵盖的内容非常广泛,因而必须始终坚持档案收集、开发、利用相结合的理念,使档案有效服务于国企党建工作的需要。国企档案部门应聚焦中心工作,强化档案开发利用意识,持续拓宽自身的服务面。要强化档案资源开发的目标性,为国企党建系统科学决策、方向把握、事务洽谈、经验总结、避免"踩坑"等提供科学依据,减少档案管理中无效劳动、重复性劳动的数量和比例。现代通信技术和电子影像快速发展,国企档案管理应坚持实物档案收集与数字化档案收集相结合,充分利用网络通信技术、大数据技术、开放获取技术、多媒体技术等,改进档案管理与提供资源利用的手段,强化档案开发利用的意识。

国企档案管理部门应切实增强档案开发利用的能力,编辑出版具有权威性、真实性、原始性的档案材料,与党建相关部门共享这些档案资源。档案管理部门应立足馆藏的具体情况,盘活用好既有的档案资源,摸清档案资源的底子。应精选经济效益高、社会效益好、具有长久使用价值的国企档案史料,侧重开发利用和保护。如此一来,党建部门可以利用相关档案资料,结合国企发展的既有优势,在扬长避短的过程中领导企业化解发展难题、解决职工最关心的切身利益问题,用好现有的技术人才资源和技术创新成果。

3 结语

国企是我国社会主义事业的"顶梁柱",是国有经济发展最可靠的保证。国有经济已经为并且会继续为科技进步、经济社会发展、民生改善、国防建设等做出历史性贡献,是保障广大人民群众共同利益、推动国家现代化建设的重要力量。国企档案管理部门要贯彻执行党的相关要求与国家的档案管理法律法规,助力党建工作和企业的高质量发展,为党组织储备选拔干部提供科学依据,为管理监督党员干部提供可靠保证。今后国企应促进档案管理部门和其他业务部门有效协同,档案部门与人员应强化科学管理开发档案的能力,收集齐全完整的档案资料,科学开发档案资源。这样才能更好地服务于国企党建工作的需要,推动国企党组织领导企业化解发展难题、解决职工最关心的切身利益问题,用好技术人才资源与创新积累,以高质量的党建促进国企的高质量发展。

关于学校档案工作服务百年校庆活动的实践思考

来琴香

萧山区朝晖小学

摘　要:该文将学校重大活动之一的校庆工作与档案工作相联系,试图探求学校日常管理活动与档案管理的相互促进关系。文章以杭州市萧山区朝晖小学为例,主要从"以百年校庆活动为契机,推动档案管理软硬件建设""以校史展览为载体,提升广大师生档案意识""以档案服务为目的,实现校庆工作与档案工作的相互促进"三个方面进行了思考和探索。

关键词:重大活动;档案工作

在中小学的日常运作和各种活动中积累下来的档案资料,构成了一个历史信息宝库。这些档案不仅涵盖了丰富的文字记录、直观的图表展示,还包含了生动的声像材料,其珍贵的参考价值和深远的历史研究意义不容小觑。它们如同一面镜子,真实映射出学校教育实践的方方面面,对于指导和审视学校的党建工作、行政管理以及教育教学活动,起到了至关重要的作用。2023 年 12 月 21 日,萧山区朝晖小学迎来了百年校庆盛典。百年校庆对于学校来说,属于重大活动,不但能展示学校的办学成就、弘扬办学精神、振奋师生爱校热情,也是广泛联络校友、充分宣传学校、扩大学校社会影响、塑造学校良好社会形象的最佳机遇,更是学校档案室搞好档案编研、办好档案展览从而充分发挥档案作用的良好契机。

1 以百年校庆活动为契机,推动档案管理软硬件建设

杭州市萧山区朝晖小学历来重视档案工作,在 2007 年学校迁址后单独设立档案室,对存量档案进行系统整理,2010 年、2012 年先后通过杭州市二级、一级规范档案室验收。2022 年学校开始筹备百年校庆,将学校档案展览厅的设计和建设正式纳入学校重点建设项目。至 2023 年 12 月,学校校史厅正式建成,成为学校发展的一个新的亮点。

借由庆祝学校百年华诞的契机,学校着手强化档案管理职能,构建起一个以校长亲自挂帅、办公室主任执行部署、档案员深度参与的档案管理与校史资料收集网络。这一架构从顶层到底层紧密相连,形成了一套系统化的档案管理工作链,不仅定期审视档案管理工作的实施效果,还通过层层监督,确保档案团队遵循既定规范高效作业。为了全面提升管理水平,学校采取举办培训研讨、召开专题会议等多样化方式,加深教职员工对档案管理制度及政策的认知与理解,营造浓厚的档案管理文化氛围。同时,依据学校实情并考虑档案工作的特殊性,学校量身定制了一套科学合理的档案管理体系。这套体系为各个部门设定了清晰的指引,覆盖档案的收集、分类、存档及利用等关键环节,确保每一步操作都有明确的标准可依,从而在全校范围内推动档案管理工作的标准化、规范化进程。

学校按照中小学档案管理信息化标准和要求,进一步改善档案信息化建设条件,先后购置速扫描仪、电脑、照相机等设备,使档案工作的软硬件条件在短时间内得到显著提升。着力推进学校档案管理数据库的搭建,旨在通过科技手段使档案资料管理达到科学性和规范性的新高度。我们正加速办公自动化的步伐,旨在为中小学档案管理工作注入更强的秩序与效率,规划并实施计算机网络

系统的优化配置,以此作为提升学校档案管理效能的坚实基石。这一系列举措不仅增强了服务品质,也标志着学校向更高层次的信息化办公环境迈进,实现了管理与服务的双重飞跃。

2 以校史展览为载体,提升广大师生档案意识

为筹建学校校史厅,学校档案室充分挖掘现有资源,并在此基础上向广大师生、校友和社会各界发布征集公告。学校师生、校友和社会各界大力支持配合,提供或捐赠大量档案资料,经过多途径、多渠道的征集,并进行反复斟酌和筛选,最后确定校史专题厅用于展览的共计 376 张照片、87 份实物资料,以翔实的档案史料、图片、实物等,呈现出生动、鲜活的学校历史和荣光。校史专题展览中的每张照片、每个实物、每份资料都充分显示出学校发展的历程和闪光点,内容包括校史沿革、校舍变迁、历任校长、领导关怀、合作办学、名优教师、知名校友、毕业留影等诸多方面,沉淀学校特定的校园文化,汇集学校教书育人的成果。可以说,借着校史档案展览,烦琐、枯燥、默默无闻的档案工作从幕后走到人前,有了一个全新、独立、闪亮的展示平台。展厅建成后,受到各界嘉宾、校友、领导、师生的普遍肯定和好评。师生通过校史专题展览进一步了解了档案工作的意义,学校通过校史专题展览进一步深入宣传了档案工作,扩大了档案工作的影响。

此次百年校庆对学校档案资源开发与利用既是重要的启示,也提出了更高的要求。强化学校档案管理实践,旨在为日后的查阅与应用铺设便捷之路。档案员需紧迫提升服务导向思维,多管齐下,广开信息资源开发利用之门,致力于奉献更卓越、敏捷的服务体验,为学校的重点活动及教育、科研、管理等核心业务的顺畅推进保驾护航。在此过程中,深化各类编研活动的实施显得尤为重要,需系统化、深入地挖掘并整合档案信息资源,通过编纂专题资料汇编等形式,实现信息的多维度、全景展现,从而提高档案的利用率,为需求者创造更大便利。同时,学校应积极聆听档案使用者的声音,依据反馈持续优化档案管理体系,搭建起内部沟通的桥梁,促进信息的自由流通与共享,让档案信息的真正价值在全校范围内得以充分释放与利用。

3 以档案服务为目的,实现校庆工作与档案工作的相互促进

在迎接学校百岁诞辰之际,档案室承担着供应确切无误的数据与标志性事件回顾的重任。鉴于岁月流转、历史悠久,确保档案内容的真实性与精确性,无疑是一项复杂而重大的挑战。学校档案室全情投入汇总、整理建校百年的丰硕成果,不仅挖掘出众多珍贵的文字记录、声像遗产,以及其他珍贵档案形式,更通

过严谨的反复核查与求证,对待每一个关键数据,精心挑选,匠心编纂成一部纪念特刊——《有一种荣光叫百年朝晖》,并请专业人员设计了精美的明信片,以此铭记辉煌历程。这些丰富翔实的档案为校庆活动的成功举办铺垫了历史的根基。纪念特辑与定制明信片,加之互联网的广泛传播,共同引发了社会各界的浓厚兴趣,成效显著,带来了积极的社会反响。

校庆期间积累的档案资料,作为活动的原始凭证,不仅生动再现了庆典的盛况,也全面展示了学校发展历程与办学成果的宏图。因此,深刻理解校庆档案的独特性,系统执行其收集、分类、保存及有效运用,显得极为关键。校庆档案伴随活动逐步积累,构成了针对校庆的专题档案集合。校庆活动的顺畅实施背后,档案工作的支撑作用不容忽视,而校庆本身亦是档案事业前进的催化剂。档案管理员应勇于创新,激活并优化档案资源的管理和应用,以此提升学校的管理层次。在追求档案工作科学化、制度化、标准化、规范化及现代化的过程中,学校档案工作人员持续探索,不断攀登新高峰,让档案工作迈入崭新的发展阶段。

民国时期龙泉瓷业组织及其发展状况

章亚鹏

龙泉市档案馆

摘　要:龙泉瓷器久负盛名,可惜明清后日趋衰落。民国时期实业救国思想兴起,在地方士绅及民间艺人努力下,为复兴龙泉瓷业做出诸多尝试,先后成立企业实体组织浙江省立改良瓷业传习工场、瓷业研究机构龙泉县瓷业改进研究会、瓷业管理组织龙泉县瓷业职业工会和龙泉县瓷业同业公会。这些组织在不同时间段、不同方向为龙泉瓷业发展注入新生力量,为新中国成立后龙泉青瓷恢复生产奠定基础。

关键词:龙泉瓷业;改良;民国档案;陈佐汉

龙泉瓷器作为浙江省特产之一,在宋朝时享负盛名,以青瓷闻名于世,历史上与景德镇瓷器的地位相当。其发轫于三国两晋,兴盛于两宋。"宋后元人入主我华,兵燹频仍,人民颠沛流离,谁复念及此承平盛事,瓷业既衰,窑亦随闭,久而恢复为土阜,为田亩"[1],这大概是龙泉青瓷制作工艺逐渐失传的原因之一。

其实,早在民国时期,龙泉地方士绅及民间艺人就为龙泉瓷业发展奔走和研究,为龙泉瓷业复兴奠定基础。20世纪50年代,在党和国家的关怀下,龙泉青瓷重新恢复生产,龙泉青瓷传统烧制技艺于2009年入选联合国人类非物质文化遗产代表作名录。

在实业救国思潮的影响下,为振兴龙泉瓷业,民国初年知县联合地方士绅开办浙江省立改良瓷业传习工场,以实业兴瓷。民国后期毛仁、陈佐汉等为研究改良瓷器,成立八都区瓷业改进研究会,为规范瓷业行业组织,先后成立瓷业职业工会和瓷业同业公会。

1 实业兴瓷:浙江省立改良瓷业传习工场的成立

民国初期,实业救国思潮高涨。1912年,龙泉县知事朱光奎与蔡起澜、吴西屏等发起筹建瓷业工厂计划,并在龙泉商会集股筹资,后因朱光奎调任,计划搁置。

1917年,蔡起澜通过其兄浙江省议会议员蔡龄向省议会提议创办浙江省立改良瓷业传习工场,得到省议会的支持,并每年拨款一万一千元经费。

同年,浙江省立改良瓷业传习工场在龙泉城西宫头成立,蔡龄为首任场长。根据后人回忆,当时工场设有琢器、圆器、大雕、小雕、注浆五个工场,能够制作印花、釉下青花和釉上粉彩的日用工艺品和餐具,设备有德国八门倒焰窑一座、四门实验窑一座,年产瓷具一千二百担,销往杭州、上海等地,频频亮相国际博览会,多次获奖。《时事新报》1926年12月2日版刊登上海总商会商品陈列所第四届展览会情况,浙江龙泉瓷业工场入选陈列商号。

1924年,蔡龄病故,继任者经营不善。1927年,因经费支出不足,工场暂行停办。1929年,省建设厅将工场改名为浙江省立瓷业改良工厂,并采用官督商办,出租给民间商人经营,但没有改变其衰败的趋势。

至于为何衰败,众说纷纭。有人说是蔡龄片面追求改良白瓷质量,忽视经营业务,产品未能做到物美价廉,不适应当时广大贫困人民的需要,市场大量需要的是土窑生产的低级瓷器[2];有人认为是产品不实用,同时存在熟练工人缺乏的问题[3];还有人认为因瓷工技师受制于江西人,厂主窑东受这些人要挟而不肯加大投资[4];同时还有人考虑到时局动荡不安的因素,瓷业工人制造工艺未能随时代改良[5]。其实,浙江省立改良瓷业传习工场在发展过程中受到客观环境、技术、经营管理、产品等方面因素制约,未能发挥久负盛名的历史优势和原材料富有的优势。

鉴于此,蔡起澜在1932年向省建设厅提出利用侨资振兴龙泉瓷业的建议,从"原料坚细""改良出品""花样翻新""利用水电""培植艺徒""运输推销""廉价出售""广告宣传"八个方面,制定发展龙泉县浙江省立瓷业改良工厂计划,浙江省建设厅对此的回应是"发展龙泉县改良瓷业工厂计划书不无相当见地,应准存卷,备作参考",没有明确相应的资金、政策支持。

2　质量不佳:龙泉县八都区瓷业改进研究会壮志未酬

1943 年 8 月 10 日,鉴于八都区瓷窑业较多,但是存在墨守成规、无精品瓷器出产、缺乏组织机构等问题,在浙江省政府设法振兴龙泉瓷业要求下,八都区署召开八都区署瓷业改进委员会筹备会,研究讨论瓷业改进委员会成立事宜。

1943 年 9 月 18 日,陈佐汉、毛仁等在八都区署召开龙泉县八都区瓷业改进委员会,公推毛仁为主任委员,在八都区署指导员毛升之指导下制定《龙泉县八都区瓷业改进委员会组织简则》(以下简称《组织简则》),根据《组织简则》,龙泉县八都区瓷业改进委员会成立目的在于"推进并改良本区瓷业",八都区瓷业从业人员都应该加入该组织成为会员,会员在瓷业发展上有任何提议或者苦难,都可以向该组织寻求帮助。会后,八都区署将成立情形报送龙泉县政府核准,要求会名改为龙泉县八都区瓷业改进研究会。

根据 1944 年 8 月会员名册,在册会员有 34 人,集中在宝溪乡、岱垟乡、八都镇,名下有瓷窑商号 29 个,年纪最小的会员仅 17 岁,30—50 岁会员有 29 人。

1944 年八都区瓷业改进研究会发起人之一、宝溪乡乡长陈佐汉向县政府、浙江省建设厅、经济部提交"为播转振兴文化艺术,重建德式窑,仰祈鉴核,予以拨款建设"的呈文,呈文报告龚庆芳等人"潜心孤诣从事研究,积数十年经验心得,始获效果,而出品之精粹已追步当年,媲美章生"[7],因此陈佐汉建议"准予拨款重建德式窑,烧炼青瓷,复兴中国国粹"。龙泉县政府批示:该项德式窑需用经费若干,仰转另补具计划书及预算书。[8]浙江省建设厅并代经济部批示:原呈所称各节如属实,可由该县利用地方造产拨款建窑生产。显然,浙江省建设厅对浙江省立改良瓷业传习工场曾寄予厚望,对持续 20 多年政策、资金扶持,最终没能实现浙江瓷业复兴而感到失望,没有选择再继续支持龙泉瓷业发展。

另外,浙江省保安司令办公厅在八都木岱口购办瓷窑一座,利用水泥厂节余经费三万元作为改进基金,并有产品出产,要求地方政府对窑工加以保护,如非轮签壮丁不得无故逮捕。从这里可以看出来,明面上省里不再支持地方瓷业发展,暗地里却采取措施小规模试验,推动龙泉瓷业改良升级。

不久,龙泉县八都区瓷业改进研究会制定《龙泉县八都区瓷业改进厂组织简章》(以下简称《组织简章》)和《龙泉县八都区瓷业改进计划概要》(以下简称《概要》),《组织简章》中明确提出"增设考古部,考察古瓷色釉及花样,仿造改制之"[9],《概要》中指出龙泉原有瓷业"出品不良,通销不广",并有"式样简旧""色釉配合不当""制法欠佳"三大缺陷[10],因此需要改良;将龙泉县瓷业改进厂业务

定性为"专事研究改良出品供社会为主旨,而非营利为目的,对于一切售出物品
按照成本计算,减轻消费者之负担"[11],并上报浙江省政府、省建设厅。浙江省
政府批示:唯该瓷业改进研究会系地方学术团体,从事地方特产之研究工作,是
项组织以直隶县府为宜,所需经费应由县设法筹集。[12]这意味着陈佐汉的建议
没有得到省级层面的支持,为龙泉县八都区瓷业改进研究会"破产"埋下伏笔,
"窃属会奉令组织成立以来,今三年毫无工作成绩表现"[13],1946年9月陈佐汉
不得已向县政府呈请改名为龙泉县八都区瓷业同业公会。

3　改善工人待遇:龙泉县瓷业职业工会成立

经过多年的发展,龙泉瓷业工人多达300余人,在实际工作中,工人遭受瓷
商剥削,"滥用工会名义减低工人工资五成,以图厚利"[14],各项待遇悬殊;从另
一方面来看,工人受到不公正对待,他们对工作敷衍,这就导致龙泉无良品瓷器
出产,瓷业发展陷入恶性循环。

1945年6月,龙泉县八都区瓷业改进研究会从发展龙泉瓷业的角度,向县
政府呈请设立瓷业工会,"改良瓷器必须先从工人方面着手,组织瓷业工会使工
人生活固定,工资提高,俾得安心工作"[15]。瓷业改进研究会的建议得到县政府
肯定,根据工会法,要求30人以上发起,向主管部门申请,并向县政府核备。

1945年9月,毛名达等32人向县政府呈请准予组织瓷业工会,这得到县政
府肯定的答复,并指派组织指导员参与筹备工作。

1945年10月21日,龙泉县八都区瓷业职业工会成立大会在岱垟乡木岱村
毛氏宗祠举行,会议公推理监事人员名单、入会要求及修正工会章程,瓷业改进
研究会主任毛仁兼任工会理事长,登记在册理监事16人,会员132人,其中瓷工
104人、瓷商28人。

4　从学术到实践:龙泉县瓷业同业公会

龙泉县八都区瓷业改进研究会成立后工作业绩平平,未能达到振兴瓷业的
期望。1946年9月,毛仁主任向县政府呈请将瓷业改进研究会改名为瓷业同业
公会,这个建议没有得到县政府的支持,县政府认为瓷业改进研究会是学术团
体,而瓷业同业公会是商人团体,不同意直接改名,但并不能阻止瓷业改进研究
会解散和瓷业同业公会的成立。

1947年6月,龙泉瓷商召开联席会,商讨组织瓷业同业公会,并当场推举丁
樟松、陈佐汉等7人为瓷业同业公会筹备员。同年7月在上垟鸿业山货行举行
龙泉县瓷业同业公会筹备会议,会议决定于8月10日召开成立大会。8月13

日八都分驻所巡官叶春泉向县政府报告瓷业同业公会成立情形,8 月 10 日瓷业同业公会会员大会在岱垟乡公所举行,会议选举理监事人员、订定章程、制定会员名册。

根据瓷业同业公会会员名册得知,瓷业同业公会会员主要由瓷窑窑主构成,这些窑主不乏安徽、萧山等外地人,组成瓷业发展资方代表。瓷业同业公会成立于国内物价暴涨特殊时期,从留存下来的档案记载来看,瓷业同业公会与瓷业职业工会经常召开联席会议,以应对暴涨的物价以及改善工人待遇。

资料显示,瓷业工人工资高是不争的事实,根据 1947 年社会概况调查表,当时登记瓷业工人 235 人,每月最高工资 45000 元、最低工资 30000 元、平均工资 36000 元,高于中式成衣、篾匠、酱酒、泥水、木匠、铁匠等行业[16],资方代表(瓷业同业公会)认为瓷业工人工资过高,"既不合现代生活指数标准,复妨碍瓷业产销供应原则,且激增其他物价工资之高涨"[17],最终会影响龙泉瓷业发展。

5　结语

从 1913 年筹设浙江省立改良瓷业传习工场,到 1947 年龙泉县瓷业同业公会的成立,从省政府到地方士绅乃至民间艺人都孜孜以求龙泉瓷业的发展,恢复龙泉青瓷的往日盛名,但受制于社会动乱历史背景,缺乏进一步发展所需的资金、人才,民国期间龙泉瓷业发展最终未能成气候、形成规模效应。

民国龙泉瓷业发展留下深刻的历史启示:产品质量是产品畅销和工厂发展的根本因素;产业发展离不开安定的发展环境,离不开国家和政策的支撑,离不开技术工人的工作积极性和创造性。

到 1957 年,在党和国家领导人亲切关怀下,龙泉青瓷逐步恢复生产,我们要看到民国期间龙泉社会各界人士为龙泉瓷业发展所做的努力和尝试,为恢复生产奠定深厚技术积累和人才基础。

注释

[1]徐渊诺:《哥窑与弟窑》,龙泉市档案馆馆藏影印本,第 23 页。

[2]《龙泉文史资料》第五辑《浙江省改良瓷业传习工场始末记》。

[3]《民国日报》1930 年 8 月 11 日(民国十九年八月十一日)版《浙建设厅改进龙泉磁业》。

[4]《民国日报》1931 年 11 月 16 日(民国二十年十一月十六日)版《浙省改良龙泉瓷器》。

[5]《时事新报》1936 年 12 月 15 日(民国二十五年十二月十五日)版《浙建厅改进龙泉磁业》。

[6]《浙江省档案馆馆藏民国档案档案》(L33—4—173),第 3 页。

[7]《龙泉市档案馆馆藏民国文书档案》(M013—003—125),第 30 页。

[8]《龙泉市档案馆馆藏民国文书档案》(M013—003—125),第 31 页。

[9]《龙泉市档案馆馆藏民国文书档案》(M013—003—125),第 33 页。

[10]《龙泉市档案馆馆藏民国文书档案》(M013—003—125),第 35 页。

[11]《龙泉市档案馆馆藏民国文书档案》(M013—003—125),第 35 页。

[12]《龙泉市档案馆馆藏民国文书档案》(M013—003—125),第 48 页。

[13]《龙泉市档案馆馆藏民国文书档案》(M013—003—125),第 5 页。

[14]《龙泉市档案馆馆藏民国文书档案》(M013—003—167),第 66 页。

[15]《龙泉市档案馆馆藏民国文书档案》(M013—003—125),第 59 页。

[16]《龙泉市档案馆馆藏民国文书档案》[M013—003—45(2)],第 98 页。

[17]《龙泉市档案馆馆藏民国文书档案》(M013—003—167),第 89 页。

乡村振兴视域下档案开发利用的实践探索

——以浙江嵊州长乐镇绿色共富项目为例

荆晓亮

杭州科技职业技术学院

摘　要: 随着乡村振兴战略的深入实施,乡村档案资源的开发利用逐渐成为推动乡村经济、文化、生态和谐发展的重要途径。该文从浙江嵊州长乐镇绿色共富项目的实际做法出发,对乡村档案资源的开发利用进行了实践探索,旨在通过档案资源的有效整合和利用,为乡村振兴提供有力支撑。该文通过深入挖掘乡村档案的文化价值和开发价值,构建档案开发利用的合作机制,加强与政府、企业、社会组织等各方面的合作,将乡村档案中蕴含的文化符号根植于共富项目的乡村产业链中,展示政府主导、社会多方协作共同反哺村集体村民的共建共富的美好画面,为周边其他村镇提高档案资源的利用效率提供参考,同时,也对未来进一步加强乡村档案资源开发利用进行深入探索和思考。

关键词: 乡村振兴;文化资源;档案特色开发;共富模式

　　乡村档案是中华优秀传统文化宝库的重要组成部分,全面展示了村庄历史变迁、宗族姓氏、风俗传统、家风家训形成和发展的过程,是挖掘乡村产业发展、激活乡村建设潜力的重要资源。作为乡村振兴事业发展的"排头兵",浙江地区各个村镇顺应当前全民休闲度假的时代趋势,率先迈入乡村文旅融合发展时代,通过开发乡村档案中蕴含的村庄特色文化,推进乡村共享经济、创意农业、特色文化产业的有机融合发展,发挥档案资源在乡村振兴实践中的文化引领优势。

长乐镇隶属绍兴嵊州市境内,辖区内有小昆村、王院村、白雁坑村等古村落,自南宋末年起发展至今,已有 800 多年的历史。以小昆村为例,整个村庄依山就势坐落在绍兴境内第一高山西白山海拔 500 多米处,伟岸的西白山宛若一道天然的屏障,让这个小山村远离城市的喧嚣,静谧而美好,自古以来就被学者称作道教文化圣地,村内至今保留了古代方士在此结庐炼丹的文献记载。长乐镇绿色共富项目以西白古道及西白山景区周边地理优势为依托,将古道作为小昆村与其他村落或遗迹景点关联发展的重要桥梁,推进乡村产业发展。

1　乡村档案的开发价值意蕴

1.1　发挥乡村档案的文化价值,赋能农民农村共同富裕

党的二十大报告提出要"发展乡村特色产业。拓宽农民增收致富渠道"。长乐镇充分利用西白山自东晋葛玄、葛洪在此结庐炼丹始的绍兴道教名山的特色档案文化优势,对西白山道教方士文化进行深入发掘提炼,融合村庄文旅产业发展,推动了以小昆村为主,周边竹溪村、白雁坑村、王院村协同发展的良好局面。

小昆村依托东晋葛洪著作《抱朴子》、马氏宗祠文化等特色档案资源,顺应当前全民休闲旅游的周边游、乡村游趋势,针对青年休闲游、家庭亲子游以及康养游群体进行了科学合理的村庄文化规划和空间布局。通过打造城郊周末民宿全产业,健全完善民宿周边产业配套,长乐镇特色档案开发产业链不断壮大完善,仅 2024 年春节期间,长乐镇游客量超 20 万次,民宿集群以及周边产业发展极大地带动了当地村民增收。以小昆村为主的星宿文化主题在各大媒体、互联网平台受到关注,特色档案资源的开发利用充分发挥了服务乡村农民农村共同富裕的作用。

1.2　发挥乡村档案开发优势,多方传承乡村文化

乡村档案是一座村庄发展的真实记录和重要见证,伴随着村庄不断发展、档案种类不断增多,档案的承接载体形式也日益多样化,在对特色档案进行开发时要注重对档案资源的多渠道开发形式和多元文化传承。长乐镇重视当地政府、本地村民以及社会多方的共同参与,培养乡村公众对于档案工作和乡村历史文化的兴趣和热情,增强文化认同感和凝聚力。一是政府主导以档案征集推进档

案资源开发,通过访谈、口述记录等方式丰富和完善档案文化内涵。二是开展通过市场化的运营方式,通过组织各种丰富的研学、市集等文化活动,提高大众对于村庄档案文化的认同感。三是联合村民、各级文化组织以及社会多方协作开展地方乡村文化宣传推动,积极与研究机构、运营机构和艺术家等建立合作关系,共享资源和经验,开展跨学科合作研究。例如,长乐镇与甘霖镇东王村越剧之乡共同策划举办多场文化集会,吸引社会关注,对乡村档案中传统文化的传承发扬起到了助推作用。

2 乡村档案开发利用的实践路径

2.1 整合档案资源,构建开发框架

乡村档案蕴含着民间传统、工艺、民俗等丰富的乡村文化资源,这些资源可以作为乡村产业发展的基石,对于旅游业、文化产业等也具有重要的推动作用。长乐镇依托小昆村自东晋起发源的道教文化,结合马氏宗祠文化、梯云桥故事等特色档案资源,构建了由长乐镇政府、市场化运营方、小昆村村委会以及多方参与的绿色共富运营框架。其中,镇政府承担文化开发引导和规范的管理职能,对于整体运营给予文化指导和政策支持,市场化的运营公司直接参与村庄整体开发的实际项目,村委会协同参与,在档案文化开发项目中保障村民参与度和分红。项目充分体现小昆村的特色文化档案内涵,构建了"忘忧西白,星宿小昆"的文化主题,打造了一个集民宿集群、文化市集、星宿研学、天文体验等于一体的特色文旅产业链,同步加大了乡村特色档案的文化品牌宣传力度和村庄特色文旅的产业发展力度。

2.2 聚合多方力量,联动周边发展

在乡村文化建设中,档案具有"历史记忆"和"文化休闲"价值。小昆村以"忘忧西白,星宿小昆"作为档案开发主题,积极联合高校师生、文化研究协会、新闻媒体等多方力量对马氏族源、村史由来、传说故事、历史人物等乡村档案进行文化分析和理论背书,以小昆星宿文化、忘忧西白风景线(观星、露营、登山、研学等)旅游点为切入点,以整村运营为抓手,联合浙江省旅行社协会乡村分会、浙江省休闲拓展行业协会、中国天文学会、杭州市天文学会、中国(浙江)高校传媒联盟统筹运营,将周边竹溪村、王院村、白雁坑村等村庄纳入项目整体,吸引周边村民参与项目建设和实际运营,一方面以产业串联村庄协同发展,另一方面也使村集体和村民从中受益,使长乐镇丰富的乡村档案资源得到更好的传承、开发和利用,切实推动村庄产业的全面振兴。

2.3　丰富开发形式,打造村庄特色

长乐镇绿色共富项目深挖乡村档案文化内涵,打造了小昆村"忘忧西白,星宿小昆"主题项目,顺应乡村游周边游的乡村文旅发展趋势,发展了星宿民宿集群、农文旅产品品牌、非遗研学项目、自媒体运营平台等一系列乡村特色产业,形成了长乐镇特色乡村文旅产业带动效应,为嵊州地区其他村镇的档案资源开发提供参考样本。

2.3.1　特色民宿集群的开发建设

随着周边游、乡村游逐渐成为现代人休闲放松的生活方式,打造特色民宿集群以及配套产业是乡村产业链发展中的重要部分。根据小昆村的乡村档案发掘开发出特色星宿文化民宿集群,一方面盘活村内闲置建筑,提升村庄整体景观形象,另一方面通过对星宿文化民宿集群的特色打造,将星宿、养生文化元素融入民宿设计,讲好每一幢民宿蕴含的独特故事,面向参观游览人群进行地方文化普及,推动文旅融合向文化纵深发展,解决村庄文旅发展中如何把游客"留下来"的问题,以民宿集群作为排头兵带动乡村产业联动发展。

2.3.2　农文旅产品的开发运营

档案文创产品开发的真实记录和艺术传递,能够更生动地反映出乡村"最原始、最朴素、最根本"的现实活动、乡村及其历史人物特有的观念、心态、情感和习俗。将小昆村形象进行文化 IP 打造,使参观游览人群更深切地对乡村农副加工产品、文创衍生产品产生认同感。在这一过程中,通过对乡村档案中蕴含的地方文化、民俗文化、宗教文化、养生文化等精心提炼,促进乡村档案资源向 IP 资源转化,延伸档案价值的产业链,如图 1 所示。

图 1　小昆村农文旅产品形象设计

2.3.3 乡村研学产品的设计开发

研学旅行是在休闲旅游业和教育业融合发展下形成的新型旅行形式,乡村研学游基于农耕文化和家训文化的教化形式,为青少年群体提供了亲近自然、参与轻量级劳动的实践形式,成为近年来的旅游热潮。小昆村利用村域内的西白古道串联周边竹水村、沃基村成为星宿研学圈,结合农耕文化、宗族文化、民俗文化、山水文化、星宿文化等乡村档案资源,针对性进行研学产品的设计开发,不仅为研学人群提供体验乡村文化的平台,又能发挥寓教于乐的文化育人功能。同时,研学产品也可以成为长乐镇文旅产业的重要部分,促进当地经济发展。

2.3.4 数字化运营平台搭建

乡村档案的开发也需要紧跟时代步伐,通过数字化平台的建设,可以将这些资源进行有效的整合、分类和存储,从而提升档案资源的价值和扩大档案资源的利用范围。长乐镇绿色共富项目数字化运营平台的搭建和运行由乡镇媒体发布、运营方的自媒体矩阵推广以及各个经营业主的自媒体营销等具体工作组成,内容应涵盖农文旅产业链的多个方面,如乡村文化传承、特色产业发展、休闲旅游资源等,吸引更多游览参观人群的关注和参与,提高村庄的知名度。

3 嵊州长乐镇档案资源开发利用的经验启示

3.1 立足村庄发展需要,深入挖掘乡村档案价值

乡村档案承载了每个乡村的独特历史和文化。乡村档案是重现乡村历史记忆的重要载体,具有地域性、多样性、碎片化等特征。乡村档案资源的开发和利用,应立足村庄发展需要,结合村庄产业发展的实际情况。深入挖掘乡村档案价值,可以为村庄规划、产业发展、文化传承等方面提供有力支持。同时,利用互联网平台对乡村档案内容进行数字化开发,通过媒体发布和自媒体矩阵推广,有助于乡村档案的保护和传承,形成的电子档案资源库也为村庄的产业发展、研学教育、文献研究等提供宝贵的资源。

3.2 强化社会合作,加强文旅深度融合

乡村档案的开发应该强化社会合作,加强文旅纵深融合发展。通过跨部门、跨机构合作和商业合作等方式,实现资源共享与技术交流;同时,通过挖掘乡村档案中的文旅资源、创新文旅融合产品和构建全域文旅发展格局,推动乡村振兴和可持续发展。乡村档案蕴含民间传统、工艺、民俗等丰富的乡村文化资源,这些资源可以作为乡村产业发展的基石,对于旅游业、文化产业等也具有重要的推动作用。这种合作模式能够集中社会各方资源,实现优势互补,提高开发效率。

首先,通过挖掘乡村档案中的历史和文化元素,可以开发出具有乡村特色的旅游产品和项目,吸引游客前来观光旅游,推动乡村文旅产业的发展。其次,这些文旅产业项目如民宿、研学课程、户外拓展、非遗文化活动等也为村庄带来更多的商业机遇,对周边村镇的文旅发展起到良性的带动作用。

3.3 档案文化赋能,开启共富路径

乡村档案资源的开发有助于挖掘和传承乡村文化,推动乡村文化的创新与发展。通过档案资源开发展示乡村在历史变迁中的文化传承和民俗风情等,可以增强乡村的文化自信心和凝聚力,为乡村共同富裕提供精神支撑。此外,乡村档案资源的开发可以带动乡村旅游、文化创意、农业服务等相关产业的协同发展,在发展过程中,每一名村民既是乡村振兴的受益者,又是建设者和贡献者。政府主导、社会多方协作、村集体和村民积极参与的这种共富发展模式是乡村振兴深入实施的有效举措。乡村档案资源的开发与共同富裕的理念紧密相连,为实现乡村的共同富裕贡献了档案文化力量。